3·1운동 100년

2 사건과 목격자들

3·1운동
100주년
총서

2 사건과 목격자들

한국역사연구회 3·1운동100주년기획위원회 엮음

Humanist

■ **일러두기**

1. 논문과 기사 제목은 〈 〉로, 신문과 잡지, 단행본 제목은 《 》로 표기했다.
2. 외래어 표기는 국립국어원 외래어 표기법에 따랐다. 단, 외국 도서명과 잡지명, 출판사명 일부는 뜻을 명료히 하기 위해 한자 독음대로 표기했다.
3. 옛 문헌을 인용하는 경우, 맞춤법은 원문에 따랐다.
4. 역사 용어는 통일하지 않고, 각 필자의 의견에 따랐다.

3·1운동 100주년,
새로운 역사학의 모색

3·1운동 100주년을 맞는 소회가 남다르다. 3·1운동은 거리의 저항 축제였다. 전국 방방곡곡 공원과 장터를 메운 사람들은 독립만세를 외쳤고 태극기를 손에 쥔 채 대로와 골목을 누비며 행진했다. 그로부터 100년의 세월이 흐른 2019년, 우리는 추운 겨울 거리에서 촛불을 밝혀 민주주의의 진전을 이뤄냈고 한반도 평화의 길로 성큼 들어섰다. 100년 전과 마찬가지로 역사적 전환기를 맞아 새로운 역사를 써 내려가고 있다.

새로운 시대로의 진입, 그 길목에서 역사학계도 전에 없이 활발히 움직이고 있다. 특히 소장학자들이 새롭고 다양한 시각으로 자신들의 목소리를 내고 있다. 한국근대사도 새로운 역사학을 모색하는 흐름의 한가운데 있다. 오래도록 근대사의 주체는 민족이었고 때론 민중이었다. 프레임 역시 민족 대 반민족이었다. 20세기에서 21세기로 진입하면서 양자 사이에 광범위한 회색지대가 존재했다는 선언이 이뤄졌고 이분법적 구도는 서서히 무너져 내렸다. 그리고 2019년, 근대사는 민족이나 민중을 단일한 집합주체로 보지 않고 다양한 스펙트럼과 경계를 넘나드는 그들의 운동성에 주목하는 한편, 장애인과 성소수자 등 역사 속에서 배제된 주체를 찾아 그들의 삶을 복원하려 한다. 수탈 대 저항이라는 전통적인 이분법을 해체하고 일제 시기를 재해석하려는 움직임이 주된 흐름으로 자리를 잡아가고 있다.

한국역사연구회가 3·1운동 100주년을 맞아 내놓는 다섯 권의 총서는 새로운 역사학을 모색하고자 하는 근대사의 고민을 담고 있다. 지금까지 10년을 주기로 역사적 사건을 기념하는 책들은 으레 배경, 발단, 전개, 결과와 영향, 역사적 의의로 차림표를 내놓는 경우가 많았다. 이번 3·1운동 100주년 총서는 이와 달리 구성되었다. 3·1운동을 주재료로 삼아 100년간의 3·1운동에 대한 기억과 상식을 메타역사적 시각에서 접근했고, 그동안 미진했던 3·1운동 자체에 대한 실증적 분석을 시도했으며, 3·1운동을 전후한 시기의 정치·경제·사회·문화적 변화와 식민지-동아시아-세계라는 공간의 변동을 살폈다.

먼저, 비평적 역사 읽기를 시도했다. 지난 100년 동안 3·1운동의 기억과 상식이 빚어져온 과정을 메타역사적 관점에서 접근했다. 3·1운동은 한국사는 물론이고 세계사적으로도 주목받는 대사건이었다. 그만큼 3·1운동에 대한 기억과 상식은 일찍부터 형성되어 고정관념으로 굳어지는 길을 걸어왔다. 총서에서는 그간 당연시되어온 3·1운동에 대한 기억과 상식이 남과 북, 한국과 일본이라는 공간에 따라 달리 해석되고 정치 변동에 따라 위상과 해석이 달라지는 역사적 주제임에 주목했다.

둘째, 역사학이 100년간 밝히지 못했던 3·1운동의 사건사를 규명하고자 했다. 이제껏 2·8독립선언, 3월 1일 7개 도시에서 일어난 만세시위, 3월 5일 서울에서 일어난 학생시위, 3·1운동에서의 학살 문제 등을 정면으로 다룬 논문은 없었다. 두 달 넘게 진행된 3·1운동의 끝자락에 어떤 만세시위가 자리하고 있는지에 대해서는 논의조차 없었다. 총서에서는 3·1운동을 이해하는 데 반드시 규명되어야 함에도 제대로 조명받지 못했던 주요 사건들을 실증적으로 짚었다.

셋째, 다양한 주체와 시선으로 3·1운동을 재현하고자 했다. 지금까지 3·1운동에 대한 연구는 주로 참여자에게 주목하고 그들과 관련한 판결문을 분석해왔다. 반면, 총서에서는 다양한 목격자가 등장한다. 일본 유학생 청년 양주흡과 청년 유학자 김황, 서울 한복판에서 3·1운동을 비판했던 윤치호, 탄압과 학살의 주역 조선군사령관 우쓰노미야 다로, 그리고 한국인도 일본인도 아닌 제3자인 외국인 선교사의 시선을 통해 3·1운동을 다각적으로 해석했다. 또한 세대론적 시각과 다원적 연대라는 관점에서 3·1운동을 재현했다.

넷째, 권력과 정치를 화두로 3·1운동을 일본의 식민지인 조선, 즉 조선총독부의 지배 권역에서 일어난 사건으로 조망하고자 했다. 일제 시기 연구는 늘 식민통치 대 저항운동이라는 이분법을 전제하고 있었다. 권력보다는 통치의 시선으로, 정치보다는 운동의 시선으로 역사를 해석해왔다. 총서에서는 3·1운동을 둘러싼 사법, 경찰, 군부 등 권력의 대응과 조선총독부, 한국인, 일본인 등을 포함한 정치세력의 동향에 주목했다. 3·1운동이 권력과 정치에 미친 파장은 '비식민화(decolonization)'라는 관점에서 다뤘다.

다섯째, 공간적이고 인적인 차원에서 경계 넘기를 시도했다. 이제껏 3·1운동과 일제 시기 연구는 주로 식민지 조선이라는 공간에 국한되었고 한국인의 동향을 살폈다. 총서에서는 식민지 조선, 식민 본국인 일본은 물론 세계로 공간을 넓혀 경제와 법, 사회현상을 다뤘다. 3·1운동을 경험한 한국인이 바라본 아일랜드 독립운동도 조망했다. 또한 한국인뿐 아니라 일본과 식민지 조선에 살고 있던 일본인의 동향도 살폈다. 무엇보다 총서에는 4명의 일본 학자가 필자로 참여했다. 대표적인 항일운동으로 꼽히는 3·1운동의 100주년을 맞아 발간하는 총서에 한국과 일본 학자가 함께 이름을 올린다는 것은 국경을 넘는 역사 교류의 반영이라 할 수 있다.

여섯째, 사회를 일원적 시각이 아니라 다층적 시각에서 살폈다. 그동안은 일제의 식민지배를 받았던 조선 사회를 단일한 사회로 인식하는 풍토가 있어왔다. 하지만 조선 사회는 일원적이지도 단일적이지도 않았다. 총서는 3·1운동 전후의 조선 사회를 도시 시위, 길거리 정치, 보통학교, 혁명의 여진이라는 사회적 화두로 재구성했다.

일곱째, 3·1운동 전후의 조선 사회를 문화사적 시각에서 접근했다. 지금까지 일제 시기 연구는 식민정책과 독립운동을 중심으로 이루어졌던 만큼 문화사 연구는 상대적으로 빈약했다. 문화사의 일환인 사상사에서는 3·1운동 전후 시기에 대한 연구가 소략했다. 총서에서는 그동안 3·1운동과 관련해 본격적으로 다룬 바가 없는 반폭력사상, 평화사상, 인종 담론뿐만 아니라 단군문화, 역사문화, 민족 정체성, 여성 정체성, 민족 서사 등에도 주목했다. 미술과 영화 같은 문화현상도 살폈다.

1919년으로부터 100년, 역사적 전환기에 발맞추어 역사학 또한 전환의 시대를 맞고 있다. 오늘날 역사학의 변화를 담고 있는 다섯 권의 총서가 앞으로 역사학이 나아갈 길을 모색하는 데 미력하나마 디딤돌이 되기를 기대한다. 대중 역사가들이 이끄는 대중 역사에는 아직도 민족주의적 기풍이 강하다. 하지만 새로운 역사학에는 단일한 대오도, 단일한 깃발도 없다. 근대사 연구에서는 이분법적 구도가 무너져 내리고 광범한 회색지대가 드러난 이래 기존 역사상에 대한 비판과 성찰이 이뤄지고 있으며 다양한 역사상이 새롭게 주조되고 있다.

1989년 한국역사연구회는 역사문제연구소, 한겨레신문과 함께 3·1운동 70주년 기념논문집인 《3·1민족해방운동연구》를 펴냈다. 27년이 지난 2016년, 그 논문집의 기획자와 집필자, 그 책을 밑줄 치고 읽은 대학원생, 1989년에는 그 존재조차 몰랐던 중학생과 유치원생이었던 이들이 모였다. '3·1운동100주년기획위원회'는 그렇게 3년 전인 2016년에 탄생했다. 10명의 중진, 소장학자가 함께 꾸린 기획위원회는 100년의 3·1운동 연구를 메타역사의 시각에서 분석하며 문제의식을 공유하고 총서의 틀을 짰다. 그간 대화가 소홀했던 중진학자와 소장학자 간의 활발한 토론은 새로운 역사학을 전망하며 총서를 구성하는 데 큰 힘을 발휘했다. 무엇보다 명망성보다는 문제의식의 참신성에 주목하면서 많은 소장학자가 필진으로 참여하는 성과를 거두었다.

　　총서를 발간하기까지 기획위원회의 팀워크가 크게 기여했다. 게다가 집필자들의 헌신성이 있었기에 가능한 일이었다. 특히 비정규직 연구자로서 바쁜 삶을 살고 있는 소장학자들은 한 사람도 낙오 없이 옥고를 제출했다. 이 자리를 빌려 39명의 필자분께 깊은 감사의 말씀을 전한다.

　　역사학자로서 3·1운동 100주년을 기획하고 총서를 발간하는 소임에 참여한 것은 무한한 영광이다. 그 역사적 소임을 제대로 마무리했는지 두렵지만, 3·1운동 100년의 기억과 기념에 머무르지 않고 역사학의 미래를 가늠할 수 있는 기회를 갖게 된 점에 자부심을 느끼며 3·1운동 100주년 총서를 세상에 내놓는다. 39명에 달하는 필진의 49편의 논문을 갈무리해 다섯 권의 총서로 묶어낸 휴머니스트의 노고에 깊이 감사드린다.

김정인(한국역사연구회 3·1운동100주년기획위원회 위원장)

사건과 목격자들

2016년 한국역사연구회에서 3·1운동 100주년 기획위원회를 처음 꾸려 3·1운동의 연구사들을 되짚어보며 3·1운동 100주년 총서 기획에 관해 치열하게 논의하던 때, "100주년을 맞이했을 때, 어떤 연구가 과연 필요할까?"라는 질문이 머릿속을 맴돌았다. 그해 겨울, 국정농단사건과 박근혜 대통령 탄핵이라는 역사적 사건을 마주하면서 당시 우리를 사로잡았던 단어 하나가 있었다. 그것은 '팩트 체크(Fact Check)'였다. 이 무렵 기획위원회 역시 3·1운동 이후 100년이라는 시간이 흘렀지만 역사학계가 3·1운동의 주요 사건들에 대해 충분한 실증조차 제대로 이루어지지 않았다는 문제의식을 공유했다.

3·1운동 100주년 총서 제2권 제1부 '사건의 재구성'은 그 고민의 산물이다. 제1부를 관통하는 키워드는 '팩트 체크'다. 그동안 역사학계에서 충분히 답하지 못했던 3·1운동의 사건사에 대해 제대로 된 답을 구하고자 했다. 다만, 여기서 추구하는 '팩트 체크'는 단순히 '객관적인 사실'을 실증하고 확정짓는 것에만 한정되지 않는다. 3·1운동

100주년을 마주한 연구자가 현재의 뚜렷한 문제의식을 내세워 과거를 재검토하고 사실을 재구성하는 것까지도 염두에 둔 작업이었다. 이를 위해 총 6가지 사건에 주목했다. 고종독살설, 2·8독립선언, 3월 1일 만세시위, 3월 5일 서울 학생단 만세시위, 3·1운동에서의 탄압과 학살, 3·1운동의 마지막 만세시위가 바로 그것이다.

윤소영의 〈고종독살설 재검토〉는 대중적으로 고종 독살이 정설화되는 것에 대해 경계하는 차원에서 기획된 글이다. 1919년 당시 신문 매체들에 나타난 고종 사망 기사들을 비교·검토해 3·1운동의 기폭제가 되었던 '고종독살사건'의 실체를 규명하고자 했다. 그리고 고종 시신에 나타난 이상 현상들은 독살과 무관한 일반적인 부패 과정일 가능성을 제기했다.

오노 야스테루의 〈2·8독립선언의 전략성과 영향〉은 3·1운동의 '도화선'으로 여겨왔던 2·8독립선언이 지닌 내용과 영향 면에서의 독자적인 의미를 재평가했다. 〈2·8독립선언서〉 내용이 윌슨의 사상을 분석하여 작성된 사실을 밝혀냈고, 선언을 전후한 시기에 재일본 조선인 유학생과 동아시아 지식인의 상호관계에 주목했다. 그리고 이 사건이 '일선동화'를 주창했던 이달(이동재) 같은 인물까지 독립운동가로 변하게 되는 계기였다는 점을 강조했다.

김정인은 〈1919년 3월 1일 만세시위의 재구성〉에서 3월 1일 만세시위가 일어났던 서울과 평양, 진남포, 안주, 선천, 의주, 원산 등 7개 도시의 만세시위 내용을 재정리하고 3월 1일 만세시위의 양상과 특징을 제기했다. 주로 3월 1일 만세시위로 서울만 기억하던 것을 넘어 북부 지방의 6개 도시에서 동시에 진행되었다는 사실을 부각시키며 그것을 가능케 한 종교 간 연대, 종교와 학생 간 연대의 내용을 풍부하게 묘사했다.

장규식은 〈학생단 독립운동과 3월 5일 시위〉에서 민족 대표 33인을 종교계 연합으로만 설명하는 것을 비판하며 민족 대표 중 박희도와 이갑성은 사실상 학생단의 대표였다고 주장했다. 그리고 서울에서 학생단이 조직되어 3월 1일과 5일 만세시위를 주도하는 과정을 규명했다.

김강산은 〈3·1운동의 탄압과 학살, 그리고 제노사이드〉에서 3·1운동에 대한 탄압과 학살행위를 제노사이드 관점에서 해석했다. 또한 탄압의 역사를 구성하고 있는 사료들을 검토해 그것들이 제시한 사상자 통계가 사실상 '확정하기 어려운' 상태임을 분명히 하면서도 이 자료들의 비교·분석을 통해 '확인할 수 있는 사실들'을 발굴하는 성과를 이뤘다.

최우석은 〈3·1운동의 마지막 만세시위 검토〉에서 3·1운동의 마지막 시위를 비정하고자 했다. 1919년 당시 일제 측과 독립운동가 측이 인식한 '3·1운동 만세시위' 범위를 검토하고 1919년 6~8월을 경계로 만세시위와 독립운동 방략의 변화 양상을 포착했다. 이를 통해 7월 1일 본격화된 서울 서대문감옥 주변 만세시위를 3·1운동의 마지막 만세시위로 비정했다.

제2부 '만세시위의 목격자들'을 관통하는 키워드는 다양한 시선이다. 여기서 '목격자'는 사건과 별개로 위치한 '단순 목격자'를 의미하지 않는다. 수많은 사람이 1919년 당시 3·1운동을 마주했다. 그들은 국적도, 성별도, 나이도 제각각이었다. 각자의 자리에서 3·1운동을 목격했고 기록했으며 행동했다. 누군가는 만세시위에 참여했고 누군가는 만세시위를 반대했다. 또 누군가는 옆에서 만세시위를 기록해 해외에 알렸고 또 누군가는 만세시위 탄압 명령을 지시했고 누군가는 탄압을 실행에 옮겼다. 3·1운동이라는 거대한 운동 속에 빨려 들

어갔던 인간 군상이 3·1운동을 어떻게 관찰하고 경험했는지를 재현하고, 이를 통해 다양한 시선에서 3·1운동이라는 하나의 거대 사건을 다층적으로 살펴보고자 했다. 3·1운동에 대한 '라쇼몽적 접근'이 바로 제2부의 기획 의도이다.

이를 위해서는 우선 3·1운동 속으로 안내할 인물을 선정해야 했다. 기존의 3·1운동 서사에서 부각되었던 민족 대표 33인이나 유관순 같은 인물이 아니라 1919년 3월 시점에 일기를 썼던 인물들에 주목했다. 북청군 출신으로 도쿄 유학 중에 혁명을 꿈꾸며 귀국한 양주흡, 경남 산청 출신 유림청년으로 스승인 곽종석의 지시로 상경한 김황, 1919년 당시 YMCA 총무로 서울 한복판에서 3·1운동을 비판했던 윤치호, 1918년 조선 주둔 일본군 사령관으로 부임해 3·1운동 탄압을 진두지휘한 우쓰노미야 다로, 그리고 개인은 아니지만 일지와 보고서를 남겨 해외에 3·1운동을 알렸던 외국인 선교사들을 통해 3·1운동을 읽고자 했다.

최우석의 〈청년 양주흡, 혁명을 꿈꾸다〉와 서동일의 〈유학자 김황의 3·1운동 경험과 독립운동 이해〉는 1898년생, 1896년생 20대 두 청년이 각기 신학문인 서구 지식과 구학문인 유학을 익히는 처지에서 1919년 3·1운동에 대면했던 상황을 그렸다. 양주흡은 1919년을 청년들이 나서서 혁명을 이루어야 하는 때라고 생각하며 도쿄에서의 학업을 포기하고 고향인 북청을 거쳐 3월에 상경했다. 김황은 고종 장례식과 독립운동 상황을 살피기 위해 상경했으나 군주제의 회복을 바라는 유림들과 전혀 다른 방향을 추구하는 3·1운동을 목도하며 큰 충격에 빠졌다.

노상균은 〈윤치호, 방관과 친일 사이〉에서 3·1운동 자체를 거부하면서도 학생들의 열정에 연민을 표현하고 3·1운동을 전유해 식민지 조선의 정치체제를 변화시키고자 했던 윤치호의 행적을 쫓았다. 3·1 운동 당시 윤치호는 대중이 독립도 민주주의도 모르면서 선동에 놀아났다고 비판했다. 하지만 3·1운동 이후 정작 독립과 민주주의로부터 괴리되어간 인물이 바로 윤치호였다.

이민성의 〈조선군사령관 우쓰노미야 다로의 눈에 비친 3·1운동〉은 3·1운동 '탄압자'이자 '목격자'였던 조선군사령관 우쓰노미야 다로의 일기를 저본으로 1918년 시베리아 출병과 연동된 그의 부임 과정, 1919년 3·1운동 당시 군부의 탄압 양상과 3·1운동 이후 조선 통치 의견서 제출 과정에 대해 분석했다.

마지막으로, 김승태의 〈외국인 선교사가 바라본 3·1운동〉은 외국인 선교사들의 비밀편지와 보고서, 일지 등을 토대로 그들이 3·1운동을 어떻게 보았는지를 살폈다. 외국인 선교사들의 입장과 대처는 이중적이었다. 본국 정부와 선교본부의 방침에 따라 정치 불간섭과 엄중 중립을 표방하면서도 일제의 비인도적 탄압과 살상·방화 만행에 대해서는 일찍부터 항의했다. 조선에서 선교 활동을 보장받아야 하므로 조선총독부에 대한 선교사들의 비판은 제한적일 수밖에 없었다. 하지만 그들의 목격과 행동 덕분에 3·1운동은 세계에 널리 알려질 수 있었다.

사건과 목격자에 수록된 11편의 글은 명쾌하면서도 논쟁적이다. 기존에 박제화된 3·1운동의 역사상, 즉 거족적 독립운동이라는 도식적 설명을 넘어 다양하고 새로운 시선으로 3·1운동을 바라볼 수 있는 계기를 제공할 것으로 기대된다. 과거에 대해 세밀하게 들여다볼수록 복잡한 역사적 상황을 발견하기 마련이다. '일선동화'를 외치던 인물이 2·8독립선언에 영향을 받아 독립운동가의 길을 걷고, 혁명을 꿈꾸며 귀국한 청년은 3·1운동의 거대한 회오리 속에서 좌절하고 고

뇌했다. 새로운 시대가 시작됨을 알리는 순간 구학문을 학습한 청년은 새로운 시대와 교차하고 충돌하며 조금씩 변화를 모색했고, 한때의 계몽운동가는 '힘의 논리'를 추종하며 시대 변화를 거부했다. 외국인 선교사들은 정치 불간섭이라는 굴레를 넘나들며 3·1운동에 개입했고, 누군가는 3·1운동을 자신의 정치적 입지를 넓힐 기회로 삼으려 했다. 총서 제2권 '사건과 목격자들'에 실린 11편의 글은 3·1운동 연구의 종결판이 아니라, 새로운 100년의 연구와 논쟁을 여는 글들이 될 것이다.

최우석(한국역사연구회 3·1운동100주년기획위원회 위원)

차례

2부 만세시위의 목격자들

1 부

사건의 재구성

1장
고종독살설 재검토

윤소영

의혹과 진실 사이

'소문'은 전달하는 정보를 상대방에게 믿도록 하려는 경향성이 강한 집단적 의사소통의 한 형태라고 한다.[1] 소문은 당사자가 소문을 믿을 준비가 되어 있는 상황에서 그 힘을 발휘한다.

1919년 1월 21일 새벽, 고종이 급작스럽게 서거했다. 그런데 이상하게도 고종이 서거했다는 공식 발표는 이루어지지 않은 채 시간이 흐르고 있었다. 마침 왕세자 이은은 일본인 황녀 나시모토노미야 마사코와 혼인을 앞두고 있던 상황이었다. 이러한 상황은 사람들에게 많은 의혹을 자아냈다. 더욱이 고종은 을사늑약에 반대했고 헤이그에 특사를 파견해 일제에 저항하다 퇴위당한 왕이 아니던가? 항간에는 그가 왕세자 이은과 마사코의 혼인을 반대했다는 이야기도 들려

---

1) 최현용, 〈니콜라이 레스코프의 《푸갈로》: 소문과 거짓의 기호학〉, 《노어노문학》 16권 1호, 2004.

오던 터였다. 그러는 가운데 3월 3일 고종의 장례가 다가오고 있었다. 전국에서 고종의 장례에 참석하기 위해 몰려든 인파로 서울은 북적거렸다. 그리고 이렇게 많은 사람이 서울에 몰려드는 기회에 독립운동을 결행하려는 이들은 비밀리에 준비에 박차를 가하고 있었다. 이윽고 결행일의 아침이 밝았다.

1919년 3월 1일 미명, 서울 종로와 서대문 일대 조선인 주택가에 격문이 산포되었다. 격문은 거리의 담벼락에도 나붙었다. 그 내용은 일제의 사주로 고종이 독살되었다는 것, 고종의 장례에 참석한 동포라면 그 복수를 하지 않으면 안 된다는 것이었다.[2] 격문은 고종 사망에 의혹을 증폭시켰다. 민중들의 잠재된 분노는 용솟음쳤고 마침내 거국적인 3·1운동이 들불처럼 번져나갔다.

'고종 독살'은 1920년에 박은식이 저술한 《독립운동지혈사》에 기정사실로 서술되었으며[3] 최근까지 학계에서도 그 개연성은 암묵적으로 동의되어온 경향이 있다.[4] 이러한 가운데 2009년에 이태진 교수가 일제의 음모로 고종이 독살당했다는 내용의 논문을 발표했다. 반면에 이승엽 교수는 고종독살설의 발원과 그 파장 과정을 논급하면서 독살설을 부정한 연구를 발표했다.[5]

2009년 말 필자는 《오사카아사히신문(大阪朝日新聞)》과 《오사카마이니치신문(大阪毎日新聞)》에 나타난 3·1운동 관련 기사를 번역·출간

2) 朝鮮總督官房庶務部調査課, 〈朝鮮騷擾事件の思想及運動〉(1924), 朝鮮憲兵隊司令部 編, 《朝鮮三一獨立騷擾事件》, 巌南堂, 1969, 410·411쪽.

3) 박은식 지음, 김도형 옮김, 《한국독립운동지혈사》, 소명출판, 2008, 160·161쪽.

4) 이정은, 《3·1독립운동의 지방 시위에 관한 연구》, 국학자료원, 2009, 129~134쪽; 이현희, 〈의암 손병희와 3·1운동〉, 《동학학보》 17호, 2009, 294쪽.

5) 이태진, 〈고종황제의 독살과 일본 정부 수뇌부〉, 《역사학보》 204, 2009; 李昇燁, 〈李太王(高宗)毒殺説の檢討〉, 《二十世紀研究》, 2010.

하면서[6] 고종 서거 관련 전후의 기사 내용이 신문 간에 다소 상이하다는 점을 알게 되었다. 여기서 더 나아가 당시 국내외 자료를 살펴보고 또 다른 의문점도 발견했다.

고종은 과연 독살되었는가? 이 글에서는 당시 국내외의 신문 보도 및 관련 자료를 면밀히 검토해 고종의 발병부터 임종까지의 과정, 그 보도 내용을 비교 검토해 고종 독살의 진위에 접근해보고자 한다. 그리고 고종의 사인에 대해, 기왕의 연구에서 지적한 고종 시신 변이 현상의 이유를 해명해보고자 한다. 나아가 고종독살설이 3·1운동에서 어떤 역할을 했는지, 당시 조선인의 조선 왕실에 대한 인식은 어떠했는지를 아울러 살펴보겠다.

1. 1919년 3월 1일, 고종 독살의 격문이 산포되다

1919년 3월 1일 아침, 서울 서대문과 종로 일대에 산포된 격문의 내용은 아래와 같다.

오호 통재라. 우리 이천만 동포여. 우리

대행태상황제(大行太上皇帝) 폐하 붕어의 원인을 아는가? 모르는가? 평소 건강하시고 또 병환이라는 소식도 없었는데 밤중에 침전에서 창졸하게 붕어하니 이 어찌 범상한 일이겠는가? 현재 파리강화회의에서 민족의 독립을 제창하는 데에 대헤 교활한 일인의 간계는 '한족(韓族)은

---

6) 윤소영 편역, 《일본 신문 한국독립운동 기사집(I)-3·1운동 편 오사카마이니치신문》, 독립기념관, 2009; 윤소영 편역, 《일본 신문 한국독립운동 기사집(II)-3·1운동 편 오사카마이니치신문》, 독립기념관, 2009. 이하 인용에서 전자는 《기사집 I》, 후자는 《기사집 II》로 약칭한다.

1장 고종독살설 재검토 23

일본의 정치에 흔쾌히 복종하여 분립을 원하지 않는다'는 증명서를 제출하여 만국의 이목을 기망하고자 한다. 그래서 이완용은 귀족 대표, 김윤식은 유림 대표, 윤택영은 종척 대표, 조중응·송병준은 사회 대표, 신흥우는 교육·종교 대표라고 가칭하여 서명 날인하고 여기에 대행태상황제에게 비준 어새 날인을 요청하자 그 흉계를 꿰뚫은 황제는 격노하여 엄히 질책하고 배척했다. 이에 방법이 없고 또한 다른 변고를 두려워한 끝에 역도를 사주하여 시해를 하고자 윤덕영, 한상학 두 역적에게 음식을 올리는 때를 기다리게 하여 밤에 두 명의 궁녀에게 식혜에 독약을 넣어 들이게 했다.

옥체는 돌연 ○○○처럼 물러지고 ○문(○門)은 흩어져 찢어지고 아홉 개의 구멍에서 피가 용솟음치고 바로 돌아가시니, 마음이 아프고 놀라서 말할 바를 모르겠다. 그리고 이 두 궁녀에게까지 남은 독을 먹여 참살하여 입을 틀어막았다. 적의 소행이 점점 더 심해지니 ○○○추변(○○○秋變, 명성황후 시해로 추측됨-인용자)에 이를 갈고 뼈에 새겨 복수를 기도해야 함에도 불구하고 아직 복수를 하지 못하다가 큰 변고를 맞이했다. 푸른 하늘이여, 이를 누구에게서 기약할 수 있는가? 우리 민족이 살아 있다면 어찌 이 설욕을 잊을 수 있는가? 또한 미국 대통령 윌슨 씨 13개조의 성명을 한 이래 민족자결의 목소리는 세상을 진동하여 폴란드, 아일랜드, 체코(捷克) 등 123개국은 모두 독립을 이루었다. 우리 한 민족인 자, 어찌 이 기회를 놓치겠는가? 재외 동포는 이 기회에 국권 회복을 통렬히 주장하고 호소하고 있다. 그런데 국내 동포는 태평하여 움직이지 않고 성원은 아직 떨치지 못하고 있고, 대의도 아직 정하지 못하고 있다. 생각하라 우리 동포여. 금일은 세계 개조, 망국 부활의 좋은 기회이다. 거국일치 단결하여 일어선다면 이미 잃은 국권을 회복할 수 있고 이미 망한 민족을 구하고, 선제·선황후 양 폐하의 원한을 씻고 설욕

할 수 있을 것이다. 일어나라 우리 이천만 동포여.

융희기원 13년 정월 ○일 우러러 고함.

국민대회[7]

일제 경찰들은 이 격문을 발견하고 산포자와 출처를 밝히기 위해 서대문 부근의 종교(기독교 사립)학교와 기독교 중앙청년회관을 습격하고 직원과 사무원을 검거한 뒤 가택수색을 했다.[8] 이 격문은 어떻게 전달되고 회람되었을까? 일제의 신문조서에서 그 흔적을 찾아볼 수 있다. 먼저 배재학교 한문교사 오흥순(吳興順)은 국민대회가 발행한 〈오호 통재〉라는 제목의 인쇄물을 3월 3일 배재학교에서 20부를 받았다고 진술했다.[9] 일자가 정확한지는 단정할 수 없지만 이 격문이 일반에 전달된 정황은 파악할 수 있다.

1919년 3월 3일자《조선독립신문》제2호는 고종이 약물에 의해 독살되었음을 다음과 같이 보도했다.

시아태황적(弑我太皇賊, 우리 태황제를 죽인 적), 금회(今回) 파리강화회의에 송치할 신빙(信憑), 즉 조선이 자원 합방하얏다는 문서, 이완용, 윤덕영, 조중응 등 7적이 조인(調印)하고 태황제께 조인을 강박한즉 태황이 불허하심으로 동야에 약시(藥弑)하얏더라.[10]

7) 일본어로 번역된 내용을 재번역함. 朝鮮總督官房庶務部調査課, 앞의 글, 425·426쪽.

8) 위의 글, 410·411쪽.

9) 〈오흥순 신문조서(제2회)〉,《한민족독립운동사자료집 15: 삼일운동 V》, 국사편찬위원회, 1991, 294·295쪽.

10) 〈秘第257號 騷擾事件ニ關スル件〉,《大正 八年 騷擾事件ニ關スル道長官報告綴》七册ノ內二, 1919. 3. 22. 3월 14일 함경도 성진군(城津郡) 학동면(鶴東面) 각 동에서 조사한 내용이다.

일제 측은 3·1운동 가담자를 취조하면서 이들이 《조선독립신문》을 언제, 어디서 받았는지, 누구에게 어떻게 전달했는지를 집요하게 추궁했다. 오흥순은 3월 5일에 《조선독립신문》 제2호 5매를 허신(許信)에게 받았다고 진술했으며, 황은수(黃恩秀)는 윤익선(尹益善)의 손자가 안국동 하숙집에 투입한 것을 읽었다고 했다. 경성부 수창동(需昌洞)에 사는 보성학교 2학년 김기세(金基世)는 하숙집에 투입된 것을 읽었다고 했다. 조선약학교 1년생 오충달(吳忠達)은 경성부 송현동(松峴洞) 56번지에 사는데 역시 하숙집에 투입된 《조선독립신문》을 3월 1일 밤에 보았다고 진술했다.[11] 3월 14일경 함경도 청진에도 이를 보도한 《조선독립신문》 제2호가 전달되어 있었다. 경성은 물론 지방에까지 고종 독살 소식은 널리 전파되었다.

한편, 미국에서 발간된 《신한민보》 1919년 1월 30일자는 도쿄 전보를 인용해 고종이 1월 20일에 붕어했다고 처음으로 보도했다. 그 후 3월 13일자는 고종의 사망원인이 뇌일혈증이라고 보도했는데, 4월 10일자는 '광무황제 폐하가 암살로 돌아가셨다'고 보도했다. 그 내용은 다음과 같다.

서울로부터 오는 자세한 소식을 들은즉 광무황제 폐하의 돌아가신 원인은 저 원수 왜놈이 오늘 세계평화회의가 인도 정의를 세우는 때를 당하여 한국에서 무슨 동작이 일어날까 두려워하여 만일 동작이 있는 경우에는 덕수궁 폐하께서 살아 계심이 더욱 화근이라 하여 수라상 드릴 때에 식혜에 독약을 타서 올려 이 독약에 귀중하옵신 옥체가 중독을 당하사 끝내 돌아가셨는데 이는 폐하께서 돌아가신 후에 곧 그 어시체

---

11) 관련 내용은 국사편찬위원회 한국사데이터베이스, 〈3·1독립선언 관련자 공판시말서(公判始末書)〉 및 경찰 신문조서에서 확인할 수 있다.

에 붉은 반점 나타난 바를 어용 시의 둘이 증명함이더라.[12]

4월 초에 고종 독살 소식은 국내를 넘어 미국 동포들에게도 전달되고 있었다. 이와 같은 내용이 좀 더 정리된 형태로 서술된 것이 박은식의 《한국독립운동지혈사》(1920)이다. 관련 내용은 다음과 같다.

> 우리나라 광무제(고종)는 명성황후가 일본인에게 피살되자 저들에 대한 원한이 이미 골수에 사무쳤는데, 그 위에 자신도 폐위를 당하고 나라까지 합병되자 무한히 통분하였다. 그는 비록 유폐되었다 하더라도 언젠가는 시기를 틈타 보복하려는 생각을 버린 적이 없었다. 왜놈들은 우리 황제를 일본 배격의 우두머리로 인정하고 제거하려는 생각을 가진 지 오래였다.
>
> 때마침 구라파에서는 전쟁이 끝나고, 열국은 파리에서 평화회의를 개최하고 미국의 대통령은 민족자결주의를 제창하였으며 우리 민족도 용약하여 독립운동을 벌이려 하고 있었다.
>
> 이보다 앞서 일본은 영친왕을 일본 여인 마사코(芳子)와 결혼을 시키기로 하고 기미년 1월 25일 혼례를 치른 다음 '신혼여행'이라는 명목으로 파리의 평화회의에 맞추어 구라파 유람을 시킴으로써 한국과 일본의 동화의 증거로 보여주려 하였다.
>
> 또 한일합병이 양국의 동의에 의한 것이라는 글에 옥새의 날인을 받으려고 윤덕영 등 여러 매국노를 사주하여 황제를 핍박하였으나 끝내 거절당하였다. 이에 그것과 동일한 글을 지어 각 귀족과 전국 각 면장의 서명을 요구한 일이 있었다. 이리하여 민심이 흉흉하여졌는데 1월 22일

---

12) 〈광무황제는 암살로 돌아가셨다〉, 《신한민보》, 1919년 4월 10일자.

상오 3시에 갑자기 황제가 붕어하였다는 소문이 전하여졌다. 이 소식은 이미 궁인들에 의하여 밖으로 누설되었는데도, 일본인들은 이를 감추려고 신문의 '호외'에 다만 병환이 위급하다고 게재하였다. 22일부터 이튿날 정오까지 일본 정부와 총독부 사이에는 이로 인하여 수십 차례의 전보가 오고갔다. …… 이 시역(弑逆)을 숨기기 위함인 동시에 영친왕 혼례 후에 발표할 계획이었다. 그러나 민심의 격앙과 여론의 비등함은 어쩔 수 없었다. 저들은 부득이하여 23일에야 비로소 태황제께서 '오늘 상오 3시, 뇌일혈로 갑자기 붕어하셨다'고 발표하였다.

그러나 그 진상은 끝내 폭로되었으니 명확한 전말은 이러하다. 일본인은 적신(賊臣) 한상학(韓相鶴)을 시켜 식혜에 독을 타서 드리게 했다. 얼마 안 되어 독이 온몸에 퍼지니 황제가 소리치기를 '내가 무얼 먹었길래 이러하냐?' 하더니 잠시 후 갑자기 붕어하자, 두 눈은 붉고 온몸에는 붉은 반점이 생기며 부패해갔다. 그 장면을 보고 있던 두 시녀도 갑작스레 죽고 말았다.[13]

앞서의 격문에는 윤덕영과 한상학 두 사람이 고종 독살에 관여한 것으로 되어 있었는데, 위의 기술에는 윤덕영이 제외되었다. 당시 윤덕영은 왕세자 이은의 결혼식에 참석하기 위해 일본에 있었다는 사실을 알고 제외한 것으로 보인다. 한편, '격문'과 다른 점은 왕세자 이은과 마사코가 혼인 후 신혼여행을 파리평화회의에 맞추어 유럽으로 가게 해서 한일 동화의 증거를 국제사회에 보여주고자 했다는 내용이 추가된 것이다.

그렇다면 고종의 사망 소식을 접하고 처음으로 의혹을 표명한 문

---

13) 박은식 지음, 남만성 옮김, 《한국독립운동지혈사》 상, 서문당, 1975, 142~144쪽.

건은 무엇이었을까? 국사편찬위원회에 등록된 자료에 한정해 본다면, 재블라디보스토크 총영사 기쿠치 요시로(菊池義郎)가 외무대신 우치다 야스나리(內田康哉)에게 보낸 1919년 2월 4일자 보고서가 눈에 띈다.

> 이태왕 훙거의 보도가 당지 조선인 사이에 전달되자 다소 진지한 조선인은 깊이 애도하는 마음을 표하고 스스로 발기하여 추도회 또는 망배식을 거행하는 자가 있다. 그중에는 이태왕의 죽음은 심상한 죽음이 아니다. 지난해 헤이그평화회의에 대왕이 주모자가 되어 이상설, 이준 두 사람을 파견한 일이 있으니 이번 파리에서의 평화회의에도 혹은 비밀파견 음모를 세우는 것이 아닌가 우려하는 일본 정부가 독살한 것이 아니겠는가? 만약 그렇다고 하면 오랫동안 일본 정부 압박하에 굴욕하여 이 천재일우의 호기를 만났음에도 결국 한국 독립 부흥의 뜻을 달성하지 못하는 것을 개탄하여 그 결과 병을 얻어 갑자기 죽음에 이르게 되었을 것이다.[14]

이처럼 2월 초에 일본 정부의 고종 독살 가능성을 제기한 문건이 확인된다. 정말 고종은 독살되었을까? 이를 추적하기 위해 고종이 사망한 당시의 자료를 날짜별로 검토해보자.

2. 고종 서거 즉시 공표를 망설인 속사정

고종 서거 사실에 대한 보도는 국내보다 일본이 앞섰다. 그 보도

---

14) 朝鮮駐箚憲兵隊司令部, 〈李太王 殿下 薨去에 관한 在外 朝鮮人 情況〉(1919. 2. 19), 《不逞團關係雜件 - 朝鮮人의 部 - 在滿洲의 部 8》 朝憲機 제78호.

내용이 신문에 따라 다소 상이하게 나타나고 있는 점이 주목된다. 《고베신문(神戶新聞)》 1월 22일자는 "이태왕 전하는 21일 오전 1시 35분 돌연 뇌빈혈을 일으켜 즉시 전의의 처치를 받았지만 결국 훙거하셨다"고 경성 전보 21일발로 고종이 사망했음을 확실하게 보도했다.[15] 그런데 《오사카아사히신문》은 〈위독하신 이태왕 전하〉라는 제목으로 21일 오전 1시 45분에 고종이 갑자기 발병해 뇌일혈 증세를 보이는데 경과가 좋지 못하다고 보도해 차이를 보인다.

한편, 《오사카마이니치신문》 1919년 1월 22일자에서 〈이태왕 전하 갑작스런 훙거〉라는 제목 아래, 병명은 뇌일혈이며 1월 21일 오전 1시 45분경부터 용태가 좋지 않아 오전 6시 30분 중태에 빠졌다고 보도한 것[16]도 이상하다. 왜냐하면 기사 제목의 '훙거'와 기사 속의 '중태'는 서로 모순되기 때문이며 나아가 '아직 발상(發喪) 보도는 없다'고 부기를 달아 고종이 사망했음을 암시했다. 왜 이런 종잡을 수 없는 일이 벌어졌는지는 다음 날 신문 기사에서 파악할 수 있다.

《오사카아사히신문》 1월 23일자는 궁내성 종질료의 발표 자료에 기반해 공식적으로 고종 사망 시각을 1월 22일 오전 6시로 보도했다.[17] 그러나 《오사카마이니치신문》 1월 23일자 6면에는 고종의 사망 시각을 21일 오전 6시 30분이라고 명시한 기사가 게재되었다. 그 내

---

15) 〈噫, 李太王 殿下〉, 《고베신문》, 1919년 1월 22일자, 독립기념관 소장 김경해 기증 자료.

16) 《오사카마이니치신문》, 1919년 1월 22일자(《기사집 Ⅱ》, 22·23쪽). 《기사집 Ⅱ》, 22쪽의 제목줄 '22일 새벽 뇌일혈…'은 '21일 새벽 뇌일혈…'의 오기이므로 여기서는 고쳐서 옮겼다.

17) 《오사카아사히신문》, 1919년 1월 23일자 석간(《기사집 Ⅰ》, 13·14쪽). 다소 진보 성향의 《오사카아사히신문》이 일본 정부의 공식적인 발표 내용만 실은 이유는 무엇일까? 추측건대, 1918년 8월 25일에 《오사카아사히신문》은 천황에 대한 불경한 언사를 담았다는 이른바 '백홍(白虹)사건'으로 발매금지 처분을 받고, 기사를 작성한 필자 오니시 가즈오(大西和夫)와 발행인 야마구치 노부오(山口信雄)는 각각 금고 2개월의 판결을 받았다. 그 후유증으로 정부의 눈치를 본 탓은 아닐까 생각된다.

용은 다음과 같다.

홍거 시각－21일 오전 6시 30분

21일 미명 중태에 빠지신 이태왕 전하는 응급조치한 보람도 없이 21일 오전 6시 30분 홍거하셨다. …… 친척 및 주요 귀족, 이왕직 고등관 등 모두 전날 밤 궁에서 철야하고 궁중의 모습은 일변하여 비통에 잠겨 있다. 또한 **이태왕 전하의 홍거는 이미 위에 적은 대로 21일 오전 6시 30분이다. 당시 왕가에서는 홍거에 따라 이 왕세자 전하의 혼례를 연기 해야 하는지 여부에 관해 궁내성의 방침이 아직 불분명하여 상(喪)을 감 추고 급히 당국에 문의 중이었는데 세자 전하는 즉시 조선으로 가겠다 고 결심하고 별항과 같이 복상 1년, 그동안 경사스런 행사도 연기하기 로 내정되었으므로 왕가에서는 22일에 상을 발표하게 된다.** 따라서 민 장관, 윤 찬시 등 일행은 미야지마현에서 되돌아가 22일 밤 귀경하게 될 것이다. (경성특전)[18]

즉, 고종은 21일 오전 6시 30분에 사망했지만, 왕세자의 결혼식을 앞두고 있어서 혼례 연기 문제와 관련해 명확한 방침이 세워지지 않 아 발표 시기가 늦어졌다고 해명한 것이다.

이를 뒷받침하는 자료는 하세가와 요시미치(長谷川好道) 조선총독 의 이름으로 1919년 1월 21일 오전 11시 37분에 하라 다카시(原敬) 내 각총리에게 발송된 전보이다. 그 내용은 다음과 같다.

이태왕 전하는 2, 3일 전부터 불면증이 있어서 기분이 그다지 좋지

---

18) 〈이태왕의 유해를 부여잡고 양 전하의 비통한 통곡, 홍거 시각…21일 오전 6시 30분〉,《기사 집 Ⅱ》, 29쪽.

못하던 중 오늘 오전 1시 35분 오른손에 마비를 일으켜 즉시 전의를 불러 진찰하니 맥박 110, 체온 36도로 뇌일혈 증상을 보였다. 이래 마비가 약 20분마다 일어나 6시 10분 모리야스(森安) 박사가 왕진했을 때 맥박 140, 체온 37도, 두부 왼편에 뇌일혈로 이미 인사불성에 빠져 맥박이 가지런하지 않고 호흡이 불규칙하여 6시 30분 위독하게 되었다.[19]

그러나 무엇보다 발신인 하세가와 총독은 이은 왕세자 혼례 준비로 이미 1월 13일에 서울을 떠나 도쿄에 가 있었기 때문에[20] 이 전보는 하세가와 총독의 승인하에 발송된 것은 아니었다. 게다가 고종이 '위독'하다고 하면서도 마치 사망 시각을 적듯이 시간을 명시하는 부자연스러움이 연출되었다. 이 전보에 대해 마침 왕세자 이은과의 결혼을 목전에 두고 있던 나시모토노미야 마사코가 자신의 일기에서 언급하고 있다.

1919년 1월 21일 화

오전 6시 출입상인 후루테(古手)를 비롯하여 이삿짐을 운반하는 사람들이 모두 모였다. 8시에 궁내성의 자동차 2대, 통운회사의 자동차 3대가 와서 오전 중에 전부 4회 왕복하여 거의 끝났다. …… 오후 1시, 돌연 쓰보이(坪井) 사무관이 궁내성의 부름을 받고 가서 무슨 일인가 하고 생각했는데 비보(悲報), 생각지도 않은 비보가 내 귀를 울렸다. 그것은 경성에 계시는 **이태왕 전하가 뇌일혈로 오전 1시 35분에 발병하여**

---

19) 〈病狀の告知〉, 《고 이태왕 국장 서류》, 朝鮮總督 より, 国立公文書館所蔵, 1919년 1월 21일 오전 11시 37분 경성발 오후 1시 15분 착.

20) 〈急変とは全く意外──長谷川総督悵然として語る〉, 《경성일보》, 1월 22일자(석간), 1919년 1월 23일 발행.

오전 7시 50분에 중태에 빠졌다는 소식이었다. 지금까지의 기쁨은 즉시 슬픔으로 바뀌었다. **25일도 아마 중지될 것이다.** 오호, 모처럼 설레며 기다렸는데, 한동안 기다리지 않으면 안 된다. 어떻게 하루라도 빨리 될 수 없으려나.

1월 21일 오전에 마사코는 이은 왕세자가 거처하던 도쿄 도리이자 카의 저택으로 이삿짐을 운반하고 나서 오후 1시경 쓰보이 사무관이 궁내성에 다녀와 고종의 중태 소식을 접했다고 했다. 그녀는 바로 결혼식 중지를 예감하고 안타까워했다.

당시 일제 측에서는 이 결혼식에 온 신경을 곤두세우고 있었다. 하세가와 총독은 1월 13일에 이미 서울을 떠났고 이완용, 이윤용, 민병석 이왕직 장관, 윤덕영, 윤택영, 고쿠부 쇼타로(國分象太郎) 이왕직 차관 등은 일본에 가 있거나 향하던 중이었다.[21] 거물 정치가들이 국내를 비운 상황에서 국내에는 야마가타 이사부로(山縣伊三郎) 정무총감과 이왕직 사무관 곤도 시로스케(權藤四郎介)가 남아 있었다.

이런 상황에서 고종의 급작스러운 죽음은 곤도 시로스케 등을 당황시켰다. 훗날 곤도 시로스케는 "그 공표가 중대한 영향을 각 방면에 미치는 경우의 상례로서 여러 절차를 위해 이를 비밀로 하고 단순히 중태라고 하여 도쿄의 왕세자 전하 및 도쿄로 가고 있던 민 장관 일행에게 급전을 보냈다"[22]고 했다. 그는 당시 '가장 중대한 일은 며칠 앞으로 다가온 이은 왕세자의 혼례식을 거행한 뒤에 상을 치를

---

21) 1월 20일 순종과 순종비의 특사로 윤덕영 찬시장, 고종의 특사로 김 찬시장, 민병석 이왕직 장관, 고쿠부 차관 이하의 직원, 친척 대표로 윤택영, 조동윤, 귀족 대표로 이완용, 송병준, 민 영찬이 경성을 출발했다. 곤도 시로스케(權藤四郎介),《이왕궁비사(李王宮秘史)》, 조선신문사 (朝鮮新聞社), 1926, 165쪽.

22) 위의 책, 175쪽.

지, 아니면 있는 그대로 덕수궁 전하의 서거를 발표할지'였으며, 후자의 경우라면 상중 혼례를 치를 수 없는 점을 문제로 들었다. 그리하여 예전에 국왕의 상을 비밀에 부치고 왕실에서 혼례식을 올린 전례가 있음을 들어서까지 결혼식 강행을 주장하며 야마가타 정무총감에게 의견을 구했다고 한다. 그러나 야마가타 정무총감은 '이미 혼례식과 관련해 유언비어가 돌아 정략적 수단이라거나 심한 경우 왕가의 혈통을 끊으려 한다는 소문이 있는데, 만약 서거 소식을 비밀에 부치고 혼례식을 거행하면 그 결과는 매우 우려되는 사태를 낳을 것이라고 하여 혼례 연기가 불가피함을 지시했다'고 한다.[23]

이상의 자료에서 알 수 있듯이 곤도 시로스케가 당시 가장 중시한 것은 이은 왕세자의 결혼식 거행이었다. 그는 고종의 사망 사실을 숨기고서라도 왕세자의 결혼식을 강행해야 한다는 입장이었다. 고종의 갑작스런 죽음은 그에게 걸림돌로 작용했으며, 그 점은 마사코의 일기에서도 나타나고 있다.

그런데 국내의 보도는 어떻게 나타나고 있을까?《매일신보》1월 22일자 2면에서는 〈태왕 전하 중환〉이라는 제목 아래 1월 21일 발행한 고종이 중태라는 호외를 다음과 같이 재록하고, 고종의 발병 후에 어떤 조치가 이루어졌는지를 자세히 적었다. 그것은 고종이 이미 사망했다는 것을 숨기기 위한 공작이 작동하고 있었음을 보여주고 있다.

이태왕 전하께서는 금조(今朝) 6시 35분에 뇌일혈로 중태에 함(陷)하셨더라(어제 아침 호외 재록).

---

23) 위의 책, 259·260쪽. 이은 왕세자의 혼례를 먼저 치를지, 고종의 장례를 먼저 치를지를 고민했다는 이야기는 상궁이었던 김명길이 남긴 회고록《낙선재주변》, 중앙일보·동양방송, 1977, 41쪽에도 언급되어 있다.

△ 이태왕 전하께서는 21일 **오전 1시 45분 발병하시와 즉시 가미오카**(神岡),[24] **안상호**(安商浩)[25] **두 촉탁의의 배진에 의하여 응급치료를 수**(受)하시고 동 5시 35분 모리야스 박사[26] 및 하가(芳賀) 의원장[27]이 상차(相次) 내궁 배진한 결과 뇌일혈증으로 진단하고 계속하여 치료 중이오시나 경과는 불량하고

△ 이왕 동비 양 전하께서는 오전 6시 35분 급거 출문(出門)하사 덕수궁에 동가(動駕)하사 즉시 함녕전 태왕 전하의 병실에 입(入)하사 간호 중

△ 이강 공 동비 양 전하 및 후작 이재완, 동 이재각, 동 이해창, 동 이해승, 그 외 친척은 이어 참궁 근시 중이오

야마가타(山縣) 정무총감은 원등(遠藤) 비서관을 수(隨)하여 오전 9시 18분 참궁하여 이왕 전하께 대하여 위문의 사(辭)를 봉술(奉述)하고 동 10시 13분 퇴출하였더라.

부(附) 무관 이(李) 부장(副將)은 오전 8시 30분 이왕 전하의 어사로 야마가타 정무총감을 방문하고

---

24) 가미오카 가즈유키(神岡一亨). 1879년생, 히로시마 출신. 교토 의학전문학교 졸업. 1902년 육군 위생부 촉탁을 거쳐 육군 군의관으로 근무. 1906년부터 한국주차병원 근무. 1909년 청주 자혜의원 원장, 1910년 총독부의원 고등관 내과부장 역임. 1912년에는 통역의사(《순종실록》, 1912년 11월 28일), 1914년 고종 촉탁의를 시작으로 1921년까지 이강과 순종 촉탁의 역임. 국사편찬위원회 한국사데이터베이스.

25) 안상호(1872~1927). 서울 출신. 1898년 관립일어학교 1회 졸업. 1898년 도쿄 자혜의원의 학전문학교 유학. 일본 내무성 의사검정시험에 합격, 의사면허증 취득. 자혜의원 의사 역임. 1907년 귀국해 종로에 안상호진료소를 개업하고 황실 촉탁의로 활동. 〈의사 안상호 씨의 내력〉, 《태극학보》 1호, 1906; 이정은, 〈최초의 근대 개업의(開業醫) 안상호의 생애와 활동〉, 《한국민족운동사연구》 53, 2007 참조.

26) 모리야스 렌기치(森安連吉). 1872년생, 오카야마 출신. 도쿄제국대학 의과대학 졸업, 독일 유학, 의학박사. 1909년 대한의원 의관 겸 교수로 한국에 옴. 1910년부터 총독부의원 의관, 내과 과장 역임. 국사편찬위원회 한국사데이터베이스.

27) 하가 에지로(芳賀榮次郞). 1864년생, 후쿠시마 출신. 1886년 도쿄제국대학 졸업. 1894년 의학박사, 육군 군의관 근무. 1914년 조선총독부의원 원장. 1917년 경성의학전문학교 교장. 국사편찬위원회 한국사데이터베이스.

△ 곤도(權藤) 사무관[28]은 오전 6시 정무총감부에 부(赴)하여 병의 경과에 대해 상세 보고하고

△ 동상(東上) 중의 고쿠부(國分) 차관[29] 및 왕세자 고(高) 사무관에 대하여 이태왕 전하 중환에 대하여 급전을 발하고, 또 동상의 도(途)에 있는 민 장관에 대하여 이 취지와 함께 즉시 귀임할 것을 타전하였더라.

(21일 오후 1시 이왕직 발표)[30]

같은 날 3면에는 〈덕수궁의 환후(患候) 침중(沈重)〉이라는 제목 아래 병세의 경과를 밝혔다.

21일 오전 1시 45분에 돌연 발병하심. 20일의 저녁 수라까지 평일과 같이 진어하시고 침전에 드실 때에도 아무 이상이 없으셨는데 돌연 중환이 되심.[31]

이렇게 적은 뒤 이어서 '21일 오후 1시'의 상황이라 하며 고종이 뇌일혈 증세로 중태라고 보도한 것이다.

작년 여름 이래에 치루로 미녕하시와 …… 그 후에 점차 쾌복하시와

---

28) 곤도 시로스케(權藤四郎介). 1875년생, 후쿠오카현 출신. 1899년 와세다대학 정치경제과 졸업. 오사카아사히신문사를 거쳐 1905년 인천상업회의소 서기장으로 한국에 옴. 한국통감부 시절 궁내부 사무관 역임. 1920년 이왕직 사무관 퇴임 후 조선신문사 부사장 역임. 국사편찬위원회 한국사데이터베이스.

29) 고쿠부 쇼타로(國分象太郎). 1862년생, 나가사키현 쓰시마 출신. 한국어에 능통해 일본주한공사관 통역관과 한국통감부 서기관 역임. 1910년부터 이왕직 사무관, 1917년 이왕직 차관 역임. 국사편찬위원회 한국사데이터베이스.

30) 〈태왕 전하 중환〉, 《매일신보》, 1919년 1월 22일자, 2면.

31) 〈덕수궁의 환후(患候) 침중(沈重)〉, 《매일신보》, 1919년 1월 22일자, 3면.

근일에는 거의 평복되시기에 이르렀으며 또 연래에 일기가 차가운 때에는 각기로 미녕하시와 기거가 불편하였으나 금년에는 각기로 미녕하심도 매우 감하시와 일기가 가히 춥지 아니하면 지팡이를 잡으시고 평시 기거하옵시는 함녕전 온돌에서 대청을 건너시와 동 온돌까지 걸음을 걸으시는 일도 계시며 …… 지난 17일에 한중 문안과 음력 세모 문안차로 이왕 동비 양 전하께서 함녕전에 문안하오셨을 때에도 태왕 전하께서는 상시와 조금도 다르심이 없이 **이왕 전하 사이에 가례에 당하여 만족하신 말씀이 계셨으며** …… 환후가 계시던 20일 아침에도 평시와 조금도 다름없이 오전 11시 지나서 침소에서 나오시와 전의의 배진을 받으시고 창덕궁에서 문안 온 찬시의 알현을 받으신 후 아침 수라의 진어가 계셨고 오후 3시에는 약방에서 다려 바친 가미온담탕을 진어하옵신 후에 9시쯤 되어 소화제로 가미양위탕을 약방에서 바쳤고 그로부터 내전에 근시하는 여관들을 데리시고 평일과 같이 담화가 계신 후 11시가 지난 후에 침전에 드시와 오전 1시 45분에 돌연히 환후가 침중하셨더라.

근시 여관은 황공실색하여 전의실과 친시실로 통지를 하매 **당일 입직 전의 김형배(金灐培)** 씨는 즉시 찬시의 대동으로 함녕전에 배진하여 **청심환을 올리며 응급**하여 치료하여드리는 한편으로 급보를 접한 **가미오카 의관, 안상호의 두 촉탁의사**도 시각을 머무르지 않고 즉시 덕수궁에 등대하여 배진하고 치료를 하여드렸으나 쾌도가 계시지 못하고 **5시 30분에 모리야스 박사와 하가 총독부의원**이 궁에 와서 배진한 결과 뇌일혈 증세 즉급하신 풍증으로 진단을 하여드렸으나 경과가 좋지 못하시더라. (21일 오후 1시)

그러나 이은 왕세자의 혼례를 연기하고 고종 국상이 결정되자, 이번에는 고종이 '중태'라고 공지했던 것의 말을 맞추기 위해 자연히 사망 일자를 늦출 수밖에 없는 상황이 초래되었다. 그리하여 1월 23일자 《매일신보》와 《경성일보》는 고종이 22일 오전 6시에 타계했다고 보도했다.[32]

3. 고종은 독살되었는가?

그렇다면 고종은 왜 갑작스럽게 사망했을까? 그의 사인이 무엇인지 관련 자료를 통해 추적해보자.

곤도 시로스케는 1월 21일 새벽 2시경에 '태왕 전하가 중태이니 빨리 오라'는 전화를 받았는데 그때 자신은 고종이 아니라 순종이 위독한 것이 아니냐고 반문했다고 한다. 그 이유는 평소 고종은 건강했던 반면 순종이 병약했기 때문이라고 했다. 그만큼 당시 고종의 건강 상태는 전혀 우려할 필요가 없었음을 알 수 있다. 곤도는 덕수궁 함녕전에 도착했을 당시 상황을 이렇게 전했다.

> 그때는 이미 이강 공 전하를 비롯하여 이재각 후작, 이지용 백작, 민영휘 자작, 조중응 자작 등 근친과 귀족도 급변을 접하고 별실에서 기다리고 있었다. 총독부의원의 모리야스 박사와 전의 안상호 씨도 우울한 모습으로 손을 쓸 방도가 없어 머리맡에 앉아 있었다. …… 10분 정도 지나서 **왕 전하(순종 - 인용자)가 절차를 갖출 여유도 없이 겨우 두셋 찬시 무관을 데리고 참전하여 즉시 병실로 들어갔지만 부군 전하(고종-**

---

32) 앞서 인용한 자료인 《고 이태왕 국장 서류》에 수록된 〈궁정녹사(宮廷錄事)〉를 보면 "이태왕 전하 옹태: 이태왕 전하 본월 21일 오전 1시 35분 뇌일혈을 일으켜 옹태가 나빠지셔서 6시 35분 중태에 빠졌다. 22일 오전 6시 결국 훙거하셨다"고 했다. 이것이 공식적인 발표 내용이다.

인용자)는 이미 영면하여서 효성스런 왕 전하는 통곡하여 움직이지 않았다.[33]

또 한 명의 관계자로서 고종 사망 당시 창덕궁에서 순명효왕후를 모시던 상궁 김명길은 다음과 같이 말했다.

1919년 1월 22일 마침 대한(大寒) 무렵의 몹시 추운 날이었다. 자시(子時)가 조금 지났나 싶은데 덕수궁과 연결된 덕진풍(德津風, 전화)이 가늘게 울렸다. …… 수화기를 들자 덕수궁 찬시로부터 몹시 다급한 목소리가 들렸다. …… 순종마마를 바꿔드리자 안색이 백지장처럼 변하면서 '아바마마가 위독하시다오' 하고는 황황히 나가셨다. 순종이 덕수궁 부왕의 침전에 들어섰을 때 고종은 벌써 세상을 떠난 뒤로 흰 포백(布帛)을 쓰고 고요히 누워 계셨다고 한다.[34]

자시(밤 11~1시)가 지난 시각이면 새벽 1시 이후로 추측된다. 그리고 김명길 상궁이 22일이라고 한 것은 다른 자료와 비교해볼 때 일자가 맞지 않는다. 이는 착오인 듯싶다. 곤도와 김명길의 회고의 공통점은 순종이 고종의 임종을 지키지 못했다는 것이다. 순종이 연락을 받고 덕수궁으로 간 시각에 대해《매일신보》는 아침 6시 35분경이라고 보도했다.[35] 순종이 함녕전에 도착했을 때 고종은 이미 세상을 떠난 후였고, 그보다 조금 앞서 곤도 시로스케 이왕직 사무관이 함녕전에 도착해서 순종을 맞이했다. 곤도는 고종이 사망한 시각은 1월 21일

33) 곤도 시로스케, 앞의 책(1926), 167쪽.
34) 김명길,《낙선재주변》, 중앙일보·동양방송, 1977, 40쪽.
35) 〈창덕궁 양 전하 급거 어출문(御出門)〉,《매일신보》, 1919월 1월 22일자, 3면.

오전 1시 45분이었다고 말하고 있다.[36]

발병에서 사망까지의 병세에 대해 각 신문은 어떻게 보도했을까? 1월 22일자《오사카마이니치신문》은 발병 순간의 모습을 상세히 실었다.

이태왕 전하는 이미 고질인 류마치스와 치질로 고생하셨는데 요즘 몸의 상태가 좋으셨고 별다른 일 없이 20일에도 평상대로 식사를 하시고 **오후 11시 30분 전의 안상호 씨가 진찰**했을 때에도 별다른 이상이 없었는데 21일 **오전 1시 45분경부터 갑자기 기분이 나쁘고 전의인 가미오카 의사가 달려와서 진찰**했는데 용태가 좋지 않아서 **오전 5시 총독부의원장 하가 박사, 부위원장 모리야스 박사 두 명이 와서 급히 진찰**했다. 증세는 뇌일혈로 오전 6시 30분 결국 중태에 빠지셨다.[37]

뇌일혈 증세에 대해서는 같은 일자에 전했다.

21일 오전 1시 30분경 왼쪽 손에 마비가 와서 고통에 시달리시며 침실에서 일어나 의자에 앉아 부속궁녀에게 손을 주무르게 했으나 갑자기 의자 아래로 쓰러지며 용태가 좋지 않았다. **가미오카와 안(安) 두 전의가 급히 와서 진찰했으나 20분마다 경련이 와서** 괴로워하시다가 반신불수가 되었다. 총독부의원에서 모리야스 박사가 6시 10분에 진찰했는데 그때 이미 용태가 매우 나빠서 맥박은 140, 열은 37도였다. 곧 큰 경련이 일어나 동일 6시 35분경 중태에 빠지셨다.[38]

36) 곤도 시로스케, 앞의 책(1926), 174쪽; 곤도 시로스케 지음, 이언숙 옮김,《대한제국 황실 비사》, 이마고, 2007. 262쪽. 이 책에는 사망 시각이 1시 15분으로 되어 있다. 오자라 판단해 여기서는 바로잡아 옮겼다.

37) 〈이태왕 전하 갑작스런 흉거〉,《오사카마이니치신문》, 1919년 1월 22일자(《기사집 Ⅱ》, 23쪽).

38) 〈발병 순간〉,《오사카마이니치신문》, 1919년 1월 22일자(《기사집 Ⅱ》, 23쪽).

한편,《고베신문》 1월 23일자에도 위의 기사와 비슷하게 전했다.

  20일도 창덕궁의 문안사에 대해 몸의 상태는 좋다고 응대하셨다. 동
일 오후 3시에 가지고 온 온담탕을 드시고 평소대로 저녁식사를 드신
후 건위제인 양의탕을 복용하고 **11시 김 전의의 배진을 받고** 침전에 드
셨는데 **곧 21일 오전 1시 35분 발병하여 약 5시간 만에 돌아가신 것이**
라고 한다. 전하의 건강에 대해 총독부의원장 하가 박사는 말하길 '전하
는 평소 매우 건강체여서 작년 가을 한 번 치질을 앓으셨는데 저와 우
에무라 박사가 치료하여 곧 완쾌하셨다. 류마치스는 오랜 지병이었지만
그 외에 이렇다 할 병은 없으셨다'고 말했다.[39]

  총독부의원장인 하가는《오사카마이니치신문》과의 인터뷰에서
'이번과 같은 뇌일혈은 건강한 분에게 많은 병'이라고 했다.[40]
  한편,《경성일보》 1919년 1월 24일자에는 덕수궁 촉탁의 가미오카
가즈유키(神岡一亨)의 구술담이 실렸다. 그는 자신이 1914년부터 덕수
궁 촉탁의였는데, 처음에는 격일로 진찰을 했고 수면, 식사, 맥박, 체
온 등을 건강일지에 기록했으며 작년(1918년)부터는 아침에는 안상호
가, 오후에는 자신이 진찰했다고 했다. 그에 따르면, 고종은 평소 새
벽 3시경 침소에 들었고 오전 11시경 기상해 오후 3시경에 아침식사
를 하고 점심은 과자나 죽을 먹었으며 저녁식사는 밤 11시에서 12시
경 사이에 했다. 키는 153센티미터(5척 8부), 몸무게는 70킬로그램 정
도(18관 850문)였고 시력은 좋아서 노안이나 근시의 징후도 없이 건강

---

39) 〈平素は御健康にて〉,《고베신문》, 1919년 1월 23일자.
40) 〈이태왕 평생의 건강-진찰한 하가 박사의 말〉,《오사카마이니치신문》, 1919년 1월 23일자 석
     간(《기사집 II》, 31쪽).

했다.[41] 발병 상황에 대해서는 상세하게 그간 고종을 진찰한 내용을 말했다.

　　20일의 경우도 아침은 안상호 씨가 진찰하고 **오후는 제가 진찰했는데** 별다른 징후가 없고 단지 치질은 연고만으로는 낫지 않는다고 말씀드렸을 뿐인데 이변을 당하리라고는 전혀 생각지 못했습니다. 오전 1시경 전하는 안락의자에 앉아서 약 1시간 정도 졸고 계시다가 신체 오른쪽에 경련이 일어나서 **곧바로 당직 김 전의가 살피고 안상호 씨가 진찰하고 제가 찾아뵙고 진찰했을 때 전하는 "누구냐, 너"라고 말씀하셔서 "가미오카입니다"라고 말씀드렸더니 이때 이미 전하는 중태에 빠져서 안상호 씨에게 "큰일 없겠지" 하시고는 의식이 몽롱해져서 결국 훙거하셨습니다.**[42]

《매일신보》 1월 25일자, 27일자, 29일자에서 3회에 걸쳐 촉탁의 가미오카의 기사를 다룬 〈불세출의 어천질(御天質)〉에도 비슷한 내용이 보인다. 이 문제와 관련해 특히 1월 29일자 기사에 주목해 살펴보고자 한다.

　　병환이 나시기 전날, 즉 이십 일 오후에도 자기가 배진차로 내전에 들어간즉 전하께서는 여름부터 미녕하옵시던 치질에 대해 '치질은 고약만 가지고는 거근이 되지 아니한다니 과연 그러하냐'고 물으시며 그 뒤에 가례(이은 왕세자 혼례 – 인용자)에 당한 이야기로부터 기타 여러 가

---

41)　〈ご記憶力は非凡に渡らせらる李太王の御平生〉, 《경성일보》, 1919년 1월 24일자.

42)　〈ご記憶力は非凡に渡らせらる李太王の御平生〉, 《경성일보》, 1919년 1월 24일자.

지 말씀을 하시는데 그 유쾌하고 활발하신 지식이 평시와 조금도 다름이 아니계심을 배찰하였고 **그 뒤에 배진을 한 바 역시 조금도 평상과 다르심이 없음을 뵈옵고 집으로 돌아갔는데 이때에 신명이 아닌 이상에야 어찌 몇 시간 후에 이러한 대사가 나실 줄이야 꿈에나 생각했으리오. 그 뒤에 전하께서는 십이 시에 가매에 드시와 당 교의에 기대이시다가 한 시간 동안 취침하옵시고 즉시 동풍이 되셨는데 당초에 당직 전의(김형배-인용자)가 배진하였고 그다음에 안상호 씨가 배진하고 다음에 자기가 배진**하였는데 자기가 내전 온돌에 등대를 한즉 전하께서는 눈을 뜨시고 "네가 누구냐" 하는 물으심이 계시기에 "신강(神岡, 가미오카)이올시다"고 아뢰었으나 별로 다른 말씀은 아니 계시고 그 뒤로부터는 환후는 점점 중한 편으로 향하셨는데 이러한 때에 의사의 응급수단으로 주사라도 하여드려야겠지만은 주사를 하여드린다 하야 회복되실 기망은 안 계신 줄로 배찰하였으며 경성에 계옵신 이왕 동비 양 전하께서와 이강 공 동비 양 전하께서는 이미 좌우에 뫼시와 근시 일동도 그 기대할 유감은 없을 뿐 아니라 고래의 전례로 전하의 존체에는 도저히 침을 대이지 못하며 또 그 위에 회복되시지 못할 줄 배찰한 다음에는 주사로 인하여 다시 조금이라도 고통을 더하여드릴 필요가 없다는 근시의 의견도 있어서 주사는 하여드린 일이 없었노라. **생각하건대 전하께서 아직 건강하신 체질로 돌연히 급징의 풍병환에 상사가 나심은 아마 전하의 어 일문에 그러한 병환이 계신 것이 관계된 듯하니 전하의 동기 되시는 이희 공 전하께서도 같은 병환으로 돌연히 훙거하시고 조카 되시는 이준 공 전하께서도 역시 그와 같이 훙거하심으로 미루어보면 아마 거기 대한 관계도 적지 아니하신 줄 생각하노라.**[43]

---

43) 〈불세출의 어천질(御天質)〉,《매일신보》, 1919년 1월 29일자.

가미오카의 진술을 종합하면 가미오카가 고종 발병 전에 배진한 것은 1월 20일 오후였고 그 후에도 한 차례 더 배진하고 집으로 돌아갔다고 했다.

고종의 발병 후 경과 보도에서 등장하는 의사는 안상호와 가미오카, 모리야스, 하가 총독부의원장이다. 가미오카는 고종의 전의로서 고종 배진의 이력에 대해 자세히 소개하고 있다. 그런데 그의 진술에서 전혀 등장하지 않은 숨겨진 제3의 의사가 있었다. 이들보다 앞서 당시 고종을 제일 먼저 진찰하고 임종을 지켰던 일본인 의사가 있었는데, 그녀의 이름은 도가와 기누코(戶川錦子)[44]이다. 1월 23일자《경성일보》는 그녀의 진술을 다음과 같이 보도했다.

> **아기〔阿只〕 공주(덕혜옹주를 말함-인용자)의 부의(附醫)인 관계로 작년 (1918년-인용자) 가을 가미오카 전의(典醫)가 병에 걸린 이후 제가 대신 전하의 맥을 진찰하게 되었으므로 매일 저녁 6시부터 참궁하여 전하의 진맥을 하는** 한편 매주 소변 검사도 했는데 발병 전날까지 아무런 변화도 없었고 체온도 36도 3부, 맥박 88이었습니다. **그런데 발병하기 4, 5일 전에 전하는 저에게 "다소 식욕이 없고 잠이 잘 오지 않네"라고 말씀하셔서 매우 걱정하며 진찰을 했으나 특별한 이상은 없었습니다.** 전하는 평소에 의자에 앉아 계시는 것을 좋아하셔서 발병 전에도 의자에 앉아 계셨는데 얼마 후 **첫 번째 발작이 있어서 가까이 있던 전의가 놀라서 저에게 바로 참궁하라고 연락해주어서 저는 허둥지둥 참궁하여 진**

---

44) 도가와 기누코(戶川錦子). 1887년생, 이바라기(茨城)현 출신. 1909년 도쿄여자의학전문학교 졸업. 1910년 10월 조선에 도항해 총독부의원 산부인과 근무. 이왕직 촉탁으로 고종의 주치의 역임. 1917년 7월에 광화문에 도가와의원(戶川醫院) 신축해 개업함. 국사편찬위원회 한국사 데이터베이스.

찰했습니다. 전하는 "도가와(戶川)인가. 추운데 잘도 와주었구나. 나는 왜 이렇게 안 좋지?"라는 말씀을 하셨습니다. 그리고 2, 3회에서 7회까지 경련이 계속되었습니다. 전하는 매우 건강하셨습니다. 그러나 2, 3회부터 맥박이 110, 4번째 경련부터는 130에서 140 사이를 왔다 갔다 하고 체온은 37도 7부로 올라갔습니다. 점점 쇠약해지는 정도가 증가하여 **8회째 경련부터는 완전히 의식이 없어졌습니다. 마침 그때 이왕 전하가 참궁하셨습니다. "늦어서 죄송합니다"라고 말씀드리자 단지 (고종은-인용자) 가볍게 고개를 끄덕거릴 뿐이었습니다. 생각해보니 일곱 번째 경련이 왔을 때 제가 조용히 주무시기를 권하자 전하는 "그렇게 하지"라고 단 한마디를 하셨는데 그게 최후의 말씀이 되어버렸습니다. 경련은 12회까지 이어졌고 안타깝게도 결국 훙거하셨습니다. 그때는 오전 6시경이었습니다.**[45]

덕혜옹주의 전의였던 도가와는 1918년 가을 이래 병에 걸린 가미오카를 대신해 저녁 배진을 담당했다. 고종의 급환 소식을 제일 먼저 전달받은 의사도 도가와였다. 그녀는 안상호와 가미오카보다 먼저 도착해 고종을 진찰했고, 고종의 임종까지 곁에 있었다. 고종 서거 발표일에 게재된 기사이고 기사의 제목도 〈제일 먼저 참궁하여 진맥을 한 도가와 여의의 이야기〉라고 한 것처럼, 이 기사는 고종의 병세 진행을 목도한 의사의 진술이라는 점에서 사실관계를 파악하는 데 크게 도움이 된다고 생각된다.

그런데 이와 관련해 의심스런 대목이 있다. 즉, 도가와의 배진 내용은 《경성일보》 1월 23일자에만 보인다는 점이다. 1월 24일자 《경성

---

45) 〈眠るか如く御臨終—真っ先に参宮して御脈を執った戶川女医談〉, 《경성일보》, 1919년 1월 23일자.

일보》의 가미오카 전의 인터뷰 기사에도 도가와에 대한 언급은 없으며,《매일신보》에는 아예 없다. 단, 고종독살설이 일파만파로 확대되는 상황을 무마하기 위해 보도되었던 3월 16일자 고종 사망에 대한 해명 기사에는 고종 임종 당시 함께 있던 인물 중 '가미오카를 보조한 의사'로 도가와의 이름이 언급되었다. 이러한 점은 가미오카 의사가 자신을 대신해 도가와에게 고종의 저녁 배진을 맡긴 것을 찜찜하게 여겼기 때문이 아닐까 싶다.

1월 20일부터 고종 사망까지 각 보도자료 내용을 종합해 시간 순서로 경과를 살펴보면 〈표 1〉과 같다.

가미오카는 앞서 소개한 진술에서 평소에 고종은 건강했기에 전혀 이런 사태를 예상하지 못했다고 했다. 그리고 갑자기 사망한 이유에 대해 가계의 뇌일혈 질환이 영향을 끼친 것 같다는 자신의 생각을 달았다. 가계의 뇌일혈 병력을 지적한 기사로는 이미 1월 22일자《오사카마이니치신문》에 이준 공과 이희 공이 뇌일혈로 사망했다는 내용이 게재되어 있다.[46] 아마《오사카마이니치신문》의 정보도 가미오카 의사에게 얻은 것이 아니었을까 추측된다.

고종독살설이 3·1운동과 함께 일파만파로 퍼져나가자 이를 무마하기 위해《매일신보》와《경성일보》는 1919년 3월 15일자와 16일자에 고종의 사인에 대한 장문의 해명 기사를 실었다. 고종의 사인은 뇌일혈 증세라는 것이 요지인데, 그중 배진한 의사들 가운데 도가와의 이름이 보이며 관련 경과를 상세하게 기술했다.

고종께서는 평시에 전의와 촉탁의가 매일 두 차례, 아침에는 전의 1

---

46) 〈유전인 뇌일혈인가〉,《오사카마이니치신문》, 1919년 1월 22일자(《기사집 II》, 26쪽).

1월 20일		
시각	내용	출전
오전 11시	고종 기상, 안상호 촉탁의 배진, 아침식사	《매일신보》, 1919년 1월 22일자
오후 3시	고종 가미온담탕 진어	《매일신보》, 1919년 1월 22일자
오후	가미오카 대표 촉탁의 2회 배진 (*시간 특정 안 됨)	《경성일보》, 1919년 1월 24일자
오후 6시	도가와 촉탁의 배진 진맥함	《경성일보》, 1919년 1월 24일자
오후 9시	소화제로 가미양위탕 진어	《매일신보》, 1919년 1월 22일자
오후 10시	저녁식사	〈불세출의 어천질〉, 《매일신보》, 1919년 1월 27일자
오후 11시~ 11시 30분	오후 11시 김형배 전의 배진	《고베신문》, 1919년 1월 23일자
	오후 11시 30분 안상호 촉탁의 배진	《오사카마이니치신문》, 1919년 1월 22일자
1월 21일		
오전 1시 45분	고종은 함녕전 서온돌 안락의자에서 가면 중 발병	
	김형배 전의 청심환 처방	《매일신보》, 1919년 1월 22일자
	전의가 도가와에게 연락	《경성일보》, 1919년 1월 23일자
	전의가 안상호와 가미오카에게 연락	《매일신보》, 1919년 1월 22일자
	도가와 촉탁의 제일 먼저 참궁해 배진, 뇌일혈 진단. 고종은 20분마다 아침 6시경까지 총 12회 경련을 일으켰다고 진술	《경성일보》, 1919년 1월 23일자
오전 2시 30분	안상호 배진	《경성일보》, 1919년 3월 16일자
오전 4시 53분	가미오카 배진, 뇌일혈 진단	《경성일보》, 1919년 3월 16일자
오전 5시 30분~ 6시 10분	5시 30분 설: 모리야스, 하가 배진, 뇌일혈 진단	《매일신보》, 1919년 1월 23일자
	6시 10분 설: 모리야스 박사 진찰	《오사카마이니치신문》, 1919년 1월 22일자
오전 6시경	곤도 시로스케 이왕직 사무관 참궁(연락받은 일시-새벽 2시경)/별실에 이미 이강 공 전하 등 근친 귀족 대기 중임/곤도는 야마가타 정무총감에게 보고	곤도 시로스케, 《이왕궁비사(李王宮秘史)》, 조선신문사, 1926, 167쪽
오전 6시경	고종 사망 (도가와 여의 진술)	《경성일보》, 1919년 1월 23일자
오전 6시 10분~ 6시 50분경	순종과 순종비 참궁 (새벽 2시경 연락받음) *신문 보도에는 순종과 순종비가 머리맡에서 간호했다고 하나 실제로 임종을 지키지 못함 (근거: 곤도 시로스케와 김명길 상궁의 증언, 《매일신보》의 보도 내용: 순종이 창덕궁에서 6시 35분 출발)	《매일신보》, 1919년 1월 22일자 곤도 시로스케, 《이왕궁비사》, 조선신문사, 1926 김명길, 《낙선재주변》, 중앙일보·동양방송, 1977
오전 6시 30분	고종 훙거 시각 (1919년 1월 21일 오전 6시 30분)	《오사카마이니치신문》, 《고베신문》, 1919년 1월 22일자 《경성일보》의 도가와 진술담, 1919년 1월 23일자
오전 11시 37분	일본에 고종 중태 전보 보냄	〈병상의 고지〉, 국립공문서관
오후 1시	고종 위독 발표, 병세 보도, 1월 21일 오전 6시 35분 중태 (이왕직 발표)	《매일신보》, 1919년 1월 22일자
1월 22일		
오후 1시	훙거 일시 공식 발표: 1월 22일 오전 6시 훙거	국내외 각 신문 궁내성, 이왕직 보도자료로 보도

표 1. 각 보도자료에 나타난 고종 발병에서 임종까지 시간별 상황

명과 촉탁의 1명, 저녁은 전의 2명과 촉탁의 3명이 진후(診候)하고 있다. 고종은 작년 8월에 치질을 앓으신 후 원기가 쇠침하신 듯하나 건강에는 별로 이상이 없었다. **붕거하시기 4, 5일 전부터는 구갈(口渴)의 기운끼가 있어 취침범절이 전과는 못한 듯하였다.** …… 12시경 매일 밤의 정례대로 전의가 바치는 한약을 드시고 …… 0시 40분경 졸음이 온다고 서온돌(西溫突) 구석 칸에 있는 안락의자에 기대어 가매(假寐)하셨는데 1시 45분경 돌연히 '어-' 하는 소리를 내시며 우수(右手)를 높이 쳐들고 좌각(左脚)은 의자 아래로 떨어뜨리고 의자에는 허리만 걸치게 되었다. …… 광화당(내인)은 창덕궁과 이강 공저에 전화하오리까 하고 여쭌즉 속히 전화하라고 하시었다. …… **숙직사무관 한상학이 …… 얼른 안상호를 부르라 하시었다. 한상학은 즉시 안상호(촉탁의)에 전화를 걸고 가미오카 촉탁의에게는 급히 전인**하였다. **2시 30분에 안상호가 들어오니** 얼른 맥을 보아라 하시었다. 맥박 110, 체온 36.5로 아주 중태는 아니나 뇌일혈이 확실하므로 급히 전의보(典醫補) 이케베 요시오(池部義雄)를 불러들이어 치료하던 중 풍증(風症)이 발작하여 회를 거듭할수록 더 심해갔다. 창덕궁에서 보내온 전의 서병효(徐丙孝)가 한약을 드렸으나 목에 넘어가지 못하였다. **4시 53분 가미오카 촉탁의가 들어왔는데 누구냐고 물으시므로 가미오카라 여쭈니 잠시 바라보시고 도가와 촉탁의도 참내하여 함께 도와 치료하게 되었는데** 좀 자겠다고 말씀하시더니 그 후 다시 정신이 혼미해지셔서 5시 30분에 모리야스 박사가 배진 치료하였으나 효험이 없었으며 발병 이후 열두 번 동풍으로 6시 30분에 아주 중태에 이르셨다. 이상은 당일의 근시 내인 최현식(崔賢植), 동 신희선(申熙善), **전의 김형배, 촉탁의 가미오카 가즈유키, 동 안상호, 동 도가와 기누코, 전의보** 이케베 요시오, 간호부 최효신(崔孝信), 숙직사무관 한상학의 진술에 의한 것이라고 한다.[47]

이 내용을 보면 당시 고종의 전의는 한국인으로 김형배와 안상호가,[48] 일본인 촉탁의로 가미오카와 도가와, 이케베 요시오 전의보[49]가 담당하고 있었다고 한다. 그런데 이 내용에는 가미오카가 참내한 것은 1월 21일 새벽 4시 53분이고, '도가와 기누코도 참내하여 도와 치료했다'고 하여 이미 도가와가 와서 배진하고 있었다는 이야기는 없다. 가미오카는 촉탁의이면서도 고종 발병 후 참내했다는 점, 실제로는 1918년 가을 이래로 가미오카 대신에 도가와가 고종의 저녁 배진을 담당했다는 점도 숨겼다.

도가와의 진술에 따르면 4, 5일 전부터 고종은 식욕이 다소 떨어지고 불면증과 구갈증을 느꼈다고 호소했지만 대수롭지 않게 여겼다. 이는 사실상 의료 과실이 아니었을까? 그 때문에 가미오카는 《경성일보》와 《매일신보》의 인터뷰에서 자신이 고종의 건강일지를 기록해 세심히 보필했음을 강조하고 뇌일혈이 고종 가계의 병력이라고 하여 고종 사망을 합리화한 것이 아닐까? 또 하나의 가능성은 도가와 기누코가 여성이기 때문에 그녀의 배진 사실을 공개적으로 드러내지 않으려 했을 수도 있다. 도가와 기누코는 왕실 여성들의 진찰을 담당한 촉탁의였다.[50] 물론 안상호와 김형배도 배진을 했기 때문에 설사 가미오카 의사의 임무 소홀이 있었다 하더라도 고종의 급서를 전적으로 그의 책임으로 돌릴 수는 없다. 그러나 도가와의 역할을 언급하지 않았다는 점에서 가미오카가 의심스런 진술을 했음이 드러난다.

47) 〈誣罔も甚し奇怪なる流言蜚語〉, 《경성일보》, 1919년 3월 16일자.
48) 실제로 안상호는 전의가 아니라 촉탁의였다. 이정은, 앞의 논문 참조.
49) 이케베 요시오(池部義雄). 1876년생, 오이타(大分) 출신. 1900년 도쿄의학전문학교 졸업, 1901년 교토의학전문학교 졸업. 1910년 한국에 와 경성 안동병원 부원장, 1912년부터 이왕직 전의보, 이태왕(고종) 전의보, 1924년 이왕직 전의 역임. 국사편찬위원회 한국사데이터베이스.
50) 草野ひばり, 〈京城の女医調べ〉, 《朝鮮及満洲》 132호, 1918년 6월, 100~102쪽.

고종독살설과 관련해 또 하나의 문제는 고종 사후의 모습이다. 고종 사망 뒤의 모습에 대해 도가와는 "편안한 모습"이었다고 적었고, 곤도 시로스케는 "풍만한 볼, 고운 혈색, 굳게 다문 입술, 당당한 왕자다운 풍채는 생전의 모습과 조금도 변함이 없고 지금이라도 평소처럼 쾌활하게 말씀하실 것처럼 생각되었다"[51]고 적었다.

그런데 이와 상반된 진술이 있다. 김명길 상궁이 고종의 시신을 염할 때 시체에서 살이 묻어나 독살에 대한 의문이 한층 굳어졌다고 회고한 점,[52] 《윤치호 일기》 1920년 10월 13일자 고종을 염한 자리에 있었던 민영달에게 들은 이야기로 "고종의 팔다리가 엄청나게 부어올라서 사람들이 황제의 통 넓은 한복 바지를 벗기기 위해 바지를 찢었고 황제의 입안에 이가 모두 빠져 있고 혀가 닳아 없어졌다, 30센티미터가량 되는 검은 줄이 목 부위에서 복부까지 길게 나 있었다"고 언급한 점 등이다.[53] 이것은 고종의 독살을 입증하는 진술로 학계에서도 언급되었다.

과연 이와 같은 모습이 고종 독살의 증거라 할 수 있을까? 이에 대해서는 사람이 죽은 뒤 어떤 변이 과정을 거치는지를 통해 살펴볼 수 있을 것이다. 먼저 도가와와 곤도 시로스케가 말한 "편안한 모습"이라는 것은 사망 후 바로 일어나는 시신의 이완 현상이다. 즉, 사후에 시신은 중추신경 지배가 소실되어 얼굴 근육이 반발력을 잃고 옆으로 퍼지게 된다. 그래서 '웃는 듯한 표정'이 되는데, 이는 청장년보다 고령자에게 흔히 나타나는 현상이다. 그러고 나서 사후 경직이 진행된다.[54] 독살인 경우 사망 직후에 입과 눈이 열려 있고 얼굴색은 흑자

51) 곤도 시로스케, 앞의 책(1926), 168쪽.
52) 김명길, 앞의 책, 40·41쪽.
53) 이태진, 앞의 논문, 433쪽.

색이거나 파랗고 손톱도 파랗다고 한다.[55]

사람이 사망하면 바로 하루 안에 염을 하는데, 고종의 시신은 아무런 조치도 하지 않은 채 우왕좌왕하는 가운데 하루가 경과되었고, 게다가 고종의 소렴식은 이은 왕세자가 도착한 후에 진행되었다. 결국 고종의 시신은 4일 정도 아무 조치도 하지 않은 채로 있었던 것이다. 참고로 1909년 10월 26일 안중근이 쏜 총에 맞아 사망한 이토 히로부미의 시신은 다음 날 10월 27일 다롄(大連)에서 방부 처리 되어 일본으로 이송되었다.[56] 이은 왕세자는 1월 24일 오전 10시 10분 남대문에 도착해 즉시 덕수궁으로 가 고종의 유해에 절을 하고 이어 1월 24일 오후 1시부터 소렴식이 거행되었다.[57]

사람이 죽으면 시신이 급격히 붓기 시작하는데, 이는 박테리아가 활동하기 때문에 일어나는 일반적인 시신 부패 과정이다.[58] 건강한 사람의 경우 평소 장내에 약 1킬로그램의 세균이 존재하는데, 살아 있을 때는 이것이 인간의 생명 유지 조건으로 작용하지만 사망 후에는 장내에서부터 세균 증식이 왕성히 일어나 시신이 팽창하면서 부패가 시작된다.[59] 또한 그 외의 유효 세균으로 표피 세균, 구강 내 세균, 질간균(膣桿菌)이 있는데, 살아 있을 때는 다른 외부 세균에 대한 '제균 역할'을 하지만 사망하게 되면 시신 내의 산소와 탄산가스 압

54) 伊藤茂,《ご遺体の変化と管理》, 照林社, 2009, 15쪽.

55) 上野正彦,《死体は生きている》, 角川文庫, 1996.

56) 이토 히로부미의 시신은 1909년 10월 27일 다롄에서 포르말린 액을 주사해 방부 처치를 취한 다음 관은 오동나무로 이중 덮개를 하고 외장은 밀봉했다. 그 위에 아연관으로 에워싸고 구멍을 뚫어 포르말린 액을 다시 주입해 또다시 밀봉한 다음 일본으로 수송했다. 〈다롄 전보 27일—유해 조처〉,《모지신보(門司新報)》, 1909년 10월 27일자.

57) 〈소렴식 마치다〉,《오사카마이니치신문》, 1919년 1월 25일자(《기사집 Ⅱ》, 44쪽).

58) M. 리 고프 지음, 황적준 옮김,《파리가 잡은 범인》, 해바라기, 2002 참조.

59) 伊藤茂, 앞의 책, 31쪽.

력이 크게 변화해 부패를 촉진한다. 한편, 부패를 가속화하는 조건으로는 사망 시의 체온, 체내에 남아 있는 영양물질의 정도, 외부 기온 등을 들 수 있다.[60] 그런데 고종은 뇌일혈을 일으키며 체온이 조금 상승했고 더구나 밤 10시에 저녁식사를 했다. 또한 겨울이었다고는 하나 실내에서 4일간 방치되어 있었다.

한편, 고종의 목 부위에서부터 흉부까지 나타났다고 하는 검은 줄은 피하출혈 현상일 수 있다. 시신의 피부색이 변화하는 원인에는 사반(死斑)과 피하출혈이 있다. 사람이 죽으면 혈장(血漿)과 혈구(血球)가 분리되는데, 사반은 중력이 작용해 비중이 높은 적혈구가 시신의 아래 부분에 면(面)의 형태로 나타나는 것을 말한다. 피하출혈은 피의 흐름이 막히고 체류가 일어나 혈액이 응고해 정맥이 보이는 피부 표면에 발생하는데, 주로 목의 측면, 손등, 발바닥에 나타난다고 한다.[61] 따라서 고종의 경우 사반이라기보다 피하출혈로 봐야 할 것 같다. 이러한 사실을 감안하면 민영달과 김명길 상궁이 말한 고종 시신의 변이는 부패가 이루어지고 있던 모습을 설명하는 것이지 고종 독살을 입증하는 근거는 되지 못한다.

4. 고종독살설, 3·1운동의 기폭제가 되다

국내에서는 고종의 임종 직후 불미스런 죽음이라는 소문이 일파만파로 퍼져나가고 있었다. 곤도 시로스케는 "공식적으로는 태왕 전하

---

60) 위의 책, 32쪽.
61) 위의 책 참조.

께서 중태에 빠지셨다고 서거 사실을 비밀로 했으나 이미 사실은 안팎으로 알려져 있었으므로 경성을 중심으로 전 조선의 민심은 경악과 불안한 기운으로 가득 차 있었다"[62]고 했다.

3월 7일자《경성일보》는 〈황당무계한 유언 선동에 휘둘리지 말라〉라는 제목 아래 어떤 귀족의 담화를 실었다.

다년간 해외에 있으면서 현재 조선의 상태를 알지 못하는 무리가 우연히 파리강화회의에 제출·토의된 민족자결주의를 방패로 하여 조선의 독립을 기도하고 내지에 있는 조선인 유학생 일부 혹은 조선의 모 종교 관계자, 생각이 천박한 학생들과 비밀리에 상통하여 민심을 유혹·선동한 결과 이와 같은 불상사를 야기한 것이다. 그 선동 방법으로 그들은 다음과 같은 소문을 유포하고 있다. 즉, **이번 해외 재주 조선인이 제출한 조선독립의 제안은 파리강화회의에서 각국이 승인하게 되었다.** 그런데 일본의 강화회의 열석 대표자는 당해 제안 승인을 무마하고 또한 방해할 방법으로 정부를 통하여 조선의 귀족, 종교, 교육 그 외 각 방면의 대표자에게 조선인은 사실상 일선합병을 기뻐하며 일선인 동화를 실현시키고자 노력하고 있으므로 민족자결, 조선독립을 희망하는 자는 없다. 게다가 **이 사실과 반하여 독립운동을 일으킨 것은 모국의 실상을 모르는 해외 이주자의 망동에 불과하다는 의미를 기록한 서면에 서명 날인을 강제하고 마지막으로 이태왕 전하에게 서명을 강제했는데 이태왕 전하가 이를 거절해서 정부는 모 씨에게 내의(內意)를 전달하여 이태왕 전하를 독살했다고 하는 것이다. …… 무엇보다 조선의 독립이 강화회의에서 승인되었다는 식의 일은 없다.** 또한 일본 정부가 무엇 때문에 이

62) 곤도 시로스케 지음, 이언숙 옮김, 앞의 책(2007), 262쪽.

태왕 전하의 증명을 받아 조선독립운동을 저지하겠는가? **일한병합 이래 이왕가의 당주는 이태왕이 아니라 이왕**이다. 가권(家權)을 버리고 은퇴한 이태왕 전하에게 무슨 교섭이 있을 리 없다. 그뿐 아니라 **왕세자 전하의 경사를 목전에 두고 이태왕 전하를 독살하는 것이 일본 정부로서 할 수 있는 일인가, 아닌가?** 만약 그런 일이 있다고 한다면 일본 정부는 황실의 존엄을 범한 것이 되지 않겠는가? 이 두 가지 이유로 보면 이런 소문이 전혀 허망한 것임을 알 수 있다.[63]

이와 같은 반박 기사에도 불구하고 고종 독살에 대한 소문은 좀 더 구체적인 내용이 덧붙여지면서 퍼져나갔다. '아무개가 본 바에 의하면'이라던가, 몇 월 며칠 등 구체적인 일자가 언급되거나 실재 사건과 결합되며 소문이 전파되어 사람들은 '아귀가 들어맞는다' 또는 '아니 땐 굴뚝에 연기 나랴?'라는 생각을 하게 되고 소문은 자기증식을 해나간다.

《경성일보》와 《매일신보》 1919년 3월 15일자와 16일자에는 궁녀에게 식혜에 독을 타게 하여 고종을 독살했다는 소문을 무마하기 위해 장문의 해명 기사가 실렸다. 밤 11시경 나인 신응선이 은기에 식혜를 바쳤는데, 그중 10분의 2를 마시고 나머지는 나인 양춘기, 이완응, 최헌식, 김옥기, 김정완 등이 나눠 마셨다고 하여 식혜독살설을 구체적으로 부인하는 내용을 실었고, 고종의 사인은 뇌일혈 증세가 역력하다고 했다.[64] 또한 사주를 받고 식혜에 독약을 탄 궁녀 2명이 함구를 위해 독살되었다는 소문에 대해 언급하면서 2월 1일에 죽은 이는 덕

63) 〈荒唐無稽の流言煽動に誤らるる勿れ〉, 《경성일보》, 1919년 3월 7일자.
64) 〈誣罔も甚し奇怪なる流言蜚語〉, 《경성일보》, 1919년 3월 16일자.

수궁 복이나인 박완기(62세)인데, 그는 내전 청소와 아궁이 일 등 잡역에 종사했고 이미 폐결핵을 앓고 있다가 고종 서거 후 낙담하다가 죽었으며, 그는 고종의 음식에 가까이 갈 신분이 아니었다고 했다. 또한 명인 창덕궁 침방나인 김춘형(79세, 수하동 26 거주)은 안동별궁에서 침선에 종사했는데, 1월 23일에 죽었지만 덕수궁에는 출입한 적이 없는 자였다고 했다.[65]

이러한 자세한 해명 기사가 게재되었다는 것 자체가 당시 고종독살설이 3·1운동 과정에서 얼마나 위력을 발휘했는지를 엿보게 한다. 고종 국장 거행은 일단 많은 사람을 경성으로 모여들게 했다. 2월 28일에 국장 예행연습이 거행되어, 이날 연도는 10만여 군중으로 혼잡했고, 3월 1일에는 9시부터 덕수궁에서 조문 낭독 의식이 있어서 이날도 구경하는 사람들이 거리에 많이 쏟아져 나와 있었다. 3월 2일 기사에는 국장에 참례하려는 사람들로 남대문역이 군중으로 가득하다고 했다. 3월 3일 국장 거행을 보기 위해 사람들은 새벽부터 이미 거리에 나와 진을 치고 있다고 전했다.[66]

당시 지방에서 경성으로 온 이들의 남대문역 승하차 인원을 살펴보면 〈표 2〉와 같다. 평소의 승강 인원은 2,000명 내외였는데,[67] 2월 28일 남대문역에 하차한 인원은 무려 1만 4,000여 명이며, 2월 27일부터 3월 3일까지는 6만 3,786명이다. 한편, 승차 인원이 가장 많았던 3월 3일부터 7일까지는 4만 9,404명이다. 《오사카마이니치신문》은 40만 명이 지방에서 경성으로 왔다고 보도했다.[68]

65) 《매일신보》, 1919년 3월 15일자·3월 16일자.

66) 《오사카마이니치신문》, 1919년 3월 1일자·3월 2일자(《기사집 Ⅱ》, 104～107쪽).

67) 破翁生, 〈奇怪なる宣敎師等の行動〉, 《오사카아사히신문》 만선판(滿鮮版), 1919년 3월 14일자.

68) 〈경성의 혼잡〉, 《오사카마이니치신문》, 1919년 3월 7일자 석간(《기사집 Ⅱ》, 140쪽).

날짜	승차 인원(명)	하차 인원(명)
(2월) 27일	1,667	6,006
28일	3,136	14,080
(3월) 1일	3,075	9,686
2일	2,314	25,903
3일	12,235	8,111
4일	12,826	3,372
5일	10,071	2,506
6일	7,864	1,754
7일	6,408	2,149
8일	3,874	1,770
9일	3,369	1,735

※ 출전: 〈국장과 철도여객(國葬と鉄道旅客)〉, 《오사카아사히신문》(만선판), 1919년 3월 14일자.

표 2. 국장 기간 남대문역 승하차 인원

이들이 국장을 배관하기 위해 왔다가 자연스레 시위대와 함께 만세운동에 참여한 것이다. 《오사카아사히신문》 만선판(滿鮮版)[69]에는 다음과 같은 기사가 실렸다.

나는 이번 소요에서 가장 이상하게 생각한 사실 하나를 알리고자 한다. …… **경성 그 외의 대도회에서 그들의 운동이 종래처럼 폭동적인 모습 및 색채와는 다르게 무엇보다 끈기 있고 또한 비교적 질서를 갖춰 이루어져 그들 배후에는 용의주도한 어떤 세력이 잠재되어 있음은 누구라**

---

69) 만선판이란 《오사카아사히신문》에서 발행한 만주와 조선에 배포한 지방판을 말한다. 지방판은 해당 지역에 배포되었는데, 그 지방에서 발생한 기사 중 주요 기사로 판단될 때에는 전국지 신문 지면에 게재되고, 지방의 내용일 경우에는 해당 지역 지방판에 실리는 방식이었다.

도 느끼는 일이다. …… 특히 3월 1일 경성의 경우는 1만여 명의 학생이 중견이 되어 독립만세를 외치고 시위운동을 했는데 돌 하나 던지는 자가 없어 우리 경계대도 이에 대해 아무런 대응도 할 수 없던 상태였다. …… 만약 그들이 폭동적 행위를 보였다면 우리 관헌의 손으로 그들을 모조리 체포할 수 있는 많은 수단과 방법이 있었지만 앞서 말한 것처럼 여학생을 선도로 하여 단지 만세를 연호하며 행진했기 때문에 이에 대해 고압 수단을 취하면 오히려 위험해질 것을 우려하여 자제한 것이다.[70]

위 기사에서 보듯 평화적 시위였기에 대중의 적극적인 참여를 유도할 수 있었다. 게다가 '고종 독살'은 일제에 대한 저항정신에 불을 지르는 역할을 했다. 그 역할에 대해《조선과 만주(朝鮮及滿洲)》에서도 다음과 같이 분석했다.

이태왕 훙거에 대해서 이런저런 소문이 있다. 이를 소재로 하여 너무나도 그럴듯하게 여러 가지로 착색한 기사를 날조하여 이를 등사판으로 찍어서 배포한 불령선인이 있다. 그 때문에 이 풍설이 여기에서 저기로 조선인 사이로 퍼져나갔다. 지방의 무지한 조선인들이 소동을 피운 것은 무엇보다 이 때문이라는 설이 있다. 그 불령 무리는 조선인 선동책에 힘을 기울인 것이다.[71]

고종의 급서를 둘러싼 소문이 군중 동원에 얼마나 큰 영향을 끼쳤

---

70) 破翁生, 〈奇怪なる宣教師等の行動〉, 《오사카아사히신문》(만선판), 1919년 3월 14일자.

71) 〈風聞馱語〉, 《朝鮮及滿洲》 19권 142호, 1919년 4월 1일, 144쪽. 호소이 하지메의 3·1운동에 관한 서술에도 이와 같은 내용이 언급되어 있다. 細井肇, 《鮮滿の經營: 朝鮮問題の根本解決》, 自由討究社, 1921, 261〜265쪽.

는지를 알 수 있다. 고종의 급서를 둘러싸고 그 외에도 많은 소문이 있었다. 지방에서는 자살, 독살, 분사설이 나돌았지만 경성에서는 독살설이 강세였다. 그중 자살설을 일축하는 의견도 있었다.

고종황제가 이 왕세자와 나시모토 공주의 결혼식을 꼭 나흘 앞두고 승하하는 바람에 스스로 목숨을 끊은 것이라는 소문이 나돌고 있지만 정말 얼토당토않은 얘기다. 예전에 이미 굴욕을 감수한 고종황제가 이제 와서 하찮은 일에 억장이 무너져 자살했다는 게 말이 되나?[72]

전하의 훙거는 자해한 것처럼 생각하는 자가 있지만 그렇지 않다. 만약 자해라고 한다면 왕위에서 쫓겨났을 때, 혹은 병합 발표를 들었을 때라면 모를까 오늘날 추호라도 자해할 만한 원인으로 인정되는 것은 없다.[73]

또한 고종의 서거에 대해 장년층 이상에서는 매우 애도하는 분위기였다. 하지만 총독부 경무국의 조사보고에 따르면, 신교육을 받은 청년들 중에는 부정적인 견해를 가진 이들이 있었다.

전하는 조선의 총명한 성군이었지만 정치는 좋지 못하여 조선을 오늘의 지경에 이르게 하였다. 좋지 못한 정치는 군주로서 받들 가치가 없다.[74]

---

72) 윤치호 지음, 김승태 편역, 〈1919년 1월 26일〉, 《윤치호 일기》, 역사비평사, 2001, 69쪽.
73) 〈高宗死去に関する朝鮮人の動向〉(総督府警務局, 1919. 3), 姜德相 編, 《現代史資料(25): 朝鮮 (一) 三·一運動(一)》, みすず書房, 1966, 73쪽.
74) 위의 책.

3월 3일 고종의 장례에 학생들이 등교하지 않아서 교사가 학생들을 인솔해 국장의에 참여하려는 계획이 무산되는 바람에 일본인 학생들이 교사 인솔하에 단체로 국장의에 참석하는 기현상이 있었다고 한다.[75] 조선인 학생들은 3월 1일부터 동맹휴학을 감행함으로써 개별적으로 국장의에 참여해 봉송했다. 당시 독립운동을 기획한 이들이 중시한 것은 고종 장의를 계기로 계획한 '만세시위'였다.

국권 피탈의 현실 속에서 민중이 본 조선 왕실

'고종의 독살설'은 조선인이라면 누구나 일제에 대한 민족적 저항감을 고취할 수 있는 소문이었고 3·1운동의 기폭제가 되었다. 그러나 3·1운동의 정신은 고종에 대한 충군의식에 머물러 있지 않았다. 당시 조선 왕실에 대한 조선인들의 인식에 대해 조선통으로 알려진 호소이 하지메(細井肇)의 지적은 시사적이다.

　　3월 소요가 이태왕 훙거를 기회로 기독교도(주창자 윤치호)와 천도교도(주창자 손병희)에 의해 점화되어 전도(全道)를 들어 이에 호응한 것이어서 현재 이왕가에 대한 조선 인민의 복고적 관념의 잠재를 상상하는 자가 있다면 조선 인민의 심성을 이해하지 못하여 어리석다는 비난을 면하지 못할 뿐 아니라 조선의 사실(史實), 조선에서의 왕가의 지위 및 왕가와 양반의 관계 일반도 모르는 자이다. 단언컨대 이왕가는 현재 조선인의 어떤 계급, 어떤 인물의 뇌리에도 존재하지 않는다. 이조의 명신

75) 〈朝鮮騷擾事件の眞相及び感想〉, 《朝鮮及滿洲》 142호, 1919년 4월, 11쪽.

이라 해도, 유림의 고로기숙(故老耆宿)이라고 해도 이왕가에 대해 아무 런 관심도 없다.[76]

모든 이가 왕실에 관심이 없다는 지적은 과장되지만 적어도 당시 시대사조가 변화하고 있었음은 사실이다.

조선 민중의 왕실에 대한 실망을 부추긴 것은 이은 왕세자와 일본 황녀의 혼례도 한몫했다.[77] 일제는 이 두 사람의 혼인을 통해 조선 민족을 일본에 동화시켜 정치적·경제적·군사적·교육적으로 일본적 색채를 띠게 하고 일본과 조선 민족의 일치결합을 촉진하는 데 지대한 감화와 지극한 효과를 부여한다고 전망했다.[78]

게다가 고종의 장례 과정도 일본의 신도식과 한국의 상례풍습이 결합되어 이루어지면서 조선 민중의 실망감을 부추겼다. 이토 히로 쿠니(伊藤博邦)가 제관장, 조동윤이 부제관장이 되었고, 이들이 일본 신관 복장을 한 사진이 《매일신보》에 게재되었다. 2월 9일 덕수궁에 서 열린 봉고식은 일본 신도식으로 거행되었다.[79] 3월 2일 발인 전날 궁에서 거행된 마지막 의식에서도 이토 제관장이 관 앞에 나가 제문 을 읽고 순종이 앞으로 나아가고 이은 왕세자가 옥으로 된 다마구시 (玉串)[80]를 바치고 절을 했다.[81] 3월 3일 동대문 훈련원에서 열린 일본

76) 細井肇, 앞의 책, 79쪽.

77) 순종은 1917년 6월 8일부터 6월 30일까지 총 22일간의 일정으로 일본을 방문했다. 도쿄에 가 서 메이지천황과 일본 황족 등을 만나 연회에 참석하고 도리이자카 저택에 살고 있던 이은 왕세자를 만났다. 이때 나시모토노미야 마사코와 이은 왕세자의 혼례가 내정되었다.

78) 〈李王殿下の東上と其の效果(상중하)〉, 《경성일보》, 1917년 6월 28일자·6월 30일자.

79) 〈봉고의 말씀도 낭랑하게〉, 《오사카마이니치신문》, 1919년 2월 10일자(《기사집 Ⅱ》, 84쪽).

80) 일본 신도식 의식에서 신목나무 가지에 베 또는 종이 오리를 단 것.

81) 〈고 이태왕 대장례 전기－마지막 추억〉, 《오사카마이니치신문》, 1919년 3월 3일자(《기사집 Ⅱ》, 110·111쪽).

식 장의식에 참석한 한국인이 턱없이 적었던 것은 이에 대한 반감 때
문이었다. 또한 고종 서거를 애도해 게양된 조기는 일장기였다.《오
사카아사히신문》3월 7일자 〈조선 다시 소요가 벌어지다〉에서는 개
성에서 3일 오후 5시에 16세 정도의 소년대가 각 가옥에 게양된 일장
기를 찢어버리며 행진했다고 보도했는데, 이는 조기로 게양된 일장
기를 파손한 것이다.

3월 5일 오전에는 금곡에 고종의 시신을 안장한 후 되돌아오는 순
종 마차 행렬에 유생이 뛰어들어 상소를 올리려고 시도하다가 체포
된 일이 있었다.[82] 3·1운동의 열기가 전국적으로 고조되던 와중에 3
월 10일 이은 왕세자는 도쿄로 돌아갔다.[83] 3월 11일자《오사카마이
니치신문》은 '조선 왕실도 망동하는 자는 결국 무지몽매라는 비난을
면하지 못할 것이라고 했다'는 내용을 실어서 조선 왕실이 시위운동
에 반대한다고 보도했다.[84] 일제의 식민정책이 기본적으로 민중과 조
선 왕실을 격리·이간시키고자 했음을 고려해야 하지만 국권 피탈의
현실 속에서 민중의 눈에 비친 조선 왕실의 모습은 더 이상 민족의
구심점이 될 수 없었다. 당시 일제가 수집한 민심 동향 중에 '고종이
자살을 했다고 한다면 그건 한국병합 당시에 했어야 한다'는 지적은
그러한 조선 민중의 정서를 잘 보여주고 있다.

당시 와세다대학 영문과에 재학 중이던 김우진은 1919년 1월 28일
의 일기에 다음과 같이 적었다.

사실상으로는 이에 이조 역대 군주는 절근(絶根)되었다. 즉, 우리 대

---

82) 〈妄動の餘波〉,《경성일보》, 1919년 3월 8일자.

83) 〈이 왕세자 10일 경성 출발〉,《오사카아사히신문》, 1919년 3월 11일자 석간(《기사집 Ⅰ》, 131쪽).

84) 〈양 전하 우려 깊음〉,《오사카마이니치신문》, 1919년 3월 11일자 석간(《기사집 Ⅱ》, 165쪽).

한의 역사는 이에 종결이다. …… 반도 백의의 호호애곡지성이야 뉘가 동정하랴. 나는 이렇게 한통(恨痛)한다. 그러나 이로부터 신생명, 신원기, 신의미를 발생하는 것이 우리의 당연한 일이다. …… 반도의 백의여, 천사의 익(翼)은 우리를 포옹하여 있다. 전진하자! 신생명을 엇자! 신행복을 자득(自得)하자.[85]

김우진은 고종의 서거를 전제시대의 종말로 해석하고, 앞으로의 시대를 '신생명, 신원기, 신의미'를 창출해가는 시대로 자리매김하고 '자득'하는 인간 개인의 주체적인 태도를 역설했다. 그리고 고종의 장례 당일인 3월 3일에 '요배북천(遙拜北天)'하면서도 고국에서의 3·1운동 소식을 신문을 통해 읽고 "아! 민족자결이여. Self-determination은 우리의 유일한 금일의 목표이다!"[86]라고 했다. 또한 서울에서 보낸 소식을 듣고 "우리는 이에 신진보, 신도정의 start에 입하엿다. 進! 進!"[87]이라 적었다. 즉, 3·1운동의 동력인 청년들의 정신세계는 이미 구시대 전제정치의 틀을 넘어서고 있었던 것이다.

---

85) 김우진, 〈심(心)의 적(跡)〉(일기), 1919년 1월 28일, 《김우진 전집》 2권, 연극과인간, 2000, 442·443쪽.
86) 위의 글, 460쪽.
87) 위의 글, 462·463쪽.

2장

2·8독립선언의 전략성과 영향

오노 야스테루

3·1독립운동의 '도화선'을 넘어서

1919년 2월 8일 도쿄의 재일조선기독교청년회(이하 '재일조선 YMCA')에서 유학생들이 발표한 2·8독립선언은 3·1독립운동의 '도화선'으로 널리 알려져 있다.[1]

그러나 2·8독립선언의 의의는 여기에 그치지 않는다. 2·8독립선언은 한말 이래 유학생 민족운동의 연장선에서 일어났기 때문이다. 그렇다면 일본에서의 유학생 민족운동의 특징은 무엇인가? 그것은 바로 국제성이다.

청일전쟁 이후 도쿄에는 동아시아에서 유학을 오거나 망명을 한

---

1) 조선헌병대가 2·8독립선언을 3·1독립운동의 '도화선'이라고 최초로 표현한 것으로 생각된다. 1919년 6월 조선헌병대 회의 보고서에는 "도쿄(東京) 유학생(留学生)"의 독립운동이 "소요(騷擾)의 도화선(導火線)에 이르렀다"라고 쓰여 있다〔朝鮮憲兵隊司令部 編,《朝鮮騷擾事件狀況(大正 八年)》, 巖南堂書店, 1969, 1쪽〕.

지식인과 학생이 많았다.[2] 그러므로 조선인 유학생은 조선 내 지식인에 비해 동아시아의 지식인과 만날 기회가 많았다. 게다가 1914년 제1차 세계대전 발발에 따른 국제 정세 변화에 관해서도, 정보가 통제되었던 조선보다 일본에서 얻을 수 있는 정보가 훨씬 많았다.

이 글에서는 필자가 지금까지 연구해온 조선인 유학생과 일본인을 포함해 동아시아 지식인과의 관계에 주목하면서[3] 3·1독립운동의 '전사(前史)'로서가 아니라 2·8독립선언의 독자성과 조선민족운동에 미친 영향을 고찰하겠다. 우선 제1절에서는 2·8독립선언 이전 조선인 유학생의 민족운동을 개관하고, 제2절에서는 당시의 국제 정세에 주목하면서 2·8독립선언의 경위와 독자성을 고찰한다. 제3절에서는 2·8독립선언 직후 유학생의 민족운동에 대해 살피며, 2·8독립선언이 미친 영향을 해명한다.

1. 재일 조선인 유학생의 민족운동과 동아시아

조선인 일본 유학의 역사는 1881년까지 거슬러 올라간다. 그러나 조선인 유학생의 민족운동이 본격적으로 시작된 것은 1905년경부터이다. 그 요인 중 하나는 종래 관비유학생에 더해서 이때부터 사비유학생도 등장하는 등 일본에 유학하는 조선인이 증가했기 때문이다. 일본 문부성에 따르면 조선인 유학생이 1908년에 270명, 1909년에

---

2)   청일전쟁 이후 중국을 비롯한 동아시아 사람들이 일본에 유학 오고, 동아시아 여러 지역에서 일본을 경유해 서양 문명을 수용하는 과정에 대해서는 山室信一, 《思想課題としてのアジア-基軸·連鎖·投企》, 岩波書店, 2001 참조.

3)   小野容照, 《朝鮮独立運動と東アジア 1910~1925》, 思文閣出版, 2013.

323명, 한일강제병합 직전인 1910년 5월에는 420명이었다.[4] 이처럼 조선인 유학생이 증가하면서 유학생 간 친목과 교류를 활발하게 할 목적으로 도쿄에 태극학회(1906년 설립) 등 많은 유학생 단체가 설립되었다.

또 다른 요인으로 1905년 대한제국이 일본의 보호국이 되자 유학생들은 일본에서 한국병합 저지운동을 전개했다. 특히 1909년 도쿄에서 설립된 대한흥학회는 기관지《대한흥학보》를 통해 한국 사회에 대한 계몽활동을 적극적으로 행했다. 또 한일강제병합이 가까워지자 대한흥학회는 일진회에 대한 비판 기사를《대한흥학보》에 게재하거나 일진회의 중심인물인 이용구, 송병준의 암살을 계획하는 등 한국병합 반대운동을 활발히 벌여나갔다.[5]

한말 유학생과 아시아의 관계에서 주목되는 것은, 1907년 도쿄에 설립된 아주화친회(亞洲和親會)이다. 이 단체는 1907년 여름에 장빙린(章炳麟), 류스페이(劉師培) 등의 중국인과 인도인 활동가를 중심으로 결성되어 열강의 제국주의와 침략주의에 반대하고, 아시아 각 민족의 독립을 목적으로 하고 있었다. 이 밖에 당시 소수세력으로 일본의 제국주의에 반대하던 사카이 도시히코(堺利彦), 오스기 사카에(大杉栄) 같은 사회주의자도 참가했다. 그리고 아시아 여러 민족운동과 연락관계를 원활하게 하고자 장래에 중국, 필리핀, 조선 등지에도 지사를 설치할 예정이었다.

한국병합 반대운동을 전개하고 있던 조선인 유학생 입장에서는 반제국주의나 아시아 민족의 독립을 목적으로 하는 아주화친회에 참가

---

4) 〈在本邦清韓国留学生員数表〉,外務省外交記録, 3-10-5-9.
5) 한말의 유학생 활동에 관해서는 김기주(金淇周),《한말 재일한국유학생의 민족운동》, 느티나무, 1993 참조.

하는 데 의의가 있었다고 생각된다. 그러나 조선인 유학생은 중국인 참가자에게 개인적으로 접촉하는 경우는 있었지만, 아주화친회 활동 자체에는 적극적이지 않았다. 이 단체의 사무를 맡고 있던 사회주의자 다케우치 젠사쿠(竹內善朔)에 따르면, "일본인이 참여한다면 조선인은 참여하지 않겠다는 명분을 내세웠기"[6] 때문이다. 요컨대, 조선인 유학생은 주의나 주장에 관계없이 일본인 전체를 적대시해 적극적으로 교류하지 않았던 것이다. 조선인이 거의 참여하지 않았던 아주화친회는 관헌의 탄압을 받아 1908년 해산되었다.

1910년 8월 대한제국이 일본의 식민지가 되자 도쿄의 대한흥학회도 관헌에 의해 해산되었다. 1911년 5월에는 식민지배하에서 처음으로 유학생 단체인 재도쿄조선유학생친목회가 결성되었지만, 이 역시 1912년 4월 관헌에 의해 해산되었다.[7] 그러나 유학생들은 즉시 유학생 단체의 재건에 착수해, 같은 해 10월 재도쿄조선유학생학우회(이하 '학우회')를 결성했다.

학우회는 도쿄의 유학생을 규합한 단체로, 1931년까지 존속했다. 주된 활동은 유학생 간 친목과 교류, 1914년에 창간된 기관지《학지광》을 통한 계몽활동이었다. 특히 1910년대 무단정치 시기 조선 내에는 언론의 자유가 거의 없었기 때문에《학지광》은 조선에서도 많은 독자를 확보하며 신사상의 계몽 등에 중요한 역할을 했다.

학우회의 활동은 실력양성론에 기초한 민족운동이지만, 일본 식민지배로부터의 해방을 직접적으로 지향한 독립운동이라고 말하기는 어렵다. 그러던 중 학우회 회원들은 동아시아 유학생과의 만남을 계

---

6)　竹內善朔,〈明治末期における中日革命運動の交流〉,《中国研究》5, 現代中国学会, 1948, 76쪽.

7)　재도쿄조선유학생친목회에 대해서는 오노 야스테루(小野容照),〈1910년대 전반 재일 유학생의 민족운동−재도쿄조선유학생친목회를 중심으로〉,《숭실사학》27, 2011 참조.

기로 독립운동을 시작하게 되었다.

1908년 아주화친회가 해산된 이후, 일본에서는 여러 민족이 참여하는 국제교류단체의 활동이 중단되었다가 1915년 비밀결사로서 신아동맹당(新亞同盟黨)이 결성되었다.[8] 신아동맹당은 도쿄에서 활동하던 조선인이 처음으로 적극적으로 참여한 국제교류단체이다.

신아동맹당은 일본의 식민지·반(半)식민지 지배로부터 조선, 타이완, 중국을 해방시키기 위해 3국의 동지들이 서로 협력하는 데 의견을 같이했다. 결성의 계기가 된 것은, 1915년 1월에 일본 정부가 중국의 위안스카이(袁世凱) 정권에 들이민 '대화(対華) 21개조 요구'였다. 이 때문에 도쿄의 중국인 유학생들 사이에서 일본의 침략에 대한 위기감이 고조되자 항의집회를 개최하는 등 반일운동이 활발하게 전개되었다. 이러한 중국인 유학생들의 움직임에 영향을 받은 조선인 유학생들이 조선독립에 대한 원조를 요청하면서 그해 7월 8일 신아동맹당을 3국의 유학생들이 결성하게 된 것이다.[9]

신아동맹당의 회원은 모두 유학생이었지만 그중 중국인의 경우 신아동맹당 단장이었던 메이지대학의 황지에민(黃介民)을 비롯해 신해혁명에 가담했던 인물이 많아서 실질적으로 유학생이라기보다는 혁명가에 가까웠다. 한편, 타이완인은 1920년대 들어와 타이완민족운동의 기수가 된 펑화잉(彭華英)이 참여했지만 당시에는 민족운동의 경험이 없었다. 조선인 참여자는 장덕수, 신익희, 김도연, 최팔용 등 학우회 간부들이 망라되었다.

신아동맹당의 주요 활동은 당원 모집이었다. 회원 가운데 몇몇 조

---

8) 이하 신아동맹당에 대해서는 특별히 주기하지 않는 한 小野容照, 앞의 책(2013), 제3장에 의함.
9) 黄志良,〈三十七年游戯夢－黄介民回憶録〉,《近代史資料》122, 中国社会科学出版社, 2010, 152쪽.

선인과 중국인 회원은 조선에 건너가 안재홍과 조소앙 같은 독립운동가와 만났으며, 베이징에서도 일본에서 귀국한 지 얼마 되지 않은 리다자오(李大釗)와 만남을 가졌다. 이후 조소앙이 상하이에서 대한민국임시정부의 수립을 준비할 때 황지에민이 협력하는 등[10] 신아동맹당에 의해 구축된 네트워크는 조선-중국의 연대 활동에서 중요한 역할을 했다.

신아동맹당은 당원 모집 이외의 활동이 불발되면서 관헌의 탄압 가능성을 고려해 1917년 9월에 자진 해산했다. 그러나 출판을 중심으로 하는 합법적인 계몽활동밖에 경험하지 못했던 조선인 유학생에게 신아동맹당 활동은 첫 독립운동이었다. 신해혁명을 경험한 혁명가로서의 면모를 지닌 중국인 유학생과의 공동활동은 조선인 유학생에게 독립운동을 하는 데 귀중한 기회가 되었을 것이다. 실제 장덕수와 신익희가 신한청년당과 대한민국임시정부 등 상하이에서 활약하는 한편, 김도연과 최팔용은 2·8독립선언을 주도하게 된다.

신아동맹당이 해산된 1917년에는 도쿄에서 동양청년동지회라는 국제교류단체도 결성되었다. 황지에민이 단장을 맡는 등 중국인이 주도하던 신아동맹당과 달리, 동양청년동지회는 조선인 이달(李達, 별명 이동재李東宰)이 결성했다. 이달은 한일강제병합 이전에 일본에 유학했으나, 1916년 다시 일본에 왔을 때는 학생이 아니었다.[11]

이달은 1917년 5월경 "동양의 평화를 확보"하기 위해 "각 민족의 개혁을 촉진"하는 것을 목적으로 동양청년동지회를 결성했고, 조선

---

10) 위의 글, 174쪽.

11) 長白生, 〈せる武裝朝鮮に帰りて〉, 《新朝鮮》 1-1, 1919. 11, 2쪽. 또한 이달에 대해서는 小野容照, 〈忘れられた独立運動家, 李達-1910年代の東アジア思想空間の断面〉, 松田利彦 編, 《植民地帝国日本の知と権力》, 思文閣出版, 2019 간행 예정에서 자세히 논하고 있다.

인 유학생, 중국인 유학생 그리고 일본인 학생에게도 참여를 호소했다.[12] 일본인에게 참여를 호소한 점이 다르지만 여러 민족이 협력하고 동양의 평화를 지향한 동양청년동지회의 목표는 표면적으로 신아동맹당과 같았다.

그러나 이달이 생각하는 '동양의 평화'는 동양이 일본의 식민지 지배·반(半)식민지 지배에서 해방되는 것은 아니었다. 이달은 동양청년동지회의 기관지《혁신시보》에서, 일본의 조선에 대한 식민지 지배를 인정하는 대신 언론의 자유를 비롯한 조선인에 대한 차별정책을 없애기 위한 "일선동화의 방법"을 고려해달라는 주장을 했다.[13] 즉, 이달은 일본의 식민지 지배하에서 조선인의 지위 향상을 목표로 삼을 뿐, 신아동맹당같이 일제 식민지 지배로부터의 해방을 상정하지는 않았다.

이달이 조선인 유학생과 중국인 유학생에게 동양청년동지회의 참가를 호소했지만 이런 이유로 이달 본인 이외의 참가자는 거의 없었다. 특히 조선인 유학생에게는 지지를 얻지 못했을 뿐만 아니라, "반감을 샀다"고 한다.[14] 실제로 동양청년동지회의 기관지《혁신시보》는 이달의 개인잡지라 할 정도로 다른 조선인 유학생이 쓴 기사를 찾을 수가 없었다.

다만 이달은 일본인 학생에게 동양청년동지회 활동을 권유했듯이 일본 지식인과 적극적으로 교류했다. 그 교류의 범위도 불교학자 이노우에 엔료(井上円了)나 다카시마 베이호(高嶋米峰)를 비롯해 사회주

---

12) 〈朝鮮人槪況 第二(大正 七年 五月 三十一日調)〉, 朴慶植 編,《在日朝鮮人關係資料集成》第1卷, 三一書房, 1975, 69쪽.

13) 白天生, 〈耳と目と口-我等は耳目口を嚴封せられたり〉,《革新時報》2-3, 1918. 10, 10쪽; 長白生, 〈我等の悲哀〉,《革新時報》2-3, 1918. 10, 16쪽.

14) 앞의 〈朝鮮人槪況 第二(大正 七年 五月 三十一日調)〉, 69쪽.

의자이자 변호사인 야마자키 게사야(山崎今朝弥)에 이르기까지 폭넓었다.[15] 당시 조선인 유학생은 일본인과의 교류에 적극적이지 않았다. 신아동맹당에도 일본인은 없었다. 반면 이달은 도쿄 주재 조선인 중에서 누구보다도 적극적으로 일본 지식인과 교류했고, 그가 쌓아놓은 일본인과의 네트워크는 2·8독립선언 후 민족운동에 큰 영향을 미쳤다. 또한 그 자신도 2·8독립선언에 간접적으로 관여하게 된다.

2. 2·8독립선언과 그 전략성

1) 상하이와 미국에서의 민족자결 대응

〈2·8독립선언서〉와 〈3·1독립선언서〉(기미독립선언서) 모두 독립에 대한 열망을 담고 있지만, 여러모로 차이점이 있다. 그중에서 특히 중요하다고 생각하는 것은, 〈2·8독립선언서〉가 결의문으로 "만국강화회의(萬國講和會議, 파리강화회의-인용자)에 민족자결주의를 오족(吾族)에게도 적용하게 하기를 청구함"[16]을 밝힌 것이다. 한편, 〈3·1독립선언서〉에는 파리강화회의가 언급되어 있지 않을 뿐 아니라 '민족자결(民族自決, Self-determination)'이라는 말도 쓰지 않고 있다. 다만 '민족자존(民族自存)'이라는 용어는 사용하고 있다. 즉, 〈2·8독립선언서〉는 〈3·1독립선언서〉보다 국제사회를, 구체적으로는 파리강화회의와 민족자결을 강하게 의식해서 사용한 점이 가장 특징적이다. 그러므로 민족자결에 대한 조선 지식인의 반응을 먼저 살펴보고자 한다.

---

15) 井上円了, 〈教育が急務也〉, 《革新時報》 2-3, 1918. 10, 9쪽; 〈一事一言(二)〉, 《新朝鮮》 1-1, 1919. 11, 8쪽; 〈李達氏より〉(山崎今朝弥氏宛), 《社会主義》 2, 1920. 11, 32·33쪽.

16) 〈不逞団関係雑件-朝鮮人ノ部-在内地〉, 外務省外交記録, 4-3-2-2-1-4.

일반적으로 민족자결은 1918년 1월 8일 미국 대통령 우드로 윌슨이 〈14개조(Fourteen Points)〉 원칙 중 제5조항에서 제창했다고 알려져 있지만, 윌슨은 〈14개조〉에서 민족자결이라는 표현을 직접 사용하지는 않았다. 본래 민족자결은 사회주의자들이 먼저 사용했던 개념으로, 1917년 러시아 2월 혁명 후 페트로그라드소비에트와 러시아 임시정부가 제창했다. 그리고 러시아 10월 혁명이 발발하자 정권을 장악한 볼셰비키가 식민지 지배를 받고 있는 민족에게 민족자결을 적용할 것을 주장했다.[17]

한편, 윌슨은 미국이 제1차 세계대전에 참전하기 석 달 전인 1917년 1월 22일 '승리 없는 평화(Peace Without Victory)' 연설에서 "피치자의 동의에 의한 통치(government by the consent of the governed)"를 제창했다. 이것은 어떤 국가도 다른 국가나 인민에 대한 지배를 요구해서는 안 되고, 모든 사람이 스스로 정치체제나 발전 방법을 자유롭게 결정할 수 있게 되는 권리를 의미했다.[18] 여기서 '피치자'는 주권국가의 국민을 포함하는 것이되, 윌슨이 피지배 민족의 독립을 약속한 것은 아니었다. 실제로 볼셰비키가 민족자결을 제창한 것에 대한 대응으로 윌슨이 발표한 〈14개조〉의 제5조항도 "식민지 주민들의 이해"는 통치국의 요구와 "동등한 비중을" 가져야 한다고 서술되어 있지만, 그 이상의 비중을 가져야 한다고 주장하고 있지는 않다.[19]

조선의 독립운동에 영향을 미친 점으로 보자면, 1918년 2월 11일

---

17) 2월과 10월 러시아혁명이 조선의 독립운동에 끼친 영향에 관해서는 小野容照, 〈ロシア革命と朝鮮独立運動–現代韓国・北朝鮮の淵源〉, 宇山智彦 編, 《ロシア革命とソ連の世紀 5–越境する革命と民族》, 岩波書店, 2017 참조.

18) "An Address to Senate", Arthur S. Link ed. *The Papers of Woodrow Wilson*, Princeton: Princeton University Press, 1966~1994(이하 'PWW'), vol. 40, p. 539.

19) 長田彰文, 《日本の朝鮮統治と国際関係–朝鮮独立運動とアメリカ 1910~1922》, 平凡社, 2005, 77쪽.

월슨의 '4원칙(Four Principles)' 연설이 더 의미가 컸을 것이다. 이 연설에서 월슨은 처음으로 "민족자결(Self-determination)"이라는 용어를 사용해 "모든 명확한 민족적 염원(all well-defined national aspirations)은 ……최대한 충족되어야 한다"라고 주장했다.[20] 이 "모든 명확한 민족적 염원"이라는 말은 후술할 이승만의 사례처럼 조선 지식인들이 월슨이 조선에 민족자결을 적용해줄 것을 기대하는 계기가 되었다고 생각할 수 있다. 그런데 여기서 문제가 되는 것은 '민족'이라는 말의 어원인 '네이션(nation)'을 월슨이 어떤 개념으로 사용하고 있었는가 하는 점이다.

보통 '네이션'은 '국민' 혹은 '민족'으로 번역되지만, 월슨은 공통의 언어와 문화 등을 가진 사람들로 구성된 에스닉(ethnic) 집단이라는 뜻에서 그 단어를 사용한 것은 아니다. 월슨은 네이션을 역사적으로 구성되는 것이라고 인식하고 있었다. 구체적으로는 남북전쟁 이후 미국이 국민국가로서 발전을 이룬 경위를 근거로, 네이션을 역사적인 성숙 과정을 거쳐서 구성된 정치공동체로 상정하고 있었다. 그리고 그 성숙 과정에서의 핵심은 민주주의에 의한 자치였다. 월슨이 미국의 식민지 필리핀에 민족자결권을 주는 것을 미룬 것은 그가 '단순한 자치'와 '민주적 자치'를 구별하고 필리핀이 후자를 달성할 수 있도록 미국이 계도해야 한다고 생각했기 때문이다.[21]

그래서 월슨은 '네이션'과 '피플(people)'이라는 말을 구별해 사용하고 있다. 네이션에는 해당하지 않지만, 장래 독립을 원하는 특정 민

20) "An Address to a Joint Session of Congress," *PWW*, vol. 46, pp. 321~323.

21) Lloyd E. Ambrosius, *Wilsonianism: Woodrow Wilson and His Legacy in American Foreign Relations*, New York: Palgrave Macmillan, 2002, pp. 126~129; 中野耕太郎, 〈アメリカの世紀の始動〉, 小関隆 編, 《現代の起点-第一次世界大戦》 第4巻, 岩波書店, 2014, 230쪽.

족집단을 언급할 경우 피플이라는 표현을 사용했다. 그리고 피플이라고 인정되는 민족집단의 여러 권리에 대해서는 언급을 피하려 했다.[22] 요컨대 조선에 민족자결이 적용되기 위해서는 윌슨에게 조선 민족이 피플이 아니라 네이션이라고 인정될 필요가 있었다.[23]

과연 조선 민족은 '네이션'인가 '피플'인가? 조선인 활동가가 윌슨에게 어떤 논리로 독립을 청원했는지 살펴보자.

윌슨에게 전한 독립청원은 미국과 상하이의 조선인에 의해 이루어졌다. 먼저 미국에서는 이승만이 제1차 세계대전 종전 직후인 1918년 11월 25일에 청원서를 작성했다(윌슨에게 전달된 것은 같은 해 12월 22일이다). 이승만은 청원서에 우선 조선의 역사에 대해 간결하게 적고, 한일강제병합 이후 조선인의 문화와 계몽 수준이 악화되었다는 점과 일본의 지배에 의해 조선 민족이 네이션으로서 성숙할 기회가 빼앗긴 사실을 호소했다. 한편, 이승만은 미국이 민주주의를 확산시키기 위해 제1차 세계대전에 참전한 것을 언급하면서, 일본의 전제주의적 지배로부터 조선을 독립시키는 것은 세계에 민주주의를 가져오기 위해 필요불가결하다고 주장했다. 그리고 실제로 일부 재미조선인이 미국군에 자원하는 등 미국의 전쟁에 조선인이 공헌했음을 강조했다. 이처럼 미국이 조선의 독립을 지원해야 할 근거를 제시한 뒤 "모든 명확한 민족적 염원은 최대한 충족되어야 한다"라는 항구평화를 위한 이상을 실현하려면 "조선인의 명확한 민족적 염원을" 배제해서는 안 된다는 윌슨의 말을 인용하고 독립을 간절히 바란다며 끝을 맺

---

22) 唐渡晃弘,《国民主権と民族自決−第一次大戦中の言説の変化とフランス》, 木鐸社, 2003, 127·128쪽. 이와 같은 경향은 〈14개조〉 원칙에 관한 연설에서도 보인다.

23) 이처럼 윌슨이 영어 'nation'과 'people'을 구별해서 사용하고 있음을 재미 조선인 활동가가 어느 정도 이해했는지는 小野容照, 〈第一次世界大戦の終結と朝鮮独立運動−民族'自決'と民族'改造'〉, 《人文学報》 110, 2017 참조.

고 있다.[24]

청원서에서는 강화회의가 열리는 파리에 도항하기 위한 여권 지급에 대해서도 원조를 구했지만, 이는 일본 정부의 반대로 실현되지 못했다.[25] 한편, 여운형 등 상하이의 독립운동가들은 파리강화회의에 대표를 파견하는 데 성공했을 뿐 아니라, 그들이 작성한 청원서의 내용은 훨씬 더 전략적이었다.

상하이에서는 1918년 여름 무렵부터 여운형, 장덕수, 선우혁, 조동호, 한진교 등이 모여서 국제 정세에 대해 논의했다. 제1차 세계대전 종전 직후인 1918년 11월 26일, 윌슨의 특사로 파리강화회의에 중국의 참여를 촉구하기 위해 파견된 크레인(Charles R. Crane)이 상하이에 도착하자, 여운형은 그와 만나 조선에서도 파리에 대표를 파견하고 싶다는 뜻을 전했다. 크레인에게서 조선의 대표 파견을 지원하겠다는 답변을 얻은 여운형은 그달 28일에 장덕수 등과 대응 방안을 협의해 신한청년당을 결성할 것, 당에서 김규식을 대표로 파리에 파견할 것, 같은 날 청원서를 작성할 것 등을 결정했다. '신한청년당 대표 여운형' 명의로 작성된 청원서를 크레인과 상하이에서 잡지사를 경영하고 있던 밀러드(Thomas F. Millard)에게 각각 1통씩 맡겼다. 밀러드는 취재차 파리에 갈 예정이었다.[26]

당시 신한청년당을 결성한 주요 인물들은 중국인 혁명가들과도 활발히 교류하고 있었다. 도쿄에서 신아동맹당에 참여했던 장덕수는

<hr />

24) Rhee S et al. to Wilson, December 22, 1918, Woodrow Wilson Papers(Library of Congress, Washington), series 5b, reel 387.

25) Thomas Franklin Millard, *Democracy and the Eastern Question*, New York: Century, 1919, p. 38.

26) 〈본당기략(本党記略)〉, 《신한청년(新韓青年)》 1, 1920, 77쪽; 김준엽·김창순 편, 《한국공산주의운동사-자료편 1》, 고려대학교출판부, 1979, 243·244쪽; 최선웅, 《장덕수(張德秀)의 사회적 자유주의 사상과 정치 활동》, 고려대학교 박사학위논문, 2013, 63쪽.

1918년 5월 상하이로 옮겨왔다.[27] 신아동맹당 단장을 맡고 있던[28] 중국인 황지에민도 1917년 귀국해 이듬해부터 상하이에서 《구국일보》를 편집하고 있었다. 당시 두 사람의 관계에 대해 상세히 알려진 바는 없지만, 황지에민은 《구국일보》의 편집인으로서 조동호를 고용하고 있었고, 구국일보사는 중국인과 조선인이 교류하는 장이 되고 있었다.[29] 또 신아동맹당 회원은 아니지만, 여운형에게 크레인을 소개한 것도 중국의 외교관인 왕젠팅(王正廷)이었다.[30] 이처럼 신한청년당은 중국인 활동가들의 정보 지원과 협력을 받으며 활동을 전개했다고 생각된다. 이와 관련해서 2·8독립선언을 주도한 이광수는 1918년 11월 8일부터 약 한 달간 베이징에 머무르고 있었다.[31] 이때 상하이로 가서 신한청년당에 가입했을 가능성이 있으나, 자세한 것은 후술하겠다.

여운형이 작성한 청원서를 크레인이 윌슨에게 건넨 흔적은 보이지 않는다. 게다가 밀러드는 파리로 향하던 도중 요코하마에 들렀다가 그곳에서 청원서를 분실했다.[32] 그런데 일본 관헌이 그 청원서를 입수하여 일본어로 번역한 것이 오늘날까지 남아 있어 청원서의 내용을 확인할 수 있다.[33] 이 청원서에서 주목해야 할 것은 조선의 역사에 많은 지면을 할애하고 있으며, 특히 일본의 역사와 대비하면서 논

27) 고(高) 제11037호, 〈上海在住不逞鮮人逮捕方ニ関スル件(大正 八年 四月 十一日)〉, 외무성 외교기록, 4-3-2-2-1-7.
28) 黃紀陶, 〈黃介民同志伝略〉, 《淸江文史資料》 第1輯, 1986, 56쪽.
29) 김홍일, 《대륙의 분노-노병의 회상기》, 문조사, 1972, 51쪽.
30) 長田彰文, 앞의 책, 98쪽.
31) 波田野節子, 《李光洙-韓国近代文学の祖と'親日'の烙印》, 中央公論新社, 2015, 120쪽.
32) 長田彰文, 앞의 책, 99쪽.
33) 金正明 編, 《朝鮮獨立運動 Ⅱ: 民族主義運動 篇》, 原書房, 1967, 88~91쪽.

하고 있는 점이다. 청원서에 따르면, 조선인은 일본을 훨씬 능가하는 "4,200여 년의 역사를 지녔"을 뿐 아니라 일본은 불교 등 여러 문명을 조선에서 수용해왔기 때문에, 조선은 "동양의 문명을 발전시킨 일본의 모범"이 되었다고 한다. 일본의 지배로 조선 민족의 문화적 수준이 악화되었다고 주장한 이승만과는 달리, 고대의 역사로 되돌아가서 통치국 일본보다도 문명적인 역사 과정을 지나왔다는 점을 강조한 것이다.

또한 청원서에서는, 현재 일본은 독일과 마찬가지로 전제주의 국가이기 때문에 "세계평화에 장애가 되어" 세계평화를 실현하기 위해서는 "조선인은 반드시 독립을 회복해야 함과 동시에 민주주의가 반드시 아시아에 존재하는 것이 필요하다"고 서술하고 있다. 민주주의를 세계에 보급하기 위해서라는 미국의 제1차 세계대전 참전 목적과 관련시키고 있는 점은 이승만과 같지만, 독립만 하면 조선인은 민주주의적 국가를 운영할 수 있다고 선언한 점에서 조선 민족이 '네이션'이라는 점을 강력하게 주장했다고 할 수 있다. 게다가 "국가는 그 인민의 뜻대로 반드시 통치되어야 한다는 주의"라는 윌슨의 '피치자의 동의에 의한 통치'의 개념을 인용하면서 조선의 독립을 청원하고 있다.

이승만과 신한청년당 여운형의 청원서는 모두 미국이 제1차 세계대전에 참전한 목적을 파악하고, 조선의 독립이 윌슨이 지향하는 전제주의의 해소와 민주주의의 세계적 확대에 공헌하는 것이라고 주장한다. 그리고 특히 여운형의 청원서에서 눈에 띄는 부분은 문명 민족으로서 오랜 역사를 가졌고 민주주의를 달성할 수 있다는, 조선 민족이 네이션이라는 근거를 제시한 뒤 윌슨의 말을 인용하며 독립을 간청하는 구성이다. 일방적으로 민족자결을 요구한 것이 아니라, 그 민족자결의 대상인 네이션을 인정받기 위한 필요조건을 분석한 뒤 전략적으로 작성한 것이라 할 수 있다. 뒤집어서 보면 윌슨이 무조건 조선의 독립을 지원해주리라는 기대는 조금도 품지 않았던 것이다.

여운형의 청원서가 윌슨에게 전달되었을 가능성은 낮지만, 최종적으로 신한청년당은 파리에 김규식을 파견하는 데 성공했다. 이 사실은 조선인 유학생이 독립선언서를 준비하는 하나의 요인이 된다.

2) 2·8독립선언의 준비 과정

상하이에서 여운형이 독립청원서 전달과 파리강화회의 대표 파견을 모색하던 무렵, 도쿄의 조선인 유학생들도 국제 정세에 대해 논의하기 시작했다.

유학생 중에서 최초로 윌슨에 대해 언급한 사람은, 신아동맹당에 참여했던 정노식이었다. 1918년 6월 27일 도쿄의 한 레스토랑에서 전 재일조선YMCA 회장 켄센(Jole Kensen)의 일본 방문을 환영하는 행사가 열렸다. 이를 밀정한 일본 관헌에 따르면, 정노식은 "윌슨 대통령이 분명하게 주창한바, 약소국의 생명과 재산 및 자유를 보호하기" 위해 미국이 제1차 세계대전에 참전했다고 분석하고 미국이 "조선민의 자유"를 위해 진력해주기를 희망했다.[34] 전술한 것처럼 이승만이나 여운형은 윌슨이 무조건 조선의 독립을 지원해줄 것이라고 생각하지 않았다. 그에 비하면, 정노식은 윌슨에게 큰 기대를 한 듯하다. 다만 이 발언이 미국인 선교사 켄센의 환영회에서 나왔다는 점, 달리 말하자면 윌슨에 대한 노골적인 비판이 어려웠다는 점을 고려할 필요가 있다.

---

34) 姜德相 編, 《現代史資料(26): 朝鮮(二) 三·一運動(二)》, みすず書房, 1967, 11쪽; 長田彰文, 앞의 책, 105쪽.

미국인 선교사가 참석하지 않은 1918년 11월 22일 학우회의 웅변 대회에서 2·8독립선언을 주도한 서춘은 식민지 필리핀의 상황을 예로 들며 미국은 정의 인도라고 말하지만 "국가로서 실력이 없다면 어떠한 이익도 향유할 수 없다. 우선 실력양성에 노력한 후 정의 인도를 고창해야 한다"고 주장했다.[35] "민족자결"과 "민족적 염원"의 실현을 주장한 윌슨이 '민주적 자치'의 결여를 이유로 필리핀의 독립을 미룬 것을 서춘이 어느 정도 이해했는지는 불명확하다. 하지만 적어도 "민족자결"이 적용되기 위해서는 그에 상응하는 "실력"이 요구된다는 것을 서춘이 이해한 것은 확실하다. 또한 정노식은 윌슨이 "약소국의 생명과 재산 및 자유를 보호하"는 것을 이유로 제1차 세계대전에 참전했다고 발언했는데, 이것은 윌슨이 '승리 없는 평화' 연설에서 '피치자의 동의에 의한 통치'와 함께 대국과 소국, 강국과 약국의 차이를 인정하지 않는 '권리의 평등(Equality of rights)'[36]을 제창한 것에 기초한 것이다. 유학생들이 윌슨의 발언과 동향을 분석했던 것은 틀림없다.[37]

윌슨의 민족자결을 둘러싸고 논의했던 조선인 유학생이 대규모 독립운동을 계획하며 본격적으로 움직이기 시작한 것은 1918년 말이었다. 그 계기는 고베에 거주하는 미국인들이 발행하던 영자 신문《저팬 애드버타이저(The Japan Advertiser)》에 실린 기사 때문이었다. 1918년 12월 15일자에 실린 〈Koreans Agitate for Independence〉라는 제목의 작

35) 姜德相 編, 앞의 책, 16쪽.
36) "An Address to Senate", PWW, vol. 40, p. 536.
37) 윌슨의 연설은 일본 신문에도 며칠 늦게 개요가 보도되었다. 예를 들면, 1917년 1월 22일의 '승리 없는 평화' 연설은 〈미국신국시(米國新國是) 대통령 연설(大統領ノ演説)〉,《도쿄아사히 신문(東京朝日新聞)》, 1917년 1월 24일자에 요약 게재되었고, 일본에서 발행되는 신문에서도 윌슨과 민족자결에 관한 정보를 어느 정도 얻을 수 있었다.

은 기사(〈그림 1〉)였다. 이 신문에 대

해 신아동맹당 회원이었던 전영택이

1946년에 전해준 회고담에 따르면,

자신이 다니던 아오야마학원(靑山學

院)의 한 조선인 유학생이 서양인 교

수의 집에서 발견한 것으로, 이승만

이 조선 대표로 파리강화회의에 참

가한 것을 전하는 이 기사는 충격적

이었으며 곧 다른 유학생에게도 전

해졌다고 한다.[38] 그런데 그 기사 내

용을 보면, "재미 조선인(Koreans in the

United States)"이 조선독립운동에 미

국의 원조를 요구하는 청원서를 미

KOREANS AGITATE
FOR INDEPENDENCE
——
Present Petitions to American
Government and Foreign
Office in Tokyo
——
Hochi Service

SAN FRANCISCO, Dec. 12.—The Koreans in the United States have presented a petition to the American Government requesting America's assistance in the independent movement of the Koreans. The State Department referred the petition to the Diplomatic Committee of the Senate.

A similar report has arrived also at the Tokyo Foreign Office, the Hochi remarks, but official circles are paying little attention to the news, as such-like petitions have often been made by Koreans and have never developed into problems of any gravity. Besides, the officials are under the impression that the movement has been started by those who have personal interests at bottom.

그림 1. 《저팬 애드버타이저》 1918년 12월 15일자에 실린 〈Koreans Agitate for Independence〉 기사

국 정부에 제출했다는 내용뿐이다. 아마도 전영택의 회상에 다른 기억이 섞인 탓인 듯한데, 이 기사가 유학생들에게 충격을 준 것은 그후 그들의 움직임에서 알 수 있다.

학우회는 1918년 12월 29일과 이듬해 1월 6일에 참가자가 200명이 넘는 모임을 가졌다. 이 모임에서 해외 동포가 독립운동에 착수한 상황이므로 유학생들도 마땅히 운동을 시작해야 한다는 논의와 함께 그 실행위원으로 최팔용, 김도연, 백관수, 이종근, 송계백, 최근우, 서춘, 전영택, 윤창석, 김상덕 10명을 선출했다.[39] 또 이 무렵 이광수가 베이징에서 조선을 경유해 도쿄에 도착했는데, 유학생들은 그를

---

38) 전영택, 〈동경 유학생의 독립운동〉, 《신천지》 1-2, 서울신문사, 1946. 2, 97쪽.

39) 姜德相 編, 앞의 책, 20쪽.

그림 2. 1910년대 재일조선YMCA
(사진 제공: 재일한국YMCA)

통해 상하이 조선인들이 이미 독립을 향해 움직이는 것을 알게 되었
다.[40] 곧이어 독립운동을 추진하기 위한 단체를 결성하기에 이르렀는
데, 신병을 이유로 이탈한 전영택을 제외한 기존 실행위원 9명과 김
철수와 이광수를 포함해 11명의 대표를 세운 '조선청년독립단'을 비
밀리에 결성했다.[41]

조선청년독립단은 독립선언서 작성에 착수했다. 이광수를 중심으
로 김도연과 백관수가 보좌하여 선언문을 기초하고, 조선어판뿐 아니
라 영어판과 일본어판도 작성했다. 또한 도쿄의 독립운동 상황을 조
선 내외로 알리기 위해 조선에 송계백, 상하이에 이광수를 파견했다.
드디어 1919년 2월 8일을 맞았다. 조선청년독립단은 우선 오후 1시에

---

40) 전영택, 앞의 글, 98쪽.

41) 姜德相 編, 앞의 책, 21쪽.

독립선언서를 제42회 제국의회(전년 12월 27일부터 개회), 조선총독부, 각국 대사관, 각 신문·잡지사에 송부했다. 그리고 오후 7시, 재일조선 YMCA(〈그림 2〉)에서 학우회 예산 총회로 가장해 회의를 개최해, 약 200명의 조선인 유학생 앞에서 최팔용이 독립선언서를 낭독했다.[42]

3) 2·8독립선언의 전략성

주지했듯이 일본의 조선인 유학생들이 〈2·8독립선언서〉를 조선에 가져오면서, 여기에 자극을 받은 조선의 민족주의자가 3월 1일에 독립선언을 발표함으로써 3·1독립운동이 발발했다.

이러한 경위에서 2·8독립선언은 3·1독립운동의 '도화선'으로 평가되는 것이 일반적이다. 하지만 필자는 2·8독립선언의 역사적 의의는 여운형의 청원서와의 연속성, 달리 말하자면 윌슨에 대한 전략적 접근의 관점에서 파악해야 한다고 생각한다.

먼저, 선언서의 전략성은 언어에서 드러난다. 〈3·1독립선언서〉는 조선어판만 제작되었으며, 배포 목적지도 조선 내에 한정되어 있었다. 반면, 〈2·8독립선언서〉는 "만국강화회의에 민족자결주의를 오족에게도 적용하게 하기를 청구"하기 위해 영어판을 제작해 재일본 각국 대사관에 송부하는 등 세계를 향해 발신되었다. 그리고 선언서 내용도 여운형이 윌슨의 '네이션' 개념에 입각해 작성했던 신한청년당의 청원서와 유사한 점이 많다.

〈2·8독립선언서〉는 서두에 "독립"을 선언하고 나서 "4,300년의 장구한 역사를 유(有)하는 오족(吾族)은 실(實)로 세계 최고 문명 민족의 일(一)이라"고 주장한다. 일본과 대비하면서 문명 민족으로서의 역사

---

42) 위의 책, 21쪽; 전영택, 앞의 글, 99쪽.

를 강조한 신한청년당의 청원서와 비교하면, 〈2·8독립선언서〉는 그 근거는 약하지만 역사적인 성숙 과정을 중시하는 월슨의 '네이션' 개념에 입각한 서술이라고 할 수 있다.

역사 이야기에 이어서, 조선이 식민지화되었던 경위를 설명하고 일본의 지배에 대해 비판한다. 그중에서 "세계 개조의 주인 되는 미(米)와 영(英)"이 "정의로" 일본의 지배를 "광정(匡正)"하는 것을 "세계에 구할 권리가 유(有)하'다고 일방적으로 독립에 대한 지원을 요청하는 내용이 삽입되어 있다. 그런데 여기서 놓치지 말아야 할 것은 조선 민족이 독립할 만한 문명 민족이라는 근거를 재차 주장한 것이다.

일본을 비판한 후, 조선 민족이 "고등한 문화를 유하"고 있는 것을 재차 서술한 뒤에 "민주주의의 상(上)에 선진국의 범(範)을 수(隨)하야 신국가를 건설한 후에는 …… 반다시 세계의 평화와 인류의 문화에 공헌함이 유할지라"며 민주주의 국가 운영 능력이 있음을 주장하고, "민족자결의 기회를 여(與)하기를 요구"하며 선언서는 끝난다.

이렇게 〈2·8독립선언서〉는 역사적인 성숙 과정을 거친, 특히 민주주의적 국가 운영 능력을 가진 공동체라고 하는 월슨의 '네이션' 개념에 초점을 맞추고 있다. 도쿄의 조선인 유학생들은 일방적으로 민족자결을 요구한 것이 아니라, 이를 위한 필요조건이 갖추어져 있음을 전제로 선언서를 작성했던 것이다.

전술했듯이 〈2·8독립선언서〉는 파리강화회의를 강하게 의식해 작성되었다는 점에서 〈3·1독립선언서〉와 차이가 있다. 이것을 단적으로 보여주는 것이 '민주주의'에 대한 언급이다. 민주주의는 미국이 제1차 세계대전에 참전했던 이유이며, 월슨이 내세운 '네이션' 또한 민주주의에 의한 자치 능력을 가진 정치공동체였다. 따라서 월슨에게 민족자결의 적용을 요구하기 위해서는 민주주의적 국가 운영 능력을 강조하지 않을 수 없다. 하지만 〈3·1독립선언서〉에는 '민주주의'라는 용어가 등장하지 않는다.

물론 이 점을 들어 〈3·1독립선언서〉가 달성했던 역사적 역할을 부정하려는 것이 아니라, 〈2·8독립선언서〉가 독립선언서라기보다는 월슨이나 파리강화회의에 대한 청원서로서의 성격이 강했음을 보여주려는 것이다. 실제로 일본 관헌의 사료에는 "독립선언서(또는 진정서)"[43]라고 명시되어 있다.

그렇다면 〈2·8독립선언서〉는 어떻게 작성되었을까? 전술했듯이, 선언서는 이광수가 중심이 되어 기초하고, 김도연과 백관수가 이를 보좌했다. 〈2·8독립선언서〉가 월슨에 대한 전략적 성격을 띠고 있다는 점은 여운형이 쓴 신한청년당의 독립청원서와 유사하다. 이 점을 고려할 때 독립청원서를 본보기로 해서 작성했을 가능성도 있다. 이광수는 1918년 11월 8일부터 1개월 정도 베이징에 체류하고 있었는데, 이때 그가 11월 28일 신한청년당 결성식에 참가했다는 견해도 있다.[44] 이 견해에 따르면, 이광수는 여운형이 쓴 독립청원서의 내용을 알고 난 뒤에 신한청년당 당원이 되었으며, 1918년 12월 말에 조선을 거쳐 도쿄로 이동해 〈2·8독립선언서〉를 기초했던 것이다.

그렇지만 이광수 스스로 자신이 신한청년당 결성에 참여했다고 언급한 적이 없으며, 그의 동향을 추적하고 있던 일본 관헌의 보고서에도 이광수가 베이징에서 상하이로 이동했다는 기록이 없다.[45] 결국 이광수가 여운형의 독립청원서 내용을 알고 있었는지에 대해서는 유감스럽게도 현존하는 사료를 통해서는 확정할 수 없다. 다만 한 가지

---

43) 美德相 編, 앞의 책, 20쪽.
44) 長田彰文, 앞의 책, 97·99쪽; 美德相《呂運亨評伝 1》, 新幹社, 2002, 116쪽.

확인할 수 있는 점은 〈2·8독립선언서〉와 여운형의 독립청원서 모두 월슨의 사상에 대한 분석에 기초해 전략적으로 작성되었다는 것이다.

필자는 이 점에서, 3·1독립운동의 '도화선'에 그치지 않는 2·8독립선언의 독자적인 의의가 있다고 생각한다. 또한 3·1독립운동의 발발로 2·8독립선언의 역사적 역할이 끝난 것이 아니었다는 점도 지적해두고 싶다.

3·1독립운동은 세계에 널리 알려졌다. 그중에서 3월 13일자《뉴욕타임스(The New York Times)》는 〈Koreans Declare for Independence〉라는 제목의 기사를 게재해 조선의 시위운동을 보도하면서 독립선언서의 서두 부분을 소개했다.[46] 기사에 언급된 "We have forty-three centuries as a distinct self-governing nation"이라는 문장은 〈2·8독립선언서〉의 서두 부분("四千三百年의 長久한 歷史를 有하는 午族은 實로 世界最古文明民族의 一이라")을 옮긴 것이라고 생각된다.[47] 즉, 조선어로 조선에서 배포되었던 〈3·1독립선언서〉가 아니라, 영어로 각국에 발신되었던 〈2·8독립선언서〉가 3·1독립운동 시기의 선언서로 미국에서 읽혔을 가능성이 있다.[48]

3·1독립운동은 월슨의 민족자결이나 파리강화회의라는 외적인 배경으로 발발했다. 이때 월슨의 '네이션' 개념을 분석해 전략적으로 작성한, 더욱이 영어로도 발신되었던 〈2·8독립선언서〉는 국제사회를

45) 이 시기 이광수의 동향에 대해서는 波田野節子,〈李光洙の第二次留学時代-《無情》の再読 (上)〉,《朝鮮学報》 217, 朝鮮学会, 2012, 20·21쪽 참조.

46) "Koreans Declare for Independence," New York Times, March 13, 1919.

47) 〈3·1독립선언서〉의 서두 부분에는 "半萬年歷史"라고 쓰여 있을 뿐, "forty-three centuris (四千三百年)"라는 표현은 없다. 또한 2·8독립선언과 같은 시기에 김좌진 등 39인의 국외 독립운동가가 발표했던 〈대한독립선언서〉는 1919년 3월 21일에 처음으로 영역되었다. 그 영어판은 읽을 수 있지만(윤병석,《3·1운동사와 대한민국임시정부 광복선언》, 국학자료원, 2016, 257 ~260쪽), "We have forty-three centuries as a distinct self-governing nation"이라는 서술은 없다.

향한 호소라는 측면에서 중요한 역할을 했다.

3. 2·8독립선언 후 유학생의 민족운동

1) 오사카 덴노지공원에서의 독립선언

1919년 2월 8일 독립선언서 발표 후, 재일조선YMCA 본부는 경시청에 포위되고 50여 명의 유학생이 체포되었다.[49] 최팔용, 김도연, 백관수 등 10명이 도쿄지방재판소에 이송된 가운데, 훈방 조치로 풀려난 유학생들에 의해 조선청년독립단 활동이 계속되었다.[50]

2·8독립선언으로 인해 당시 조선인 유학생들의 지도자 급 인물들 절반가량이 구금되는 바람에 유학생 민족운동의 세대교체가 촉진되었다. 그동안 두드러진 활동이 없었던 변희용, 최승만, 장인환, 강종섭 등이 2월 24일 도쿄 히비야공원(日比谷公園)에서 '조선청년독립단 민족대회소집촉진부 취지서'를 배포·낭독하는 집회를 열었다.[51] 취지서는 〈2·8독립선언서〉에 비하면 짧고 내용도 "윌슨 씨가 주장하는 민족자결주의를 우리 조선 민족에도 적용"하기 위해 "조선민족대회" 소집을 호소하는 것이었다.[52] 그런데 취지서 배포와 동시에 계획을

---

48) 유감스럽게도 2·8독립선언의 영어판은 남아 있지 않다. 또한 〈3·1독립선언서〉가 미국인 선교사 등을 통해 영역되고, 미국에서 읽혔을 가능성도 있을 것이다. 3·1독립운동의 국제적인 영향을 분석할 때, 영역되었던 각종 독립선언서의 발굴과 분석은 반드시 필요하다. 이후의 과제로 삼고 싶다.
49) 김도연, 《나의 인생백서: 상산회고록》, 강우출판사, 1967, 74쪽.
50) 姜德相 編, 앞의 책, 21쪽.
51) 위의 책, 29쪽.
52) 위의 책, 30쪽.

사전에 감지한 관헌에 의해 집회는 해산되었다.[53]

조선청년독립단 명의의 활동은 이 2월 24일 집회가 마지막이었다. 하지만 집회 개최를 위한 자금 조달과 취지서 인쇄를 담당했던 변희용은[54] 그 후에도 일본에서 독립선언서 배포를 시도했다. 3월 14일 변희용은 자신이 다니던 게이오기주쿠(慶應義塾) 대학부의 후배인 염상섭(廉尙燮, 소설가 염상섭廉想涉의 본명)과 이번에는 오사카에서 독립선언서를 배포할 계획을 세웠다. 그리고 3월 19일 염상섭은 오사카 덴노지공원(天王寺公園)에서 독립선언 배포를 시도했다.

그 내용은 일본의 조선 지배에 대한 부당성을 주장하는 것이었다. 여기서 주목할 점은 이 독립선언서가 조선청년독립단이 아니라 "재오사카 한국 노동자 일동 대표 염상섭" 명의로 발표되고, 재오사카 한국 노동자를 대상으로 배포되었다는 점이다.[55] 오사카가 무대가 되었던 이유는 지식인이나 유학생이 많은 도쿄에 비해, 오사카에 거주하는 조선인의 태반이 노동자였기 때문이다.[56] 선언서 배포와 함께 관헌에 의해 해산되기는 했지만, 일본에 거주하는 조선인 노동자를 대상으로 한 최초의 운동이라 할 수 있다.

그렇다면 왜 염상섭과 변희용은 조선인 노동자에게 주목했을까? 염상섭은 1919년 4월 도쿄제국대학 학생단체인 신인회의 기관지《데모크라시》에 글을 기고했다. 이 글에서 염상섭은 유학생들이 독립운동을 하는 것은 "마음 깊숙한 곳에 쌓여 있다가 터져나오는(醞釀勃發) 절실한 요구"에 의한 것이고, "쌀 폭동과 유학생의 행동은 겉보기에

53)   경시청특별고등과 내선고등계, 〈요시찰 조선인 요람〉,《사무개요(대정 13년 9월 말)》, 39쪽.
54)   조선총독부 경상북도경찰국,《고등경찰요사》, 경북경찰국, 1929, 247쪽.
55)   姜德相 編, 앞의 책, 33·34쪽.
56)   경보국보안과, 〈조선인개황 제3(대정 9년 6월 30일)〉; 朴慶植 編, 앞의 책, 83쪽.

는 다르지만, 생존의 보장을 얻으려고 하는 진지한 요구는 다르지 않다"고 주장했다.[57]

"쌀 폭동"은 1918년 여름 일본에서 쌀값 급등에 항의하면서 일어난 민중들의 폭동 이른바 '쌀 소동'을 가리키며, 조선에서 산미증식계획이 실시되는 하나의 원인이 되었던 것으로 유명하다. 염상섭은 유학생의 독립운동과 일본의 쌀 소동이 "생존의 보장을 얻으려고 하는 진지한 요구"라는 점에서 동질적인 것이라 여겨, 조선독립운동과 일본 노동운동의 연대 가능성을 밝히고 있다. 염상섭이 쌀 소동을 이렇게 인식한 데에는 다음 두 가지 요인이 작용했을 것이다.

첫째, 염상섭이 쌀 소동을 아주 가까이에서 본 인물이었다는 점이다. 염상섭은 1919년 11월에 불과 3주간이지만 "노동자 생활을 체득"하기 위해 후쿠인(福音)인쇄합자회사에서 식자공으로 근무하며 엘리트 학생에서 노동자로 변신했다.[58] 요코하마에 있던 후쿠인인쇄합자회사는 《학지광》을 비롯해 조선인 유학생의 한글 출판물 인쇄를 도맡아온 인쇄소로,[59] 노동운동과도 관계가 깊었다. 일본에서는 특히 식자공조합의 노동운동이 활발했다. 후쿠인인쇄합자회사의 식자공들은 쌀 소동 시기에 파업을 일으켰으며, 이 인쇄소의 노동자 이시다 구조(石田九蔵)는 1920년 일본사회주의동맹 결성을 준비했던 인물이었다.[60] 이렇게 염상섭은 쌀 소동과 노동운동 당사자와 가까운 곳에 있었던 것이다.

둘째, 일본인에 섞여 조선인도 쌀 소동에 참가하고 있었다는 점이다. 예를 들어, 1918년 8월 22일자 《고베유신일보(神戸又新日報)》는

---

57) 廉尚燮, 〈朝野の諸公に訴ふ〉, 《デモクラシイ》 2, 1919. 4, 2쪽.

58) 염상섭, 〈횡보문단회상기〉, 《사상계》 114, 사상계사, 1962, 205쪽.

59) 후쿠인인쇄합자회사에 대해서는 小野容照, 앞의 책(2013), 제2장 참조.

"〔고베〕 시내에 거주하는 조선인 노동자 다수가 이번 소요 속에 섞여 있다"고 보도했다.[61] 이처럼 염상섭은 쌀 소동과 이에 기인한 일본 노동운동의 격화를 목격하고, 나아가 조선인의 동참을 통해 재일 조선인 노동자 문제를 발견해, "재오사카 한국 노동자"를 대상으로 독립선언서를 배포하려고 했던 것이라고 추측된다.

조선에서 노동운동이나 사회주의운동의 발생은 노동자 인구의 증가와 마르크스주의의 유입, 그리고 1919년 창설된 코민테른의 영향 등이 주된 요인이다. 하지만 일본의 조선인 유학생에게는 쌀 소동이 노동운동에 주목하는 계기가 되었고, 그 경향은 2·8독립선언 시점에 이미 나타나고 있었다.

2) 일본인과의 관계 변화

당시 《데모크라시》를 발행하던 신인회는 제1차 세계대전이 종결되자 '현대 일본의 합리적 개조'를 목적으로 결성되어 조선인 유학생과 연대의 뜻을 표명했던 학생단체이다.[62] 앞에서 서술했듯이, 이달 같은 예외가 있기는 하지만 2·8독립선언 이전의 조선인 유학생은 일본인을 적대시하는 경향이 있어 적극적으로 교류하지 않았다. 따라서 염상섭이 《데모크라시》에 글을 기고했다는 사실은 조선인 유학생과 일본 학생 또는 지식인의 관계에 변화가 있음을 보여주는 것이었다.

실제로 독립선언서 배포를 염상섭과 함께 계획했던 변희용이 오사카에 가지 않았던 것은 일본 지식인의 회합에 참가하기 위해서였

---

60) 警視庁 編,〈思想要注意人名簿(大正 十年 一月 十五日調)〉. 이 문서는 일본 국회도서관 소장 'Microfilm Orien Japan(Reel 27)'에 수록되어 있다.

61) 井上淸·渡辺徹 編,《米騷動の硏究》第3卷, 有斐閣, 1960, 47쪽.

62) 신인회에 관해서는 H·スミス 著, 松尾尊兊·森史子 訳,《新人会の硏究-日本学生運動の源流》, 東京大学出版会, 1978 참조.

다. 염상섭이 독립선언서를 배포하려고 했던 3월 19일 도쿄에서는 여명회(黎明会) 제4회 정례회의가 열렸다. 이 자리에는 2월 24일 '조선청년독립단 민족대회소집촉진부 취지서'의 배포를 주도했던 변희용, 최승만, 장인환, 강종섭을 비롯해 백남훈, 김우영, 김준연, 서상국이 유학생을 대표해 출석했다.[63]

여명회는 1918년 12월 요시노 사쿠조(吉野作造)를 중심으로 오야마 이쿠오(大山郁夫), 후쿠다 도쿠조(福田徳三) 등 당시 일본의 저명한 진보적 지식인을 망라해 설립된 사상단체이다. 여명회는 제1차 세계대전이 종결되고 국제사회가 민주주의와 평화를 향해 개조되기 시작하던 상황에 "세계의 대세를 역행하는 위험한 완명(頑冥) 사상을 박멸하는 것"을 강령으로 내걸고 강연회 등을 통해 민중 계몽활동을 했다.[64]

여명회의 지식인들은 제국주의를 "세계의 대세를 역행하는 위험한 완명 사상"의 하나로 여겼으며, 3·1독립운동을 계기로 조선 문제에 관심을 갖기 시작했다. 3월 19일에 열린 제4회 정례회의에 조선인 유학생을 초대한 것도 이런 이유에서였다. 다수의 일본 지식인은 3·1독립운동을 기독교도나 천도교도의 음모라고 생각해, 조선인들이 독립을 바라는 것을 이해하려 들지 않았다. 이러한 상황에서 2월 24일 취지서 배포를 계획했던 조선인 유학생과의 접촉은, 그 자체가 획기적인 일이었다.[65]

여명회 정례회의에서 조선인 유학생들은 조선인이 독립을 바라고 있고, 조선인의 동화는 불가능하다고 강조했다. 요시노 사쿠조는 조선인 유학생들의 의견을 직접 듣게 된 데 큰 의의를 두었다. 그는 3일

---

63) 松尾尊兊,《民本主義と帝国主義》, みすず書房, 1998, 178·179쪽.

64) 〈黎明会記録〉,《黎明講演集》4, 1919. 6, 363·364쪽.

65) 松尾尊兊, 앞의 책, 179쪽.

후인 3월 22일 여명회의 강연회에서 3·1독립운동을 일으켰던 조선 민중의 심정을 일본인이 이해할 필요가 있다고 주장했다. 여명회는 나아가 '조선 문제 연구'를 주제로 하는 강연회를 6월에 개최했다. 이 때 요시노 사쿠조 등 일본 지식인들은 조선총독부의 통치정책을 비판했다. 이 강연회에 조선인 유학생도 다수 참가해 박수로 응했다.[66]

이렇게 3·1독립운동과 2·8독립선언 후 이어진 조선인 유학생들의 활동으로 인해 일본 지식인 일부가 조선 지배 문제를 마주 보기 시작하면서 조선의 내셔널리즘을 이해하게 되었다. 한편, 조선인 유학생도 일본인에 대한 적대를 멈추고 조선독립운동을 이해하려는 일본인과 교류하게 되었다. 1920년에 일본사회주의동맹이 결성되자 염상섭이 조선독립운동과 일본 노동운동의 연대 가능성을 도모했던 것처럼, 조선인과 일본인은 사회주의운동을 중심으로 서로 교류했다.[67]

3) 이달과 2·8독립선언

조선독립운동과 일본 지식인의 교류에서 빼놓을 수 없는 인물로 변호사 후세 다쓰지(布施辰治)가 있다. 후세 다쓰지는 조선독립운동 및 재일 조선인 문제와 관련해 수많은 변호를 담당했는데, 그가 변호사로서 조선과 관련을 맺었던 최초의 사례가 2·8독립선언이었다.

2·8독립선언에 참여했던 유학생들은 출판법 위반 혐의로 변호사의 도움이 필요했다. 유학생들은 당초 일찍이 105인 사건의 변호를 담당했던 하나이 다쿠조(花井卓藏)에게 의뢰했지만,[68] 그의 변호 방침

---

66) 松尾尊兊, 앞의 책, 178~180쪽.

67) 일본사회주의동맹에는 조선인도 가입하고 있었다. 조선과 일본의 사회주의자 교류에 대해서는 小野容照, 앞의 책, 제6장 참조.

68) 백남훈, 《나의 일생》, 신현실사, 1968, 129쪽.

은 식민지 지배를 전제로 2·8독립선언이 유죄임을 인정한 뒤 정상 참작을 호소해 집행유예를 받아내는 것이었다.[69] 하지만 스스로 유죄를 인정하는 것은 조선인이 독립을 바라지 않는다는 것을 선언하는 것과 같았다. 조선인 유학생으로서는 2·8독립선언의 의도를 스스로 부정하는 하나이 다쿠조의 변호 방침을 받아들일 수 없었다. 이 때문에 유학생들은 "변호를 자청한" 후세 다쓰지에게 의뢰했던 것이다.[70]

이리하여 후세 다쓰지는 변호사로서 조선과 관련을 맺게 되었다. 《평전 후세 다쓰지(評伝 布施辰治)》에 따르면, 후세 다쓰지와 조선인의 신뢰관계를 굳건하게 만든 것은 이 출판법 위반 재판의 변호와 〈조선의 독립운동에 경의를 표한다〉는 글이었다. 후세 다쓰지는 후일 "이동재라는 남자가 왔었어요. 조선의 독립에 대해 이야기를 나눴지요. 그때 내가 〈조선의 독립운동에 경의를 표한다〉는 글을 썼습니다"라고 회상했다. 이 "이동재"는 제1절에서 언급했던 이달(이동재)을 가리키며, 〈조선의 독립운동에 경의를 표한다〉는 이달이 1919년 도쿄에서 창간했던 개인잡지 《신조선》에 실렸다고 한다.[71]

유감스럽게도 《신조선》은 1919년 11월에 간행된 창간호만 남아 있는데, 여기에 〈조선의 독립운동에 경의를 표한다〉는 게재되어 있지 않다. 이달과 후세 다쓰지가 어떻게 교류했는지도 상세하게 알 수 없다. 다만 이달이 2·8독립선언 이전부터 적극적으로 일본 지식인과 교류했기 때문에 후세 다쓰지와 조선을 이어주는 다리 역할을 한 것은 틀림없다. 또한 《신조선》이 창간되면서 이달이 2·8독립선언과 간접

---

69) 大石進, 〈布施辰治の生涯と朝鮮〉, 《布施辰治と朝鮮》, 総和社, 2008, 21쪽.

70) 백남훈, 앞의 책, 129쪽. 유감스럽게도 후세 다쓰지가 유학생을 어찌하여 변호했는지는 불명확하다.

71) 森正, 《評伝 布施辰治》, 日本評論社, 2014, 339~341쪽.

적으로 관계를 맺어왔던 것이 확인된다.

1917년 동양청년동지회 결성 당시 이달은 일본의 식민지 지배하에서 조선인의 지위 향상을 목표로 했고, 스스로 "일선동화(日鮮同化)"를 제창했다. 그 때문에 조선인 유학생으로부터 "반감을 사"왔다. 하지만 이달은 《신조선》의 창간 목적을 "나는 본지(本紙) 전체 기사를 통해 조선에서 민족운동이 실로 강고하고 또한 열성적이라는 사실을 극력 보도해보고 싶다"[72]고 밝혔다. 즉, 이달은 조선의 "민족운동"을 알리고자 《신조선》을 창간했던 것이다.

이러한 《신조선》의 지향을 가장 단적으로 보여주는 것이 〈조선 독립과 일본 정부-수상 회견의 전말 보고〉라는 기사이다. 이달에 따르면, 이 기사는 1919년 10월 15일 오후 3시 총리 관저에서 하라 다카시(原敬) 총리를 만나 "일본 정부는 왜 조선의 독립을 승인하지 않는지"에 대한 문답을 기록한 것이다. 이달은 먼저 하라 다카시에게 다음과 같이 질문했다.

문 일본 정부는 조선 민중의 독립운동에 대해 결국 어떻게 할 계획입니까?

답 조선인이 독립운동을 하고 있다는 사실은 알고 있지만, 구태여 독립하지 않더라도 괜찮지 않은가…….

문 조선 민중의 독립운동은 …… 일부의 운동이 아니라 조선 전 민중의 운동입니다. 그럼에도 일본 정부는 조선의 독립을 승인할 수 없는 것입니까?

답 독립, 독립이라 말하지만 독립이라는 것이 그렇게 좋은 것은 아니

---

72) 〈発刊に際して〉,《新朝鮮》 1-1, 1919. 11, 1쪽.

다. …… 조선이 독립하는 것보다도 일본 정치하에서 일본인과 같은 권리나 의무를 통해 행복하고 평화롭게 생활하는 편이 좋지 않은가?[73]

하라 다카시가 말한 "일본 정치하에서 일본인과 같은 권리"를 얻는 것이야말로, 일찍이 이달이 추구해온 것이었다. 하지만 이달은 다음과 같이 이어간다.

> **문** 일한병합은 그 이유가 조선 민중의 행복을 위해서라고, 동양의 평화 유지를 위해서라고 역설했다고 기억합니다. 하지만 적어도 오늘에는 일한병합은 결코 조선 민중의 행복이 아닙니다. 또한 동양 전체의 평화도 아닙니다. …… 어쨌든 일한병합의 이유는 이미 벌써 소멸해버리지 않았습니까? 저는 간절하게 일본 정부의 숙고를 바랍니다.
>
> **답** 금방 나아지겠지요. 이미 경찰 설비도 충분하기 때문에 결코 더 이상 소란을 피울 일은 없습니다.[74]

이달은 "일본인과 같은 권리"에는 만족하지 않고 하라 다카시 총리에게 조선의 독립을 직접 담판 짓고 있는데, 이 문답은 지어낸 것이 아니다. 《하라 다카시 일기(原敬日記)》에는 "[1919년 10월] 16일 조선인 이동재라는 자가 내방해 독립 의견을 주창했는데, 나는 이것이 불가함을 설시(説示)했다"[75]고 적혀 있다. 날짜가 하루 어긋나 있지만,

---

73) 〈朝鮮独立と日本政府-首相会見の顛末報告〉, 《新朝鮮》 1-1, 1919. 11, 4쪽.

74) 위의 글, 4쪽.

75) 原奎一郎 編, 《原敬日記》 第8卷, 乾元社, 1950, 354쪽.

이달이 하라 다카시를 만나 독립을 요구했던 것은 사실이다.

그리고 주목할 만한 것은 이달이 하라 다카시에게 "일한병합"이 "동양 전체의 평화도 아니"며, 그 "이유는 이미 벌써 소멸해버렸다"고 말했다는 것이다. 이 발언이 "최후에 동양평화의 견지로 보건대 …… 한국을 합병한 최대 이유가 이미 소멸되얏을 뿐더러 종차(從此)로 조선 민족이 무수한 혁명난(革命亂)을 기(起)한다 하면 일본의 병합된 한국은 반(反)하야 동양평화를 교란할 화원(禍源)이 될지라"라고 서술되어 있는 〈2·8독립선언서〉에 기초하고 있는 것은 명확하다. 또한, 이달은 《신조선》의 다른 기사에서도 "조선이 동양의 화근이 되어선 안 된다"[76]고 기술하고 있다.

이달은 1920년 대구 복심법원(覆審法院) 재판에서 1919년 2월경에 "조선청년독립단이 독립운동을 표방한 때부터 가입"했다고 밝혔다.[77] 정말로 조선청년독립단에 가입하고 있었는지는 불명확하지만, 일본의 조선 식민지 지배를 인정하고 "일선동화"를 제창했던 이달은 2·8독립선언에 촉발되어 독립을 요구하게 되었을 것이다. 그리고 일본 총리에게 〈2·8독립선언서〉의 내용을 직접 전했던 것이다.

나아가 이달은 이와 같은 조선의 "민족운동이 실로 강고하고 또한 열성적이라는 사실"을 일본 정부 요인(要人)에게 알리는 활동만이 아니라 김영만, 박진호라는 청년들과 새로운 독립선언서 배포를 계획하고 있었다. 관헌 사료에 따르면, 1919년 12월 이달은 김영만에게 《신조선》 기자의 직함을 주어 조선에 파견했다. 파견 목적은 3·1독립운동 1주년인 1920년 3월 1일에 도쿄에서 격문을 배포하고 시위운동

---

76) 〈一事一言(1)〉,《新朝鮮》 1-1, 1919. 11, 6쪽.

77) 〈판결문(대구복심법원, 1920년 11월 10일)〉,《독립운동 관련 판결문》, 한국국가기록원 소장.(http://theme.archives.go.kr/next/indy/viewMain.do, 이하 URL은 생략)

을 일으키기 위한 자금을 조달하기 위해서였다. 김영만은 경성과 마산에서 《신조선》이 "독립운동을 선전하는 잡지"라는 점을 호소하며 뜻을 함께할 지지자들을 모았다. 그들을 통해 300엔의 지원금을 모은 김영만은 1920년 2월 도쿄로 돌아왔다.[78]

그런데 그 직후 이달은 도쿄재판소에 구인되었다가 대구지방법원 예심판사의 요청으로 1920년 3월 1일 도쿄에서 대구로 압송되었다. 이달이 대구로 압송된 까닭은 함께 시위운동을 도모했던 박진호가 대구에서 체포되었기 때문이다.

대구지방법원의 재판 기록에 따르면, 박진호도 《신조선》 기자라는 직함으로 1920년 1월 대구에 파견되었다. 박진호는 대구에서 자금을 조달하는 한편, 이달과 함께 기초했다고 알려진 〈신대한민국 청년독립단 선언서〉를 인쇄하려 했다. 구체적으로 언제 박진호가 체포되었는지 확실하지 않지만, 이 선언서에는 "우리 민족은 적에 대해 영원히 혈전할 것이다"라고 씌어 있다.[79] 이것은 "오족은 일본에 대하야 영원의 혈전을 선(宣)함"이라고 하는 〈2·8독립선언서〉의 결의문을 참조한 것이었다.

이달은 1920년 3월 1일에 이 선언서를 배포할 예정이었다. 그런데 무대가 도쿄였던 점과 〈신대한민국 청년독립단 선언서〉라고 하는 격문의 명칭, 그리고 상술했던 문장 표현의 유사성을 생각해보면, 이달이 제2의 2·8독립선언을 계획하고 있었음을 알 수 있다. 결국 이달은 1920년 11월 10일 대구 복심법원에서 제령 7호 위반으로 징역 3년형을 받았다. 이후 이달은 더 이상 독립운동가로서 활동하지 않았다.

---

78)   金正明 編, 《朝鮮獨立運動 Ⅲ: 民族主義運動 篇》, 原書房, 1967, 561·562쪽.
79)   〈판결문(대구지방법원, 1920년 8월 21일)〉, 《독립운동 관련 판결문》, 한국국가기록원 소장.

2·8독립선언의 다양한 의의

　재일 조선인 유학생의 민족운동은 도쿄에 체재하는 일본인을 비롯한 동아시아 지식인과의 상호관계 속에서 전개되었다. 또한《저팬 애드버타이저》의 사례에서도 알 수 있듯이 조선 내에 비해 국제 정세에 관한 지식도 입수하기 쉬웠다. 〈2·8독립선언서〉가 윌슨의 사상을 분석해 작성되었다는 것은, 이러한 국제성을 풍부하게 지니고 있던 조선인 유학생의 민족운동을 상징하는 것이었다고 할 수 있다.

　제3절에서 서술했듯이 2·8독립선언은 일부 일본 지식인의 조선 내 셔널리즘에 대한 인식에 큰 영향을 미쳤고, 조선과 일본 지식인 사이의 교류를 촉진하는 중요한 계기가 되었다. 〈2·8독립선언서〉가 영역(英譯)되어 세계 곳곳에 발신되었다는 것까지 감안하면, 3·1독립운동이 세계에 미친 영향을 고찰할 때 2·8독립선언에도 주목할 필요가 있다.

　하지만 2·8독립선언의 의의는 이러한 국제성에만 그치지 않는다. 독립을 체념해 "일선동화"를 주창했던 이달이 독립운동가로 변모하는 계기가 되었듯이 다른 조선 지식인에게도 큰 영향을 미쳤다. 2·8독립선언은 3·1독립운동의 '도화선'을 넘어선 다양한 의의가 있다고 할 것이다.

3장

1919년 3월 1일 만세시위의 재구성

김정인

3월 1일, 7개 도시에서 만세시위가 일어나다

흔히 1919년 3월 1일 만세시위 하면 서울 탑골공원(옛 파고다공원)에서 시작된 만세시위를 떠올린다. 학생들이 배우는 교과서에서도 3·1운동의 발발지로 서울만 거론하거나 서울의 독립선언식을 비중 있게 다루어왔다. 그런데 이처럼 서울만을 강조하다 보면 바로 다음 날부터 전국, 특히 북부 지방에서 잇달아 일어난 만세시위를 제대로 설명할 수 없다. 1919년 3월 1일에는 서울을 비롯해 평양·진남포·안주(평안남도), 선천·의주(평안북도), 원산(함경남도) 등 7개 도시에서 만세시위가 일어났다. 서울을 제외하고는 모두 북부 지방의 도시였다. 이후 만세시위는 보름간 북부 지방을 중심으로 확산되었고, 3월 중순 이후 중남부로 확산되면서 전국화·일상화되었다.

이처럼 1919년 3월 1일 만세시위가 서울과 북부 지방 6개 도시에서 동시에 일어났고, 북부 지방이 3·1운동의 도화선이 되었다는 사실은 남북분단이라는 현실 속에서 제대로 조명받지 못했다. 3·1운동이 발발한 지 100년이 된 시점에서야 그날 7개 도시에서 일어난 만세시위를 재조명한다는 자체가 만시지탄이지만, '1919년 3월 1일 어떻게 북부 지방에 자리한 6개 도시에서 동시에 만세시위가 일어났는가?'라는 질문은 3·1운동을 이해하는 데 반드시 해명해야 할 핵심적인 질문이다.[1] 이 질문에 대한 답을 좇다 보면 3·1운동의 가치 가운데 하나인 연대에 주목하게 된다. 종교 간 연대, 종교와 학생 간 연대가 첫날 만세시위'들'의 준비를 가능하게 했고, 시위대를 이끌었다.

1. 서울, 연대에 기초한 시위의 발상지

1) 모의 과정을 관통한 가치, 연대

1918년 말 제1차 세계대전 전후 처리를 위한 파리강화회의 개최를 목전에 두고 지식인들은 세계 정세를 예의주시하며 독립운동을 준비하고 있었다. 상하이에서는 여운형이 파리강화회의에 신한청년당 대표로 김규식을 파견했다. 그리고 이 소식을 알리고 독립운동을 촉구하고자 국내에는 밀사를 파견했다.[2] 1919년 1월 18일 파리강화회의 개막 사흘 후인 1월 21일에 고종이 급서했다. 도쿄에서 '2·8독립선언'을 준비하던 유학생들은 독립선언 준비 소식을 알리고자 송계백을 국내에 밀파했다. 국내외 상황이 한국인의 독립 열망을 세계에 알릴

---

1) 3월 1일에 7개 도시에서 일어난 시위를 개별적으로 분석한 연구는 없다. 다만, 의주의 3·1운동 전반을 다룬 이용철의 〈평안북도 의주 지역의 3·1운동〉(《한국독립운동사연구》 61, 2018)과 평양 기독교계의 3·1운동을 다룬 황민호의 〈매일신보에 나타난 평양 지역의 3·1운동과 기독교계의 동향〉(《숭실사학》 31, 2013)이 있을 뿐이다.

2) 정병준, 〈3·1운동의 기폭제〉, 《역사비평》 119, 2017, 251쪽.

호기라고 판단한 종교계와 학생들이 본격적인 독립운동 모의에 나섰다. 그 결과 1919년 3월 1일에 일어난 독립선언식과 만세시위는 천도교에서 '일원화'라고 표현했던 연대 가치에 따라 준비된 것이었다.

1910년대에 지식인에게는 정치결사의 자유가 없었다. 종교계나 교육계에서 그나마 사회 활동이 가능했다. 그런 까닭에 종교인과 교원들이 중심이 되어 독립운동을 모의하게 되었다. 가장 먼저 천도교가 연대에 기반한 독립운동을 제안했다. 천도교 지도자인 손병희와 그의 측근인 권동진과 오세창, 1910년 국망 직후 천도교에 입교해 보성고등보통학교 교장을 맡았던 최린 등이 모의를 주도했다. 이들은 1919년 1월 말부터 본격적으로 움직였다.[3] 연대를 위한 연락 실무는 최린이 맡았다.[4] 이들은 처음부터 독립운동의 원칙으로 대중화, 비폭력과 함께 일원화를 염두에 두었다고 한다.[5]

2월 초에 최린은 먼저 학교 교원들과 연대했다. 중앙학교 교장 송진우와 교사 현상윤을 만나 독립운동 계획을 알리고 동의를 받아냈다. 이어서 명망가인 박영효, 윤치호, 윤용구, 한규설 등 조선·대한제국 고위관료 출신과 연대를 시도했으나 모두 실패했다.[6] 가장 중요한 연대세력은 역시 기독교계였다. 최린은 장로교 장로로서 평북 정주에 거주하는 이승훈과 접촉을 시도했다. 이승훈은 2월 11일에 상경해 송진우로부터 천도교의 독립운동 계획을 듣고는 동참할 뜻을 밝혔다. 중앙집권적 단일조직인 천도교와 달리 기독교는 장로교와 감리

3) 〈최린 신문조서〉, 국사편찬위원회 편,《한민족독립운동사자료집》11, 국사편찬위원회, 1990, 19쪽. 이하 인용에서는《한민족독립운동사자료집》'으로 약칭한다.

4) 독립운동사편찬위원회 편,《독립운동사자료집》5, 독립유공자사업기금운용위원회, 1972, 16쪽. 이하 인용에서는 '《독립운동사자료집》5'로 약칭한다.

5) 여암문집편찬위원회,《여암문집》상, 1971, 182·183쪽.

6) 이병헌,《3·1운동비사》, 시사신보사, 1959, 104·105·213·598쪽.

교로 양분되어 있었다. 이승훈은 장로교와 감리교의 연대를 시도했다. 그는 먼저 평북 선천에서 장로교 지도자인 양전백, 유여대, 김병조, 이명룡 등을 만나 동의를 받아냈다. 평양에서는 장로교의 길선주 목사와 함께 감리교의 신홍식 목사를 만나 동참 의사를 얻어냈다.

그런데 2월 17일 다시 상경한 이승훈은 천도교의 독립운동 준비에 의심을 품고,[7] 기독교만의 독자적인 독립운동을 모색했다. 2월 20일에 서울의 감리교 지도자인 박희도, 오화영, 정춘수, 신홍식, 오기선 등을 만나 장로교와 감리교가 함께 일본 정부에 독립청원서를 제출하기로 결정했다. 장로교의 함태영, 이갑성, 안세환, 오상근, 현순 등으로부터도 동의를 얻어냈다.[8] 2월 21일 이승훈과 최린이 만나면서 다시 반전이 일어났다. 최린은 이승훈에게 기독교만의 독자적인 준비를 중단하고 천도교와 연대하자고 설득했다. 이승훈은 장로교 및 감리교 지도자들과 협의 끝에 천도교와 연대하기로 결의했다.[9]

천도교와 기독교의 연대가 성사된 것은 2월 24일이었다. 양측은 3월 1일 오후 2시에 탑골공원에서 독립선언식을 거행하기로 합의했다. 독립선언서는 천도교에서 인쇄하고 천도교와 기독교가 함께 서울은 물론 지방에도 배포하기로 했다. 지방의 천도교회와 기독교회에서도 서울의 독립선언 일시에 맞춰 독립선언서를 배포하며 독립선언식을 갖도록 독려하기로 했다. 또한 민족 대표는 천도교와 기독교에서 각각 선정하되, 불교와도 연대하기로 결정했다.

최린은 그날 밤 신흥사 승려 한용운을 만나 연대를 요청했다. 1월 말부터 최린에게 독립운동 계획에 동참할 의사를 비쳤던 한용운은

---

7)   김기석, 《남강 이승훈》, 현대교육총서출판사, 1964, 184·185쪽.
8)   현상윤, 〈삼일운동 발발의 개략〉, 《사상계》 1963년 3월호, 47쪽.
9)   〈박희도 신문조서(제3회)〉, 《한민족독립운동사자료집》 11, 145쪽.

즉시 승낙했다.[10] 한용운의 주선으로 해인사 승려 백용성의 동의도 받아냈다.[11] 한편, 최린은 한용운을 통해 유림과도 연대를 시도했던 것으로 보인다. 곽종석과 김창숙이 호의적인 반응을 보였다고 하나,[12] 중심인물이나 조직이 뚜렷하지 않아 자칫 개별 접촉을 시도하다가 사전에 발각될 염려가 있고 시일도 촉급해 성사되지는 못했다.

천도교와 기독교, 불교의 연대가 이루질 무렵, 학생 대표들도 종교계의 3월 1일 독립선언식에 연대하기로 결정했다. 본래 학생들은 전문학교 대표들을 중심으로 독자적인 독립운동 계획을 세워놓고 있었다. 1월 26일 연희전문학교의 김원벽, 보성법률상업학교의 강기덕, 경성의학전문학교의 한위건이 독립운동 문제를 논의하고자 모였다. 이 자리에는 중앙기독교청년회 간사인 박희도와 보성법률상업학교 졸업생인 주익이 함께했다. 본격적인 준비는 2월 초순부터 이루어졌다. 준비 과정에서 주익이 독립선언서를 작성했는데, '일본과 제휴하고 동양의 평화에 대한 유색인종 단결의 결실을 맺고자 민족자결주의에 입각해 조선의 독립을 선언한다'는 취지를 담고 있었다고 한다.[13]

한 달여간의 준비 끝에 2월 20일에 각 전문학교 대표를 뽑고 대표들이 체포될 경우에 대비해 시위를 이끌어갈 책임자를 정했다. 그런데 2월 22일 박희도가 종교계에서 연대해 독립시위를 벌일 예정이라는 소식을 전했다. 2월 25일에는 독립시위 날짜가 3월 1일로 정해졌다는 소식을 들었다. 학생 대표들은 이틀간 잇달아 회의를 열어 3월 1일에

---

10) 〈최린 신문조서〉, 《한민족독립운동사자료집》 11, 26쪽.

11) 《독립운동사자료집》 5, 20쪽.

12) 서울역사편찬원, 《서울2천년사》 27, 2015, 124쪽.

13) 〈김원벽 신문조서(제1회)〉, 《한민족독립운동사자료집》 11, 35쪽.

전문학교는 물론 중등학교 학생들도 동원해 탑골공원에서 열리는 독립선언식에 참석하고, 3월 5일에는 학생들만의 독자적인 시위를 전개한다는 방침을 세웠다.[14] 이처럼 학생들은 자발적으로 3월 1일의 독립선언식 참여를 결정해 종교계의 독립운동과 연대하고자 했다.

2월 27일과 28일에는 민족 대표 선정, 〈기미독립선언서〉(이하 '독립선언서') 인쇄와 배포 등 구체적인 진행과 관련한 연대 활동이 펼쳐졌다. 2월 27일 종교계는 민족 대표를 최종 선정했다. 천도교는 중앙교단 차원에서 도사, 장로를 중심으로 최고위직 간부 15명이 참여했다. 기독교계에서는 장로교에서 6명, 감리교에서 10명이 참여했다. 불교계에서는 앞서 언급한 2명이 동참했다. 2월 28일 종교계와 학생들은 연대하여 독립선언서를 배포했다. 독립선언서는 전날인 2월 27일에 천도교가 경영하는 보성사에서 2만 1,000매를 인쇄했다. 천도교 기관지를 발간하는 천도교월보사 사장 이종일의 책임 아래 독립선언서가 전국에 배포되었다. 먼저, 천도교는 북부 지방을 중심으로 배포에 나섰다. 안상덕은 2,000매를 들고 강원도와 함경도로, 김상열은 3,000매를 가지고 평안도로, 이경섭은 1,000매를 받아 황해도로 향했다. 인종익은 2,000매를 받아 전라북도와 충청북도로 떠났다. 기독교계 인사 중에는 이갑성과 함태영이 배포를 주도했다. 이갑성은 강기덕에게 1,500매를 보내 학생들이 서울에 배포하도록 요청했다. 2월 28일 밤 승동교회에는 10여 명의 중등학교 학생 대표들이 모여 독립선언서를 나눠 가졌다.[15] 또한 이갑성은 이용상에게 300~400매를 주어 경상도에 배포하도록 했다. 김병수에게는 100매쯤을 주면서 군산 지방에 배

---

14) 김정인, 《독립을 꿈꾸는 민주주의》, 책과함께, 2017, 73·74쪽.

15) 〈강기덕 신문조서(제3회)〉, 《한민족독립운동사자료집》 11, 87쪽.

포하도록 했다.[16] 함태영은 600매를 평양에 보내고, 나머지 600매를 민족 대표로 참여하기로 한 김창준에게 주었다. 김창준은 선천, 개성, 원산에 보냈다. 불교계에서는 한용운이 3,000매를 받아 중앙학림 학생 오택언, 정병헌 등 9명에게 1,500매를 건네주어 서울에서 배포하도록 지시하고 나머지는 남부 지방에 배포했다.[17]

2월 28일 밤, 처음으로 천도교·기독교·불교 지도자, 즉 민족 대표 중 23명이 손병희의 집에 모였다. 이 자리에서 이갑성이 다음 날 학생들도 탑골공원에 모인다는 소식을 전했다. 민족 대표들은 자칫하면 불행한 소요사태가 일어날 수 있다며 학생들과의 연대에 거부감을 표시했다.[18] 이로 인해 독립선언식을 열기로 했던 장소가 탑골공원에서 인사동에 자리한 태화관으로 변경되었다.

이처럼 종교계의 연대는 민족 대표 선정을 중심으로 이루어졌다. 종교계의 연대를 적극적으로 평가한 학생들은 종교계가 계획한 독립운동과 연대하고자 했다. 민족 대표들은 학생들의 연대를 부담스러워했다. 하지만 서울에서의 독립선언서 배포 과정에서 알 수 있듯이 학생들의 종교계와의 연대 노력은 3월 1일 서울에서의 독립선언식과 만세시위 대중화에 결정적인 역할을 했다.

2) 민족 대표의 투항, 학생 주도의 시위

3월 1일 정오 무렵, 교문을 나선 학생들은 탑골공원으로 행진하며

---

16) 〈이갑성 신문조서〉, 《한민족독립운동사자료집》 12, 1990, 60쪽; 경성지방법원, 〈김형기 등 201명 판결문〉, 1919년 8월 30일.

17) 〈오택언 신문조서〉, 《한민족독립운동사자료집》 14, 1991, 20~22쪽; 〈오택언 신문조서〉, 《한민족독립운동사자료집》 16, 1993, 115~118쪽.

18) 〈권동진 신문조서〉, 《한민족독립운동사자료집》 11, 47쪽; 〈손병희 신문조서(제2회)〉, 《한민족독립운동사자료집》 11, 71쪽; 〈최린 신문조서(제3회)〉, 《한민족독립운동사자료집》 11, 174·175쪽.

고종 장례식에 참여하기 위해 상경한 사람들로 북적대는 거리에서 독립선언서를 배포했다. 경성의학전문학교 학생 모두는 아예 결석했다. 경성고등보통학교에서는 학생 지도부가 정오에 교실을 순회하며 독립선언식 소식을 알리자 학생들이 탑골공원으로 향했다. 민족 대표 중 길선주·유여대, 김병조, 정춘수를 제외한 29명은 태화관에 집결했다. 이때 학생 대표인 강기덕 등이 태화관으로 찾아와 탑골공원에서 독립선언식을 거행할 것을 종용했으나, 민족 대표들은 거절했다.[19]

오후 2시 민족 대표들은 독립선언식을 가졌다. 먼저 독립선언서가 배포되었으나, 낭독하지는 않았다. 종로경찰서에 독립선언서를 전달할 인력거꾼을 보내고 점심식사를 하던 중 경찰들이 달려왔다. 이에 한용운이 무사히 독립선언서를 발표하게 된 것을 축하하는 연설을 한 다음 다 함께 일어나 독립만세를 세 번 외쳤다. 이후 자동차 한 대로 여러 번에 나누어 타고 경무총감부로 연행되었다.[20]

민족 대표들이 독립선언식을 가졌던 시각인 오후 2시에 탑골공원에는 200여 명의 학생이 집결해 있었다. 이때 해주 출신의 기독교 지도자인 "아래위에 수염이 있는 머리를 깎은 마른 흰 얼굴의 30 몇 세의 백색 한복을 입은 남자"[21] 정재용이 팔각정에 올라 독립선언서를 낭독했다.[22] 시위대는 독립선언서 낭독이 끝나자 독립만세를 부르며 탑골공원을 나와 동대문과 종로 방향으로 나뉘어 행진했다.

19) 〈손병희 경성지법 예심신문조서〉, 市川正明 編, 《三・一獨立運動》 1, 原書房, 1984, 209쪽.

20) 박찬승, 〈만세시위의 기폭제가 된 서울 시위〉, 《3·1운동은 어떻게 전국으로 확산되었나》(3·1운동 100주년 기념 심포지엄 자료집), 2018, 20·21쪽.

21) 〈오택언 신문조서〉, 《한민족독립운동사자료집》 16, 117쪽.

22) 정재용, 〈40년 전 그날의 파고다공원〉, 《사상계》, 1960년 3월호, 236쪽.

종로 쪽으로 향한 시위대는 종로 1가에서 다시 둘로 나뉘었다. 한 갈래 시위대는 남대문통(남대문로)→남대문역(서울역)→의주통(의주로)→미국영사관→이화학당→대한문→광화문→조선보병대→서대문정(서대문로)→프랑스영사관→서소문정(서소문로)→장곡천정(소공로)→본정(충무로)으로 행진했다. 다른 한 갈래 시위대는 무교정(무교로)→대한문→덕수궁 안→미국영사관→대한문으로 행진한 후 다시 두 갈래로 나뉘었다. 그중 한 갈래는 광화문→조선보병대→서대문정→프랑스영사관→서소문정→장곡천정→본정으로 행진했다. 다른 한 갈래는 종로→창덕궁→안국정(안국로)→광화문→조선보병대→서대문정→프랑스영사관→서소문정→장곡천정→본정으로 행진했다.

　탑골공원을 나와 동대문 방향으로 가던 시위대는 창덕궁 방향으로 꺾은 후 안국로를 거쳐 광화문→서대문정→프랑스영사관으로 행진했다. 이 중 일부는 미국영사관→대한문→장곡천정→본정으로 행진했다. 또 한 무리는 종로통과 동아연초회사를 거쳐 동대문에서 해산했다.

　탑골공원에서 200여 명으로 출발한 시위대가 오후 내내 서울 시내를 돌면서 수천 명에 이르렀다. 여러 갈래로 나뉘어 만세시위를 벌이던 시위대는 오후 4시경 본정으로 집결했다. 그들이 향한 곳은 남산 자락에 있는 조선총독부였다. 이에 놀란 조선총독부는 조선군사령관에게 군대 파견을 요청해 오후 5시 무렵 본정 2정목에 방어선을 치고 시위대를 해산시켰다.[23]

　서울 시내에서 시작된 시위는 저녁이 되자 교외로 확산되었다. 저녁

23) 《독립운동사자료집》 5, 72·73쪽.

8시경 마포에 있는 전차 종점 부근에서는 전차에서 내린 사람들 200여 명이 모여 시위를 벌였다.[24] 오후 11시경에는 신촌 연희전문학교 부근에서 학생 200여 명이 만세시위를 전개했다. 자정이 넘어서는 종로에서 400여 명이 만세시위를 벌이며 종로경찰서로 향하기도 했다.

3월 1일 서울의 시위는 3월 3일자 《오사카마이니치신문(大阪每日新聞)》에 처음 보도되었다. '소동'이라고 표현하면서 학생이 주도한 점, 특히 다수의 여학생이 참여한 것에 주목했다.

> 1일 오후 2시경 조선 경성에 일대 소동이 야기되었다. 이 일은 중등학교 이상의 조선인 학생 전부가 결속하고 이에 다수의 여학생도 참가해 대오를 조직하고 고 이태왕 전하의 대장례가 다가온 것을 기회로 삼아 일대 시위운동을 일으킨 것이다. 이리하여 그들은 우선 종로에서 행진을 시작하여 대한문에 이르렀는데 이때 그 숫자는 점점 불어나 수천 명이 되었다. 약 500명은 대한문으로 들어가 만세삼창을 하고 나아가 경복궁에 도착했다. 소식을 듣고 정무총감부와 경찰서가 총출동하여 진압하기 위해 애쓰고 군대도 역시 요소요소를 방비했다.[25]

이 기사 마지막에 언급했듯이, 만세시위에 당황한 조선총독부는 헌병과 경찰뿐 아니라 용산에 주둔한 일본군 보병 3개 중대와 기마병 1개 소대를 시위 해산에 동원했다. 이날 시위는 1만여 명이 참여한 평화적 만세행진임에도 불구하고 29명의 민족 대표를 포함해 174명

24) 서울역사편찬원, 앞의 책, 131쪽.

25) 〈조선 각지의 소요〉, 《오사카마이니치신문》, 1919년 3월 3일자(윤소영, 〈일본 신문 자료를 통해 본 3·1운동-'오사카아사히신문'과 '오사카마이니치신문'을 중심으로〉, 《유관순 연구》 20, 2015, 172쪽 재인용).

이 경무총감부로 연행되었다.[26] 이날의 시위 진압 상황은 일본의 영자 신문인《저팬 애드버타이저(The Japan Advertiser)》에 다음과 같이 보도되었다.

데라우치 총독이 군의 출동을 명해 보병 78연대 야마모토 소좌 이하 1개 중대를 동원해 총검으로 진압했다. 조선헌병대 보고서에 따르면 3월 1일 당일에 용산 보병 3개 중대와 1개 기병 소대를 동원해 헌병과 경찰을 지원해 시위대를 진압했으며 오후 7시에 겨우 소강상태를 맞았다.[27]

이처럼 3·1운동이 시작된 첫날에 조선총독부가 자리한 서울에서 군대라는 무력이 시위 탄압에 투입되었다. 이날 비폭력 평화시위였음에도 총독의 명령으로 군대가 동원되었던 것이다.

2. 평양: 기독교와 천도교 연대시위의 서막

일제 시기 서울에 이은 제2의 도시였던 평양의 3월 1일 만세시위는 기독교와 천도교에 의해 준비되었다. 준비는 따로 했지만, 3월 1일에는 연대시위를 펼쳤다. 먼저, 장로교에서는 2월 초부터 평양기독서원 총무 안세환을 중심으로 장로 윤원삼, 숭덕학교 교사 곽권응, 청년기독교 지도자 박인관 등이 독립운동을 모색했다.[28] 상하이의 신한청

---

26) 독립운동사편찬위원회 편,《독립운동사자료집》4, 독립유공자사업기금운용위원회, 1972, 792쪽.
27) 〈Police with Drawn Swords〉,《저팬 애드버타이저》, 1919년 3월 7일자.

년당이 김규식을 파리강화회의에 파견했고, 일본 도쿄에서는 〈2·8독립선언서〉가 발표되었다는 소식이 전해질 무렵이었다. 본격적인 준비는 2월 하순에 이루어졌다. 2월 19일 안세환, 윤원삼, 박인관을 비롯해 장로 도인권과 전도조수 정일선, 숭덕학교 교사 황찬영 등이 모여 회의를 열었다.[29] 이후 안세환은 윤원삼에게 준비 책임을 맡기고 서울 사정을 알아보기 위해 상경했다. 2월 24일 천도교와의 연대가 최종 합의되자 다음 날인 2월 25일에 평양으로 돌아왔다. 안세환은 길선주 목사 집에 모인 윤원삼, 도인권, 곽권응, 정일선 그리고 강규찬 목사 등에게 천도교와 연대가 확정되었고 서울에서는 3월 1일에 독립선언식이 있을 예정임을 전했다. 이에 장로교 지도자들은 평양에서도 3월 1일에 독립선언식을 거행하기로 하고 구체적인 계획을 수립했다.

이날 결정에 따라 이튿날인 2월 26일에는 시내 각 장로교회에 3월 1일 오후 1시부터 장대현교회 옆 숭덕학교 교정에서 고종의 죽음을 추모하는 봉도식(奉悼式)을 거행한다는 통지서를 발송했다. 숭덕학교와 숭현여학교 학생들은 태극기를 제작했다. 독립선언서는 서울에서 2월 28일까지 보내준다고 했으므로 기다리기로 했다. 2월 27일에는 윤원삼, 도인권, 박인관, 정일선 등이 준비 작업을 최종 점검했다. 2월 28일에는 윤원삼이 천도교 평양대교구로부터 독립선언서를 전달받았다.[30]

감리교에서는 민족 대표인 신홍식이 시위 준비를 이끌었다. 신홍

28) 김양선, 〈3·1운동과 기독교〉, 동아일보사 편, 《3·1운동 50주년 기념논집》, 동아일보사, 1969, 240~242쪽.
29) 〈박인관 신문조서〉, 《한민족독립운동사자료집》 11, 93~96쪽.
30) 경성지방법원, 〈윤원삼 등 15명 판결문〉, 1919년 8월 30일.

식은 2월 23일경 남산현교회 목사 김홍식, 유사인 박현숙 등에게 서울에서 독립운동이 준비되고 있음을 알렸다. 김홍식은 2월 26일에 이 사실을 교회 지도자들에게 알렸다. 감리교계 학교인 광성학교의 학생들도 태극기를 제작하는 등 만세시위 준비에 나섰다. 주기원 목사는 광성학교 교사 송양묵을 만나 독립선언식에 학생들을 인솔해 참석해달라고 부탁했다.[31] 3월 1일 당일에는 박현숙과 사립학교 교사 채애요라 등이 사립유치원 교사 김연실의 집에서 깃발 100여 개를 제작해 남산현교회로 가져갔다.[32]

천도교 평양대교구는 서울의 천도교중앙총부와 연락하며 만세시위를 준비했다. 2월 하순에는 평양대교구 산하 교구장회의를 소집하고 소식을 기다렸다. 2월 28일 평양대교구는 선천교구장인 김상열로부터 평양역에 사람을 보내라는 전보를 받았다. 평양대교구장 우기주가 직접 평양역으로 나가 그로부터 독립선언서를 전달받았다. 우기주는 독립선언서를 교구장회의에 참석한 천도교 지도자들을 통해 각 지역에 배포했다. 천도교인들에게는 고종의 봉도식 행사를 알린 후 급히 독립선언서를 등사했다. 장로교의 윤원삼에게 독립선언서를 보내고 태극기도 제작했다.[33]

3월 1일 오후 1시 평양에서는 장로교, 감리교, 천도교가 각각 고종 봉도식을 개최했다. 먼저, 장로교인들은 숭덕학교 운동장에 집결해 고종 봉도식을 거행했다. 기독교인은 물론 지역 유지들까지 참여하면서 참석자 수는 1,000명을 훌쩍 넘었다. 선교사 마페트(S. A. Moffett)

---

31) 고등법원, 〈송양묵 판결문〉, 1919년 5월 15일.
32) 고등법원, 〈김찬홍 등 15명 판결문〉, 1919년 9월 29일.
33) 〈윤원삼 신문조서〉, 《한민족독립운동사자료집》 12, 179~181쪽.

는 내빈석에 앉았고, 사복형사들은 좌중을 예의주시하고 있었다.[34] 봉도식은 찬송가와 기도로 조의를 표하며 간단히 끝났다. 그러고는 갑자기 대형 태극기가 단상에 게양되고, 도인권이 단상에 뛰어올라 독립선포식 개회를 선포했다. 곽권응은 그 자리에 모인 기독교인들에게 태극기를 배포했다.[35] 독립선언식은 김선두 목사의 사회로 시작되었다. 정일선이 독립선언서를 낭독했고, 김선두·강규찬이 연설했다. 이어 윤원삼이 독립만세를 선창하자 사람들이 따라 외쳤다.[36] 곽권응은 애국가 제창을 지휘했다. 평양 경찰서장이 해산을 요구했지만, 운동장에 모였던 장로교인들은 불응하고 학교 밖으로 빠져나가 평양 시내로 진출했다.

감리교인들도 오후 1시에 남산현교회에서 고종 봉도식을 간단히 끝내고 독립선언식을 열었다. 사회는 김찬흥 목사가, 독립선언서 낭독은 주기원 목사가, 연설은 박석훈 목사가 담당했다. 김연실, 채애요라 등은 태극기를 참석자들에게 배포했다. 이 자리에 참석했던 감리교인들은 독립만세를 부르며 평양 시내로 쏟아져 나왔다.[37] 천도교인들도 같은 시각에 고종 봉도식을 거행하고 만세행진을 벌였다. 세 곳에서 출발했지만, 시내에서는 곧바로 연대시위가 펼쳐졌다. 이처럼 동일한 시각에 동일한 행사를 치르고 시내에서 합류해 연대시위를 펼친다는 것은 사전에 장로교·감리교·천도교 지도자들이 함께 3월 1일 만세시위를 모의했음을 의미한다.

숭덕학교 운동장에서 출발한 장로교 시위대는 천도교회에서 집회

34) 황민호, 앞의 논문, 93·94쪽.
35) 경성복심법원, 〈김선두 등 8명 판결문〉, 1919년 9월 19일.
36) 경성지방법원, 〈김선두 등 8명 판결문〉, 1919년 8월 21일.
37) 고등법원, 〈김찬흥 등 15명 판결문〉, 1919년 9월 29일.

를 마치고 진출한 천도교 시위대와 합류했다. 그들이 평양경찰서 앞에 이르자 경찰과 헌병이 가로막고 나섰다. 이때 남산현교회에서 출발한 감리교 시위대도 합류했다. 세 곳에서 시작된 만세시위가 오후 3시쯤 평양경찰서 앞에서 하나의 대오를 형성한 것이다. 시위대는 일본인이 거주하는 신시가지로 들어가 평안북도청과 평양재판소를 지나 평양역 광장으로 향했다. 시위대는 평양부청, 평양중학교, 평양형무소 앞도 행진했다.

기독교와 천도교가 연대해 만세시위를 벌인다는 소식을 듣자, 평양 인근 지역과 학교에서도 시위대를 조직해 시내로 진출했다. 해질 무렵에는 시위대 수가 낮보다 배로 불어나 평양경찰서 앞에 집결했다. 경찰은 소방대를 동원해 시위대를 해산시키기 위해 물을 뿌렸으나 시위대는 물러서지 않았다. 오후 6시 무렵 경찰서 창문이 날아온 돌에 깨졌다. 헌병과 경찰은 공포를 쏘며 시위대 검거에 나섰다. 이에 격분한 시위대가 경찰에 달려들면서 양자 간에 충돌이 일어났다. 결국 오후 7시쯤 수비대 군인들이 출동해 시위대를 해산시켰다.

시위대가 해산된 후에도 일부 학생들은 밤늦게까지 곳곳에서 만세를 부르며 거리를 행진했다. 당시 15세 학생이었던 김산은 그날을 다음과 같이 회고했다.

우리는 수천 명의 다른 학생, 시민 들과 함께 대오를 이루어 노래를 부르고 구호를 외치면서 거리를 누볐다. 나는 너무나 기뻐서 가슴이 터질 것만 같았다. 모든 사람들이 환호하였다. 나는 흥분한 나머지 하루 종일 밥 먹는 것도 잊어버렸다. 3월 1일에 끼니를 잊은 조선인이 수백만 명은 될 것이다.[38]

한국인의 벅찬 감상과 달리 당시 조선총독부의 기관지《매일신보》
는 다음과 같이 '불온한 소요' 소식을 전했다.

3월 1일 오후 1시부터 평양 기독교 감리파와 장로파 신도는 이태왕
봉도회라 일컫고 전자는 교회당에 800명, 후자는 학교에 약 1,000명이
모여서 봉도회를 거행한 후 돌연히 선언서를 낭독하고 계속하여 각기
손에 태극기를 들고 독립만세를 불러 그 형세가 불온하므로 경찰서에서
는 해산을 명하였는데 해산된 사람들은 다시 시중을 배회하였더라. 1일
저녁때에 이르러 군중은 갑절이나 늘어서 해산하기를 설유하나 듣지 아
니하고 마침내 경찰서에 돌을 던져 유리창을 부수는 등 경찰서가 매우
위험하여 수비대의 보병 중위 이하 7명이 응원하러 왔으므로 드디어 해
산하였는데 이날 주모자 10명과 폭행자 중 수십 명을 체포하였고······.[39]

이후 평양에서는 3월 9일까지 매일 만세시위가 일어났다. 상인들
은 철시를 단행했고, 학교들은 문을 닫았다. 경찰은 3월 2일 오후부터
주동자와 참여자 체포에 나섰다. 검거 선풍은 3월 8일까지 이어졌다.
400여 명이 체포되었고, 이 중 48명이 기소되었다. 당시 상황을《매일
신보》는 다음과 같이 보도했다.

이번 소요사건은 조선 전도를 통틀어 평안남도가 가장 격렬하였는데
검거 인원은 날로 증가되는바 지나간 14일까지 평양경찰서에서만 검거
한 인원이 503명의 다수에 달하였더라. 그중 처결된 자가 216인이요, 검

---

38) 전영택, 〈동경 유학생의 독립운동〉,《신천지》1-2, 서울신문사, 1946. 2, 97쪽.
39) 〈각지 소요사건〉,《매일신보》, 1919년 3월 7일자.

사국으로 보낸 자가 75인이요, 그 나머지는 취조 중인데 평양경찰서만 검거 인원이 이같이 다수가 된즉 평안남도 내를 통산하면 넉넉히 3,000여 인의 검거 수가 되리라더라.[40]

평양의 3월 1일 만세시위는 기독교와 천도교의 연대로 성사되었다. 연대는 각자 독립선언식을 하고 만세시위에 합류하는 방식으로 이루어졌다. 또한 학생들은 서울처럼 학교 간 상호연대가 아니라 학교 소속 기독교 계파의 종교인과 연대했다. 이처럼 첫날부터 평양에서 시작된 종교 간 연대시위와 종교와 학생 간 연대시위 방식은 이후 만세시위에 영향을 미쳐 곳곳에서 연대시위가 이어졌다. 더불어 평양에서도 첫날부터 군대를 동원해 시위를 강제진압했음을 지적하지 않을 수 없다.

3. 기독교가 이끈 3월 1일 연대시위

1) 진남포 만세시위: 종교·학생·노동자 연대시위

평안남도 진남포는 1897년 개항한 이래 신흥 항구도시로 부상했다. 1910년대에는 일본 식민지배의 전진기지이자 정책적 시범도시였다. 또한 간석지를 매립해 부두, 창고 등 항만시설을 확충하고 진남포제련소를 비롯한 여러 공장이 들어서면서 북부 지방 제1의 공업도시로 떠올랐다. 평남선의 종착역인 진남포역이 자리한 교통 요충지이기도 했다. 그러므로 상대적으로 일본인이 많이 살았다. 1919년 당

---

40) 〈평양의 검거 수 500명이 넘쳤다〉, 《매일신보》, 1919년 3월 18일자.

시 인구 2만 2,130명 중 일본인이 7,283명으로 30%를 차지했다. 항만, 제련소, 정미소 등에서 일하는 노동자는 4,000여 명에 달했다.[41]

3월 1일 진남포 만세시위는 1899년에 설립된 감리교계의 삼숭학교 교장 홍기황이 주도했다. 홍기황은 2월 18일 평양에 가서 민족 대표인 신홍식 목사로부터 독립운동을 제안받았다. 이를 응낙한 그는 2월 22일 진남포에 돌아와 감리교 지도자 노윤길·최병훈, 삼숭학교 교사 이겸로·송영환 등과 독립운동 방안을 논의했다. 홍기황이 2월 26일에 다시 신홍식을 찾아갔을 때, 서울에서 3월 1일 오후 2시에 독립선언식을 한다는 소식을 들었다. 그는 다음 날 진남포로 돌아와 노윤길·이겸로·송영환·최병훈 그리고 삼숭학교 교사 홍기주를 만나 서울과 같은 날 같은 시각에 신흥동 감리교회에서 독립선언식을 갖기로 결의하고 준비에 들어갔다. 이겸로·송영환·최병훈 등은 감리교인에게 연락했고, 홍기황은 천도교와 연대를 시도했다. 당시 천도교 진남포교구장을 맡고 있던 홍기조는 민족 대표의 한 사람이기도 했다. 부두미곡중개조합원인 노윤길은 부두 노동자들에게 연락했다. 이처럼 진남포 시위는 감리교와 천도교의 연대, 감리교와 감리교계 학교의 연대에 노동자가 가세해 준비되었다.

독립선언식 준비는 3월 1일 오전까지 이어졌다. 노윤길이 평양에서 독립선언서를 갖고 첫 열차로 돌아왔다. 전날 밤 그는 감리교 목사 김찬흥의 주선으로 장로교 장로 윤원삼에게 독립선언서 100매를 받았다.[42] 홍기황은 삼숭학교 교사 조두식에게 독립선언서 등사를 부

---

41) 진남포시민회, 《진남포시지》, 2011, 103~105·365·366쪽; 홍만춘, 《진남포반백년사》, 알파문화사, 1987, 103·341쪽.

42) 〈홍기황 신문조서(제1회)〉, 《한민족독립운동사자료집》 12, 186~188쪽; 〈홍기황 신문조서(제2회)〉, 《한민족독립운동사자료집》 12, 190~193쪽; 〈노윤길 신문조서(제2회)〉, 《한민족독립운동사자료집》 12, 194~196쪽; 〈윤원삼 신문조서〉, 《한민족독립운동사자료집》 12, 179~181쪽.

탁했다. 조두식은 독립선언서의 첫 부분과 마지막 부분을 발췌한 원고를 작성해 홍기주와 함께 삼숭학교 등사기로 800매를 찍었다.[43] 홍기황은 태극기 500개를 준비하는 한편, 노윤길·이겸로·송영환·최병훈에게 독립선언서 배포를 지시했다.[44]

3월 1일 오후 2시 삼숭학교 학생 100여 명을 포함해 신흥감리교회에 500여 명이 모여 고종 봉도식을 끝내고 홍기황이 독립선언서를 낭독하는 독립선언식을 거행했다.[45] 시위대는 오후 3시경부터 '독립만세'라고 쓴 깃발과 대형 태극기를 앞세우고 시내에서 만세시위를 벌였다. 시위대가 진남포경찰서 앞에 이르러 독립만세를 외치자 경찰이 발포했다. 이로 인해 김기준과 그의 부인이 시위 현장에서 절명했다.[46]

다음 날인 3월 2일 오전 10시에는 기독교인 300여 명과 천도교인 100여 명이 시가지를 돌며 만세를 불렀다. 여기에 수천 명의 시민이 호응했고, 시위대는 진남포경찰서와 진남부청 앞에서 독립만세를 외치며 전날 경찰 발포에 항의했다. 진남포에서는 3월 3일, 5일, 6일, 7일에도 시위가 잇달아 일어났다. 9일에는 기독교계 학교들이 동맹휴학을 했고, 상인들은 철시했다.[47]

3월 1일 진남포 만세시위는 감리교의 주도로 천도교, 학생, 노동자가 연대하여 일어났다는 점에서 의의가 있다. 무엇보다 3월 1일 첫날

---

43) 고등법원, 〈홍기주 등 20명의 판결문〉, 1919년 9월 25일.

44) 〈공판시말서〉, 《한민족독립운동사자료집》 12, 197~199쪽; 〈노윤길 신문조서(제1회)〉, 《한민족독립운동사자료집》 12, 188~190쪽.

45) 홍만춘, 앞의 책, 343쪽

46) 〈각지 소요사건〉, 《매일신보》, 1919년 3월 7일자; 《독립운동사자료집》 5, 806~815쪽; 독립운동사편찬위원회 편, 《독립운동사자료집》 2, 독립유공자사업기금운용위원회, 1971, 399·400쪽. 이하 인용에서는 《독립운동사자료집》 2'로 약칭한다.

47) 김정인·이정은, 《국내 3·1운동 1-중부·북부》, 한국독립운동사연구소, 2009, 234·235쪽.

부터 일본 경찰의 발포로 인해 희생자가 발생했다는 점에 주목하지 않을 수 없다.

2) 선천 만세시위: 종교와 학생 연대, 종교 연대

평안북도 선천은 농산물의 집산지로, 선천장은 전국 5대 시장의 하나였다. 선천역에는 서울과 신의주를 잇는 경의선과 평양과 신의주를 잇는 평의선이 지나고 있었다. 선천은 특히 기독교 교세가 강해 종교의 도시로 불렸다.[48]

선천 만세시위는 선천면에 자리한 장로교계 북교회 목사 양전백의 제안으로 성사되었다. 그는 민족 대표로 참여할 것을 결심하면서 자신과 함께 '105인 사건'으로 고초를 겪은 신성학교 교사 홍성익과 독립시위를 모의했다. 2월 27일 홍성익은 신성학교 교사인 김지웅, 남교회 목사 김석창 등과 독립시위를 준비했다. 신성학교 학생과의 연락은 김지웅이 맡았다.

2월 28일 양전백은 다음 날 서울에서 열리는 민족 대표의 독립선언식에 참가하기 위해 선천을 떠났다. 김지웅은 양전백에게 받은 〈2·8독립선언서〉를 학생인 고병간, 장일현, 김봉성, 박찬빈 등에게 건네며 등사를 지시했다. 혹시 서울로부터 독립선언서가 도착하지 못할 것에 대비한 조치였다. 또한 그는 네 학생에게 파리강화회의 소식을 전한 1월 28일자 《매일신보》 기사와 베이징에서 발간되는 영자 신문 기사의 번역문, 그리고 운동가인 〈행보가〉 등도 등사할 것을 지시했다.[49] 네 학생은 〈2·8독립선언서〉 500매, 나머지 유인물은 100매씩 등

---

48) 선천군지편찬위원회, 《선천군지》, 1978, 215쪽.
49) 《독립운동사자료집》 2, 442쪽.

사했다. 그리고 별도로 자신들이 작성한 '대호! 조선청년'이라는 제목의 전단지를 등사했다. 신성학교 학생들은 태극기 제작에도 참여했다. 서울에서 민족 대표인 김창준에게 독립선언서 약 300매를 받은 이계창이 그날 밤 선천에 도착했다. 그는 김지웅을 만나 독립선언서를 전달했다.[50] 이처럼 선천에서는 기독교계 학교 교사와 학생의 주도로 기독교인과 연대해 3월 1일의 만세시위를 준비했다.

3월 1일 12시 신성학교에서는 평소대로 기도회가 열렸다. 이때 홍성익이 단상에 올라 칠판에 종이를 붙이고 혈서로 '독립'이라 쓰고 연설을 시작했다.[51] 이어 교사인 정상인이 학생들을 이끌고 교문 밖에 나가 만세시위를 벌였다. 그들은 '조선독립단'이라고 쓴 깃발과 대형 태극기를 앞세우고 거리를 행진했다. 거리에 나온 시민들에게는 독립선언서와 태극기를 나누어주었다. 사전에 만세시위 소식을 전해 들은 보성여학교 학생 60여 명도 시위대에 합류했다. 시위 학생들은 남교회와 북교회를 지나 시내로 진출했다.

천남동 시장에 이르는 동안 시민들이 합세하면서 시위대는 2,000여 명으로 불어났다. 시장 한가운데서 독립선언식이 거행되었다. 김지웅은 독립선언서를 낭독했고,[52] 군중에게는 전날 등사한 〈2·8독립선언서〉와 전단지가 배포되었다. 천도교 선천교구에서는 교구장인 김상열이 2월 28일 서울에서 갖고 온 독립선언서를 배포했다. 시위 현장에서 종교 간 연대가 이루어진 셈이었다. 독립선언식을 마친 시

---

50) 고등법원, 〈김지웅 외 30명의 판결문〉, 1919년 7월 12일; 경성지방법원, 〈이계창 등 29명 판결문〉, 1919년 11월 6일; 〈이계창 신문조서〉, 〈이계창 신문조서(제1회)〉, 〈이계창 신문조서(제2회)〉, 《한민족독립운동사자료집》 12, 182~185·219~221쪽.

51) 독립운동사편찬위원회 편, 《독립운동사자료집》 6, 독립유공자사업기금운용위원회, 1973, 48쪽. 이하 인용에서는 '《독립운동사자료집》 6'으로 약칭한다.

52) 〈김지웅 신문조서〉, 〈김지웅 신문조서(제1회)〉, 〈김지웅 신문조서(제2회)〉, 〈공판시말서〉, 《한민족독립운동사자료집》 12, 203~217쪽.

위대는 다시 시가지를 돌며 거리행진에 나섰고, 군청과 경찰서 앞에 잠시 멈춰 집회를 갖기도 했다.[53] 그런데 보병 77연대 장교 이하 25명이 기마경찰대와 함께 출동해 발포하면서 대형 태극기를 들고 있던 기수 강신혁이 그 자리에서 절명했다.[54] 시위대는 오후 6시 무렵 완전히 해산되었고, 그날 밤 경찰은 신성학교 기숙사와 사택, 교회 목사관 등을 수색해 주모자와 시위 참가자를 체포했다. 이날 시위로 170여 명이 검거되었다. 그럼에도 이틀 후인 3월 3일에는 1,500여 명에 달하는 기독교인과 천도교인이 시내에서 연대시위를 벌였다. 선천면 장날인 3월 4일에는 농민들이 만세시위를 전개했다.[55]

3월 1일 선천의 만세시위는 신성학교 교사와 학생을 중심으로 학생과 종교 연대로 준비되었으며, 시위 현장에서는 천도교와의 연대가 실현되었다. 만세시위 현장에서는 서울로부터 온 독립선언서와 〈2·8 독립선언서〉가 동시에 배포되었다. 또한 진남포와 마찬가지로 첫날부터 일본군의 발포로 희생자가 발생했다.

3) 원산 만세시위: 기독교 연대, 종교와 학생 연대

함경남도 원산은 1876년 강화도조약으로 개항한 대표적인 무역항이었다. 개항과 함께 원산은 빠르게 개화했고, 일본인이 몰려들면서 식민지화의 전초기지 역할을 했다. 1913년에는 서울과 원산을 잇는 경원선이 개통되었다. 1919년 당시 원산에는 한국인이 1만 9,840명, 일본인이 7,134명 거주하고 있었다.[56]

---

53) 고등법원, 〈김지웅 등 31명 판결문〉, 1919년 7월 12일.
54) 선천군지편찬위원회, 앞의 책, 256쪽; 독립운동사편찬위원회 편, 《독립운동사자료집》 9, 1977, 235쪽.
55) 김정인·이정은, 앞의 책, 256·257쪽.

원산의 3월 1일 만세시위를 준비한 사람은 민족 대표로서 남감리교회 목사였던 정춘수였다. 그는 2월 중순부터 서울을 오가며 이승훈, 박희도 등과 함께 독립운동을 모의했다. 정춘수는 서울로부터 소식을 기다리던 중 2월 26일에 천도교와 연대하기로 했다는 민족 대표 이갑성의 연락과 3월 1일에 서울에서 독립선언식을 한다는 민족 대표 오화영의 편지를 받았다.[57] 이에 정춘수는 장로교와 감리교의 연대시위를 준비했다. 장로교 전도사인 이가순과 감리교 전도사인 곽명리와 함께 만세시위를 준비했다. 특히, 이가순은 장로교 전도사인 이순영과 함께 서울에서 독립선언서가 늦게 도착될 때를 대비해 별도의 독립선언서를 작성하는 일을 맡았다.[58]

다음 날 정춘수는 곽명리를 서울로 보내 자세한 소식을 알아오도록 했다. 하지만 2월 28일 아침까지 아무런 소식이 없었다. 정춘수는 또다시 장로 차준승을 서울로 급파했다. 한편, 곽명리는 2월 28일 서울에서 오화영을 만나 원산에서도 3월 1일 오후 2시에 독립선언식을 거행하면 좋겠다는 요청을 받고 민족 대표인 김창준이 보낸 정재용에게 독립선언서 100매를 얻어 오후에 귀향했다.[59] 정춘수는 곧바로 장로교와 감리교 지도자들을 장로교계 학교인 진성여학교에 소집했다. 이 자리에서는 3월 1일 오후 2시에 원산에서도 만세시위를 벌이기로 결의하고 준비에 나섰다.[60]

3월 1일 아침, 정춘수는 민족 대표의 독립선언식이 열리는 서울로

56) 원산시사편찬위원회,《원산시사》, 1968, 48쪽.

57) 〈정춘수 신문조서(제2회)〉,《한민족독립운동사자료집》11, 154~156쪽.

58) 경성복심법원,〈이가순 외 8명의 판결문〉, 1919년 5월 26일.

59) 정재용, 앞의 글, 235쪽.

60) 《독립운동사자료집》5, 47·981·982쪽; 〈정춘수 신문조서(제2회)〉,《한민족독립운동사자료집》11, 154~156쪽.

떠났다.[61] 그날은 때마침 원산 장날이었다. 이가순은 독립선언서 50매를 함경남도 각 관청에 발송했다. 이순영은 독립선언서와 자신들이 작성한 2,000매의 독립선언서를 감리교계 학교인 광명학교 학생들에게 건네며 배포를 부탁했다. 오후 1시 30분에 울리는 종을 신호로 광명학교와 장로교계 학교인 배성학교 학생들이 교문을 빠져나와 독립선언식이 열리는 상시장으로 향했다. 장로교 지도자인 차광은의 지시를 받은 배성학교 학생 4명은 거리에서 독립선언서를 배포했다. 오후 2시에 주동자들은 사전에 분담했던 여러 장소에서 동시에 독립선언서를 낭독하고 학생들과 함께 시위대를 이끌었다.[62] 오후 4시에는 곽명리, 이가순 등의 지휘로 1,000여 명의 시위대가 일본인 시가지를 행진했다. 원산경찰서 앞에 도착한 시위대가 독립만세를 부르자 경찰, 헌병은 물론 소방대원들이 시위대에게 물감이 든 물을 뿌리고 공포를 쏘았다. 일단 흩어졌던 시위대는 다시 원산역 앞에 모여 오후 6시까지 만세시위를 벌였다. 경찰과 헌병은 이날 시위자 93명을 검거했고, 이튿날에도 주동인물 체포에 나섰다.[63]

3월 1일 원산 시위는 민족 대표로 참여한 정춘수가 준비한 것으로, 독립선언서도 직접 서울로부터 받았다. 또한 기독교 연대 시위로서 장로교인과 감리교인이 함께 시위를 준비했으며, 기독교계 학교 학생들이 연대했다. 흥미로운 것은 독립선언서가 도착하지 못할 것에 대비해 자체적으로 독립선언서를 작성했다는 사실이다.

61) 《독립운동사자료집》 5, 24쪽.

62) 《독립운동사자료집》 5, 548·549쪽.

63) 원산시사편찬위원회, 앞의 책, 112·113쪽.

4) 의주 만세시위: 종교와 학생 연대, 종교 연대

의주는 중국으로 가는 관문이자 평안북도의 물류 중심지로서 상공업이 발달했으나, 1914년에 신의주부가 생기면서 위성도시로 전락했다. 평의선의 지선인 덕현선의 의주역이 자리하고 있었다. 일찍이 기독교가 전래되면서 최초의 교회인 의주교회가 1886년에 세워졌다. 의주교회는 1907년에 서교회로 개명했고, 새로이 동교회가 세워졌다.[64]

3·1운동 당시 민족 대표인 유여대 목사가 동교회를 맡고 있었다.[65] 그는 1919년 2월 중순 선천에서 열린 평북장로회 노회에 참석했다. 이때 서울을 다녀온 이승훈으로부터 독립운동 계획을 듣고 이에 동참할 것을 약속했다. 의주로 돌아온 유여대는 양실학교 교사 정명채와 김두칠에게 독립운동 소식을 알렸다.[66] 2월 27일에는 정주교회 영수인 조형균이 유여대에게 3월 1일에 독립선언식이 열린다는 소식을 전하며 의주도 동참할 것을 권했다. 독립선언서는 서울로부터 도착할 예정이라는 것도 알렸다.[67]

2월 28일 유여대는 중국 안둥현(安東縣)에서 온 김병농 목사, 정명채, 김두칠을 비롯한 20여 명과 함께 양실학교에 모여 다음 날 만세시위를 벌이기로 결정했다. 일시는 3월 1일 오후 2시 30분으로, 장소는 서교회 광장, 즉 양실학교 운동장이었다. 정명채, 김두칠은 양실학교 교사 홍석민과 함께 독립선언서가 제때에 도착하지 못할 것에 대비해 〈2·8독립선언서〉를 등사했다.[68] 태극기도 제작했다. 인근 지역

---

64) 이용철, 앞의 논문, 48·49쪽; 의주군지편찬위원회, 《의주군지》, 1975, 113·114·120~122쪽.

65) 허동현, 〈3·1운동에 미친 민족 대표의 역할 재조명〉, 《한국민족운동사연구》 46, 2006, 16쪽.

66) 이윤상, 〈평안도 지방의 3·1운동〉, 《3·1민족해방운동사연구》, 청년사, 1989, 284·285쪽.

67) 《독립운동사자료집》 5, 47·48쪽.

기독교인들과 양실학교 교사와 학생, 학부모 등에게는 만세시위의 장소와 날짜를 알렸다. 일본 유학생 출신인 안석응은 3월 1일 오후 2시에 평안북도청과 경찰부 등 관공서에 독립선언서를 배포하는 임무를 맡았다.

3월 1일 오후 2시 30분에 양실학교 운동장에는 700~800명의 군중이 모였다. 주동자들은 〈2·8독립선언서〉와 태극기를 시위대에 나누어주었다. 독립선언식은 찬미가를 부르고 개회를 선언한 후 김병농이 기도를 하고[69] 유여대가 연설을 하는 순서로 진행되었다. 곧이어 유여대가 〈2·8독립선언서〉를 낭독하려고 하는데 때마침 서울에서 발표된 독립선언서 200여 매가 현장에 도착했다. 유여대는 그 독립선언서를 낭독했다.[70] 이어 다음과 같은 노랫말의 독립창가가 합창되었다.

반도 강산아 너와 나와 함께 독립만세를 환영하자.
충의를 다해 흐르는 피는 우리 반도의 독립의 준비이다.
4천 년을 다스려온 우리 강산을
누가 강탈하고 누가 우리 정신을 바꿀 수 있으랴.
만국평화회의에서의 민족자결주의는 하늘의 명령이다.
자유와 평등은 현재의 주의인데
누가 우리 권리를 방해할소냐.[71]

68) 경성지방법원, 〈유여대 판결문〉, 1919년 8월 14일; 〈김두칠 등 2명 판결문〉, 1919년 10월 25일.

69) 경성지방법원, 〈윤원삼 등 15명 판결문〉, 1919년 8월 30일.

70) 《독립운동사자료집》 5, 45쪽; 〈유여대 신문조서(제1회)〉, 《한민족독립운동사자료집》 12, 127~132쪽.

71) 경성지방법원, 〈안석응 등 7명의 판결문〉, 1919년 8월 14일.

합창이 끝나고 김이순과 황대관의 연설이 이어졌다. 이후 독립만세를 부른 시위대는 양실학교 학생을 선두로 태극기를 앞세우고 시가행진을 시작했다.[72]

이날 최석련이 교구장으로 있는 천도교 의주대교구에서도 만세시위 현장에서 독립선언서를 배포했다. 시위 현장에서도 기독교와 천도교의 연대가 이루어진 셈이었다. 의주는 기독교인만이 아니라 천도교인도 많은 지역이었다. 백인빈, 최응곤, 최석련 등에 의해 포교가 이루어진 이래 의주는 평안북도 천도교의 중심지였다.[73]

시위대가 행진을 하자 헌병대가 해산에 나섰고 유여대 등 주동자 10여 명을 검거했다.[74] 이때 검거를 면한 기독교 지도자들은 다음 날인 3월 2일에 만세시위를 벌였다. 남문 밖 광장에서는 천도교인들이 독립선언식을 개최했다.[75]

3월 1일 의주의 만세시위는 원산 시위와 마찬가지로 민족 대표인 유여대가 직접 준비했다. 기독교인과 기독교계 학교 학생이 연대해 준비했고, 시위 현장에서는 천도교인이 독립선언서를 배포하며 연대했다. 〈2·8독립선언서〉를 준비했지만, 극적으로 서울에서 발표된 독립선언서가 시위 현장에 전달되었다는 점도 눈길을 끈다.

5) 안주 만세시위: 기독교인의 자발적인 독자시위

평안남도 안주는 청천강 연안에 안주평야가 펼쳐져 있고, 청천강

---

72) 경성지방법원, 〈안석응 등 7명 판결문〉, 1919년 8월 14일;《독립운동사자료집》6, 49쪽; 경성복심법원, 〈안석응 등 3명 판결문〉, 1919년 9월 15일.
73) 의주군지편찬위원회, 앞의 책, 127·128쪽.
74) 〈각지 소요사건〉,《매일신보》, 1919년 3월 7일자.
75) 이용철, 앞의 논문, 72·73쪽.

수운에 기반한 상업도시이자 교통의 요지였다. 평양과 신의주를 잇는 평의선과 신안주와 개천을 잇는 개천선이 안주를 통과했다. 안주면의 시장은 평안도에서 평양 다음가는 큰 시장으로, 일본인 상업자본이 일찍부터 진출해 있었다. 기독교와 천도교의 교세는 대등했다. 기독교는 김찬성 목사와 김정선 장로에 의해 뿌리를 내렸고, 유신학교와 유치원 등 교육기관을 경영했다. 천도교는 1895년 동학에 입교해 1904년 동학의 갑진개화운동에 참여했던 김안실이 교구장으로 있었다.[76]

안주면에는 김찬성이 세운 장로교 계통의 동예배당이 있었다. 본래 김찬성은 음양설의 권위자였으나 같은 안주 출신인 길선주와 의형제를 맺은 후 1894년 기독교에 입교해 평양신학교를 졸업한 후 1911년 동예배당을 설립했다. 김찬성은 3월 1일 만세시위 준비 소식을 듣고 2월 28일에 독립선언서를 전달받자 다음 날 시위를 하기로 결심하고 아들 김화식을 비롯해 20대의 교회 청년 지도자 10여 명을 긴급 소집했다. 이들은 박의송의 집에 모여 독립선언서를 등사하고 교인들에게 다음 날 독립선언식 소식을 알렸다. 3월 1일 오전에는 김화식의 집에 모여 독립선언식 준비를 계속했다. 독립선언서를 더 등사하고 깃발을 만들었다.[77]

3월 1일 오후 5시 안주면 서문 밖에 자리한 동예배당에 교인들이 모여들었다. 청년 지도자들은 연설을 하고 교인들에게 독립선언서를 나누어주었다. 그러고는 이들과 함께 시내로 진출해 연설을 하고 독립선언서를 배포했다.[78] 헌병대는 주모자들을 체포하고 독립선언

76) 안주군민회, 《내고향 안주》, 1989, 231·254쪽.
77) 〈유여대 신문조서〉, 《한민족독립운동사자료집》 27, 1996, 273~275쪽.
78) 고등법원, 〈김화식 등 10명 판결문〉, 1919년 6월 5일.

서를 압수했다. 수십 명의 시위대가 헌병대 문 앞에 모여 밤을 새우며 옥에 갇힌 주모자들을 격려했다.[79] 이날 안주 시위에 대해 《매일신보》는 다음과 같이 보도했다.

안주에서는 3월 1일 오후 5시경에 300~400명의 교도가 모여서 독립선언서를 배포하였고, 3월 2일에는 군중 약 3,000여 명이 헌병대를 에워싸고 구한국 국기를 들고 만세를 부르며 또 유치 중의 죄인들을 내놓으라고 조르는 등 불온한 행동이 있으므로 곧 해산시켰다.[80]

위 기사에서 3월 2일의 만세시위는 3월 3일의 시위를 착각해 보도한 듯하다. 3월 3일 오전 11시에 안주에서는 김안실 천도교구장의 주도로 천도교가 기독교와 연대해 대규모 시위를 벌였다. 이날 헌병대를 포위하고 3월 1일 시위에서 검거된 주동자들을 석방하라고 요구하다가 헌병의 발포로 6명이 사망했다.[81]

3월 1일 안주의 만세시위는 김찬성 목사의 주도로 기독교인들이 일으켰다. 다른 지역의 사례와 달리, 민족 대표나 서울과의 직접적인 연락 없이 3월 1일 시위 준비 소식을 듣고 독립선언서를 입수한 후 기독교 청년 지도자들을 중심으로 자발적으로 시위를 일으켰다는 점에서 의미가 있다.

---

79) 《독립운동사자료집》 6, 50쪽.

80) 〈각지 소요사건〉, 《매일신보》, 1919년 3월 7일자.

81) 김정인·이정은, 앞의 책, 239·240쪽.

4. 3월 1일 만세시위의 양상과 특징

3월 1일 만세시위가 일어난 7개 도시 중 서울을 제외한 6개 도시가 북부 지방에 있었다. 이날 시위는 곧바로 인근 지역으로 확산되었다. 3월 1일부터 3월 7일까지 첫 주에 만세시위가 147회 있었는데, 주로 서울과 경기도 일원, 평안남북도와 황해도, 함경남도에서 일어났다. 3월 1일부터 14일까지 2주간 전국에서 일어난 276회의 만세시위 중 평안남도 71회, 평안북도 45회, 황해도 28회, 함경남도 41회, 함경북도 12회로 71%가 북부 지방에서 일어났다.[82] 그만큼 첫날 만세시위가 갖는 파급력이 컸던 것이다.

3월 1일 7개 도시에서 일어난 만세시위의 양상과 특징을 살펴보면 다음과 같다.

첫째, 시위가 일어난 7군데가 모두 도시였다. 우선, 일제 시기에 서울과 평양은 대표적인 도시였다. 원산과 진남포는 개항장으로서 항만도시였다. 진남포는 신흥공업도시이기도 했다. 의주는 국경지대에 자리한 전통적인 상업도시였고, 선천과 안주도 중심부인 선천면과 안주면에 평안도를 대표하는 시장들이 자리하고 있었다. 무엇보다 이 7개 도시 모두 철도역이 자리하고 있어 독립운동 소식을 빠르게 접하고 전파할 수 있었다.

둘째, 대부분 도시에서 종교 간 연대 혹은 종교계와 학생 간 연대에 기반해 일어났다. 서울에서는 천도교·기독교·불교의 연대, 그리고 종교계와 학생 간 연대를 기반으로 독립선언서를 배포하는 등의 준비가 이루어졌다. 평양에서는 장로교와 감리교, 그리고 천도교의 종

---

82) 이정은, 《3·1독립운동의 지방 시위에 관한 연구》, 국학자료원, 2009, 142·143쪽.

교 연대로 대규모 시위를 이끌어냈다. 종교와 학생 간 연대도 이루어졌다. 진남포에서는 기독교의 주도로 학생은 물론 천도교와 노동자가 연대했다. 원산에서는 장로교와 감리교, 즉 기독교 연대로 함께 시위를 준비했으며, 기독교계 학교 학생들도 적극 연대했다. 의주에서는 기독교인과 기독교계 학교 학생들이 연대했고, 시위 현장에서는 천도교인까지 연대했다.

셋째, 연대시위이긴 했으나 대부분 기독교가 주도적으로 준비했다. 특히 민족 대표로 참여한 기독교 지도자들의 역할이 두드러졌다. 선천 시위를 준비한 양전백, 원산 시위를 준비한 정춘수, 의주 시위를 이끈 유여대가 바로 기독교계 민족 대표였다. 안주 만세시위는 김찬성 목사가 주도했다. 선천에서는 기독교 지도자가 아니라 기독교계 신성학교 교사와 학생을 중심으로 만세시위를 추진했다. 서울과 평양에서도 기독교의 역할이 적지 않았던 만큼 사실상 첫날 7개 도시 모두에서 기독교가 주도적으로 만세시위를 준비했다고 볼 수 있다.

넷째, 7개 도시의 만세시위에서는 모두 서울에서 작성한 독립선언서가 낭독되었다. 이는 2월 27일 독립선언서가 인쇄되어 다음 날인 2월 28일 전국적인 배포를 시도했는데, 이것이 성공했음을 의미한다. 2월 28일 당일에 평양에는 천도교 선천교구장인 김상열이 서울에서 가져와 전달했다. 진남포에서는 평양에서 만세시위를 준비하던 윤원삼으로부터 받았다. 선천에서는 천도교구장인 김상열이 기독교인들에게 전달됐다. 원산에서는 곽명리가 서울에 가서 직접 받아왔다. 안주에서도 2월 28일에 독립선언서를 받았다. 의주에서만 3월 1일 당일 독립시위 현장에 독립선언서가 전달되었다.

다섯째, 조선총독부는 첫날부터 군대를 동원해 만세시위를 탄압했으며 군인과 경찰의 발포로 3명이 희생되었다. 서울, 평양, 선천에 군대가 출동했다. 진남포에서는 경찰의 발포로 2명이, 선천에서는 군인의 발포로 1명이 희생되었다. 평화로운 비폭력시위에 대한 무력 탄압은 무단정치의 단면을 보여주는 동시에, 이후 일어난 만세시위에 대한 조선총독부의 강경 대응의 전조였다.

한편, 안주는 민족 대표나 서울과 직접적인 연계를 가졌던 다른 지역과 달리 3월 1일 시위 준비 소식을 듣고 독립선언서를 입수한 후 곧바로 때맞춰 만세시위를 일으켰다. 이러한 자발적 양상은 이후 만세시위가 확산되는 양상과 유사하다. 만세시위는 다른 지역의 만세시위 소식을 듣거나 시위 현장을 직접 목격하고 독립선언서를 손에 넣은 후 자신이 살고 있는 지역에서 만세시위를 준비하는 양상을 띠며 전국으로 퍼져나갔다. 그러므로 3월 1일 안주 만세시위는 3·1운동의 전국화·일상화의 가능성을 보여주었다는 점에서 시사하는 바가 크다.

황해도 해주에서는 3월 1일에 만세시위가 일어나지 않았지만, 남본정교회에서 고종 봉도식과 함께 독립선언서 봉독식이 거행되었다. 이날 배포된 독립선언서 350매는 2월 28일 오후에 서울에서 민족 대표인 박희도가 파견한 김명신이 기독교인인 황학소에게 전달했다. 그날 밤 남본정교회 목사인 오현경의 집에 황학소를 비롯해 임용하, 이동혁, 최명현, 김창현 등이 모여 다음 날 독립선언서를 봉독하는 행사를 하기로 결의했다. 3월 1일 오후 2시 남본정교회에 기독교인 170~180여 명이 모였다. 오현경 목사의 주도로 고종 봉도식을 마치고 독립선언서 낭독, 만세삼창 등이 이어졌으며 독립선언서가 배포되었다.[83]

경기도 개성에서는 3월 1일에 만세시위는 일어나지 않았으나, 독립선언서가 배포되었다. 2월 28일에 오화영이 감리교 전도사인 김지환을 통해 개성의 강조원 목사에게 독립선언서 200매를 보냈다. 강조원은 감리교계 학교인 호수돈여학교 서기 신공량에게 독립선언서를 전달했고 신공량은 그것을 북부예배당에 숨겼다. 이것을 유치원 교사 권애라와 여전도사 어윤희가 넘겨받아 3월 1일에 개성 시내에 배포했다.[84] 그리고 3월 3일 개성 최초의 만세시위가 호수돈여학교 교사와 학생 들에 의해 일어났다. 3·1운동 당시 교사와 학생이었던 여성들의 활약이 한국인은 물론 일본인들에게 큰 관심을 끌었는데, 개성에서 여성들이 독립선언서 배포에 나섰듯이 첫날부터 그 활약상이 시작되었음을 알 수 있다.

3월 1일 만세시위의 힘

3월 1일 서울을 비롯한 7개 도시에서는 독립선언식과 함께 만세시위가 일어났다. 모두 철도역이 자리한 도시로 안주를 제외하고는 주로 종교 연대, 종교와 학생 연대를 기반으로 만세시위가 일어났다. 3월 1일 이후 만세시위가 확산되는 데는 첫날 보여준 연대시위가 큰 영향을 미쳤다. 종교인과 학생은 물론 농민과 노동자 혹은 이웃과 이웃, 마을과 마을이 연대해 만세시위를 벌였다. 사람의 연대, 공간의 연대가 두 달이 넘는 동안 이어졌다.

그런데 첫날 연대에 기반해 일어난 7개 도시 만세시위의 방식이 똑같았다. 독립선언서를 낭독하고 독립만세를 부른 다음 태극기를 흔들며 행진하는 방식이 첫날부터 동일했던 것이다. 다만 서울에서

---

83) 고등법원, 〈김명신 등 15명 판결문〉, 1919년 8월 18일.

84) 〈공판시말서(제2회)〉, 《한민족독립운동사자료집》 18, 1994, 67·68쪽.

는 첫날 태극기가 등장했다는 기록은 없다. 만세시위는 3·1운동의 발명품이었다. '만세'는 메이지 시기 일본에서 발명된 군중 환호였다.[85] 대한제국 정부에 들어와서는 '대한제국 만세', '대황제 폐하 만세', '황태자 전하 천세' 등의 용례로 사용했다. 그것이 3·1운동에 이르러 '대한독립만세' 혹은 '조선독립만세'를 부르는 방식으로 재탄생한 것이다. 이때 만세는 자유를 뜻했다. "우리가 더는 일본의 노예가 아니라는 것을 의미"했다.[86]

첫날부터 왜 만세시위의 방식이 동일했는지는 알 수 없다. 다만, 천도교와 기독교가 연대하면서 지방에 서울의 독립선언식 일시와 독립선언서 배포 방식 등을 알려주어 그대로 따라하도록 요청했다는 사실에서 독립선언서가 모든 곳에 배포된 것과 마찬가지로 만세시위 방식도 서울에서 전달되었을 가능성을 배제할 수 없다. 경찰과 검찰은, 서울에서 독립선언서를 낭독하고 이어서 만세를 부르면서 다수가 행렬을 지어 시내를 행진한 방식이 다른 지역에서도 그대로 재연된 것에 대해 시위 주도자들에게 사전에 서울에서 모종의 지시가 있었는지를 집요하게 물었다.[87]

첫날 7개 도시에서 일어난 만세시위 방식은 곧바로 다음 날부터 확산되어 3·1운동을 상징하는 시위 방식으로 자리를 잡아갔다. 만세시위의 전국화는 3·1운동이 비폭력 평화시위에 기반한 독립운동임을 상징한다. 3·1운동에서 처음부터 폭력시위를 준비하는 경우는 드물었다. 폭력투쟁의 경우도 만세행진을 벌이다 헌병, 경찰, 군인의 발포 등에 항의하면서 폭력화되는 경우가 대부분이었다. 여성과 어린이가

85) 권보드래, 〈만세의 유토피아〉,《한국학연구》 38, 2015, 205쪽.
86) 피터현 지음, 임승준 옮김,《만세!》, 한울, 2015, 11쪽.
87) 〈윤원삼 신문조서〉,《한민족독립운동사자료집》 12, 181쪽.

함께할 수 있는 직접행동으로서의 만세시위, 그것은 3·1운동이 시작된 첫날부터 등장해 시위가 전국으로 확산되고 일상화되는 데 큰 영향을 끼쳤다.

4장

학생단 독립운동과 3월 5일 시위

장규식

학생단, 또 하나의 민족 대표

흔히 3·1운동을 천도교계·기독교계·불교계가 힘을 합해 일구어낸 거족적인 독립운동이라고 하지만, 3·1운동의 초기 조직화 과정에서 그와 더불어 주목해야 할 세력이 바로 '학생단(學生團)'이다. 〈3·1독립선언서〉에 민족 대표 33인 가운데 한 사람으로 서명한 박희도(朴熙道)와 이갑성(李甲成)은 엄밀히 말해 기독교계 대표라기보다는 학생단 대표였다.

먼저, 민족 대표 33인의 연령대는 대부분 40~50대인데, 박희도와 이갑성과 김창준(金昌俊)은 30대 초반이었다.[1] 그뿐만 아니라 이갑

---

1) 〈조선독립선언서 및 청원서에 관계된 출판법 및 보안법 위반사건 관련인 명단〉, 《한민족독립운동사자료집 11: 삼일운동 I》(이하 《자료집 11》), 국사편찬위원회, 1990, 3~17쪽. 민족 대표 33인 가운데 숭실중학교 동창이기도 한 박희도와 김창준이 1889년생으로 31세, 이갑성도 1889년생으로 31세, 그리고 박동완(朴東完)이 1883년생으로 37세였고, 나머지는 모두 40대 이상이었다.

성은 세브란스병원의 제약주임을 겸하고 있었지만 1919년 1월 중퇴할 때까지 세브란스의학전문학교의 학생 신분이었고, 박희도는 당시 YMCA학생운동의 지도자였다.[2] 두 사람은 모두 학생단과 긴밀하게 관계하면서 3·1운동에 참여하고 있었다.

또한 당초 3월 1일 민족 대표가 주도하는 거사에 학생들이 함께 참여하고 3월 5일에는 학생단 독자적으로 독립운동을 계획했다. 그런데 거사 전날 민족 대표 측에서 태화관으로 갑작스레 약속 장소를 옮기면서 예정되었던 3월 1일 파고다공원(지금의 탑골공원)에서의 독립선언식이 학생세력 주도하에 별도로 치러지게 되었다. 이렇게 3·1운동은 천도교계·기독교계·불교계와 더불어 학생단이 또 하나의 독자세력으로 참여한 가운데 그 깃발을 올렸다.

1. 대관원 모임-학생단의 태동

학생단의 독립운동은 1919년 1월 27일 중국음식점 대관원(大觀園) 회합을 통해 태동했다. 이 모임은 중앙YMCA 회우부 간사 박희도가 학생 회원 모집을 명목으로, 중앙YMCA 회우부 위원으로서 학생들 사이에 신망을 얻고 있던 연희전문학교의 김원벽(金元璧)과 경성의학전문학교의 한위건(韓偉健)·김형기(金炯璣) 등을 통해 주선한 자리였다.[3]

---

2) 〈이갑성 선생 취조서〉, 이병헌 편, 《삼일운동비사》, 시사시보사, 1959, 299쪽; 〈박희도선생 취조서〉, 《삼일운동비사》, 427쪽.

3) 경상북도 경찰부, 《고등경찰요사》, 1934, 18쪽. 여기서는 박희도가 사전 협의한 학생 대표로 김원벽만을 거론하고 있으나, 〈표 1〉에 나타나 있듯이 한위건과 김형기 또한 다른 학생들을 대관원 모임에 데리고 온 것으로 보아, 그들 역시 그 모임의 산파역을 했다고 할 수 있다.

대관원 모임에 참석한 전문학교 학생들은 박희도와 김원벽·한위
건·김형기를 비롯해 보성법률상업학교의 강기덕(康基德), 경성전수학
교의 윤자영(尹滋瑛)·이공후(李公厚), 경성공업전문학교의 주종의(朱
鍾宜), 그리고 보성법률상업학교 출신으로 대종교회에 근무하고 있던
주익(朱翼)과 연희전문학교를 중퇴하고 배화여학교 교사로 있던 윤화
정(尹和鼎) 등 10명이었다.[4]

이제 학생단 초기 조직화의 단서로서, 그들이 대관원 모임에 참석
하게 된 경로를 신문조서(訊問調書) 등을 통해 살펴보면 다음과 같다.

먼저 강기덕과 이공후는 신문, 잡지 등을 열람하러 중앙YMCA에
출입하다 박희도와 알게 되어 모임에 초청을 받았다고 진술했다.[5] 그
런데 함남 덕원 출신의 강기덕과 평북 태천 출신의 이공후는 서북학
생친목회(西北學生親睦會) 회원으로, 특히 강기덕의 경우 서북학생친
목회 간부이기도 한 함남 홍원 출신의 한위건과 보성법률상업 교정
(이전 서북학회회관 자리)에서 함께 정구를 치며 평소 친분을 쌓아온 사
이였다.

다음으로 김형기는 YMCA 활동을 하며 박희도와 알게 되어 초대
를 받았고, 윤자영은 같은 경상도 출신으로 교남학생친목회(嶠南學生
親睦會)에서 만난 김형기의 초청을 받았다고 한다. 윤자영은 한위건·
강기덕과도 함께 정구를 치며 알고 지내던 사이였다.[6] 그리고 함남

---

4) 〈김원벽 신문조서〉,《자료집 11》, 32쪽; 〈김형기 신문조서〉,《한민족독립운동사자료집 15: 삼
   일운동 V)》(이하 '《자료집 15》'), 국사편찬위원회, 1991, 167쪽.

5) 〈강기덕 신문조서〉,《자료집 11》, 193쪽; 〈이공후 신문조서〉,《한민족독립운동사자료집 16: 삼
   일운동 VI)》(이하 '《자료집 16》'), 국사편찬위원회, 1993, 194쪽.

6) 김형기의 본적은 경남 양산이고, 윤자영의 본적은 경북 청송이었다. 서울에 있는 영남 출신
   학생들의 모임인 교남학생친목회의 회장 배동석(裵東奭, 세브란스의전)도 뒤에 학생단 지도
   자로 독립운동에 참여했다. 〈김형기 신문조서〉,《자료집 15》, 167·168쪽; 〈윤자영 신문조서〉,
   《자료집 16》, 188쪽.

함흥 출신의 주종의는 서북학생친목회 간부인 한위건의 초청을 받아 모임에 참석했다고 진술했다.[7]

이 밖에 연희전문학교를 중퇴한 윤화정은 연희전문 학생YMCA 회장을 역임한 김원벽이 부른 것으로 보이나, 보성법률상업학교 출신인 주익의 참석 경로는 불분명하다. 다만 현상윤(玄相允)의 회고에 따르면, 송진우(宋鎭禹)·최남선(崔南善)·최린(崔麟)과 함께 독립운동을 계획할 때 대중적 시위운동의 필요성을 느낀 현상윤이 거기에 학생 세력을 끌어들일 생각으로 평소 잘 알고 지내던 주익에게 서울 시내 전문학교 학생 중에서 대표자가 될 만한 인물을 탐색해 조직을 구성하고 장차 다가올 독립운동의 시기에 대비할 것을 부탁했다고 한다.[8] 그래서 주익이 본격적인 독립운동 실행에 대비해 박희도가 주재하는 YMCA 학생조직을 활용하려 했던 것 같은데, 이를 통해 주익이 대관원 모임에 참석하게 되는 과정을 어느 정도 추정해볼 수 있다.

〈표 1〉처럼 3·1운동 당시 학생세력은 YMCA와 서북학생친목회, 교남학생친목회 등의 인맥을 매개로 결집하기 시작했다. 특히 대관원 모임 참석자 10명 가운데 박희도(황해도 해주)·김원벽(황해도 안악), 한위건(함남 홍원)·강기덕(함남 덕원)·주종의(함남 함흥)·주익(함남 북청), 이공후(평북 태천)·윤화정(평남 강서) 등 서북 지방 출신이 8명으로 다수를 차지하고 있어, YMCA와 더불어 서북학생친목회의 지연·학연이 중요한 역할을 했음을 알 수 있다.

이 과정에서 주목해야 할 인물이 바로 한위건이다. 그는 YMCA 회원이자 서북학생친목회 간부로 대관원 모임의 양대 축을 이루었던

---

7) 〈주종의 신문조서〉,《자료집 15》, 99쪽.
8) 현상윤,〈삼일운동 발발의 개략〉,《신천지》 5-3, 1950. 3, 53쪽; 김양선,〈삼일운동과 기독교계〉,《3·1운동 50주년 기념논집》, 동아일보사, 1969, 243쪽.

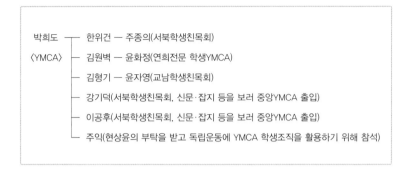

박희도 ── 한위건 ── 주종의(서북학생친목회)
〈YMCA〉 ── 김원벽 ── 윤화정(연희전문 학생YMCA)
        ── 김형기 ── 윤자영(교남학생친목회)
        ── 강기덕(서북학생친목회, 신문·잡지 등을 보러 중앙YMCA 출입)
        ── 이공후(서북학생친목회, 신문·잡지 등을 보러 중앙YMCA 출입)
        ── 주익(현상윤의 부탁을 받고 독립운동에 YMCA 학생조직을 활용하기 위해 참석)

표 1. 전문학교 학생들의 대관원 모임 참석 경로

학생YMCA와 서북학생친목회의 인물들과 교분이 있었다. 또한 교남
학생친목회의 김형기와는 같은 학교를 다니고 있었고, 윤자영과는 함
께 정구를 치며 지면(知面)을 튼 사이였다. 대관원 모임이 한위건을 연
결고리로 해서 이루어졌다고 보아야 하는 까닭이 바로 여기에 있다.[9]

대관원 모임은 1월 27일 밤 9시부터 11시까지 두 시간 동안 진행되
었다. 먼저 모임을 주선한 박희도가 지금까지 전문학교 학생들끼리
모이지도 않고 서로 소원하게 지내왔는데, YMCA 회원이 되면 자연
스럽게 모일 기회도 많아질 것이니, 장래에는 서로 친하게 지내며 때
때로 모이도록 하자는 취지로 말문을 열었다. 이후 세계 정세와 파리
강화회의 상황 등에 대한 이야기가 있었는데,[10] 그때 주익이 도쿄에
서 유학생들이 독립운동을 준비하고 있으니, 우리도 이 기회에 서로

---

9) 한편,《고등경찰요사》에서는 1월 23, 24일경 중앙YMCA 간사 박희도가 YMCA 회우부 위원인
    연희전문학교 학생 김원벽과 만나 청년회원 모집을 협의하고, 그 일환으로 시내 전문학교의
    대표적 인물들을 대관원에 초청해 모임을 가졌다고 하면서, 김원벽의 역할을 더 비중 있게 다
    루고 있다.
10) 〈공판시말서-윤자영〉,《한민족독립운동사자료집 18: 삼일운동 VIII》(이하 '《자료집 18》'), 국
    사편찬위원회, 1994, 191쪽.

연락을 취해 독립운동을 하는 것이 어떻겠냐는 의견을 제시했다.[11]

또한 한위건은 파리강화회의로 민족자결주의가 신문지상에 오르내리는 지금이야말로 약소민족이 독립할 절호의 기회라고 생각한다며 좌중의 의견을 구했다.[12] 그러자 김형기·윤자영·강기덕·박희도 등이 찬성 의견을 피력했다.[13] 그러나 당시 학생들 사이에 가장 큰 세력인 학생YMCA의 회장을 역임했던 김원벽은 아직 시기상조이니 좀더 심사숙고할 시간을 갖자며 신중론을 폈다.[14] 결국 논의는 찬성론과 신중론으로 엇갈려 결론을 내리지 못하고, 박희도가 앞으로 모이는 것도 어려우므로 YMCA 회원이라도 되면 자연 모일 기회도 많아질 테니 가급적 회원 가입을 하는 것이 좋겠다는 당부를 하는 것으로 끝을 맺었다.[15]

대관원 모임은 당초 YMCA 학생 회원 모집을 위한 자리로 마련되어 비록 독립운동에 대한 결의를 이끌어내지는 못했지만, 서울 시내 전문학교의 대표자가 될 만한 학생들을 한데 모았다는 것만으로도 의미 있는 회합이었다. 이후 학생독립운동의 주도체가 될 학생단의 조직구도가 이날의 모임을 통해 그 윤곽을 잡았다.

---

11) 〈김원벽 신문조서〉, 《자료집 11》, 33쪽; 〈주종의 신문조서〉, 《자료집 15》, 100쪽; 〈김형기 신문조서〉, 《자료집 15》, 168쪽. 김형기만 학생독립운동에 대해 먼저 말을 꺼낸 것이 박희도라고 진술하고 있으나, 현상윤의 회고로 미루어볼 때 현상윤에게 도쿄 유학생들의 소식을 전해 들은 주익이 그들의 움직임을 이야기하며 먼저 학생독립운동에 대한 의견을 개진한 것으로 보인다.

12) 〈강기덕 신문조서〉, 《자료집 11》, 193쪽; 〈윤자영 신문조서〉, 《자료집 16》, 189쪽.

13) 〈김형기 신문조서〉, 《자료집 15》, 168쪽; 〈이공후 신문조서〉, 《자료집 16》, 195쪽.

14) 〈김원벽 신문조서〉, 《자료집 11》, 33쪽; 《고등경찰요사》, 18·19쪽. 그런데 강기덕·윤자영·주종의·이공후 등이 모두 대관원 모임 당시 김원벽이 파리강화회의가 열리는 지금이 독립의 좋은 기회라는 의견을 피력했다고 진술한 것으로 보아, 당시 김원벽은 시기상조론보다는 지금이 독립의 좋은 기회이기는 하지만 좀 더 생각할 시간을 갖자는 신중론을 견지했던 것으로 보인다.

15) 〈주종의 신문조서〉, 《자료집 15》, 101쪽; 〈김형기 신문조서〉, 《자료집 15》, 168쪽; 〈윤자영 신문조서〉, 《자료집 16》, 189쪽.

2. 학생단의 조직과 독립운동 계획

대관원 모임 이후 서울 시내 전문학교 학생들의 독립운동은 김원
벽이 그에 대한 결심을 굳힌 2월 6, 7일경부터 본격화되었다. 학생독
립운동 과정에서 김원벽의 귀추가 주목되는 것은 그가 연희전문 학
생YMCA 회장 출신으로, 연희전문은 물론 세브란스의전·경신학교·
배재고보·청년회학관 등 학생YMCA가 조직되어 있는 시내 기독교계
학교의 학생들로부터 폭넓은 신망을 얻고 있었기 때문이다. 대관원
모임 1주일 뒤인 2월 3, 4일경 강기덕과 김형기가 모임 당시 신중론
을 폈던 김원벽을 찾아가 그를 설득하는 데 힘을 쏟았던 것도 그러한
이유에서였다.[16]

김원벽이 최종 결심을 굳힌 이후 김원벽·강기덕·김형기·한위건
등 대관원 모임 참석자들은 서로 빈번하게 왕래하면서 학생단 조직
의 단초를 마련해나갔다. 당시 학생단의 조직은 앞서 대관원 모임을
통해 이미 그 모습을 드러낸 학생YMCA와 서북학생친목회의 인맥을
중심으로 꾸려졌다.

먼저 학생YMCA를 매개로 한 기독교 학생세력의 결집은 세브란스
병원 음악회가 있던 2월 12일, 이갑성의 집에서 대관원 모임 참석자
김원벽·김형기·한위건·윤자영과 세브란스의전의 배동석(裵東奭)·이
용설(李容卨) 등이 회동한 것을 계기로 구체화되었다. 이날의 회동은
전날 이승훈(李昇薰)에게 천도교 측에서 기독교 측에 함께 독립운동

---

16) 김원벽은 강기덕과 김형기의 방문을 받은 뒤, 세브란스병원에 노해리(魯解理, H. A. Rhodes,
연희전문 신학과 교수) 선교사를 면회하러 갔다가 거기서 과거 몇 차례 대면한 바 있던 윤산
온(尹山溫, G. S. McCune, 선천 신성학교 교장) 선교사를 만나, 조선인의 운명은 조선인 스스
로가 개척해야 한다는 자문을 받고 독립운동을 결행하기로 마음을 굳혔다고 한다. 〈김원벽
신문조서〉,《자료집 11》, 33·34쪽.

을 추진하자는 제안을 했다는 소식을 전해 들은 이갑성이[17] 음악회가 끝난 뒤 별도로 자신의 집에 학생들을 초청함으로써 이루어졌다. 당시 강기덕은 예수교 신자가 아니어서 음악회 통지를 받지 못했고, 윤자영은 교남학생친목회 회장 배동석과 친한 사이여서 초대를 받았다고 김원벽이 진술한 데서 알 수 있듯이,[18] 이날 모임은 기독교 학생이 중심이 된 회합이었다.

비록 이갑성이나 그가 초대한 다른 학생들 모두 독립운동에 대해 서로 의중을 탐색하던 터라 별다른 진전을 보지 못하고[19] 그다음 주 금요일에 다시 모일 것을 기약하며 산회했지만,[20] 2월 12일의 기독교 학생 모임은 이갑성·이용설·배동석·김문진(金文珍) 등 세브란스의전 학생YMCA 그룹이 학생단에 합류하는 계기를 마련했다는 점에서 의미가 있는 회동이었다.[21]

---

17) 이승훈은 최남선의 서신을 받고 1919년 2월 11일 상경해, 계동 김성수(金性洙)의 별채[김사용(金思容)의 집]에서 송진우로부터 천도교 측에서 기독교 측과 제휴해 독립운동을 일으키고 싶어 한다는 제안을 받고, 그 자리에서 거사 참여를 수락했다. 그리고 그길로 남대문 밖 세브란스병원으로 가서 구내 남대문밖교회 조사 함태영(咸台永)과 병원 제약주임 이갑성을 만나 송진우와의 교섭 전말을 들려준 뒤 그들의 참여 의사를 확인하고, 장로회 평북노회(平北老會)와 도사경회(都査經會)가 열리고 있던 선천으로 직행했다. 〈이갑성 신문조서〉, 《한민족독립운동사자료집 12: 삼일운동 II》[이하 '《자료집 12》'), 국사편찬위원회, 1990, 59쪽; 〈함태영 신문조서〉, 《자료집 12》, 99쪽; 〈이인환(이승훈) 신문조서〉, 《자료집 12》, 160~162쪽.
18) 〈김원벽 신문조서〉, 《자료집 11》, 109·110쪽.
19) 그 자리에서 이갑성은 해외에서는 이승만이 미국의 한인단체를 대표해 미국 대통령과 파리강화회의에 독립을 청원하고, 일본에서는 유학생이 독립선언을 하고, 만주의 한인들도 한국의 독립을 위해 크게 활동하는 이때에 안팎에서 호응해 독립운동을 해야겠는데, 학생들의 생각은 어떠냐며 그들의 의견을 구했다고 한다.
20) 이와 관련해 김원벽과 김형기·윤자영은 이갑성의 집에 처음 모인 날짜가 수요일(2월 12일)이었고, 이갑성이 지식계급의 독립운동 계획에 대해 지금 발표할 수는 없지만 차차 그 기회가 있을 것이니 금요일 다시 모여달라고 하여 2월 14일에 재차 만났다고 진술했다. 그런데 김원벽이 이갑성의 집에서 두 번째 모임을 끝내고 나올 때 박희도와 이승훈을 만났다고 하는 것으로 보아, 두 번째 모임 날짜는 그의 집에서 기독교계 지도자 연석회의가 열렸던 그다음 주 금요일인 2월 21일을 착각한 것으로 보인다. 〈김원벽 신문조서〉, 《자료집 11》, 109·110쪽; 〈공판시말서-김형기〉, 《자료집 18》, 185·186쪽; 〈공판시말서-윤자영〉, 《자료집 18》, 192쪽.

대관원 모임을 주선한 중앙YMCA 간사 박희도 또한 이후 김원벽을 통해 학생단의 독립운동에 지속적으로 관여했다. 그는 2월 16일 밤차로 상경한 평양 남산현교회 신홍식(申洪植) 목사로부터 천도교 측과 기독교 측의 독립운동 추진 소식을 전해 듣고, 2월 18일경 김원벽과 강기덕을 만나 그 사실을 알렸다. 그리고 지금으로서는 그들과 연락할 방도가 없으니 일단 학생들만으로 운동을 추진하도록 하고, 나중에 힘을 합칠 필요가 생기면 그때 알려주겠다며[22] 지식계급과 학생들 간의 가교 역할을 자임했다.

다음으로 2월 2일 송년회 명목으로 이미 한 차례 모인[23] 서북학생친목회 역시 학생단의 초기 조직화에 중요한 통로 역할을 했다. 2월 중순경 학생단은 김원벽·강기덕·한위건·김형기·윤자영·주익 등 기존 회원들 외에 세브란스의전의 이용설과 전수학교의 전성득(全性得), 보성법률상업의 한창환(韓昌桓) 등을 추가해 그 진영을 꾸렸는데,[24] 새로 영입된 인물 모두가 공교롭게도 서북 지방 출신이었다.[25] 물론 그들이 모두 활동적인 서북학생친목회 회원이었는지는 알 수 없으나, 서북학생친목회가 학생단 조직의 중요한 매개체가 되었던 것만은 틀림없어 보인다.

이렇게 학생YMCA와 서북학생친목회를 매개로 결집한 학생단 세

---

21) 이후에도 이갑성은 이용설·김문진 등 세브란스의전 인맥을 통해 학생독립운동에 개입했다.

22) 〈강기덕 신문조서〉, 《자료집 11》, 81쪽; 〈김원벽 신문조서〉, 《자료집 11》, 109쪽.

23) 〈강기덕 신문조서〉, 《자료집 11》, 82쪽.

24) 〈김원벽 신문조서〉, 《자료집 11》, 112쪽.

25) 평양이 고향인 이용설은 학생YMCA 활동을 함께 하던 김원벽을 통해 학생단에 참여했다. 한창환은 함남 정평 출신으로, 한위건과 친척 간이며 주익과는 친구로 지냈고 강기덕과는 동문이어서 참여를 하게 되었다. 전성득의 경우 관련 기록이 없어 정확한 출신지를 알 수는 없지만, 한위건이 그에 대한 연락을 담당했다고 하는 것으로 보아, 함경도 출신이었던 것으로 짐작된다. 〈공판시말서-한창환〉, 《자료집 18》, 292·293쪽.

력은 학생 차원에서 독립운동을 추진하기로 결의하고, 주익에게 독립선언서의 기초를 맡겼다. 그리고 한위건의 발의에 따라 차후의 일은 대표자를 뽑아서 추진하기로 하고, 한위건·김원벽·강기덕을 중심으로 서울 시내 각 전문학교 학생 대표자의 인선에 착수했다. 이때 세브란스의전 학생YMCA의 인맥을 통해 경북 대구 출신의 김문진이, 서북학생친목회의 인맥을 통해 평남 강동 출신의 경성공전 2학년생 김대우(金大羽)가 각각 학생단에 합류했다.[26]

이러한 과정을 거쳐 학생단은 2월 20일 김원벽이 다니던 승동교회(勝洞敎會)에서 제1회 간부회를 개최하고, 김원벽(연희전문)·강기덕(보성법률상업)·김형기(경성의전)·김문진(세브란스의전)·전성득(전수학교)·김대우(경성공전)를 대표자로 선정함으로써 조직적인 정비를 일단락했다. 경성의전의 경우 거사 뒤의 후속 작업을 담당하기로 한 한위건을 대신해 김형기가, 경성공전에서는 대관원 모임 이후 모습을 드러내지 않던 주종의를 대신해 김대우가 대표자로 선정되었다. 그리고 세브란스의전에서는 이용설과 김문진 중 학생YMCA 회장인 김문진을, 전수학교에서는 윤자영과 전성득 중 전성득을 각각 대표자로 선정했다.[27] 학생YMCA의 김원벽과 서북학생친목회의 강기덕, 그리고 이면에서 둘 사이의 연락을 담당했던 한위건을 중심으로,[28] 각 전문학교의 대표자들이 포진하는 구도였다.

한편, 송진우가 독립운동 일선에서 물러나면서 한때 미궁에 빠졌

---

26) 〈강기덕 신문조서〉, 《자료집 11》, 84·194쪽; 〈김원벽 신문조서〉, 《자료집 11》, 112쪽.

27) 〈김원벽 신문조서〉, 《자료집 11》, 113쪽; 〈경성 독립운동 관련 학생의 예심종결 결정서〉(1919. 8. 30), 《독립운동사자료집 13: 학생독립운동사자료집》(이하 《독립운동사자료집 13》), 독립운동사편찬위원회, 1977, 98쪽.

28) 이와 관련해 김원벽은 자신과 강기덕과 한위건 세 사람의 의견이 일치하면 다른 사람이 이의를 제기하는 일이 없었다고 진술한 바 있다. 〈김원벽 신문조서〉, 《자료집 11》, 113쪽.

구분	이름	나이	출신지	학 교	비 고
민족 대표	박희도	31세	황해도 해주	숭실대학 졸업	중앙YMCA 간사
	이갑성	31세	경북 대구	세브란스의전 중퇴	세브란스병원 제약주임
학생 대표	김원벽	26세	황해도 안악	연희전문 3년	연희전문 학생YMCA 회장 역임, 경신학교 교사
	강기덕	31세	함남 덕원	보성법률상업 3년	서북학생친목회 간부
	김형기	24세	경남 양산	경성의전 4년	YMCA, 교남학생친목회
	김문진	?	경북 대구?	세브란스의전 3년	세브란스의전 학생YMCA 회장
	전성득	?	함경도?	전수학교 재학	서북학생친목회?
	김대우	20세	평남 강동	경성공전 2년	서북학생친목회
배후 세력	한위건	24세	함남 홍원	경성의전 2년	YMCA, 서북학생친목회 간부
	이용설	25세	평남 평양	세브란스의전 3년	세브란스의전 학생YMCA 회장 역임
	윤자영	26세	경북 청송	전수학교 1년	교남학생친목회

표 2. 3·1운동 당시 학생단의 진용

던 천도교 측과 기독교 측의 합작 교섭이 2월 21일 오후 최린과 이승
훈의 회동으로 재개되어 급물살을 타면서, 학생단의 합류 여부가 새
로운 문제로 떠올랐다. 이 문제는 2월 23일경 박희도로부터 학생 단
독의 독립운동 계획을 일시 보류하고 천도교 측과 기독교 측의 독립
운동에 참가해 원조할 것을 공식 요청받은 김원벽이 강기덕·한위건
과 협의해 합류를 결정하고,[29] 2월 25일 제2회 학생단 간부회를 소집
하는 것으로 가닥을 잡았다.

그리하여 정동교회(貞洞敎會) 구내 이필주(李弼柱) 목사 집에서 김원
벽·강기덕·한위건·전성득·윤자영·이용설 등이 참석한 가운데 제2회
간부회가 열렸다. 회의에서는 독립운동과 관련해 ① 학생 측의 독립
선언서는 발표하지 말 것, ② 천도교 측과 기독교 측의 제1차 거사는

---

29) 〈김원벽 신문조서〉,《자료집 11》, 113·114쪽.

중등학교 학생들로 하여금 원조케 할 것, ③ 그 뒤 각 전문학교 학생 대표가 주도해 제2차 독립운동을 전개하되 거사 일시는 그때의 상황을 봐서 정할 것, ④ 전문학교 학생들은 다음 거사에 대비해 제1차 독립운동에는 관여하지 말 것 등의 방침을 의결했다.[30]

그리고 다음 날 같은 장소에서 제3회 간부회를 개최했다. 이 자리에서는 학생 대표로 참여하지 않은 이용설·윤자영 등이 중심이 되어, 경성의전의 김탁원(金鐸遠, 22세, 대구)·최경하(崔景河, 26세, 함남 문천)·나창헌(羅昌憲, 24세, 평북 희천), 전수학교의 박윤하(朴潤夏, 25세, 평남 순천)·김영조(金榮洮, 21세, 평남 평원) 등이 새로 참여한 가운데, 학생단에서 주도할 제2차 거사 이후에도 계속적으로 독립시위운동을 추진해 나가는 문제를 협의했다.[31]

일종의 학생단 후계 조직 결성을 위한 사전 모임이었는데, 새로 참석한 학생들의 출신지를 통해 확인할 수 있듯이, 서북학생친목회와 교남학생친목회의 인맥이 중심이 되고 있었다. 별도의 학생YMCA 조직이 있었던 연희전문과 세브란스의전의 경우는 학생YMCA 차원에서 후속 대책을 모색했던 것으로 보인다.

이와 더불어 학생단의 지도자 김원벽·강기덕·한위건은 중등학교 학생 대표자 전형(銓衡)에 들어갔다. 중등학생 대표자 전형은 김원벽이 교편을 잡고 있던 경신학교와 승동교회를 통해 강우열(康禹烈, 경신학교)·강창준(姜昌俊, 휘문고보)·박쾌인(朴快仁, 경성고보) 등을 포섭하고, 강기덕이 서북학생친목회 등을 통해 김백평(金柏枰)·박노영(朴老英, 경

---

30) 〈김원벽 신문조서〉,《자료집 11》, 36쪽; 〈공판시말서-김형기〉,《자료집 18》, 187·188쪽. 이후 김원벽은 박희도를 통해 천도교·기독교 측과의 교섭을 담당하고, 강기덕은 독립선언서 배포 책임을 맡는 것으로 각자 역할을 분담했다.

31) 〈공판시말서-윤자영〉,《자료집 18》, 194쪽.

성고보), 장기욱(張基郁, 중앙고보), 이규송(李奎宋, 선린상업), 장채극(張彩極)·전옥영(全玉瑛, 보성고보) 등을 끌어들이는 식으로 진행되었다. 중등학교 학생들을 규합하는 데는 장채극·전옥영·박쾌인 등이 주동적역할을 담당했다.[32]

이러한 과정을 거쳐 3월 1일의 거사를 최종 점검하기 위한 제4회 학생단 간부회가 2월 28일 저녁 승동교회에서 개최되었다. 김원벽·강기덕·전성득·김대우·한위건·윤자영·이용설 등이 참석한 이 자리에서 학생 대표들은, ① 각 전문학교 대표자와 일제 관헌의 주목을 받고 있는 사람들은 3월 1일의 독립운동에 참가하지 말도록 할 것, ② 중등학생들이 폭력으로 나오지 않도록 주의시킬 것, ③ 독립선언서는 되도록 다수의 사람들에게 배포토록 할 것, ④ 독립선언서는 강기덕과 김문진이 중등학교 학생들에게 배부토록 할 것 등의 운동 방침을 정했다.[33] 그리고 중등학생 대표자 모임이 예정되어 있던 정동교회로 향했다.

2월 28일 밤 정동교회 구내 이필주 목사 집에서 열린 중등학생 대표자 모임은 강기덕과 한위건이 독립선언서 배부를 위해 소집한 회의였다. 이 자리에서 강기덕·이용설·김문진·한위건은 이갑성이 세브란스의전 학생 김성국(金成國)을 통해 승동교회로 보낸 1,500부와 김문진이 정동교회로 직접 가져온 1,000부의 독립선언서를 중등학교 학생 대표들에게 나누어주고 각각 배포할 장소와 일시를 정해주었다.[34]

---

32) 〈경성 독립운동 관련 학생의 예심종결 결정서〉,《독립운동사자료집 13》, 98·99쪽.

33) 〈김원벽 신문조서〉,《자료집 11》, 115쪽.

34) 〈강기덕 신문조서〉,《자료집 11》, 87·88쪽; 〈공판시말서–강기덕〉,《자료집 18》, 302쪽. 이날 밤 모임에 참석한 중등학교 학생 대표는 강우열(경신학교)·김백평(경성고보)·장기욱(중앙고보)·장채극·전옥영(보성고보)·강창준(휘문고보)·이규송(선린상업)·김병호(金炳鎬, 배재고보)·전동환(全東煥)·이용재(李龍在, 사립조선약학교) 등이었다.

이렇게 3·1운동의 불씨를 점화하는 과정에서 학생YMCA는 학생단의 조직 기반으로서 중요한 역할을 했다. 특히 연희전문 학생YMCA는 연희전문 기숙사 사감을 지낸 바 있는 민족 대표 박희도-초대 회장 출신의 김원벽-현임 회장 이병주(李秉周)와 노준탁(盧俊鐸) 등으로 이어지는 계보를 통해, 세브란스의전 학생YMCA는 거사 직전 학교를 중퇴한 민족 대표 이갑성-전임 회장 이용설-현임 회장 김문진과 배동석 등으로 이어지는 계보를 통해 조직적으로 학생독립운동에 참여했다.

먼저 연희전문 학생YMCA는 3월 1일 오전 11시 30분 대강당에서 40명의 학생이 월례회로 모여 특별회를 개최하고, 학생독립운동을 주도할 연희전문 대표자로 김원벽을 추인한 다음, 60여 명의 생도가 모두 체포될 때까지 독립운동을 계속할 것을 결의했다.[35] 다음으로 세브란스의전 학생YMCA의 경우는 민족 대표로 선정된 이갑성과 긴밀한 연계하에 독립선언서에 서명할 기독교 대표를 교섭하고 독립선언서를 배포하는 등의 일을 주로 담당했다. 그리하여 2월 25, 26일 독립선언서에 서명할 삼남 지방의 기독교 대표를 포섭하기 위해 김문진이 대구에, 배동석이 마산에, 김병수(金炳洙)가 군산·전주에 각각 파견되었다. 26일의 학생단 간부회에는 김문진을 대신해 이용설이 대표로 참석했다. 김문진과 김성국은 기독교 측의 독립선언서 배포 책임을 맡은 이갑성으로부터 독립선언서를 건네받아 2월 28일 밤 이를 학생 측에 전달하기도 했다. 김병수 또한 독립선언서 배포 책임을 맡아 군산으로 출발했다.[36]

그런데 3월 1일 당일 학생들의 역할은 그들이 당초 설정했던 독립

---

35) 〈김한영 신문조서〉, 《자료집 15》, 76쪽; 〈하태흥 신문조서〉, 《자료집 15》, 86·87쪽; 〈이병주 신문조서〉, 《자료집 16》, 103~106쪽; 〈공판시말서-이병주〉, 《자료집 18》, 77쪽.

선언서 배포와 대중 동원에 머무를 수 없었다. 3월 1일 오후 2시 파고 다공원에서 독립선언식을 주관하기로 한 민족 대표들이 전날 갑자기 태화관으로 약속 장소를 옮긴 때문이었다. 그 결과 파고다공원에서 의 독립선언식과 뒤이은 가두시위는 민족 대표를 대신해 사실상 학 생들이 주도했다.[37]

만일 독립선언식이 태화관에서 민족 대표들만의 행사로 끝났다면, 거족적인 독립만세시위운동으로서 3·1운동은 힘들었을는지도 모른 다. 그러한 면에서 학생 주도하에 자체적인 독립선언식을 거행하고 뒤이은 만세시위를 통해 전국적인 독립운동의 불씨를 지핀 파고다공 원에서의 거사는 3·1운동을 실질적으로 가능케 한 원동력이었다.

3. 3월 5일 학생단 만세시위

3월 1일의 거사 이후 한위건을 비롯한 시내 전문학교와 중등학교 대표들은 3월 4일 오전 배재고보 기숙사에 모여 학생단 차원의 후 속 독립시위운동을 준비했다. 이 자리에서 학생 대표들은 3월 5일 오 전 9시를 기해 강기덕과 김원벽의 지휘하에 남대문역(지금의 서울역) 앞 광장에 모여 학생 주최의 독립시위운동을 할 것, 각자 형편에 따

---

36) 〈공판시말서-김병수〉,《자료집 18》, 52쪽; 〈공판시말서-강기덕〉,《자료집 18》, 304쪽; 김양선, 앞의 글, 254·255쪽.

37) 민족 대표들의 독립선언식 장소가 태화관으로 변경된 사실을 당일 뒤늦게 알게 된 강기덕·김 문진 등 학생 대표들은 태화관으로 달려가 대표자 중 몇 사람, 그것도 안 되면 세브란스의전 학생 신분인 이갑성만이라도 파고다공원으로 와서 독립선언서를 낭독케 해달라고 요청했다. 흥분한 강기덕은 이제 와서 딴소리를 하느냐며 소동을 피우기까지 했다. 그러나 민족 대표들 은 끝내 참석을 거절했다. 그리하여 파고다공원에서의 독립선언식은 결국 학생 대표가 팔각정 단상에 올라 4,000~5,000명의 군중 앞에서 독립선언서를 낭독하고 독립만세를 부르는 것으 로 자체적으로 치러졌다. 〈강기덕 신문조서〉,《자료집 11》, 195쪽; 김양선, 앞의 글, 259·260쪽.

라 자기 학교 학생 또는 잘 아는 사람을 규합해 시위에 참가할 것을 결정했다. 연희전문 학생YMCA의 사교부장 정석해(鄭錫海)와 재무 계병호(桂炳鎬)·이경화(李敬華)는 정석해의 집에서 등사한 독립선언서를 기숙사에 모인 각급 학교 학생 대표들에게 분배했다.[38]

그날 밤 한위건·강기덕·한창환·장기욱·전옥결 등은 다시 세브란스의전 구내에 모여 지속적인 독립운동 전개 방안을 협의했다. 또한 최강윤(崔康潤, 경성고보), 채순병(蔡順秉, 국어보급학관), 김종현(金宗鉉, 중동학교)은 5일 오전 8시 30분 남대문역 앞에 모여 제2의 독립시위운동을 전개하니 태극기를 가지고 오라는 취지의 통고문 약 400매를 등사해 송현동(松峴洞), 소격동(昭格洞), 중학동(中學洞) 등지의 각 집에 배부했다.

3월 5일 오전 8시를 전후해 남대문역 앞에 모여든 군중은 고종의 국상을 마치고 지방으로 내려가는 조문객을 포함해 1만여 명에 이르렀다. 중등학교 학생들은 물론 여학생까지 다수 참여했다. 그러한 가운데 학생단 대표 강기덕과 김원벽은 인력거를 탄 채 '조선독립(朝鮮獨立)'이라고 크게 쓴 기를 휘날리며 제2의 독립시위운동을 할 것을 선포했다. 군중은 일제히 독립만세를 크게 외치고 태극기를 흔들며 선두에 선 강기덕과 김원벽의 지휘에 따라 남대문으로 향했다. 그사이 다수의 학생들이 시위 참가자의 표시를 명료하게 하기 위해 나누어준 붉은 천을 휘두르며 독립만세를 고창했다.

시위 군중 속에는 지방에서 온 학생들도 적지 않았다. 전남 광주에서 온 전도사 최흥종(崔興琮)은 남대문역 앞에서 '신조선신문(新朝鮮新聞)'이라는 제목의 유인물 수십 매를 살포하고 주위에 모인 군중에게

---

38) 〈이병주 신문조서〉, 《자료집 16》, 104쪽.

민족자결주의를 설파하며 독립사상을 고취하는 연설을 했다. 시위 행렬이 남대문 안으로 들어서자 경비 중이던 일본 군경이 이를 저지했다. 그러나 1만여 명의 시위 군중은 이 저지선을 뚫고 행진을 계속했다. 그런데 여기서 지휘자인 강기덕과 김원벽 등 약 50명이 본정(本町) 경찰서에서 지원 나온 일본 경찰에 강제연행되었다.

이때부터 시위 행렬은 두 갈래로 갈라졌다. 한 갈래는 남대문 안 시장에서 조선은행(지금의 한국은행) 앞을 거쳐 종로 쪽으로 향했고, 또 한 갈래는 남대문 안에서 태평통·대한문 앞·황금정(지금의 을지로) 1정목을 거쳐 종로로 향했다. 시위 행렬은 보신각 앞에서 다시 집결했는데, 일본 경찰의 수도 더욱 증강되어 검을 휘두르며 해산을 강행했다. 이에 많은 학생이 중상을 입고 수십 명이 종로경찰서로 연행되었으며, 나머지 군중 역시 강제해산을 당했다.[39]

3월 5일 학생단 시위 이후 대규모 시위는 한동안 잦아들었지만, 학생들의 투쟁은 계속되었다. 연희전문 학생YMCA 회장 이병주는 3월 5일 시위 상황과 일제의 불법적 탄압의 실상을 폭로하는《독립신문》원고를 작성해, 정동교회 이필주 목사의 집에서 이묘묵(李卯黙)에게 300부가량을 등사해 배포케 했다. 또 3월 6일에는 정동교회 앞마당에서 수십 명을 모아놓고 파리강화회의와 민족자결주의에 대한 연설을 하기도 했다.[40] 세브란스의전 학생들도 학생단 거사 이후 세브란스병원 4층 사진 암실에서 3월 중순까지 비밀리에《독립신문》을 등사판으로 인쇄해 배포했다. 그 뒤 이용설은 3월 하순부터 4월 상순에 걸

---

39) 〈경성의학전문학교 4년생 김형기 등 예심종결 결정〉,《독립운동사자료집 5: 삼일운동 재판기록》, 독립운동사편찬위원회, 1971, 74·75쪽: 독립운동사편찬위원회 편,《독립운동사 제2권: 삼일운동사(상)》, 1971, 112~114쪽.

40) 〈이병주 신문조서〉,《자료집 16》, 103~106쪽: 〈공판시말서-이병주〉,《자료집 18》, 77쪽.

쳐《독립신문》제17~23호까지 원고를 작성해 장채극 등을 통해 인쇄해 배포하기도 했다.[41]

독립만세운동의 전령으로

3월 5일의 만세시위는 학생단 주도하에 1만여 명의 군중이 모여 전개한 시위로, 3월 1일에 이은 제2의 독립만세운동이었다. 이후 서울에서 이 같은 대규모 시위는 없었다. 시내 각급 학교에는 휴교령이 내려졌고, 학생들은 저마다 짐을 싸 고향으로 돌아갔다. 그곳에서 학생들은 또 한 번 독립만세운동의 소식을 알리는 전령이 되었다.

그 시위 행렬에는 이화학당 고등과 1학년의 유관순도 있었다. 3월 1일에 이어 5일의 학생단 시위 때도 유관순은 기숙사를 빠져 나와 남대문역 앞에서 독립만세를 불렀다. 학생들의 시위에 일제가 휴교령으로 대응하자, 유관순은 사촌 언니 유예도와 함께 고향인 충남 목천군 이동면 지령리(지금의 천안시 병천면 용두리)로 내려갔다. 고향에서 유관순은 부친 유중권과 조인원 등 마을 어른들에게 서울의 만세운동 소식을 전했다. 그들이 4월 1일(음력 3월 1일) 아우내 장날을 기해 만세시위를 전개하기로 하자, 유관순은 인근 지역을 돌아다니며 독립운동 소식을 전달하는 연락원 역할을 했다. 그리고 4월 1일 당일 아우내장터에서 조인원의 지도하에 독립만세시위를 전개할 때 태극기를 나눠주며 행렬의 선두에서 시위를 이끌었다.

비단 유관순만 그런 것이 아니었다. 수많은 학생이 고향에서, 연고

---

41) 〈공판시말서-장채극〉, 《자료집 18》, 294·295쪽; 《연세대학교 백년사》 4, 1985, 4~8쪽.

지에서 3·1운동을 전국 방방곡곡으로 퍼뜨리는 전령 역할을 했다. 이렇게 학생세력은 천도교계·기독교계·불교계에 이어 제4의 민족 대표로 3·1운동에 참여했다.

학생들은 3월 1일 파고다공원에서의 독립선언식과 가두시위, 3월 5일 남대문역 앞에서의 만세시위를 주도하며 3·1운동을 거족적인 일대 대중운동으로 발전시킨 주역이었다. 그뿐만 아니라 비밀리에《독립신문》을 등사해 배포하며 3·1운동의 불씨를 계속해서 지펴나가는 한편, 운동을 전국 방방곡곡으로 확산시킨 전령이었다.

5장

3·1운동의 탄압과 학살,
그리고 제노사이드

김강산

'폭압'과 '만행'을 넘어서

3·1운동이 벌어졌던 1919년의 시공간은 독립운동의 거대한 장이었지만, 다른 한편으로는 폭력의 장이기도 했다. 3·1운동의 온 과정에서 무수한 폭력행위가 자행되었다. 시위 참가자에 대한 무자비한 폭력, 부상을 입은 시위 참가자에 대한 방치, 무방비 상태의 민간인에게 가해진 폭행, 조사 과정에서의 고문, 마을 방화와 재파괴 등 그 형태도 다양했다. 그리고 이러한 폭력적 행위들은 3·1운동에 대한 일제의 '탄압'이라는 이름으로 기억되어왔다.

1919년 4월 15일, 제암리 교회에서 벌어진 학살은 3·1운동 당시 일본이 저질렀던 무수한 탄압행위 가운데 대표적인 예다. 흔히 '제암리 학살사건'이라고 불리는 이 사건은 3·1운동 당시 식민지 조선인들이 받았던 탄압을 상징하는 사건으로 현재까지 자리매김해왔다. 먼저, 사건의 자초지종을 설명할 수 있을 만한 자료가 충분했기 때문이다. 예를 들어 학살을 자행했던 실행자로서의 일본군 관련 자료와 다양한 경로를 통해 사건에 개입한 선교사 측의 자료가 비교적 풍부하게 남아 있었다.[1] 3·1운동에 관한 학술연구 논문 가운데 학살 문제와 관련한 다수의 연구가 제암리 학살사건에 집중되어왔던 데는 마땅한 이유가 있다.

다음으로, 제암리 학살사건이 극단적 형태로 드러난 탄압의 전형적인 모습, 즉 잔학성과 일방성이 극명하게 드러난 사건이기 때문이다. 비무장 상태의 조선인 여성들과 아이들, 총검으로 무장한 일본군, 잔인한 살해 방식 등 학살의 일반적 이미지와 부합하는 과정을 거쳤다. 이러한 이유로 제암리 학살사건은 일제의 폭압성을 극명하게 드러내는 사례로 학술연구뿐만 아니라 역사 교과서 기술에서도 줄곧 중요하게 강조되어왔다.[2]

그러나 3·1운동 당시의 학살이 오직 제암리 학살사건만은 아니다. 기존 연구에서도 3·1운동 당시 일제의 탄압 과정에서 수많은 학살이 일어났음에 주목하고 이에 대한 역사적 평가를 시도해왔다. 예를 들어보자. 이정은은 3·1운동이 평화적인 방식의 독립운동·민족운동임에도 불구하고 학살이 발생한 사실을 문제 삼았다. 이에 대해 비인도적·비이성적 진압이 이루어진 것은 일제의 '만행'이라고 지적했다.[3] 김승태는 3·1운동 당시 일제 측에서 생산된 보고서와 통계를 분석해 일본군에 의한 조선인 학살의 성격을 규명하고자 했다.[4] 그 결과 일

---

1) 신효승, 〈일제의 '제암리 학살사건'과 미국 선교사 기록의 형성 과정〉, 《학림(學林)》 41, 2018.

2) 조규태, 《〈고등학교 한국사〉 교과서의 3·1운동 서술의 체계와 내용〉, 《한일민족운동사학회》 69, 2011, 69·70쪽.

3) 이정은, 〈3·1운동 학살만행 사례〉, 《역사비평》 45, 1998, 39쪽.

4) 김승태, 〈3·1운동과 일본군의 한인 학살〉, 《제노사이드와 한국근대》, 경인문화사, 2009, 111쪽.

본군의 학살은 평화적 시위에 대한 무력적 탄압이 낳은 결과였음을 지적하고, 그 배경에 조선총독과 헌병대사령관, 조선군사령관, 일본 내각과 총리대신의 인가와 지시가 있었음을 밝혔다.

이상의 연구 성과는 3·1운동 과정에서 발생한 탄압을 학살이라는 키워드를 통해 해석하고자 했으며, 이를 바탕으로 향후의 연구 방향을 제시했다는 점에서 의의가 있다. 그러나 관련한 논의를 더욱 풍부히 하기 위해 두 가지 측면에서 글을 전개해나가고자 한다.

첫째, 3·1운동에 대한 탄압과 학살행위를 제노사이드(genocide)의 관점에서 해석하고자 한다. 기존 연구는 3·1운동을 탄압하는 과정에서 학살이 발생했다고 서술하면서도, 어떠한 사건을 학살로 부를 수 있는지 명확하게 규정하지 않았다. 이것은 학살에 대한 학술적 정의가 미비한 탓도 있지만, 제암리 학살사건을 비롯한 몇몇 사례만을 학살의 전형으로 생각해왔기 때문이다.

그러나 학살은 학살자의 의도와 행위에 따라 결정되는 것이지, 피학살자의 조건이 중요한 것이 아니다. 기존 연구에서 3·1운동 당시의 학살이 '평화적'이며 '비폭력적'인 상황에서 자행되었다고 서술한 것은 '그럼에도 불구하고' 학살을 자행한 일제의 만행을 고발하는 방식이었다. 이러한 서술에 따르면 일제에 의해 '일방적'으로 학살된 사망자에게는 '피학살자'라는 표현이 가능하지만, 폭력적 시위가 발생한 지역에서 사망한 사망자들은 '피학살자'로 보기 어렵다. 이는 시위에 참여한 조선인들을 '폭민'으로 규정하면서, 자신들의 탄압을 논리적으로 타당한 것으로 설명하고자 한 일제 측의 논리와 같은 구조를 취하고 있다.

3·1운동에 대한 탄압과 학살은 식민지민의 독립운동에 대한 제국의 대응으로 발생한 것이기 때문에 단일한 사건이 아닌 일련의 과정

으로서 해석되어야 한다. 학살이라는 극단적 폭력에까지 이르게 한 행정적 절차는 무엇이었는지, 그들의 내면에 자리한 이데올로기는 무엇이었는지, 어떤 목적과 의도가 있었는지 등을 규명하는 과정에서 역사적 성격을 부여할 수 있을 것이다. '제노사이드'라는 개념은 이상의 과정을 설명하기 위해 유용한 기준을 제공한다고 판단된다.

둘째, 3·1운동 당시의 탄압상을 구성하는 기록을 검토하고자 한다. 3·1운동에 관한 기록은 크게 세 주체에 의해 작성되었다. 먼저, 3·1운동을 탄압한 일제 관헌 측의 기록이다. 그다음은 독립운동 참여자들이 작성한 기록이다. 마지막은 3·1운동을 목격했던 외국인 선교사들과 기자들의 기록이다.

여기서는 그중 일제 관헌과 독립운동 참여자들이 작성한 통계를 대조할 것이다. 그 통계들은 각각 분명한 목적을 가지고 있었다. 탄압의 주체인 일제 관헌은 자신들의 행위를 축소 또는 은폐하여 3·1운동의 역사상(歷史像)을 구축하고자 했다. 반면, 탄압을 받았던 독립운동 참여자들은 일제 관헌의 폭력적 행위를 낱낱이 고발함으로써 일제 관헌이 구축한 3·1운동의 역사상을 자신들의 것으로 재구조화하고자 했다.[5]

이러한 통계들은 3·1운동의 기본적인 정보를 제공하며, 3·1운동의 규모를 유추하는 데 도움이 된다. 그러나 사상자와 관련된 수치는 각각의 통계마다 극단적인 차이를 보이고 있다. 이러한 이유로 기존 연구는 각 주체의 통계를 비교·분석하지 않았다. 이 글에서는 사상자 통계에서 보이는 작성 의도와 목적을 살펴보면서 이 수치들이 어떤 '사실'을 보여주려고 했는지 해석하고자 한다.

---

5) 최우석, 〈3·1운동, 그 기억의 탄생-《한일관계사료집》,《한국독립운동지혈사》,《한국독립운동사략 상편》을 중심으로〉,《서울과 역사》 99, 2018, 88쪽.

1. 제노사이드의 관점에서 본 3·1운동

1) 제노사이드의 정의

20세기 중반 유대인, 집시, 장애인, 동성애자에 대한 나치스의 학살, 이른바 '홀로코스트'는 일반적으로 가장 먼저 떠올리게 되는 학살의 사례다. 17세기부터 19세기까지 북아메리카 대륙에서 벌어졌던 인디언 학살, 유고슬라비아의 보스니아인·코소보인에 대한 '인종청소' 또한 세계사 속에서 벌어진 학살의 한 사례로 기억되고 있다. 이밖에도 수단, 아르메니아, 캄보디아, 인도네시아 동티모르, 르완다 등 세계 곳곳에서 다양한 이유로 학살이 자행되었다.[6]

공통적으로 '집단학살(mass murder)'이라 불리는 이 사건들의 동기는 다양했다. 민족, 인종, 종교, 정치적 견해, 종족 분쟁 등 여러 가지 이유로 수많은 사람이 억압을 받거나 죽임을 당했다. 하지만 모든 행위를 설명하기에 학살(massacre)이라는 용어는 다소 포괄적이고 정밀하지 않았다. 이에 연구자들은 적합한 용어를 개발해 역사적 사실을 설명하고자 했다.

폴란드 출신의 유대인 법학자 라파엘 렘킨(Raphael Lemkin, 1900~1959)이 처음 사용한 '제노사이드'라는 말은 이와 같은 고민에서 비롯된 대표적 조어(造語)이다. 렘킨은 집단학살이 해명하지 못하는 범죄의 근본적 동기와 전모를 해명하기 위해 이 용어를 개발했다. 이후 제노사이드는 국제사법재판소와 유엔(UN) 총회의 결의를 거쳐 반인도적 범죄에 대해 범죄 사실을 묻는 개념으로 기능할 수 있었다. 학문의 장에서도 일반적으로 집단학살, 집단살해 등으로 표기해왔던

---

6) 언급한 제노사이드에 관해서는 최호근, 《제노사이드, 학살과 은폐의 역사》, 책세상, 2005, 97~344쪽 참조.

여러 가지 사건의 역사적 성격을 해명하는 데 준거가 되었을 뿐 아니라 다양한 형태의 정의 논쟁을 야기하기도 했다.[7]

렘킨이 정의한 제노사이드란 어떤 행위를 일컫는가?

국민 집단의 생명의 본질적 기초를, 그 집단 자체를 절멸시킬 의도로, 파괴하려고 하는 갖가지 행위가 연결된 기도(企圖)이다. 그 기도의 목적은 국민 집단의 문화와 언어, 국민감정, 종교, 경제의 존재를 해체하거나 그 집단에 속하는 개인의 인신의 안전, 자유, 건강, 존엄과 생명을 파괴하는 것이다. 제노사이드는 통일체로서의 국민 집단을 향해 벌어지며, 그 행위가 개인에게 향해지는 것은 그 개인의 특성으로 인함이 아니고 그 국민 집단의 일원인 것으로 인한다.

이것이 렘킨이 정의한 제노사이드의 첫 형태였다. 본래 렘킨은 물리적·생물학적으로 민족을 말살하는 것만이 아니라 민족의 문화나 종교를 빼앗는 것을 통해 결과적으로 민족을 말살하는 것도 제노사이드라고 보았다. 렘킨의 정의를 일제의 지배정책에 빗대어보면, 교과과정에 대한 관여, 창씨개명, 조선어 말살정책, 언론 탄압 등도 폭넓은 의미의 제노사이드 요소로 간주할 수 있다.

그러나 렘킨이 고안한 제노사이드의 초기 개념은 시간이 지나면서 축소되었다. 렘킨은 유엔이 설립되자 유엔에 들어가 제노사이드조약의 제정을 추진했다.[8] 그 결과 1948년에 유엔 총회에서 제노사이드조

---

7) 제노사이드협약 주조 과정에서의 논쟁과 쟁점에 관해서는 허버트 허시 지음, 강성현 옮김, 《제노사이드와 기억의 정치》, 책세상, 2009, 372~379쪽 참조.

8) 이 조약은 1948년 12월 9일 파리에서 열린 유엔 총회에서 제정되었으며, 그 명칭은 '제노사이드 범죄의 방지와 처벌에 관한 협약(Convention on the Prevention and Punishment of the Crime of Genocide)'이다.

약이 체결되었다. 당시 문화·종교적 제노사이드에 대해서는 범죄의 성립 요건을 명시하기가 어렵다 보고, 주로 물리적 제노사이드와 생물학적 제노사이드를 중심으로 정리되었다.

각 조항을 살펴보자. 제노사이드조약 제1조는 "체결국은 제노사이드가 평시에 행해지는가, 전시에 행해지는가를 불문하고 국제법상의 범죄인 것을 확인하며, 또한 이것을 방지하고 처벌할 것을 약속한다" 이다.[9] 제2조는 제노사이드의 정의를, 제3조는 처벌해야 할 행위에 대해 밝혀놓았다. 제2조의 내용은 다음과 같다.

> 제2조 본 협약에서 제노사이드라 함은 국민, 민족, 종족 또는 종교집단의 전부 또는 일부를 파괴하려는 의도를 가지고 행해진 아래의 행위를 말한다.
> **a** 집단의 구성원을 살해하는 것.
> **b** 집단의 구성원에 대하여 중대한 신체적 또는 정신적 위해를 가하는 것.
> **c** 집단의 전부 또는 일부에 대하여 신체의 파괴가 초래되도록 의도한, 집단생활의 조건을 고의로 밀어붙이는 것.
> **d** 집단 내의 출생을 방해할 것을 의도한 조치를 과하는 것.
> **e** 집단의 아이를 다른 집단으로 강제적으로 이동하는 것.

제2조에서는 5개 유형을 제노사이드로 정했다. '살해', '파괴' 같은 물리적 폭력이 중심이 되었다는 사실을 알 수 있다. 그러나 b와 d, e 항목을 보면 '심신의 해악을 가하는 것이나, 출산을 방해하는 것, 아

---

9) 허버트 허시 지음, 강성현 옮김, 앞의 책, 363쪽.

이를 강제로 이동하는 행위'도 포함된다. 제노사이드를 '집단학살' 또는 '집단살해'로 번역하기 어려운 이유인 것이다. 이 정의는 1998년 국제형사재판소 규정에도 포함되었다. 지금도 같은 정의가 채용되고 있으며, 적어도 국제법에서 제노사이드에 관한 정의는 확정되었다고 할 수 있다.

또 제노사이드조약 제3조에서는 처벌해야 할 행위의 유형을 다음과 같이 명시하고 있다.

> **a** 제노사이드
> **b** 제노사이드의 공동모의
> **c** 제노사이드의 직접적인, 또는 공연(公然)한 교사
> **d** 제노사이드의 미수
> **e** 제노사이드의 공범

제2조에서 정의한 제노사이드 행위 외에도 공동모의, 교사, 미수, 공범의 행위에 대해 처벌해야 함을 밝히고 있다. 특히 c항목의 '직접적인, 또는 공연한 교사'가 주목된다. 교사란 타인을 부추겨 범죄를 실행하도록 하는 것이다. 일반적으로는 몰래 교사하는 일도 포함되지만, 제노사이드의 교사는 '직접적'이며 '공연'해야 한다.

다음으로, 전쟁범죄나 제노사이드를 재판하기 위해 설립된 국제형사재판소의 체결국 회의에서 승인된 '범죄의 성립 요소'를 살펴보자. 관련 조항인 제6조 a항 '살해에 의한 제노사이드'는 다음과 같이 적시하고 있다.

> 제6조 **a** 살해에 의한 제노사이드

1. 실행자가 한 명 또는 복수의 사람을 죽였다.
2. 그 한 명 또는 복수의 사람이 특정한 국민, 민족, 종족 또는 종교집단에 속해 있었다.
3. 실행자가 그 국민, 민족, 종족 또는 종교집단의 전부 또는 일부를, 집단 그 자체를 파괴 대상으로 삼아, 파괴하기를 의도했다.
4. 실행 행위가 그 집단을 향해 행해지는 분명히 동일한 행위 패턴의 문맥에서 이루어졌다. 또는 그 행위 자체가 그러한 파괴를 가져올 수 있는 행위였다.

유엔의 제노사이드조약을 바탕으로 3·1운동을 살펴보고자 할 때 확인해야 할 것은 다음과 같은 사실이다. 먼저, '의도성'을 확인하는 것이다. 제노사이드는 실행의 '의도성'이 중요시된다. "국민, 민족, 종족 또는 종교집단의 전부 또는 일부를 파괴하려는" 행위를 말한다. 즉, 3·1운동 당시 '탄압'에 나선 일본군과 헌병경찰이 조선인 집단의 전부 또는 일부를 파괴하려는 의도가 있었는지를 밝힐 필요가 있다. 만약 일본인 헌병 혹은 경찰이 개인적인 원한 등을 이유로 조선인을 죽인다면 제노사이드로 인정할 수 없다. 그러나 시위 지역을 관할하고 있던 일본군과 헌병경찰이 조선인에게 증오심을 가지고 있었으며, '탄압'이 가해졌을 때 '조선인'이라는 이유로 살해한다면 제노사이드로 볼 수 있다.[10]

다음으로, "직접적인 또는 공연한 교사"가 이루어졌는지를 확인해야 한다. 3·1운동에 대한 탄압과 학살을 자행한 실행자가 어떤 부추김을 받았는지를 살펴봄으로써 그 행위를 시행한 사람은 물론이고 계획·명령·조장·방조한 집단 역시 '처벌해야 할 행위'를 저질렀다는 사실을 확인할 수 있다.

2) 식민지·전시 제노사이드로서의 3·1운동

3·1운동 당시 자행되었던 학살은 식민지 조선에서 벌어진 살인 (homicide)사건이 아니다. 식민지 조선인들이 벌였던 민족운동에 대한 탄압의 역사와 깊은 연관이 있으며, 3·1운동을 진압하는 과정에서 식민주의의 본질이 학살의 형태로 나타난 것이다.

3·1운동 당시의 탄압을 제노사이드의 관점으로 이해하기 위해서는 '식민지'와 '전시(戰時)'라는 키워드에 주목할 필요가 있다. '전쟁'의 사전적 의미는 '국가와 국가, 또는 교전(交戰) 단체 사이에 무력을 사용하여 싸움'이다.[11] 3·1운동 당시 시위에 나선 식민지 조선인들을 국가 또는 단체로 규정하는 것은 불가능하므로, '전시'로 명명하는 데는 어려움이 따른다. 그러나 일제 관헌은 3·1운동의 상황을 명백한 전쟁으로 취급했다. 이는 1894년 일본군의 동학농민군에 대한 학살, 한말 일본군에 의한 의병학살, '4월 참변', '경신참변' 등으로부터 이어진 '식민지 전쟁의식'에 기반한 것이었다.

구체적인 내용을 살펴보자. 3·1운동이 시작된 직후 조선총독 하세가와 요시미치(長谷川好道)는 "3일에 거행될 국장을 앞두고 애도의 지정 대신에 황당무계한 유언비어로 민중을 선동하고 무엄한 일을 감행하는 무리가 있다면 추호의 가차도 없이 엄중 처단한다"는 유고(諭告)를 내렸다.[12] 이어 3월 2일에는 시위운동 진압을 위해 발포할 것을

---

10) 물론 '의도성'을 증명하는 데는 여러 어려움이 따른다. 그러나 '의도성'은 가해자의 행위에서 추인(推認)될 수 있다. 단, 이러한 의도를 추론할 수 있는 증거가 충분해야 함을 전제로 한다. 자신의 위치, 즉 어떠한 상황에서 어떠한 위치에 있고 무엇을 하려고 하는지를 알면서 특정한 집단의 일원을 죽일 결의를 한 것이라면 '특별한 의도'가 있었다고 할 수 있다. 3·1운동 당시 일제 관헌이나 실제 탄압과 학살에 가담한 실행자에게 조선인에 대한 차별의식이 존재했음을 파악한다면, 파괴의 의도가 있었음을 인정할 수 있을 것이다. 가해자의 '의도성'에 관해서는 김동춘, 〈20세기 한국에서의 제노사이드〉, 《4·3과 역사》 5, 2005 참조.

11) 국립국어원 표준국어대사전(http://stdweb2.korean.go.kr/ 2018년 7월 1일 검색).

명하고 병력이 필요할 경우에는 되도록 군대를 시위 지역으로 파견할 방침을 세웠다. 각 도의 경무부장에게는 '엄밀한 사찰 주의'를 지시했다.[13]

조선총독이 군대의 출병 명령과 총기 사용을 허가한 것은 일제 관헌이 3·1운동을 '전쟁'으로 파악하고 있었다는 사실을 뒷받침하는 주요한 근거이다. 이후 헌병경찰과 함께 조선군이 탄압의 주체로 등장한 것도 이러한 사실과 연관이 있다. 3·1운동 발생 직후 조선군사령관 우쓰노미야 다로(宇都宮太郎)는 조선헌병대사령관의 요청으로 군대를 파견했다고 보고하고 있다.[14] 당시 조선헌병대사령관은 경무총장을 겸하고 있었다. 헌병경찰제 아래에서 경찰 간부는 조선주차헌병이 겸하고 있었으므로 경찰과 헌병이 출동하는 것은 당연했지만, 3·1운동 초기 조선군의 출동은 총독이나 경무총장, 주둔 지역 도장관, 헌병부대장의 요청에 의해 이루어졌다.[15]

시위에 대한 강경 진압은 조선총독부만의 결정이 아니었다. 3월 11일 일본 육군성 차관은 조선총독의 만세운동 초기 진압 실패를 질책하며 조선에서의 만세운동이 일본에 악영향을 미칠 수 있음을 염려했다. 이에 시위에 대한 '엄중한 처치'를 지시하고, 진압 방법에 대해 조선군사령관과 조선헌병대사령관에게 긴밀하게 협조할 것을 지시했다.[16]

하라 다카시(原敬) 총리대신이 하세가와 요시미치에게 전보로 보낸

12) 조선총독부 경무국→조선총독, 〈고(高) 제5410호, 독립운동에 관한 건(제2보)〉, 1919. 3. 1;
    《조선 소요사건 관계 서류》; 〈유고(諭告)〉, 《조선총독부 관보》, 1919년 3월 1일자(호외).

13) 〈고(高) 제5439호, 독립운동에 관한 건(제3보)〉, 1919. 3. 2.

14) 〈밀수(密受) 제102호, 경성·선천 지역의 시위운동 및 파병 사항〉, 1919. 3. 1.

15) 김승태, 〈3·1운동과 일본군의 한인 학살〉, 《제노사이드와 한국근대》, 경인문화사, 2009, 121쪽.

16) 이양희, 〈일본군의 3·1운동 탄압과 조선 통치 방안〉, 《한국근현대사연구》 65, 2013, 108쪽.

다음과 같은 비밀지령은 이러한 맥락에서 읽힐 수 있다.

이번 소요사건은 안팎으로 표면상 극히 경미한 문제로 간주되도록
주의할 필요가 있다. 그러나 실제적으로는 엄중한 조치를 취하여 장래
또다시 발생하지 못하도록 할 것이며, 다만 조치를 취하는 것에 대해서
는 외국인이 가장 주목하는 문제이므로 잔혹한 탄압이라는 비판을 받지
않도록 충분히 주의하기 바란다.[17]

하라 다카시 총리는 3·1운동이 대외적으로 퍼져나가는 것을 경계
하면서도, 진압 방식에서는 엄중한 조치로 향후의 '문제'를 미연에
방지하고자 했다. 다음 날인 3월 12일, 조선총독은 하라 다카시에게
'미연 방지' 차원에서 군대의 출병 영역을 시위 발생 지역 밖으로 넓
힌 것을 보고했다.

제8호 본 월 1일부터 소요사건(암호-인용자)에 관해 군대의 사용은 조
선 장래의 통치상에 악영향을 끼치지 않도록 되도록이면 소요 구역에
그치나, 모든 수단을 다해 이를 예방함에도 불구하고 점차 북한 및 남선
지방에 만연할 징조가 있어, 이제서야 군대의 사용을 적극적으로 소요
구역 외에도 미치도록 하여, 이를 미연에 방지함이 필요한 정황에 이르
렀음을 인정해 오늘 군사령관에게 그것에 관하여 필요한 지시를 했다.[18]

---

17) 총리대신→조선총독, 〈밀(密) 제102호, 소요사건에 관한 군대의 사용에 관한 건〉, 1919. 3. 1;
　　　姜德相 編,《現代史資料(25): 朝鮮(一) 三·一運動(一)》, みすず書房, 1966, 105쪽.

18) 조선총독→총리대신, 〈밀 제102호, 기(其)47, 제78호〉, 1919. 3. 12; 姜德相 編, 앞의 책, 105·
　　　106쪽.

하라 다카시 총리의 답은 다음과 같았다. "귀하의 전보 제8호는 받아 보았다. 군대 사용상에 관한 귀하의 의견에는 지극히 동감한다. 이때에 유감없는 수단을 강구하여 충분히 진압하기를 바란다."[19] 즉, 시위에 대한 폭력적 탄압은 조선총독부와 일본 정부의 이해관계가 맞물린 것이었다.

시위가 점차 격화되자, 4월 초에는 조선총독부가 시위 진압을 명목으로 일본에 증병을 요청했다.[20] 이에 따라 일본 내각은 4월 4일 보병 6개 대대, 헌병 65명, 보조헌병 약 350명을 한국에 파견할 것을 결정했다. 이 병력은 일본 내 4개 사단에서 차출되어 4월 7일부터 한국에 파견되었다. 그리고 이 파견 병력은 조선군과 함께 전국에 1개 소대 또는 분대 단위로 배치되었는데, 그 배치부대 수는 500여 개소에 달했다.[21] 조선군사령관 우쓰노미야 다로는 군대의 신중함이 지나치면 도리어 만세운동이 증장될 우려가 있으니 강압수단을 써서라도 복종시켜 종식하도록 지시하기도 했다.[22]

3·1운동의 탄압을 전시의 형태로 기획한 조선총독부와 일본 정부의 의도는 학살을 실행한 주체들에게 어떻게 작동했을까? '제암리 학살사건'을 지휘한 아리타 도시오(有田俊夫) 중위의 판결문을 살펴보자.

---

19) 〈陸 122, 大臣ヨリ朝鮮總督ヘ電報案〉, 1919. 3. 14; 姜德相 編, 앞의 책, 105쪽.

20) 1919년 4월의 증파를 일본 내각의 결정이 반영된 사항으로 본 연구도 있다. 이 연구는 일본 내각이 3·1운동에 대해 병력 부족에서 기인한 것이라 판단하고, 조선총독부 정무총감을 통해 조선총독에게 증병을 요청하도록 했다고 한다(백종기, 〈3·1운동에 대한 일제의 무력탄압과 세계 중요 제국의 여론〉, 1985, 112~114쪽).

21) 채영국, 〈3·1운동 전후 일제 '조선군'(주한 일본군)의 동향〉, 《한국독립운동사연구》 6, 1992, 191쪽.

22) 조선군참모부→육군대신 외, 〈조특보(朝特報) 제9호, 조선 소요사건에 관한 상황(3월 26일~4월 5일)〉, 《조선 소요사건 관계 서류》, 1919. 4. 7.

이번 폭동은 일조일석에 발생한 것이 아니라 저 조선인들 가운데 제국의 치하에 있는 것을 기꺼워하지 않고 다년 우리 관헌에 대하여 반감을 품고 있는 불령의 무리가 우연히 민족자결론과 이에 관한 사례에 자극과 격려를 받아 반항의 뜻을 결심한 것이기 때문에 이 결의는 본래 보통 수단으로는 제거할 수 있는 것이 아니다.[23]

아리타는 "이번 폭동은 일조일석에 발생한 것이 아니"라고 발언했다. 이 발언에서 확인할 수 있는 것은 아리타 중위가 3·1운동을 '필연적'인 것으로 보고 있었다는 점이다. 수년간 이어진 식민지 지배와 그에 대한 불만이 누적된 결과로 인식했음을 알 수 있다. 그리고 그 집단을 "불령의 무리"로 특정했으며 "보통 수단"으로는 제거할 수 없다고 판단했다.

   ……차라리 나아가서 주모자인 예수교도 및 천도교도를 소멸하고 또 그 근거 소굴로 인정되는 곳을 뒤엎어 화근을 끊는 것이 자기의 임무 수행상 당연한 최선의 처치로서 또 받은 훈시명령의 본뜻에 맞는 것이라고 확신하여 이를 같은 곳 경찰관에게 고함으로써 그 의견을 구하고 이 역시 같은 의견이라는 뜻으로 대답하므로……[24]

특히 아리타는 자신이 진압해야 할 발안장터 시위의 주모자를 "예수교도"와 "천도교도"로 명확히 설정하고 있다. 이전의 인용문을 감

---

23) 조선군사령관 우쓰노미야 다로가 일본 육군대신 다나카 기이치(田中義一)에게 보낸 〈아리타 중위에 관한 재판 선고의 건 보고〉, 1919. 8. 21; http://www.jacar.go.jp/ 아시아역사자료센터 소장 자료; 김승태, 〈일제의 제암리 교회 학살·방화 사건 처리에 관한 소고〉,《한국독립운동사 연구》30, 2008, 428쪽에서 재인용.

24) 김승태, 위의 글, 428쪽에서 재인용.

안하면, 이들을 "불령의 무리"로 파악하고 있으며, 적(敵)으로 상정하고 있음을 알 수 있다. 구체적인 방법으로는 단순히 예방에 그치지 않고, 적극적인 진압을 통해 이들을 "소멸"해야 하며, "화근을 끊는 것"이 "최선의 처치"라고 확신하고 있다. 즉, 아리타의 발언에서는 종교집단으로는 예수교도와 천도교도를 적으로 규정하고 있으며, 이에 대한 절멸의식이 강하게 존재함을 엿볼 수 있다.

3·1운동에 나섰던 조선인들은 일제 및 조선총독부에 저항하거나 적어도 일제 및 조선총독부에 부정적인 인식을 가지고 있었던 사람들로, 일제 관헌 측이 보기에 '불령'한 집단으로 인식되었을 것이다. '불령선인'의 이데올로기는 보통 가해자의 적 창출의 작업과 함께 비인간화 작업을 동반했다. 학살의 대상이 '적'이면서 인간 이하의 존재로 믿게 만드는 것이다. 즉, 가해자의 피해자 집단에 대한 타자 인식과 논리로 기능했다.[25] 탄압의 기획자들은 이 '불령한 집단'을 명확한 형태의 '적'으로 상정했다. 그리하여 3·1운동의 상황을 전시에 준하는 것으로 판단하고 군대 동원, 발포 명령, 병력 증병, 위수 지역 확대 등 일련의 과정을 거쳐 무력적 탄압에 나섰다.

유엔의 제노사이드조약을 3·1운동과 비교하면 다음과 같은 결론을 얻을 수 있다. 첫째, 3·1운동에 대한 탄압은 엄중한 처치 명령, 군대 출병 등 위로부터의 정책적 결정을 통해 조직적·의도적으로 야기된 전시 제노사이드의 한 형태로 해석될 수 있다. 둘째, 3·1운동의 탄압을 전쟁 상황으로 기획했던 주체들에게는 제노사이드의 "직접적인 또한 공연한 교사"가 성립한다. 셋째, 학살을 실행한 각각의 주체에게도 살해에 의한 제노사이드로서, 제노사이드의 범죄가 성립한다.

---

25) 강성현, 〈제노사이드와 한국현대사: 제노사이드의 정의와 적용을 중심으로〉, 《역사연구》 18, 2008, 148쪽.

이뿐만 아니라 개인이 아닌 조직·단체로서 일본 정부와 조선총독부가 제노사이드의 핵심에 있다.

2. 3·1운동 탄압상의 구성

1) 사상자 통계에 담긴 목적과 의도

　통계는 3·1운동의 역사적 재현과 사건의 규모를 가늠할 수 있는 기본적인 자료이다. 예를 들어 시위는 몇 건이었는지, 참가 인원은 몇 명이었는지, 사망자는 몇 명이었는지, 체포된 사람은 얼마나 되는지, 불탄 가옥과 교회 들은 몇 채인지 등이다. 그리고 이를 통해 3·1운동의 역사상이 구성된다. 그러나 통계는 작성 주체의 목적과 의도에 따라 가공되고 편집된 것이다. 그 때문에 역사 연구자의 비판이 필수적으로 제기되어야 한다. 특히 사상자에 관해서는 그 수치에서부터 적지 않은 차이를 보이고 있으므로 해석하는 데 주의가 필요하다.

　3·1운동에 관한 통계는 작성 주체에 따라 크게 두 가지로 구분할 수 있다. 각각이 파악한 사상자 수를 확인해보자. 먼저, 탄압의 주체인 일제 관헌 측의 통계이다. 대표적으로 조선헌병대와 총독부 경무국이 작성한 〈소요 개소 및 사상 일람표〉가 있다.[26] 1919년 3월 1일부터 4월 30일까지 시위 정보를 종합하고, 사상자 수를 정리한 것이다. 이 통계에서는 조선인 사망자를 553명, 부상자를 1,409명으로 집계하고 있다.[27] 다음으로 조선군사령부가 1919년 3월 1일부터 6월 1일까지 집계한 〈조선 소요사건에서 사상자 수의 건 보고〉(이하 '〈보고〉')

---

26)　〈소밀(騷密) 제4453호, 독립청원운동에 관한 건〉, 1919. 6. 20; 姜德相 編, 앞의 책, 474쪽.

가 있다.[28] 이 통계에서는 사망자를 405명, 부상자를 903명으로 파악했다. 마지막으로 조선총독부가 1919년 10월까지의 집계를 바탕으로 1920년 1월에 내놓은 〈소요 개소 및 사상자 수의 건〉이 있다. 이 통계에서는 조선인 사망자를 631명, 경찰이나 기관에서 치료받은 조선인 부상자를 1,409명으로 집계하고 있다.[29] 이처럼 일제 관헌 측의 통계는 집계 시기와 사상자 수에서 다소간 차이를 보인다. 사망자는 약 400~600명, 부상자는 약 900~1,400명에 달하는 것으로 파악된다.

다음으로 독립운동 참여자들이 작성한 통계를 보자. 대한민국임시정부 임시사료편찬회의 《한일관계사료집》(이하 '《사료집》')과 박은식의 《한국독립운동지혈사》(이하 '《혈사》')에 실린 〈독립운동 일람표〉(이하 '〈독립일람표〉')가 주목된다. 세세한 차이는 있지만 《사료집》과 《혈사》의 통계는 비슷하다. 《혈사》에 실린 통계가 《사료집》을 바탕으로 작성된 것이기 때문이다.[30]

이상의 통계들은 사상자를 어떻게 파악하고 있을까? 《혈사》에서는 1919년 3월 1일부터 5월 말까지의 집계를 통해 사망자는 7,509명, 부상자는 1만 5,750명에 달한다고 파악했다. 《사료집》에서는 사망자를 7,492명, 부상자를 1만 5,146명으로 파악했다.

이렇듯 차이가 발생하는 이유는 각각의 통계에 한계가 있기 때문

---

27) 위의 자료에서는 553명으로 표기되어 있지만, 일제가 작성했던 여러 3·1운동의 '시위 일람표'의 최종본인 〈조선 소요사건 일람표〉에 기록된 사망자 수를 합산하면 557명이다. 조선헌병대사령부·조선총독부 경무총감부, 〈조선 소요사건 일람표, 대정 8년 4월 말일 작성〉, 일본외무성 편, 《극비 한국독립운동사료총서(3·1운동 편)》 2, 한국출판문화원, 1989, 1579~1678쪽.

28) 조선군사령관→육군대신, 〈조선 소요사건에서 사상자 수의 건 보고〉, 1919. 9. 29; 姜德相 編, 《現代史資料(26): 朝鮮(二) 三·一運動(二)》, みすず書房, 1967, 321~327쪽.

29) *The Korean Situation-Number 2*, The commission on Relations with the Orient of the Federal Council of the Churches of Christ in America, 1920, p. 4.

30) 이와 관련해서는 최우석, 앞의 글 참조.

이다. 예를 들어, 〈보고〉를 작성한 조선군사령부는 자신들의 통계가 확실하지 않다는 점을 전제하면서, 그 이유로 '수비대의 교대 및 이동 등으로 정확한 조사를 할 수 없는 곳이 있다'고 했다. 그러면서 조선헌병대사령부는 사상자 명부를 바탕으로 조사해서 더욱 정확히 할 것이라고 부연했다.[31]

〈독립일람표〉 역시 '한계'를 가지고 있었다. 일제 관헌의 탄압과 감시로 조사가 불가능했던 탓이다.《사료집》〈독립일람표〉의 첫머리에는 자신들의 통계에 대해 일제의 계엄조치로 인해 상세하고 확실한 조사가 불가능하고, 전체의 군·면·동에서 만세시위가 일어났지만, 신문·통신·증언으로 증거가 명확한 지역만 기입했다고 밝히고 있다.[32]

하지만 각각이 밝힌 조사 과정에서 나타난 '한계'만으로는 이러한 차이를 설명할 수 없다. 그보다 적절한 이유는 이상의 통계들이 목적과 의도를 가진 결과물이기 때문일 것이다. 탄압의 주체는 자신들의 폭력적 행위를 축소·은폐하거나 불가피한 경우 정당화하고자 했을 것이며, 독립운동 참여자는 통계를 통해 탄압의 진상을 고발하고 싶었을 것이다.

예를 들어, 조선군사령부가 1919년 3월부터 6월까지 집계한 〈보고〉에서 사망자·부상자 수는 〈소요 개소 및 사상 일람표〉에 집계된 사망자·부상자 수보다 150여 명이 적다. 조사 대상 기간이 2개월가량 더 긴데도 그 수가 적은 것이다. 조선헌병대사령부가 사상자 명부를 입수하여 조사했다는 점과 대조해보면 조선군사령부가 작성한 이 문

---

31) 조선군사령관→육군대신,〈조선 소요사건에서 사상자 수의 건 보고〉, 1919. 9. 29; 姜德相 編, 앞의 책(1967), 321쪽.

32) 이와 관련하여 최우석은 "한국사데이터베이스와 대한민국임시정부 자료집의 탈초문에는 "一郡一面式"으로 되어 있으나 원문상으로나 비교 검토의 결과 의미상으로도 "一郡一回式"이 맞는 것으로 추정된다"고 밝히고 있다(최우석, 앞의 글, 113·114쪽).

건은 적어도 자신들이 현장에 파견되어 확인한 '인정할 수밖에 없는' 사실일 것이다.

한편, 〈독립일람표〉를 작성한 임시사료편찬회는 육군성의 기록을 비판하면서 〈독립일람표〉의 입지를 굳혔다. 그것은 일제 측 통계의 허구성을 지적하는 한편 자신들의 통계가 '정확한' 사실을 반영하고 있다는 것이었다.[33]

과연 〈독립일람표〉의 기록이 일제 측의 '부정확함'을 비판할 수 있을 만큼 '정확'한가? 그렇게 보기는 어렵다. 다른 차이를 인정한다고 하더라도, 일부 지방의 시위에서는 사망자를 어림잡아 추산하고 있다는 점이 문제가 된다. 목포(200명), 삭주(300명), 창원(100명) 등이 대표적인 예다. 이뿐만 아니라 《사료집》과 《혈사》에 실린 통계의 차이도 눈에 띈다. 7건의 시위에서 사망자 수의 차이가 발생하기도 한다.[34] 시위 참가자 수 또한 전체적으로 38만 명이 늘었다.[35]

일제가 작성한 여러 '시위일람표'의 최종본인 〈조선 소요사건 일람표〉(이하 '〈소요일람표〉')와 〈독립일람표〉의 항목을 비교하면 통계의 작성 의도와 목적이 좀 더 분명해진다. 〈소요일람표〉와 〈독립일람표〉는 각각 〈표 1〉과 〈표 2〉의 항목으로 구성되어 있다.

각 항목에서 공통적으로 파악할 수 있는 것은 ① 시위 지역, ② 시

---

33) "일본 육군성은 4월 15일에 한국 각 지방 독립운동사건을 공포하였는데, 3월 15일부터 4월 5일까지 한국 전체에 운동이 일어난 장소가 151곳이오, 운동에 참가한 자는 함경도를 제외한 타 7도에 60만 9천 명이라 하였으니 함경남북도를 말하여도 독립운동에 참가한 자 수십만 명이오, 사상자 천여 명이오, 체포자가 팔천여 명인즉 함경도를 제하고자 함은 어떤 의미가 있는가?"(《대한민국임시정부자료집 7: 한일관계사료집》, 국사편찬위원회, 200쪽)

34) 평안도 함종(12→3), 평안도 용천(0→2), 전라도 제주(12→0), 충청도 임실(0→4), 충청도 영광(0→6), 충청도 정읍(0→1), 충청도 영동(0→25)을 들 수 있다.

35) 시위 참가자 수를 각각의 통계에서 합산하면, 《사료집》에는 총 166만 7,000여 명이 시위에 참가했다고 기록되어 있으나, 《혈사》에는 205만 1,000명이 시위에 참가했다고 기록되어 있다.

월일	소요지명	폭행	무폭행	미연방지개소	소요인원	소요자종별	소요자검거인원	소요지 관할별		사상					관공서 및 민가의 파괴 수
								헌병	경찰	폭민	군대	헌병	경찰	기타	

표 1. 〈조선 소요사건 일람표〉의 항목

	《사료집》	《혈사》
	군명	부·군명
	월일	회집횟수
	회집 수	회집인수
	사망 수	사망인수
	피상 수	피상인수
	피수 수	피수인수
	훼소교당	훼소교당
	훼소학교	훼소학교
	훼소민호	훼소민호
	주모단체	—

표 2. 〈독립운동 일람표〉의 항목

위 인원, ③ 조선인 사상자이다. ④ 〈소요일람표〉의 '소요자 종별' 항목과 《사료집》〈독립일람표〉의 '주모단체' 항목은 시위에 참가한 조선인들에 대한 정보이다. 《혈사》의 〈독립일람표〉에는 기록되지 않았다. 이를 제하면 〈소요일람표〉에서는 '폭행', '무폭행', '미연 방지', '소요지 관할별', 군대 및 헌병경찰의 사상자 발생 여부, '관공서 및 민가의 파괴 수'를 기록하고 있고, 〈독립일람표〉에서는 '조선인 검거자 수'(피수인 수), '훼소 교당', '훼소 학교', '훼소 민호'를 기록하고 있음을 확인할 수 있다.

통계 항목의 구성을 통해 각 주체의 의도가 드러난다. 먼저, 일제 관헌 측의 기록은 자신들의 '탄압'이 얼마나 정당한 것이었는가를 증명하기 위해 통계 항목을 세세하게 구분했다. 특히 눈에 띄는 것은

'폭행' 항목이다. 해당 지역의 시위에서 조선인에 의한 폭행이 발생했는지 여부를 보여주는 것이다. 폭행이 없었을 경우 '무폭행', 사전에 대응을 취하여 방지했다면 '미연 방지'로 기입했다. 특히 사상자가 발생한 시위의 경우에는 '폭행'이 발생했다. 〈소요일람표〉에서 사망자가 발생한 시위만을 뽑아보면 총 133건이다. 그중 '폭행'이 발생했던 시위는 132건, 폭행이 없었음에도 사망자가 발생한 시위는 단 1건에 불과했다.[36]

각각의 시위를 보고한 문건들을 살펴보아도 마찬가지의 논리를 취하고 있다. 자신들이 폭력적 행위를 취할 수밖에 없었던 상황을 세밀하게 기록하고 있으며, '부득이(不得已)'라는 표현을 각 문건마다 빠뜨리지 않고 적시해놓았다. 또한 조선인들의 사망은 단순하게 수치로 처리된 반면, 일제 측의 피해는 자세하게 묘사해놓았다.[37]

반면, 독립운동 참가자들은 일제가 주장한 '부득이'함을 강하게 비판하고, 폭행의 선후가 바뀌었음을 지적했다.[38] 시위 과정에서 폭행은 일제의 폭력에 대응한 것이었음을 암시하고 있는 것이다. 나아가 〈독립일람표〉는 시위 과정에서 '폭행' 발생 여부를 아예 밝히지 않았다.

36) 4월 2일 진위군(振威郡) 송탄면(松炭面) 독곡리(獨谷里)에서 발생한 시위이다. 보천교도 500명이 시위에 참가했고, 조선인 사망자 1명, 부상자 2명이 발생한 것으로 기록되어 있다.

37) 대표적으로 다음과 같은 사례를 들 수 있다.
"오늘 오후 2시경 과연 동지(同地)에서 약 3,000의 조선인들이 모여 불온한 정황을 보였다. 경찰관이 해산을 명하였으나 도리어 반항하고, 또 군중이 더욱 증가하여 구한국기(舊韓國旗)를 앞세우고 독립만세를 외치면서 파견 부대를 압박하였다. 이에 사령은 경찰관과 함께 좋은 말로 훈계하였지만 다수의 세를 믿고 우리를 모욕하고 완력을 행사하려는 형세를 보이므로 공포를 발사하여 위협하였다. 그것이 공포임을 알자 저들은 더욱 기세등등하고 기왓장을 던져 병졸 수명이 부상당했다. 그럼에도 군사령관의 훈시에 따라 은인자중하며 진무하려고 애썼지만 더욱 더 포위·압박해 들어와 형세가 위험하였다. 이에 부득이 자위(自衛)를 위해 실포탄 60발을 발사하였다. 이로 인해 조선인 중 사상자가 발생하자 점차 포위를 풀었으며 지금은 엄중 경계 중이다. 피아간(彼我間) 사상자는 다음과 같다. 병졸 중 경상자 13명, 조선인 중 사망자 10명, 부상자 불명(不明)"(〈밀 제102호, 지방 불온에 따른 병력 및 병기 사용의 건 제2차 보고〉, 《조선 소요사건 관계 서류 1책》, 1919. 3. 24).

그보다는 탄압이 얼마나 잔인했는지, 얼마나 많은 이가 검거되었는지, 그 과정에서 조선인의 재산 피해는 얼마나 심했는지를 주로 적고 있다. 일제 측의 기록에 대항하는 기록으로서 3·1운동의 상을 재구축하고자 했던 것이다.

2) 확인할 수 있는 사실들

이처럼 3·1운동에 관한 사상자 통계는 '확정하기 어려운' 수치들로 가득 차 있다. 이러한 어려움에도 불구하고 통계가 3·1운동의 역사상을 구성하는 가장 기본적인 자료임을 부정할 수는 없다. 통계가 보여주는 경향을 읽어내고, 관련 기록을 대조해가며 그 내용을 파악할 필요가 있다. 각각의 통계와 기록을 살펴보며 어떠한 부분에서 구체적으로 차이를 보이는지, 드러나는 차이에도 불구하고 사실로서 추인할 수 있는 내용은 무엇인지를 살펴보자.

우선, 최초의 사망자가 발생한 시위부터 자료마다 편차가 있다. 〈소요일람표〉에는 3월 3일 황해도 수안(13명), 평안남도 안주(6명), 평안남도 강서(1명)에서 사망자가 발생했다고 기록되어 있다. 특히 수안 지역의 시위가 주목된다. 안주, 강서 시위의 참가 인원이 4,000명인 데 비해, 수안은 450여 명이었음에도 불구하고 다수의 사망자가 나왔다. 일제 측에서도 이 시위를 주목했다.[39]

수안 시위는 일제 측 문서와 〈소요일람표〉에 차이가 있다. 먼저, 시

---

38) "3월 이래로 일인의 신문마다 한인이 먼저 헌병대와 주재소를 습격하므로 부득이 무력으로 대하였다 함은 모든 일인이 발포·학살한 이유를 따라 자신들의 과를 옹호하는 핑계(藉口)일 뿐이고 수무촌철(手無寸鐵)한 한인이 먼저 습격하기는 조금도 없는(毫無) 사실이다"(《대한민국임시정부자료집 7: 한일관계사료집》, 201쪽).

39) 〈밀수 제102호, 기12, 전보: 경성, 평북, 황해도 등지의 3월 2일과 3일 시위운동 및 파병 상황〉, 《조선 소요사건 관계 서류 1책》, 1919. 3. 4.

위 인원에 차이가 있다. 황해도 장관의 전보에 따르면[40] 천도교도 150명이 습격했다고 되어 있지만, 〈소요일람표〉에는 450명으로 기록되어 있다. 사망자 수도 각각 9명과 13명으로 차이가 있다. 〈독립일람표〉에는 수안 시위에서 조선인 80명이 사망한 것으로 기록되어 있다.

한편, 〈독립일람표〉에는 3월 1일에 경성, 평안도 의주·선천·평양, 전라도 옥구·남원·광주에서 최초의 사망자가 발생했다고 기록되어 있다. 그 가운데 가장 많은 사상자가 발생한 것은 평양 시위이다. 다른 지역이 적게는 3명, 많게는 34명인 데 비해,[41] 평양에서는 656명의 압도적인 숫자를 기록하고 있다. 그러나 이 시위는 〈소요일람표〉와 〈보고〉에는 아예 기록되지 않았다. 반대로 〈소요일람표〉와 〈보고〉에서는 확인되지만, 〈독립일람표〉에서 확인되지 않는 시위도 다수 보인다.[42]

다음으로, 동일한 시위의 날짜가 다른 경우도 적지 않다. 평안남도 안주 시위의 경우 〈소요일람표〉에 3월 3일 발생한 것으로 기록되어 있지만, 〈독립일람표〉에는 3월 4일로 기록되어 있다. 〈소요일람표〉에서 가장 주목할 만한 맹산(孟山) 시위도 마찬가지의 경우다. 이 사건은 〈소요일람표〉에 가장 많은 사망자가 발생한 것으로 기록되어 있다. 3월 10일, 천도교도들이 주도한 것으로 기록되어 있는데, 시위 인원이 100명밖에 되지 않았음에도 불구하고 사망자가 54명이나 발생했다. 부상자는 13명, 검거된 사람은 6명이다.《조선 소요사건 관계 서류》에 실린 문건에도 비교적 소상히 기록되어 있다.[43] 그런데 문제

40)　〈전보: 황주군과 수안군 만세시위〉, 1919. 3. 3.

41)　각각 평안북도 선천, 전라북도 남원이 해당한다.

42)　3월 3일 강서, 3월 6일 함흥, 3월 8일 영원, 3월 10일 단천·신흥·재령, 3월 11일 안악·성진 등이 해당한다.

43)　〈밀수 제102호, 기458, 조부(朝副) 제941호, 조선 소요사건의 사상 수 건 보고〉,《조선 소요사건 관계 서류 1책》, 1919. 10. 2.

는 〈독립일람표〉에 3월 10일이 아니라 3월 6일에 시위가 있었던 것으로 기록되어 있다는 점이다. 이 기록에 따르면, 3월 6일 맹산 시위는 1,500명이 결집했고, 253명의 사망자, 250명의 부상자가 발생했다고 한다. 맹산 시위가 3월 6일부터 시작되었다는 일제 측의 기록으로 미루어보아 이 날짜로 기록된 것으로 추측된다.

이뿐만 아니라 애초부터 통계에서 누락되는 사실들도 있다. 예를 들어 시위 상황에서 총탄 등으로 인해 부상을 입었지만, 현장에서 사망하지 않고 이송된 후 사망했을 경우는 집계되지 않는다. 일제 측의 집계는 시위 현장에서 사망한 자를 대상으로 삼기 때문이다. 이런 경우를 고려한다면 집계된 사망자 수보다 실제 사망자 수가 많을 것이다.

가장 큰 문제는 시위에 관한 정보가 각기 다르기 때문에 겹쳐서 대조하더라도 전체 사상자 수를 확정하기 어렵다는 점이다. 대조가 불가능한 경우를 감안한다면, 사상자 수는 전체적으로 증가할 것이다. 하지만 애초에 사상자 수가 정확한 것인지를 판별할 수 없어서 사상자 수를 바탕으로 시위 규모나 폭력의 정도를 파악하는 것은 조심스러운 접근이 필요하다.

하지만 사실로 추인할 수 있는 내용도 적지 않다. 예를 들어, 탄압 주체에 관한 대략적인 정보를 확인할 수 있다. 3·1운동에 대한 일제의 탄압은 크게 두 주체에 의해 자행되었다. 하나는 경찰 등을 중심으로 한 이른바 지역 내 일제의 치안기구이다. 또 하나는 천안 지역에서 파견된 일본군이다. 이들은 같은 임무를 수행한 것처럼 보이지만 사실상 전혀 다른 목적하에 행동했다. 실제 한국에 주둔 중인 조선군과 조선헌병대는 지휘체계를 비롯하여 각기 다른 체계 아래 있었다.[44]

---

44) 신효승, 앞의 논문, 186쪽.

이상의 사실은 통계에 어떻게 반영되었을까? 〈소요일람표〉 가운데 '소요지 관할별'이라는 항목은 시위가 있던 지역을 어떤 주체가 관할하고 있었는지를 보여준다.

〈소요일람표〉에 실린 총 1,205건의 시위에 관한 정보 가운데 소요지 관할을 확인할 수 있는 것은 850건뿐이다. 그중 헌병이 관할하는 지역에서 벌어진 시위는 487건, 경찰이 관할하는 지역에서 벌어진 시위는 363건으로 각각 57%, 43%이다. 그 가운데 '사망자'가 발생한 시위는 총 134건이다. 그중 헌병이 관할하고 있던 시위는 89건으로, 약 3분의 2에 해당하는 66%이다. 사망자는 전체 557명 중 423명으로, 약 76%에 달한다. 경찰이 관할했던 지역은 45건으로, 전체의 34%이다. 사망자는 134명으로, 약 24%이다. 헌병이 관할했던 지역에서 사망자가 더 많이 발생했을 뿐만 아니라, 평균적으로도 많은 수의 사망자가 발생했음을 알 수 있다.

조선군사령부가 작성한 〈보고〉에서는 군에 의해 발생한 학살에 관한 통계를 확인할 수 있다. 특히 이 통계에는 시위 지역을 관할하는 부대에 관한 정보가 실려 있다. 각각의 시위를 부대 중심으로 구성하면 〈표 3〉과 같은 자료를 얻을 수 있다.[45]

이 통계에 따르면 조선인 사망자는 405명, 부상자는 903명이었다. 가장 많은 수의 사망자가 발생한 것은 보병 77부대였다. 보병 80부대, 보병 79부대가 그 뒤를 잇는다. 즉, 양쪽의 통계를 통해 경찰, 헌병, 군부대의 관할 지역을 일정하게 파악할 수 있다. 다만 이 정보를 바탕으로 〈독립일람표〉에 기록되지 않은 학살 주체를 확정하는 것은 매우 어렵다. 전술한 바와 같이 시위 정보가 일치하지 않을 뿐 아니

---

45) 조선군사령관→육군대신, 〈조선 소요사건에서 사상자 수의 건 보고〉, 1919. 9. 29; 姜德相 編, 앞의 책(1967), 321~327쪽.

부대명	파병 총인원	조선인		일본군	
		사망	부상	사망	부상
보병 74	32		8		
보병 77	981	217	558	2	17
보병 79	185	76	96		2
보병 80	334	84	212		2
파견 보병 71	23	4			
기병 27	13	3	11		
진해만 중포병 대대	16	21	18		12
총계	1,584	405	903	2	33

(단위: 명)

표 3. 〈조선 소요사건에서 사상자 수의 건 보고〉의 부대별 조선인·일본군 사상자

라, 정보 자체가 없는 경우가 상당하기 때문이다.

다음으로 지역별 사망자 발생 비율을 확인할 수 있다. 먼저, 〈조선 소요사건 총계 일람표〉를 보자.[46]

〈표 4〉는 〈조선 소요사건 총계 일람표〉 가운데 시위 횟수와 사상자만을 정리한 것이다. 각 지역에서 얼마나 많은 시위가 발생했는지, 사상자는 몇 명이었는지를 확인할 수 있다. 이 표에 따르면 가장 많은 '폭민'이 사망한 지역은 평안남도(124명)이다. 전체의 약 22%에 해당한다. 시위 횟수가 다른 지역에 비해 많지 않음에도 불구하고 맹산, 성천 등지에서 많은 사상자가 발생한 사실이 반영된 결과다. 평안북도(107명)가 그 뒤를 잇는다. 평안남북도는 전체의 약 42%를 차지한

---

46) 조선헌병대사령관→육군 차관, 〈조헌경(朝憲警) 제107호, 조선 소요사건 일람표에 관한 건〉, 1919. 10. 2, 4·5쪽.

지역	소요 개소 수	사상자 수									
		폭민		군대		헌병		경찰		기타	
		사망	상해	사망	상해	사망	상해	사망	상해	사망	상해
경기	143	72	240	0	0	0	10	2	12	0	3
충북	31	28	50	0	0	0	12	0	8	0	0
충남	56	39	121	0	1	0	0	0	7	0	4
전북	11	10	17	0	0	0	0	0	0	0	0
전남	10	0	4	0	0	0	0	0	0	0	0
경북	27	25	69	0	0	0	0	0	13	0	3
경남	68	50	136	0	2	0	10	0	6	1	3
황해	81	36	79	0	0	0	25	0	5	0	3
평남	36	124	166	0	0	6	6	0	2	0	2
평북	59	107	349	0	0	0	17	0	1	0	2
강원	32	23	43	0	1	0	3	0	1	0	6
함남	43	27	94	0	0	0	5	0	4	0	4
함북	21	12	41	0	0	0	0	0	5	0	0
총계	618	553	1,409	0	4	6	88	2	64	1	30

(단위: 명)

표 4. 〈조선 소요사건 총계 일람표〉의 시위 횟수와 사상자

다. 강도 높은 탄압이 이루어졌음을 짐작할 수 있다. 반면, 전라남도의 경우 사망자가 한 명도 발생하지 않았다. 평남, 평북, 경기, 경남, 충남, 황해, 함남, 충북, 경북, 강원, 함북, 전북, 전남 순으로 사상자가 많았다.

한편, 조선군사령부가 작성한 〈보고〉(〈표 5〉)에서도 도별 관할 부대와 그 지역에서의 사상자를 확인할 수 있다.[47] 여기서는 평안북도(118명)가 평안남도(99명)보다 더 많은 사망자가 발생했다고 기록되어 있

지역	부대명	조선인		일본군	
		사망	부상	사망	부상
강원	보병 79	13	11		1
경기	보병 79	40	35		1
경남	보병 80, 진해만 중포병 대대	43	86		14
경북	보병 80	23	48		
전남	보병 80	0	4		
전북	보병 80	10	17		
충남	보병 79, 보병 80	37	95		
충북	보병 79, 보병 80, 파견 보병 71	19	30		
평남	보병 77	99	131	2	3
평북	보병 77	118	427		14
함남	보병 74	0	8		
함북	기병 27	3	11		
총계		405	903	2	33

(단위: 명)

표 5. 〈조선 소요사건에서 사상자 수의 건 보고〉의 지역별 조선인·일본군 사상자

는데, 많은 사망자가 발생한 지역이라는 점은 공통적이다. 전남에서 사망자가 발생하지 않았던 것도 마찬가지다. 사망자 수는 평북, 평남, 경남, 경기, 충남, 경북, 충북, 강원, 전북, 함북, 전남, 함남 순으로 집계되었다. 다만 〈보고〉에서 밝히고 있듯이, '정확한 조사'가 이루어진 것이 아님을 감안해야 한다. 특히 함경남도의 경우 〈조선 소요사건 총계 일람표〉의 27명에 비해 단 한 명의 사상자도 발생하지 않았다는

47) 조선군사령관→육군대신, 〈조선 소요사건에서 사상자 수 건 보고〉, 1919. 9. 29; 姜德相 編, 앞의 책(1967), 321~327쪽.

점에서, 조사가 원활하게 진행되지 못한 특별한 사정이 있었음을 고려하지 않을 수 없다.

〈독립일람표〉에는 약간의 차이가 있다. 경상도(2,470명)에서 가장 많은 사망자가 발생한 것으로 기록되어 있다. 그 뒤를 평안도(2,042명), 경기도(1,472명)가 잇고 있다. 〈조선 소요사건 총계 일람표〉와 〈보고〉에서 가장 적은 수의 사망자가 발생한 것으로 기록된 전라도는 152명으로, 강원도(144명), 함경도(135명)보다 많은 수의 사망자가 집계되었다.

그 밖에도 사망자 수를 시위 인원, 주모단체, 헌병경찰의 사망자 발생 여부, 검거 인원 등과 대조한다면, 다양한 해석이 가능할 것이다. 또 관련 문건과 대조하면 폭행의 정도에 따른 조선인 사망자 발생 여부, 지역적 특징, 검거 과정에서의 폭력행위, 가해자에 대한 사후 처리 등의 사실도 일정하게 밝힐 수 있을 것이다.

탄압상의 재구성을 위해

3·1운동에 대한 탄압과 학살은 식민지 조선인이 오랫동안 벌여온 독립운동에 대한 일제의 대응 과정에서 발생했다. 일제는 일련의 사건들에서 축적된 경험을 바탕으로 3·1운동을 '탄압'했다. 특히 1894~1895년의 동학농민전쟁에 대한 진압, 의병전쟁에 대한 진압, 1910년대의 이른바 '남한대토벌' 등에서 뿌리 깊게 자리한 식민지 전쟁의식이 학살이라는 극단적 폭력에까지 이르게 된 것이다.

그 결과 3·1운동에 대한 탄압은 엄중한 처치 명령, 군대 출병 등 위로부터의 정책적 결정을 통해 조직적·의도적으로 야기된 전시 제노사이드의 한 형태로 해석할 수 있다. 그리고 3·1운동에 대한 탄압을 전시에 준하여 기획한 주체들에게는 제노사이드의 '직접적인 또한 공연한 교사'로서의 범죄가 성립한다. 마찬가지로 탄압의 실행자에게도 '살해에 의한 제노사이드'로서의 범죄가 성립한다.

3·1운동에 대한 탄압의 전 과정을 '제노사이드'로 인식한다면, 일 방적이고 잔학한 형태의 탄압만을 '학살'로 여겨왔던 기존의 견해 역시 수정될 필요가 있다. 특히 기존 3·1운동의 탄압상을 구성해왔던 기초적인 자료들을 면밀하게 살펴보며 식민지·전시 제노사이드로서의 3·1운동상을 재구성해야 할 것이다.

이러한 이유로 3·1운동의 피학살자 숫자를 통해 사건의 '규모'를 파악해왔던 방식은 재검토되어야 한다. 그리고 무엇보다도 시위 인원과 피학살자 수의 관계, 헌병경찰의 사상자 발생과 조선인 사상자 발생의 관계, 검거 인원의 비율 등을 통계의 관계망 속에서 새롭게 해석해야 한다. 이 글에서 수행한 분석은 비교연구의 시작에 불과하다. 여러 기록을 교차·검증해나가면서 탄압의 사례를 유형화하고, '규모'를 규명하는 것을 넘어서 다양한 '의미'를 발굴해나가는 작업이 필요하다.

6장

3·1운동의 마지막 만세시위 검토

최우석

1919년 5월 7일 청도군

1919년 5월 7일.

소요사건의 종말. 경상북도 청도군 대성면에서 약 300명의 폭민(暴民)이 내지인(內地人) 주택을 습격해 미즈노 기타로(水野喜太郎) 외 2명을 구타하고 진압에 나선 관헌에 반항해 폭민 1명 사망, 2명 부상당한 사건을 **폭동의 최후로서 전 조선이 진정되었다.**[1]

1919년 3월 1일, 서울, 평양, 진남포·안주(평남), 선천·의주(평북), 원산(함남) 등 7개 도시에서 만세시위가 일어나면서 3·1운동은 시작되었다.[2] 3·1운동은 그 이름에서 3월 1일에 시작했다는 사실이 명백하

---

1) 朝鮮總督府 警務局,《高等警察關係年表》, 朝鮮總督府 警務局, 1930, 6쪽.
2) 김정인, 〈1919년 3월 1일 만세시위의 재구성〉,《3·1운동 100년 2. 사건과 목격자들》, 휴머니스트, 2019 참고.

다. 그러나 이 명칭은 몇 가지 착각을 불러일으키기도 한다. 하나는 3월 1일 하루 동안 '전국에서' 만세시위가 일어났다는 착각이고, 또 다른 하나는 3월 1일 '하루 동안만' 운동이 일어났다는 착각이다.

시작점에 대한 부분은 역사적 사실을 제시하는 것으로 명쾌히 정리할 수 있다. 그러나 운동이 언제 어떤 식으로 마무리되었는지에 대해서는 불명확하다. 1930년 1월 조선총독부 경무국에서 극비로 발행한 《고등경찰 관계 연표(高等警察關係年表)》에는 우리의 이목을 끄는 기록이 있다. '소요사건의 종말'이라는 주제로 3·1운동의 마지막 시위를 규정한 것이다. 일제가 다른 문서들에서는 마지막 시위를 규정한 사례가 눈에 띄지 않기에 매우 특이하다.

《고등경찰 관계 연표》는 조선총독부 경무국에서 고등경찰의 업무 참고용으로 활용하기 위해 만든 책이다. 1919~1927년까지 한국 독립운동 관련 주요 정보들을 모아 펴낸 이 극비문서에는 일제의 3·1운동에 대한 인식이 고스란히 담겨 있다.

일제는 3·1운동을 '소요사건', '망동사건' 등으로 지칭했다. 소요의 사전적 의미는 "여럿이 떠들썩하게 들고일어남. 또는 그런 술렁거림과 소란", "여러 사람이 모여 폭행이나 협박 또는 파괴행위를 함으로써 공공질서를 문란하게 함. 또는 그런 행위"이다.[3] 3·1운동을 '소요'라고 인식하는 것 자체가 일본 측의 3·1운동에 대한 기본적 시각을 극명히 보여준다.[4]

5월 7일 청도군 운동을 '소요사건'이라고 지칭하면서 3·1운동의 마지막 만세시위로 규정한 데에는 일정한 의도가 있다. 《고등경찰 관

3)   국립국어원 표준국어대사전(http://stdweb2.korean.go.kr/, 2018. 11. 26. 검색).
4)   서정민·양현혜, 〈제암리 교회 사건에 대한 일본 측의 반응〉, 《한국기독교와 역사》 7, 한국기독교역사연구소, 1997. 8, 74쪽.

계 연표》에서는 운동의 전후 맥락을 생략한 채, 청도군에서 조선인 300여 명이 모여 일본인 가택을 습격했다는 식으로만 기술하고 있다. 일반 일본인 가택에 직접 공세를 가한 사례는 3·1운동 전반에 흔치 않은 양상이었다.

본래 이 사건은 일본인들이 밖에서 놀고 있던 조선인들이 자신들의 독서를 방해한다며 그들의 입술을 자르면서 촉발된 운동이다.[5] 이러한 이유를 감춘 채 청도군 운동을 '소요사건의 종말'로 규정한 것은 3·1운동이 '폭동', '소요', '망동'이었고 만세시위 참가자들은 '폭민'이었다고 주장하는 일제 측의 인식을 그대로 각인시키는 것이었다. 조선총독부와 일본군은 만세시위 참가자들의 행위를 '폭동'이라고 불렀고 그들에게 발포하는 것은 '폭동'에 대한 '부득이한 진압'이라고 설명했다. 당대에 이미 구축한 논리의 반복적인 재생산일 뿐이었다.[6]

이 글에서는 《고등경찰 관계 연표》에서 규정한 5월 7일 청도군 운동과는 다른 '마지막 만세시위'를 확인하고자 한다. 이를 위해서는 우선 '3·1운동'에 대한 정의 및 이를 토대로 한 '3·1운동의 만세시위' 범주와 그 외의 '만세시위' 범주를 구분해야 한다.

모든 '만세시위'가 곧 '3·1운동'은 아니었다. 3·1운동의 투쟁 방식이 만세시위로만 국한되지 않았을 뿐만 아니라 만세시위도 3·1운동에만 포함되지 않았다. 3·1운동에는 동맹파업, 동맹휴학, 동맹철시,

---

5) 권대웅, 〈청도군의 3·1운동〉, 《한국민족운동사연구》 54, 한국민족운동사학회, 57쪽; 〈이종학 (李鍾學) 외 4인 판결〉, 대구지방법원, 1919. 7. 10; 〈大正 8年 刑控 第764號 이종학 외 1인 판결〉, 대구복심법원 형사 제1부, 1919. 9. 15(이상의 판결문은 공훈전자사료관 제공. http://e-gonghun.mpva.go.kr/).

6) 3·1운동의 폭력 규정에 대해서는 최우석, 〈3·1운동, 그 기억의 탄생〉, 《3·1운동 100년 1. 메타역사》, 휴머니스트, 2019 참고.

선전 활동, 횃불시위, 납세거부운동, 총독부 관리 사퇴운동 등 다양한 투쟁 방식이 결합되었고, 그중에서 가장 대표적인 투쟁 방식이 만세시위운동이었다.[7]

만세시위운동은 2002년 이후 대중운동에서 '촛불집회'가 등장해 지속되고 있는 현재와 유사하다. 만세시위운동은 1919년 이후 식민지 조선의 대중운동 방식을 주도하는 하나의 상징으로 1920년대에도 지속되었다. 지금의 촛불집회가 여러 운동 국면에서 내용과 목표, 대상 등이 변화했지만 방법론은 동일하게 사용하듯이 만세시위운동은 1919년 이후 식민지 조선에서도 하나의 양식으로서 작동했다. 1920년 3·1운동 1주년 기념시위뿐 아니라 1926년 6·10만세운동, 1929년 광주학생운동 등에서 만세시위는 운동 방법으로 계속해서 활용되었다.[8]

그 때문에 만세시위운동이라는 방식이 지속되었더라도 방식의 동일성만으로 '3·1운동의 만세시위'라는 범주에 모두 포함할 수 없다. 운동의 주체, 배경, 내용 등을 고려해 각 운동은 다른 명칭을 갖기 마련이다. 그렇다면 3·1운동의 주체, 배경, 내용은 무엇이라고 규정해야 할까?

흔히 3·1운동은 '거족적·전국적 투쟁'이었다고 말한다. 민족 대표 33인에는 천도교, 기독교, 불교, 세 종파의 지도자들이 모였다. 하지만 운동을 확산시킨 데는 학생층의 역할이 컸고, 운동이 두 달 이상 지속된 것은 남녀노소, 신분, 직업에 상관없이 식민지 조선인 모두의 투쟁의 결과였다. 그래서 운동 주체를 특정할 수 없다. 운동 참가자들

7) 이정은, 〈3·1운동기 학생층의 선전 활동〉, 《한국독립운동사연구》 7, 독립기념관 한국독립운동사연구소, 1993; 임경석, 〈3·1운동과 일제의 조선지배정책의 변화〉, 《일제 식민통치 연구 1: 1905~1919》, 백산서당, 1999, 215쪽.

8) 장석흥, 〈3·1운동과 국내 민족주의 계열의 독립운동─1920년대를 중심으로〉, 《한국독립운동사연구》 13, 독립기념관 한국독립운동사연구소, 1999.

이 조직된 방식에 대해 이전에는 지도부가 없는 '자연발생적' 참여라고 평가했고, 이정은은 "일제 통치의 수직성·일원성·관 일방성에 대하여 한국인들의 수평적·다원적·공동체적 대응이었다"고 정의 내린 바 있다.[9]

1918년 11월 제1차 세계대전이 종료했다. 3·1운동은 세계대전 종료 이후 국제질서가 재편되는 과정에 능동적으로 대응하여 국제사회로부터 독립을 승인받고자 한 운동이었다. 윌슨의 '민족자결주의'라고 불리는 〈14개조 공약〉이 식민지 조선에 독립을 가져다줄 것이란 확신은 없었다. 하지만 국제질서가 변화하는 상황에서 패전국 식민지에만 한정된 조치를 식민지 조선으로 확장시키기 위해 노력했다.[10] 이때 다양한 전술이 동원되었는데 파리강화회의에 대표를 파견해 우리 의사를 전달하는 방법과 식민지 조선에서 거족적 대중운동을 일으켜 세계에 독립의 의지를 알리는 방법이 그 중심을 이루었다. 후자가 바로 3·1운동이었다.[11]

앞에서도 언급했지만 3·1운동은 다양한 투쟁 방식이 동원되었다. 그러나 그중에서 가장 대표적인 운동 방식은 '비폭력'적인 만세시위였다. 민족 대표 33인이 3·1운동을 실질적으로 주도하고 지도했느냐에 대한 평가 문제와 별개로 그들이 발표한 독립선언서는 텍스트 자체로서 3·1운동 내내 강력한 영향력을 행사했다. 특히 핵심 내용인 '공약삼장(公約三章)'은 선언서 본문과 별도로 복제 및 재생산되어 전국의 시위 현장에 출몰했다.[12] 물론 전체 만세시위 중에서 3분의 1가

9)   한국역사연구회·역사문제연구소 편, 《3·1민족해방운동연구》, 청년사, 1989; 이정은, 《3·1독립운동의 지방 시위에 관한 연구》, 국학자료원, 2009, 340쪽.

10) 신용하, 〈3·1독립운동의 사회사(상)〉, 《한국학보》 30, 일지사, 1983; 임경석, 〈3·1운동 전후 한국민족주의의 변화〉, 《역사문제연구》 4, 역사문제연구소, 2000.

11) 임경석, 위의 글, 83쪽.

량은 공세적 형태를 띠기도 했다.[13] 하지만 격문들 중에서는 폭력적 행위를 자제하도록 요청하거나, 조선인인 척 가장한 일본인이 폭력을 행사하고 조선인에게 누명을 씌운다는 비판도 제기되었다.[14] 운동 상당수는 '비폭력적'으로 진행되었고 선제적인 공격보다는 시위 과정 중 공세적으로 전환된 경우가 다수였다.

이상의 내용을 요약하자면, 3·1운동은 제1차 세계대전 종료 이후 변화하는 국제질서에 능동적으로 대응하기 위해 전 민족이 자기 지역 내의 공동체 조직에 기반하여 자발적으로 나서서 '비폭력'적인 만세시위를 주요 수단으로 투쟁했던 운동이라고 규정할 수 있다.

기존 연구에서는 3·1운동의 마지막 만세시위를 별도로 확정하지 않았다. 그보다는 만세시위의 추이를 다루면서 만세시위의 시기적 범위를 언급했다. 그 입장은 크게 네 가지로 나눌 수 있다. 첫 번째는 3월 초 시작한 운동이 4월 말까지 약 60일간 지속되었다고 보는 입장이다.[15] 상당수 연구자들이 이 견해를 공유하고 있다. 1968년 국사편

---

12) 〈반도의 목탁〉 2호, 1919. 4. 9,《3·1운동 독립선언서와 격문》, 국가보훈처, 2002, 240~242쪽.

13) 박성수, 〈3·1운동에 있어서의 폭력과 비폭력〉, 동아일보사 편,《3·1운동 50주년 기념논집》, 동아일보사, 1969, 369~374쪽; 김영범, 〈3·1운동과 혁명적 민중폭력의 사상〉,《3·1운동 100년 5. 사상과 문화》, 휴머니스트, 2019 참고.

14) 〈독립신문 호외〉, 1919. 4. 3,《3·1운동 독립선언서와 격문》, 국가보훈처, 2002, 205~207쪽;〈경고문〉, 날짜 미상, 우남이승만문서편찬위원회 편,《이화장 소장 우남이승만문서 동문 편 제4권-3·1운동 관련문서 1》, 중앙일보사·연세대학교 현대한국학연구소, 1998, 64·65쪽;〈조선독립신문 특집호〉, 날짜 미상, 같은 책, 95쪽.

15) 국사편찬위원회 편,《한국독립운동사》 2권, 정음문화사, 1968, 210쪽; 김진봉, 〈3·1운동과 민중〉, 동아일보사 편, 앞의 책, 363·364쪽; 박성수, 〈3·1운동에 있어서의 폭력과 비폭력〉, 같은 책, 370쪽; 독립운동사편찬위원회 편,《독립운동사 제2권: 삼일운동사(상)》, 독립운동사편찬위원회, 1971, 80쪽; 朴慶植,《朝鮮三·一獨立運動》, 平凡社, 1976, 102·103쪽; 윤병석, 〈3·1운동사〉, 정음사, 1975, 52쪽; 김진봉,《3·1운동》, 세종대왕기념사업회, 1977, 79쪽; 이윤상·이지원·정연태, 〈3·1운동의 전개 양상과 참가 계층〉, 한국역사연구회·역사문제연구소 편, 앞의 책; 김용직, 〈사회운동으로 본 3·1운동〉,《한국정치학회보》 28-1, 1994, 60쪽; 김진호, 〈충남지방 3·1운동 연구〉, 충남대학교 박사학위논문, 2001; 국사편찬위원회 편,《신편 한국사 47권-일제의 무단통치와 3·1운동》, 2002, 340~342쪽; 이정은, 앞의 책(2009), 142~146쪽.

찬위원회에서 편찬한 《한국독립운동사》 2권의 〈각 도 운동 일람〉의 내용에 기반한 것으로, 이 운동 일람표는 현재까지 3·1운동 만세시위에 관하여 가장 잘 정리된 자료이다.[16] 두 번째는 1919년 5월 말로 보는 입장이다.[17] 신석호는 5월 말로 보는 입장에 대한 구체적인 근거를 제시하고 있지는 않지만, 이는 《한일관계사료집(韓日關係史料集)》(이하 '《사료집》')과 《한국독립운동지혈사(韓國獨立運動之血史)》(이하 '《혈사》') 등 독립운동가들의 3·1운동상에 기반해 있을 가능성이 크다.[18] 세 번째는 3·1운동의 퇴조 국면을 1919년 6월 초순까지로 파악하는 것이다.[19] 임경석은 5월 이후 만세시위 기록과 일본군의 분산 배치 방침 철회 과정, 파리강화회의의 동향이라는 세 가지 요소에 기반해 6월 10일 황해도 봉산 시위를 마지막 만세시위로 제시하고 있다. 임경석의 작업은 3·1운동의 마지막 만세시위를 비정하기 위한 구체적인 연구로서 연구사적 의의가 크다. 마지막으로, 1919년 12월 혹은 1920년 3월 3·1운동 1주년 기념시위까지 확대해서 보는 입장이다.[20]

이 네 입장은 각각의 근거와 의미가 있지만 약점이 존재한다. 첫째, 1919년 당대부터 일제 관헌 측에서 제시한 일람표를 매개로 한 것이다.[21] 이는 운동 참가자의 시선이 아닌 탄압 측의 입장을 반영한 것이다. 둘째, 그와 반대로 독립운동가 측의 견해를 중심에 두었다는

---

16) 2019년 3월에 공개될 국사편찬위원회의 3·1운동 시위 정보 데이터베이스가 공개되면 그 위상은 변경될 것이다. 본고 역시 이 데이터베이스 구축 작업의 도움을 받았다.

17) 신석호, 〈(개설) 3·1운동의 전개〉, 동아일보사 편, 앞의 책, 169쪽.

18) 신용하, 〈제7장 3·1운동 주체세력의 사회적 구조〉, 《3·1운동과 독립운동의 사회사》, 서울대학교출판부, 2001, 187쪽. 신용하는 5월 말까지의 3·1운동 관련 수치들을 다룬 박은식의 《한국독립운동지혈사》에 근거해 논지를 전개한 바 있다. 그러면서도 그는 12월 말까지 독립만세시위가 꾸준히 간헐적으로 계속되었다는 입장을 취했다.

19) 임경석, 앞의 글(1999), 222~239쪽.

20) 신용하, 앞의 글(2001), 187쪽; 山辺健太郎, 〈三·一運動について(2)〉, 《歷史學硏究》 185, 19쪽; 이현희, 《3·1운동사론》, 동방도서, 1979, 144쪽.

데 의의가 있겠으나, 당시 독립운동가들 입장에서는 정보 수집에 한계가 있어 시위 일자의 정확성을 신뢰하기는 힘들다. 셋째, 세 가지 근거를 제시한 논리성을 갖췄으나 원사료에 있는 오타를 확인하지 못하고 7월 초순에 있었던 서대문감옥 주변 시위를 6월 초순으로 잘못 파악했다.[22] 넷째, 연속적으로 이루어진 '만세시위'의 변화 양상을 분석하는 데 부족했다.

본고에서는 3·1운동의 마지막 만세시위를 비정하기 위해 임경석의 작업을 계승하면서, 당대의 독립운동가와 일제 측의 기록을 살펴 마지막 만세시위에 대한 인식을 정리하고, 1919년 5월 이후 발생했던 만세시위의 주체, 배경, 내용상의 변화를 포착해 '3·1운동의 만세시위'와 그것을 계승한 '이후의 만세시위'를 구별하고자 한다.

이러한 작업은 한국 독립운동의 방법론이 변화해온 과정을 세 시기로 구분해 파악했던 조동걸의 연구와도 연관되어 있다. 조동걸은 독립운동 초기인 1910~1919년은 "준비론의 시기"였고, 중기인 1919~1931년은 "다양한 독립운동 방략이 대두된 시기로 무장투쟁론이 급부상하여 독립전쟁과 의열투쟁이 국내외 각처에서 전개되었다"라고 파악했다.[23] 결국 '3·1운동의 마지막 만세시위'를 포착하는 것은 1919년 3·1운동 이후 준비론의 시기에서 한 걸음 나아가서 다양한 독립운동 방략이 대두되어 국내외 각처에서 독립운동이 전개된 운동의 분기점·변곡점을 확인하는 작업이 될 것이다.

---

21) 朝鮮憲兵隊司令官 兒島惣次郞, 〈騷擾事件報告臨時報 第12號 騷擾事件經過槪覽表(1919. 3. 1~1919. 4. 30)〉, 1919. 5. 10,《朝鮮騷擾事件關係書類 7冊》; 朝鮮憲兵隊司令官 兒島惣次郞, 〈朝憲警 第107號 朝鮮騷擾事件一覽表ニ關スル件〉, 1919. 10. 2,《朝鮮騷擾事件關係書類 1冊》.

22) 자세한 내용은 각주 63) 참고.

23) 조동걸,《한국독립운동의 역사 1–한국독립운동의 이념과 방략》, 한국독립운동사편찬위원회, 2007, 13·14쪽.

1. 마지막 만세시위에 대한 당대 인식

1919년 3월 1일 만세시위 발발과 동시에 3·1운동에 대한 기록이 시작되었다. 기록의 주체는 크게 셋이었다. 일제 측, 독립운동 참여자들, 동조자(sympathizer) 혹은 목격자로서 제3자의 위치에 있었던 외국인 선교사들과 기자들이 바로 그들이다.[24] 본 장에서는 일제 측과 독립운동 참여자들이 마지막 만세시위를 언제로 인식하고 있었는지를 검토해보고자 한다.

3·1운동 직후 독립운동가들이 모여들었던 중국 상하이에서는 1919년 9월에 대한민국임시정부(이하 '임시정부') 임시사료편찬회의 《사료집》, 1920년 12월에 박은식의 《혈사》, 1921년 6월에 김병조의 《한국독립운동사략 상편(韓國獨立運動史略 上編)》(이하 《사략 상편》)이 차례로 편찬되었다. 《사료집》이 급하게 편찬되기는 했으나 임시정부 주도로 이루어진 작업이어서 여기에 수록된 기록들은 《혈사》와 《사략 상편》에 상당히 영향을 주었다.[25]

만세시위에 관한 기록은 세 사서가 동일하지 않다. 우선 《사료집》에 실린 〈독립운동 일람표〉에서는 5월 27일 경상도 안의(安義) 지역의 만세시위를 마지막 시위로 기록하고 있다. 안의 시위에서 사망자 6명, 부상자 15명이 발생했다고 기록되어 있으며, 전체 참가 인원은 수가 밝혀져 있지 않아 정확한 시위 규모를 알 수는 없다. 이외에도 5월 26일 전라도 무주에서 3,500명이 만세시위를 벌였고, 부상자 21명, 피검거자 18명이 발생했다는 사실을 기록하고 있다. 《사료집》에서는 5월

---

24) 최우석, 앞의 글, 21·22쪽

25) 편찬 과정과 세 사서에 대한 상호비교는 최우석, 위의 글 참고.

에 14개 지역에서 3만 4,760명이 만세시위에 참가했다고 밝히고 있다.[26] 일람표와는 별개로 본문에서는 8월 28일 국치기념일에 서울 상인들이 철시투쟁을 전개하고 독립운동이 활발히 전개된 결과, 학생 20명이 체포되었다는 기사가 기록되어 있다. 이것이 1919년 9월에 완성된《사료집》의 마지막 만세시위 기록이다.[27]

박은식의《혈사》에 실린 〈독립운동 일람표〉에는 날짜 항목이 없어서 마지막 만세시위를 언제로 기록했는지 확인하기 힘들다.[28] 본문에서는 5월 31일 경성 종로 보신각에서 있었던 만세시위를 마지막으로 다루고 있다.[29] 이는 1919년 3월에 블라디보스토크에서 결성된 노인동맹단(老人同盟團)에서 파견한 대표 5명, 즉 이발(李發), 정치윤(鄭致允), 윤여옥(尹余玉), 차대유(車大輶), 안태순(安泰純)이 주도한 운동이었다. 이들은 독립요구서를 조선총독부에 전달하고, 5월 31일 오전 11시 반쯤 종로 보신각 앞에서 민중을 향해 연설하고 독립만세를 외쳤다. 일제 군경이 군중을 해산하려 들이닥치자 이발은 "의로써 치욕을 당하지 않겠다"며 칼로 자신의 목을 찔렀다.[30]

김병조의《사략 상편》은 앞의 두 저작에 실린 〈독립운동 일람표〉와 다른 형태로 만세시위 내용을 정리했지만, 여기서도 마찬가지로 5월

---

26) 대한민국임시정부자료집 편찬위원회 편,《대한민국임시정부자료집 7: 한일관계사료집》, 국사편찬위원회, 2005, 720~741쪽.

27) 위의 책, 613쪽.

28) 《사료집》과《혈사》의 〈독립운동 일람표〉는 기본적인 틀이 일치하나, 일람표에 적힌 수치를《사료집》은 기록된 날짜에 한 번 참가한 수치로 인식하고 있는 반면,《혈사》는 여러 번의 만세시위에 지속적으로 참가한 수치로 인식하고 있다. 이러한 상호인식의 차이에 대해서는 최우석, 앞의 글 참고.

29) 박은식은 이로부터 한참 뒤인 1920년 7월 27일 평안북도 박천군, 9월 23일 함경남도 덕원군 원산항 만세시위도 다루고 있긴 하다. 그러나 이 두 사건을 '3·1운동의 만세시위'라는 틀에서 살피기에는 개별적 판단이 더 필요하다. 원산항 만세시위는《고등경찰 관계 연표》에도 소개되어 있다. 백암박은식선생전집편찬위원회,《백암박은식전집(白巖朴殷植全集)》제2권, 동방미디어, 2002, 609쪽; 조선총독부 경무국,《고등경찰 관계 연표》, 1930, 41쪽.

말까지의 만세시위 정보를 종합해놓았다. 그런데 5월의 만세시위에 대해 33개 지역에서 총 8만 510명이 참가했다고 기록하고 있어《사료집》의 내용보다 두 배 이상으로 규모를 파악하고 있다.[31]

《사략 상편》본문에서는 5월 5일 서울 남대문 시위운동 상황, 5월 말 노인동맹단의 종로 보신각 앞 만세시위 주도, 8월 28일 서울의 국치기념일 만세시위, 10월 초순에 있었던 김화군 및 철원군 만세시위, 10월 말 경성고등보통학교 학생들의 동맹퇴학과 만세 고창, 1920년 3월 1일 배제학교 학생 주도의 3·1운동 1주년 기념 만세시위를 차례로 다루고 있다.[32]

이상의 세 저작에서 다룬 마지막 만세시위 서술에는 공통점과 차이점이 있다. 〈독립운동 일람표〉 내용에서《사료집》과《사략 상편》은 5월까지를 3·1운동의 기본 범위로 정리하고 있다.《혈사》에서는 이와 유사하게 5월 31일 종로 보신각 만세시위까지를 다루고 있다. 세 저작이 다룬 시간 범위는 다르지만 만세시위가 집중적으로 전개되었던 시점에 대한 인식을 3~5월 사이로 일정하게 공유했음을 알 수 있다.

차이점은 1919년 9월 완성된《사료집》을 제외하고《혈사》와《사략 상편》은 1919년 5월 이후 독립운동의 양상을 다루고 있다. 그 과정에서《사략 상편》은 여러 차례의 만세시위를 추가적으로 기술하며 1920년

---

30) 백암박은식선생전집편찬위원회, 앞의 책, 538쪽;《매일신보》, 1919년 6월 1일자; 朝鮮總督府 警務總監部 騷擾科,〈騷密 第4002號 獨立運動ニ關スル件(國外日報 第86號)〉, 1919. 6. 12,《不逞團關係雜件−朝鮮人ノ部−在西比利亞 八》.

31)《사료집》에서 5월 7일 1만 3,500명이 참가했다고 기록한 평안도 강계 지역의 수치가 1,350명으로 줄어들었고, 참가자 수 미상이었던 경상도 안의 지역 참가자가 3,000명으로 비정되어 나타났다.《사료집》에서 시위 일자를 기재하지 않았던 김포, 파주, 양성, 운산, 벽동, 강동, 장전, 경성, 청진, 온성, 홍원, 갑산, 금화, 순창, 강진, 해남, 진도, 거제 등지를 모두 5월 만세시위 지역으로 파악하고 있다. 김병조,《한국독립운동사략 상편》, 선언사, 1922, 167·168쪽.

32) 위의 책, 167·168쪽.

3월까지 지속된 만세시위의 양상을 보여주고 있다. 반면에《혈사》는 1919년 5월 이후로는 만세시위를 더 다루지 않고 독립운동의 단계적 변화에 대한 견해를 밝히고 있다.

박은식은《혈사》하편 '제25장 대한광복군의 맹렬행동'에서 독립운동의 제1보는 평화적이고 온건했지만 제2보는 맹렬한 형태로 나아갔다고 규정하고 있다. 그는 3·1운동이 시작되자 "시골에 숨어 있던 우리 의사들이 다시 활동을 개시하였다"고 표현했다.《혈사》에 따르면, 1919년 8월 갑산과 혜산에서 독립군의 전투가 있었고 12월에는 홍범도, 박경철, 이병채 등이 포고문을 냈다. 이러한 운동 양상의 변화는 질서를 존중해 평화적인 방법으로 독립을 쟁취하려 했으나 일제 측에서 조선인을 학살하자 그에 대한 대응으로 이루어진 것이라고 박은식은 평가했다. 이후 군정서, 군민회, 대한청년연합회, 대한독립단, 대한광복군 등 독립운동단체가 결사대를 조직해 도처에서 봉기했다. 박은식은 제25장 이후 서술에서 주로 1920년 3월 이후 각종 단체의 무장투쟁 및 의열투쟁 양상을 기술하고 있고,《혈사》의 마지막을 간도참변과 봉오동, 청산리 전투로 끝마쳤다.[33] 박은식이 서술한 독립운동의 변화 양상은 '3·1운동의 만세시위'가 1919년 8월 이후 다음 단계로 변화해나간 시점을 포착할 수 있는 중요한 단서다.

한편, 일제는 조선총독부 기관지였던《매일신보》에 3월 7일 이후 시위운동 기사를 보도했다. 3월 8일부터는 3면에〈그 후의 소요〉라는 고정란을 신설했고, 3월 10일부터는〈소요사건의 후보(後報)〉라는 제목으로 변경했다. 시위 소식은 3월 29일까지 줄곧 3면 사회면 머리기사로 다루어졌다. 그러다 4월 하순에 이르러 3·1운동 기사가 현저히

---

33) 백암박은식선생전집편찬위원회, 앞의 책, 615~618·636~645·651~653쪽.

줄어들기 시작했고, 4월 24일자부터는 아예 고정란이 없어졌다. 이는 만세시위운동의 기세가 수그러들었던 영향도 있지만 조선인에게서 3·1운동에 대한 관심을 떼어놓으려는 의도에서 보도 지면을 없앤 것이다.[34]

4월 중순을 넘어서면서 3·1운동이 침체되었다는 시각은 일제 관헌 측의 일관된 입장이었다. 이러한 시각은 각종 통계표와 일람표에 구체적으로 반영되었다. 일본 육군성이 편철한《조선 소요사건 관계 서류》에 포함되어 있는 문서들은 조선군사령부, 조선군참모부, 조선헌병대사령부 등 작성 주체에 따라 각기 다른 형식으로 다양한 내용을 담고 있다.[35]

조선군사령부에서 보고한 전보를 모아 일본 육군 차관이 정리한 〈조선에서 독립운동에 관한 건〉이라는 문건에서는 '독립운동을 위한 조선인 불온행동에 관한 상황(独立運動ノ為朝鮮人不穏ノ行動ニ関スル状況)'이라는 제목으로 만세시위 양상을 표로 정리했다.[36] 이 표는 1919년 4월 24일까지의 상황을 보고했는데, 마지막으로 4월 22일 황해도 한 곳에서 100명가량이 만세시위를 벌였다고 기록하고 있다.[37]

조선군참모부 역시 〈소요사건에 관한 상황(騷擾事件ニ関スル状況)〉

---

34) 임경석, 〈3·1운동기 친일의 논리와 심리〉, 《역사와 현실》 69, 한국역사연구회, 2008, 51·52쪽.

35) 이에 관해서는 최우석, 〈3·1운동을 읽는 통로, 새롭게 살펴보는 〈조선 소요사건 관계 서류〉〉, 《역사의 창》 43, 국사편찬위원회, 2016 참고.

36) 日本陸軍次官, 〈陸密 第72號 朝鮮ニ於ケル獨立運動ニ関スル件〉, 1919. 3. 3, 《朝鮮騷擾事件關係書類 1冊》; 日本陸軍次官, 〈陸密 第82號 朝鮮ニ於ケル獨立運動ニ関スル件〉, 1919. 3. 14, 《朝鮮騷擾事件關係書類 1冊》; 日本陸軍次官, 〈陸密 第86號 朝鮮ニ於ケル獨立運動ニ関スル件〉, 1919. 3. 24, 《朝鮮騷擾事件關係書類 1冊》; 日本陸軍次官, 〈陸密 第98號 朝鮮ニ於ケル獨立運動ニ関スル件〉, 1919. 4. 4, 《朝鮮騷擾事件關係書類 1冊》; 日本陸軍次官, 〈陸密 第119號 朝鮮ニ於ケル獨立運動ニ関スル件〉, 1919. 4. 6, 《朝鮮騷擾事件關係書類 1冊》; 日本陸軍次官, 〈陸密 第136號 朝鮮ニ於ケル獨立運動ニ関スル件〉, 1919. 4. 16, 《朝鮮騷擾事件關係書類 1冊》; 日本陸軍次官, 〈陸密 第154號 朝鮮ニ於ケル獨立運動ニ関スル件〉, 1919. 4. 28, 《朝鮮騷擾事件關係書類 1冊》.

이라는 보고 문건에서 만세시위 상황을 표로 정리했다.[38] 1919년 4월 30일까지의 상황을 보고한 이 문건에서는 마지막으로 4월 29일 경남 창원군 사파정(沙巴丁)에서 약 40명이 만세시위를 했다고 기록하고 있다.[39]

한편, 조선헌병대사령부 및 조선총독부 경무총감부에서는 네 차례에 걸쳐서 경과 개람표와 일람표를 만들었다.[40] 이 표들은 앞의 일본 육군 차관과 조선군참모부에서 작성한 것보다 훨씬 정돈된 형식으로 중요한 만세시위 대다수를 포괄한 것으로 평가된다.[41] 하지만 동일 주체가 표를 작성했음에도 불구하고 개람표와 일람표의 만세시위 양상에 대한 인식의 차이가 있다.

개람표에서는 4월 27일 경남 합천군 반포리, 4월 28일 경북 달성군 공산면, 4월 29일 경남 창원과 함북 무산군 무산읍을 언급한 데 비해,

---

37) 日本陸軍次官, 〈陸密 第154號 朝鮮ニ於ケル獨立運動ニ関スル件〉, 1919. 4. 28,《朝鮮騷擾事件關係書類 1冊》.

38) 朝鮮軍參謀部, 〈朝特報 8號 騷擾事件ニ関スル狀況(3月 16日~3月 25日)〉, 1919. 3. 21,《朝鮮騷擾事件關係書類 4冊》; 朝鮮軍參謀部, 〈朝特報 9號 騷擾事件ニ関スル狀況(3月 26日~4月 5日)〉, 1919. 4. 7,《朝鮮騷擾事件關係書類 7冊》; 朝鮮軍參謀部, 〈朝特報 10號 騷擾事件ニ関スル狀況(4月 6日~4月 15日)〉, 1919. 4. 16,《朝鮮騷擾事件關係書類 7冊》; 朝鮮軍參謀部, 〈朝特報 12號 騷擾事件ニ関スル狀況(4月 16日~4月 30日)〉, 1919. 5. 1,《朝鮮騷擾事件關係書類 7冊》.

39) 朝鮮軍參謀部, 〈朝特報 12號 騷擾事件ニ関スル狀況(4月 16日~4月 30日)〉, 1919. 5. 1,《朝鮮騷擾事件關係書類 4冊》.

40) 朝鮮憲兵隊司令部·朝鮮總督府 警務總監部, 〈自大正 8年 3月 1日 至 3月 31日 朝鮮騷擾事件經過槪覽表〉, 1919. 4. 22,《朝鮮騷擾事件關係書類 7冊》; 朝鮮憲兵隊司令部·朝鮮總督府 警務總監部, 〈自大正 8年 4月 1日 至 4月 10日 朝鮮騷擾事件經過槪覽表〉, 1919. 4. 25,《朝鮮騷擾事件關係書類 7冊》; 朝鮮憲兵隊司令部·朝鮮總督府 警務總監部, 〈騷擾事件報告 臨時報 第12 自大正 8年 3月 1日 至 4月 30日 朝鮮騷擾事件經過槪覽表〉, 1919. 5. 10,《朝鮮騷擾事件關係書類 7冊》; 朝鮮憲兵隊司令官 兒島惣次郎, 〈朝憲警 第107號 朝鮮騷擾事件一覽表ニ関スル件〉, 1919. 10. 2,《朝鮮騷擾事件關係書類 1冊》. 임경석은 〈조선 소요사건 일람표〉가 6월 20일 이전에 작성된 것으로 추정하고 있다. 이 추정은 지극히 타당하다. 임경석, 앞의 글(1999), 219·220쪽, 각주 9) 참고.

41) 국사편찬위원회 편, 앞의 책(1968), 287쪽; 독립운동사편찬위원회 편, 앞의 책(1971), 81·82쪽; 임경석, 위의 글, 217쪽.

날짜	조선 소요사건 경과 개람표*	조선 소요사건 일람표**
1919. 4. 26.		경남 창원군 구산면 내포리: 미연 방지 경북 달성군 공산면: 미연 방지 함북 무산군 무산읍(2회): 미연 방지
1919. 4. 27.	경남 합천군 반포리: 10명	경기 파주군 와석면(2회): 500명
1919. 4. 28.	경북 달성군 공산면: 8명	
1919. 4. 29.	경남 창원: 40명 함북 무산: 독립운동 계획 중 방지	
1919. 4. 30.		평북 영변군 태평면 관하동: 미연 방지

※ 출전: * 朝鮮憲兵隊司令官 兒島惣次郎,〈騷擾事件報告臨時報 第12號 騷擾事件經過槪覽表
(1919. 3. 1~1919. 4. 30)〉, 1919. 5. 10,《朝鮮騷擾事件關係書類 7冊》.
** 朝鮮憲兵隊司令官 兒島惣次郎,〈朝憲警 第107號 朝鮮騷擾事件一覽表ニ関スル件〉,
1919. 10. 2,《朝鮮騷擾事件關係書類 1冊》.

표 1. 경과 개람표와 일람표의 마지막 만세시위 비교

일람표에서는 4월 26일 경남 창원군 구산면 내포리, 경북 달성군 공
산면, 함북 무산군 무산읍, 4월 27일 경기 파주군 와석면, 4월 30일 평
북 영변군 태평면 관하동을 언급했다. 개람표에 등장했던 합천군 시
위는 사라지고, 4월 28일과 29일에 있었던 달성군, 창원군, 무산군의
시위가 모두 4월 26일 있었던 운동으로 보정되었고, 파주군과 영변군
의 운동이 새롭게 확인되었다. 이는 5월 10일 작성된 조선 소요사건
개람표에 틀린 점이 있어 그것을 정확히 조사해 다시 표를 작성한 것
이다.[42] 최종적으로 조선헌병대사령부 및 조선총독부 경무총감부에
서 확인한 마지막 만세시위는 4월 27일 경기 파주군 와석면의 시위
였다.[43] 4월 30일 영변군에서의 운동은 미연에 방지했다고 기록했기

---

42) 朝鮮憲兵隊司令官 兒島惣次郎,〈朝憲警 第107號 朝鮮騷擾事件一覽表ニ関スル件〉, 1919. 10.
2,《朝鮮騷擾事件關係書類 1冊》.

때문에 만세시위 여부를 판단하기 어렵다.

이상의 표에서 알 수 있듯이 문건 작성 주체에 따라서 취급한 시위 범위가 다르거나 계속적인 보정 작업이 수반되고 있었다. 그러면서도 공통적으로 4월 말까지만 만세시위 범위로 취급하고 있다. 하지만 이러한 신문 보도 및 각종 통계표는 사실의 반영임과 동시에 통치의 입장에서 보여주고자 하는 지표를 만드는 작업이었다.

일본 육군성에서 1919년 9월에 펴낸 《조선소요 경과 개요》에서는 4월 초순에 임시파견대대 6개 대대와 보조헌병의 파견이 만세시위를 급격히 감소시킨 활동이었다고 자평했다. 그러면서 4월 23일 이후에 대부분 자취를 감추어버렸다고 평가하고, 5월 이후에는 1, 2개소를 제외하고는 '소요'라고 부를 만한 상황이 없었다고 기술했다.[44]

이같이 공표용 자료와 3·1운동에 대해 정리한 보고서 및 통계표에서는 만세시위의 소멸 시점을 4월 말, 5월 초순으로 한정하는 시각이 역력하다. 하지만 과연 1919년 당시에 일제 측에서 감지했던 운동의 상황이 그러했을까? 이들이 실질적으로 3·1운동의 국면 전환을 인식하고 대응했던 양상을 좀 더 구조적이고 다각적으로 파헤쳐보고자 한다.

이를 위해 첫 번째로 주목할 것은 조선총독부 경무총감부에서 한시적으로 설치했던 '소요과'의 운영 기간이다.

경무총감부에서는 이번 소요사건에 관한 각 사무의 민활과 통일을

---

43)   그러나 이 기록에는 결정적 문제가 있다. 4월 27일 파주군 와석면 시위는 다른 자료들에서 확인되지 않으며, 이는 일람표에 누락된 3월 27일 와석면 시위를 잘못 기록했을 가능성이 있다. 朝鮮總督府 警務總監部 高等警察課, 〈高第9146號 獨立運動ニ關スル件(第29報)〉, 1919. 3. 28, 《朝鮮騷擾事件關係書類 7冊》.

44)   日本陸軍省, 《朝鮮騷擾經過槪要》, 1919. 9, 16·19쪽.

도모키 위하여 고등경찰, 위생, 회계 등의 모든 과에서 부원 약간 명씩을 내어서 이곳을 4반에 나누어 1분과를 조직하고 상무 이외에 전혀 소요사건에 관한 사무 처리하기로 되어 15일부터 실시하였다더라.[45]

1919년 4월 17일자《매일신보》에 실린 짧은 기사에 따르면, 4월 15일 경무총감부 내에 만세시위를 전담할 '소요과'라는 임시부서가 설치되었다. 소요과에 대한 정보는 이 신문 보도가 전부이기 때문에 상세한 내용을 알기 힘드나, 경무총감부 내 3·1운동 대응 업무를 통일시켰던 것으로 보인다.

소요과를 언제까지 유지했는지는 경무총감부에서 3·1운동의 국면을 어떻게 파악하고 대응했는지 알 수 있는 중요한 척도이다. 자료상에서 직접적으로 소요과의 실체가 확인되지 않지만《조선 소요사건 관계 서류》와 강덕상 편,《현대사자료》에 실린 보고 문서들의 문서번호상에서 소요과 운영의 추이를 확인할 수 있다.

1910년대 경무총감부와 조선헌병대사령부는 1인이 경무총감과 헌병대사령관을 겸직해 하나의 머리에 두 개의 몸통을 지닌 형상이었다. 그래서 양자가 단일하게 작동했다고 생각하기 쉬우나 실제로는 각각 개별적으로 작동했다. 1919년 3월부터 4월 13일까지 경무총감부 고등경찰과에서 발신한 '高'와 조선헌병대사령부에서 발신한 '朝憲機'라는 기관기호가 표시된 두 종류의 문서가 있다. 이때 문서명은 '독립운동에 관한 건'으로 동일했지만, 경무총감부 고등경찰과는 국내 문제를, 조선헌병대사령부는 국외 문제를 취급했다. 이는 경무총감부와 조선헌병대사령부가 국내와 국외로 분업해서 각각 보고했음을 알려준

---

45) 〈소요전무처리(騷擾專務處理)-총감부에 소요과〉,《매일신보》, 1919년 4월 17일자.

다. 그런데 두 종류의 문서가 1919년 4월 14일부로 '소요기밀'을 뜻하
는 '騷密'이란 명칭으로 바뀌어 통합되었다. 이는 1919년 4월 15일 경
무총감부에 소요과가 설치되어 업무를 일원화한 상황과 일치한다.[46]

'독립운동에 관한 건' 국내 편은 4월 13일의 제46보까지 '高'란 기
관기호를 사용했고, 국외 편은 4월 13일 제30호까지 '朝憲機'라는 기
관기호를 사용했다. 이후 국외 편 제31호부터 1919년 8월 8일 제116
호까지는 '騷密'이란 명칭이었다가 8월 13일 제118호부터 '朝憲機'로
복귀했다.[47] 국내 편 보고 문건의 '騷密'이란 명칭이 언제, 몇 호까지
사용되었는지는 확실치 않다. 현재 변화가 확인되는 문건은 1919년 8
월 11일 '高'란 기관기호가 붙은 '소요 선동자 검거의 건'이다. 그리고
8월 31일 조선총독부 경무국 고등경찰과의 문건에 '高警'이란 기관기
호가 새롭게 등장하면서 이후 국내외 독립운동 상황을 경무국 고등
경찰과에서 일원화해 취급했음을 알 수 있다.[48]

이상의 기관기호 변화는 3·1운동에 대응하는 경무총감부 내 조직
구성의 변화와 맞물려 있다. 조선총독부 경무총감부 산하 소요과는 4
월 15일 설치되어 8월 초반까지 유지된 것으로 보인다. 그리고 헌병
경찰제도 폐지로 8월 19일 경무총감부가 경무국으로 재편되면서 소
요과는 사라졌다.[49] 3·1운동에 대응하기 위해 신설한 소요과의 운영
은 4월을 훨씬 지난 8월 초까지 지속되었던 것이다.

---

46) 이후 고등경찰과의 '高'는 나타나지 않지만 '조선헌병기밀'을 나타내는 '朝憲機'는 유지되고
    있다. 그러나 그것도 개별 단위 정보 보고에만 한정되며, 국외의 정보를 통합해서 보고하는
    '독립운동에 관한 건(국외)'은 모두 '騷密'로 취급되었다.
47) 姜德相 編,《現代史資料(26): 朝鮮(二) 三·一運動(二)》, みすず書房, 1967, 256〜264쪽. '독립
    운동에 관한 건' 국외 편 제117호는 문서번호가 사라져 '소밀(騷密)'인지 '조헌기(朝憲機)'인
    지 알 수 없다.
48) 姜德相 編,《現代史資料(25): 朝鮮(一) 三·一運動(一)》, みすず書房, 1966, 501〜505쪽.
49) 《朝鮮總督府官報》, 1919. 8. 20.

두 번째는 보고 문건의 시간 범위와 형태이다. 여기서는 조선군참모부에서 3·1운동에 관해 주기적으로 정리해서 보고했던 〈소요사건에 관한 상황〉과 〈선 내외 일반 상황(鮮內外一般狀況)〉이라는 제목의 문건을 살펴보겠다. 조선군참모부에서는 1919년 3월부터 1920년 4월까지 총 20건의 보고서를 작성했다. 이 문건들의 제목과 보고 양상을 통해 조선군참모부의 현실 인식을 추론해볼 수 있다.

여기서 주목할 점은 두 가지다. 우선 보고 문서의 제목을 보면, 기존의 〈소요사건에 관한 상황〉이라는 문서 제목이 1919년 6월부터 〈선 내외 일반 상황〉이라는 제목으로 변경되었다. '소요사건'이란 표현을 없앴다. 그리고 처음 보고를 시작했던 3~4월에는 명확한 체계가 없어 5~15일 간격으로 보고가 들쑥날쑥했으나 5월부터는 10일 간격으로 고정되었다. 6~7월은 20일, 8월 이후에는 한 달 간격으로 보고 기간이 변경되어 1920년 4월까지 지속되었다. 이러한 변화는 만세시위 확대에 따른 긴박성이 6~7월을 지나면서 점차 해소되어 조선군참모부의 대응이 여유로워졌음을 보여준다. 보고 시점의 변화도 이에 조응한다. 4~6월은 보고 시점이 사건 발생 1~3일 이내에 대부분 이루어졌는 데 반해, 7월 이후에는 5~10일 정도의 시간이 걸렸다.

세 번째는 3·1운동을 진압하는 데 큰 영향을 미쳤던 군대의 분산 배치가 정리되는 과정이다. 이를 통해 3·1운동 이후 식민지 조선 내부 정세가 확실히 안정되었다고 일본군 측에서 판단한 시점을 파악할 수 있다.

1919년 3월 12일 만세시위가 지속되자 조선군사령관 우쓰노미야 다로(宇都宮太郎)는 조선 주둔 일본군의 '분산 배치'를 지시했다.[50] 기

---

50) 朝鮮軍司令官 宇都宮太郎, 〈朝參密 第265號 騷擾事件ニ付軍隊分散配置ニ關スル件〉, 1919. 3. 12, 《朝鮮騷擾事件關係書類 1冊》.

번호	문건 번호	제목	보고 기간	보고 날짜	수록 문서철
1	조특보(朝特報) 제7호	소요사건에 관한 상황	1919. 3. 11~ 1919. 3. 15	1919. 3. 17.	《조선 소요사건 관계 서류 7책(册)》 (이하 '책'만 표시)
2	조특보 제8호	소요사건에 관한 상황	1919. 3. 16~ 1919. 3. 25	1919. 3. 31.	《4책》
3	조특보 제9호	소요사건에 관한 상황	1919. 3. 26~ 1919. 4. 5	1919. 4. 7.	《7책》
4	조특보 제10호	소요사건에 관한 상황	1919. 4. 6~ 1919. 4. 15	1919. 4. 16.	《7책》
5	조특보 제12호	소요사건에 관한 상황	1919. 4. 16~ 1919. 4. 30	1919. 5. 1.	《7책》
6	조특보 제13호	소요사건에 관한 상황	1919. 5. 1~ 1919. 5. 10	1919. 5. 13.	《4책》
7	미상	소요사건에 관한 상황	1919. 5. 11~ 1919. 5. 20	미상	누락. 현재 없음
8	조특보 제16호	소요사건에 관한 상황	1919. 5. 21~ 1919. 5. 31	1919. 6. 2.	《4책》
9	조특보 제22호	선 내외 일반 상황	1919. 6. 1~ 1919. 6. 20	1919. 6. 21.	《4책》
10	조특보 제27호	선 내외 일반 상황	1919. 6. 21~ 1919. 7. 10	1919. 7. 15.	《4책》
11	조특보 제32호	선 내외 일반 상황	1919. 7. 11~ 1919. 7. 31	1919. 8. 5.	《4책》
12	조특보 제41호	선 내외 일반 상황	1919. 8. 1~ 1919. 8. 31	1919. 9. 6.	《4책》
13	조특보 제57호	선 내외 일반 상황	1919. 9. 1~ 1919. 9. 30	1919. 10. 9.	《4책》
14	조특보 제73호	선 내외 일반 상황	1919. 10. 1~ 1919. 10. 31	1919. 11. 8.	《4책》
15	조특보 제79호	선 내외 일반 상황	1919. 11. 1~ 1919. 11. 30	1919. 12. 3.	《5책》
16	조특보 제2호	선 내외 일반 상황	1919. 12. 1~ 1919. 12. 31	1920. 1. 10.	《5책》
17	조특보 제8호	선 내외 일반 상황	1920. 1. 1~ 1920. 1. 31	1920. 2. 5.	《5책》
18	조특보 제13호	선 내외 일반 상황	1920. 2. 1~ 1920. 2. 29	1920. 3. 6.	《5책》
19	조특보 제21호	선 내외 일반 상황	1920. 3. 1~ 1920. 3. 31	1920. 4. 5.	《6책》
20	조특보 제26호	선 내외 일반 상황	1920. 4. 1~ 1920. 4. 30	1920. 5. 13.	《6책》

표 2. 조선군참모부 보고 문서의 변화 양상

존에 있었던 중대 이상의 부대 배치 지역 이외에 성진·북청·원산·춘천·공주·안동·충주·익산·송정리·진주 등 10개 지역에 각각 보병 1개 중대를 배치했고, 만세시위가 격렬했던 평안도와 황해도는 제19사단장이 보병 제39여단을 상황에 따라 배치하도록 했다.[51] 분산 배치 부대 수는 3월 20일 전후로는 전국 86곳, 4월 1일 전후로는 160곳까지 늘어났다.[52]

일본군의 '분산 배치'에도 불구하고 만세시위의 기세는 사그라들지 않았다. 이에 일제는 4월 4일 추가 출병을 결정했고, 일본 본토에서 6개 임시파견 보병대대 약 4,200명의 병사와 헌병 65명, 헌병보조요원 보병 약 350명을 파견했다. 4월 10일 부산에 상륙하기 시작해서 4월 22일까지 500여 곳에 분산 배치되었다. 추가 출병한 병력이 탄압에 직접적으로 개입하지는 않았지만 만세시위가 급감하는 데 일정한 영향을 미쳤던 것으로 보인다.[53]

6월이 되자 일본군의 분산 배치는 서서히 철회되었다. 하사·상등병을 책임자로 하는 소분견대에 대한 철수 명령이 6월 10일 내려졌다. 장교 지휘하의 소대급 규모로 분산 배치를 재편한 것이었다. 8월 초 280여 곳에 분산 배치되어 있던 일본군은 8월 21일 중대 단위 집결 명령으로 분산 배치 주둔지를 더욱 축소했다. 이 같은 조치에서 분산 배치 개념 자체가 취소된 것은 아니었다.[54] 하지만 이로써 더는 '전국적·거족적 만세시위'에 대한 대응이 필요하지 않은 상황으로 식

---

51) 이양희, 〈일본군의 3·1운동 탄압과 조선 통치 방안-《조선 소요사건 관계 서류》를 중심으로〉, 《한국근현대사연구》 65, 한국근현대사학회, 108쪽.

52) 위의 글, 110쪽; 임경석, 앞의 글(1999), 230쪽; 朝鮮軍參謀部, 〈朝特報 9號 騷擾事件ニ関スル狀況(3月 26日~4月 5日)〉, 1919. 4. 7, 《朝鮮騷擾事件關係書類 7冊》.

53) 임경석, 위의 글, 235·241쪽; 이양희, 앞의 글, 114~119쪽.

54) 임경석, 위의 글, 246·247쪽.

민지 조선 내부의 상황이 정리되어갔음을 알 수 있다.

마지막으로, 조선총독부 법무국 조사 결과에서 나타나는 1919년 검거된 인원수에 대한 검토다. 이 수치는 현재 〈망동사건 처분표(妄動事件處分表)〉와 〈조선의 독립사상과 운동(朝鮮の獨立思想及運動)〉에서 확인할 수 있는데, 이 자료에 나타나는 수치가 4월까지만 동일하고 그 이후는 차이가 있다. 이는 두 자료의 집계 방식이 다르기 때문이다. 〈망동사건 처분표〉는 검사국에서 수리한 '피고인의 범죄 시점'에 따라 검거 인원을 월별로 분류한 것인 데 비해, 〈조선의 독립사상과 운동〉은 월별로 검사의 수사 인원을 집계한 것이다.[55]

〈망동사건 처분표〉의 수치는 4월 중순 이후 급감해서 5월부터는 사실상 운동이 침체되었다고 볼 수 있으나, 몇 년 뒤에 작성된 〈조선의 독립사상과 운동〉의 수치는 6~8월까지도 일정하게 유지되고 있다. 이러한 추이를 두고 3월에 운동이 가장 성황을 이루었고 4~6월은 그 타성에 의해 계속되었으며, 점차 열기가 식어 7~9월에는 거의 종식된 것 같았고 10월 이후에는 한가해졌다고 평가했다.[56]

일제는 4월에 이미 만세시위가 종식되고 3·1운동이 끝났다는 입장을 정립하고자 했으나 그들이 운동에 대응한 양상은 5월 이후에도 짧게는 6월, 길게는 8~9월까지도 3·1운동의 여파가 지속되고 있었음을 보여준다. 그렇다면 이러한 대응 양상에 맞물려 만세시위가 실질적으로 5월 이후 어떤 변화 양상을 띠었는지 다음 장에서 살펴보겠다.

---

55) 두 수치가 4월까지는 동일하고 그 이후에는 급격한 차이를 보이는데, 그 이유는 불명확하다. 월별 인원 집계 방식이 달라서 차이가 발생한 것으로 추정되나, 이 경우에도 4월까지 동일한 수치인 이유는 설명하기 어렵다.

56) 朝鮮總督府 官房庶務部 調査課, 《調査資料第十輯 朝鮮の獨立思想及運動》, 朝鮮總督府, 1924. 12, 112쪽.

월		〈망동사건 처분표〉*		〈조선의 독립사상과 운동〉**
3월	상순	4,358	12,522	12,522
	중순	4,239		
	하순	3,925		
4월	상순	4,443	5,357	5,357
	중순	687		
	하순	227		
5월	상순	138	257	4,763
	중순	92		
	하순	27		
6월		203		1,202***
7월		173		569
8월		137		562
9월		168		240
10월		129		258
11월		37		415
12월		71		455
총계		19,054		26,343****

(단위: 명)

※ 출전: * 朝鮮總督府 法務局,《妄動事件處分表》, 朝鮮總督府 法務局, 1920. 1, 72·73쪽.

** 朝鮮總督府 官房庶務部 調査課,《調査資料 第十輯 朝鮮の獨立思想及運動》, 朝鮮總督府, 1924. 12, 112쪽.

*** 〈망동사건 처분표〉의 '二○三'을 '一一○二'로 잘못 읽었을 가능성이 있다.

**** 〈조선의 독립사상과 운동〉, 112쪽에 기재된 인원수 합계는 19,489명으로 되어 있으나 직접 가산해본 결과 26,343명이었다. 이 정도 차이는 숫자의 오기로 인한 오류라고 보기 어렵다.

표 3. 조선총독부 법무국 조사 1919년 검거 인원수

2. 1919년 5월 이후의 만세시위 검토

〈표 4〉는 일제 관헌 측 각종 보고 문건에서 5월 이후 확인되는 만세시위 관련 기록들을 정리한 것이다. 일제 측이 주장하듯이, 1919년 4월 이후 만세시위는 급감했고 산발적이고 개별적 사례로만 나타나는 것으로 보인다. 하지만 그중에서도 1919년 하반기의 만세시위에

날짜	지역	참가자 수
5월 7일	경상북도 청도군 매전면 구촌동(龜村洞)[57] 경상북도 청도군 대성면 유천시장(楡川市場)[58]	수십 명 300명
5월 9일	강원도 양양군 양양면[59]	37명
5월 31일	경성부 종로 2정목 보신각 앞[60]	5명
6월 10일	황해도 봉산군 사국리(射局里)[61]	200명
7월 1일 오전 2시	경성부 독립문[62]	소수
7월 1일 오후 7시 50분	경성부 현저동 서대문감옥[63]	미상
7월 1일 오후 8시 30분	경성부 종로통[64]	약 30명
7월 2일 오전 9시	경성부 죽첨정 2정목 서대문감옥 출장소[65]	미상
7월 11일	경성부 현저동 서북고지(西北高地) 안산(鞍山)[66]	6~7명
8월 7일	경성부 현저동 동고지대(東高地帶) 인왕산(仁旺山)[67]	여러 명
10월 31일~11월 3일	평안남도 평양부[68]	20~30명
11월 14일	황해도 재령군 재령면[69]	약 30명
11월 27일	경성부 광화문 광장[70]	사전 검거
11월 28일	경성부 안국동 도로광장[71]	약 200명
12월 12일	황해도 연백군 은천면 백천야소학교[72]	약 15명

표 4. 1919년 5월 이후 만세시위에 관한 일제 관헌의 기록

는 세 가지 특징이 나타나는데, 이는 독립운동의 방식이 변화하는 것
과 밀접한 관련이 있다.

첫 번째 특징은 1919년 8월 이후 만세시위를 비롯해 동맹철시나 동

---

57) 朝鮮軍參謀部,〈朝特報 第13號 騷擾事件二關スル狀況(5月 1日~5月 10日)〉, 1919. 5. 13,《朝
鮮騷擾事件關係書類 4冊》.

58) 朝鮮軍參謀部,〈朝特報 第13號 騷擾事件二關スル狀況(5月 1日~5月 10日)〉, 1919. 5. 13,《朝
鮮騷擾事件關係書類 4冊》.

59) 朝鮮軍司令官,〈朝特 133號 電報〉, 1919. 5. 11,《朝鮮騷擾事件關係書類 1冊》; 朝鮮軍參謀部,
〈朝特報 第13號 騷擾事件二關スル狀況(5月 1日~5月 10日)〉, 1919. 5. 13,《朝鮮騷擾事件關係
書類 4冊》; 江原道長官,〈江秘 第737號 騷擾事件二關スル件報告〉, 1919. 5. 14,《大正 8年 騷擾
事件二關スル道長官報告綴 七冊ノ內五》.

60) 朝鮮軍司令官,〈朝特 56號 電報〉, 1919. 5. 31,《朝鮮騷擾事件關係書類 1冊》; 朝鮮軍司令官,〈朝
特 158號 電報〉, 1919. 6. 2,《朝鮮騷擾事件關係書類 1冊》;《매일신보》, 1919년 6월 1일자.

61) 朝鮮軍參謀部,〈朝特報 第22號 鮮內外一般狀況(6月 1日~6月 20日)〉, 1919. 6. 21,《朝鮮騷擾
事件關係書類 4冊》. 황해도 봉산군에는 '사국리(射局里)'라는 지명이 없다. 음가가 비슷한 지
명으로 '좌곡리(左曲里)'라고 추정하는 견해도 있으나 위치 확인이 필요하다.

62) 朝鮮軍司令官,〈朝特 190號 電報〉, 1919. 7. 1,《朝鮮騷擾事件關係書類 1冊》; 朝鮮軍參謀部,〈朝
特報 第27號 鮮內外一般狀況(6月 21日~7月 10日)〉, 1919. 7. 15,《朝鮮騷擾事件關係書類 4冊》.
이 시위는 6월 30일인지, 7월 1일인지 불명확하다. 밤 2시라고 기록되어 있으며, 7월 1일 오후
의 시위를 '동일(同日)'로 처리하고 있어 6월 30일에서 7월 1일로 넘어가던 새벽 2시로 추정
했다.

63) 朝鮮軍司令官,〈朝特 191號 電報〉, 1919. 6. 2,《朝鮮騷擾事件關係書類 1冊》; 朝鮮軍參謀部,〈朝
特報 第27號 鮮內外一般狀況(6月 21日~7月 10日)〉, 1919. 7. 15,《朝鮮騷擾事件關係書類 4冊》.
원사료에는 발신 일자를 1919년 6월 2일로 적고 있다. 이로 인해 김정명 편,《조선독립운동 1:
민족주의운동 편》(하라서방, 1967)에는 6월 2일자로 본 자료가 수록되었고, 임경석은 원자료
의 오기로 인해 1919년 7월 1일 있었던 만세시위를 6월 2일에 있었던 것으로 잘못 파악했다.
임경석, 앞의 글(1999), 244쪽.

64) 朝鮮軍司令官,〈朝特 191號 電報〉, 1919. 6. 2,《朝鮮騷擾事件關係書類 1冊》; 朝鮮軍參謀部,〈朝
特報 第27號 鮮內外一般狀況(6月 21日~7月 10日)〉, 1919. 7. 15,《朝鮮騷擾事件關係書類 4冊》.

65) 朝鮮軍司令官,〈朝特 193號 電報〉, 1919. 7. 3,《朝鮮騷擾事件關係書類 1冊》; 朝鮮軍參謀部,〈朝
特報 第27號 鮮內外一般狀況(6月 21日~7月 10日)〉, 1919. 7. 15,《朝鮮騷擾事件關係書類 4冊》.

66) 朝鮮軍司令官,〈朝督 199號 電報〉, 1919. 7. 15,《朝鮮騷擾事件關係書類 1冊》; 朝鮮軍參謀部,
〈朝特報 第32號 鮮內外一般狀況(7月 11日~7月 31日)〉, 1919. 8. 5,《朝鮮騷擾事件關係書類 4
冊》; 朝鮮軍司令部,〈朝參密 第718號 騷擾事件二関スル情報(第39號)〉, 1919. 7. 18,《朝鮮騷擾
事件關係書類 4冊》.

67) 朝鮮軍參謀部,〈朝特報 第35號 鮮內民心一般ノ趨向二就テ〉, 1919. 8. 18,《朝鮮騷擾事件關係
書類 4冊》; 朝鮮軍參謀部,〈朝特報 第50號 鮮內民心一般ノ趨向二就テ(第貳號)〉, 1919. 9. 20,
《朝鮮騷擾事件關係書類 4冊》.

맹휴교 같은 투쟁 방식들이 간헐적으로 등장했는데, 그 대부분은 특정 시기에 대응하는 성격을 띠었다. 1919년 8월 29일 경성의 동맹철시는 1910년 국치일에 대한 대응이었으며,[73] 1919년 10월 1일에도 경성에서 조선총독부 시정기념일을 거부하는 동맹철시가 이루어졌다.[74] 그리고 10월 31일부터 11월 3일까지 평양에서 학생들 중심으로 전개되었던 만세시위는 10월 31일 천장절(天長節) 축일(祝日)에 대항하는 것이었다.[75]

두 번째 특징은 1919년 8월 이후로 운동을 주도하는 결사체 혹은 지도부가 명확하게 등장하기 시작했다는 점이다. '3·1운동의 만세시위'는 운동 초기에 종교계와 학생단에서 기획한 시위를 제외하고는 대부분 '자연발생적'이고 '수평적·다원적·공동체적'인 형태로 만세

---

68) 朝鮮軍參謀部,〈朝特報 第73號 鮮內外一般ノ情況(10月 1日~10月 31日)〉, 1919. 11. 8,《朝鮮騷擾事件關係書類 4冊》; 朝鮮軍參謀部,〈朝特報 第73號 鮮內外一般ノ情況(10月 1日~10月 31日)〉, 1919. 11. 8,《朝鮮騷擾事件關係書類 4冊》; 朝鮮軍參謀部,〈朝特報 第79號 鮮內外一般ノ情況(11月 1日~11月 30日)〉, 1919. 12. 3,《朝鮮騷擾事件關係書類 5冊》.

69) 朝鮮軍參謀部,〈朝特報 第79號 鮮內外一般ノ情況(11月 1日~11月 30日)〉, 1919. 12. 3,《朝鮮騷擾事件關係書類 5冊》.

70) 朝鮮總督府 警務局 高等警察課,〈高警 第33844號 京城市內ノ不穩情況〉, 1919. 11. 28,《朝鮮騷擾事件關係書類 5冊》.

71) 朝鮮軍參謀部,〈朝特報 第79號 鮮內外一般ノ情況(11月 1日~11月 30日)〉, 1919. 12. 3,《朝鮮騷擾事件關係書類 5冊》; 朝鮮總督府 警務局 高等警察課,〈高警 第34103號 京城市內ニ於ケル不穩狀況追報〉, 1919. 12. 1,《朝鮮騷擾事件關係書類 5冊》; 朝鮮總督府 警務局 高等警察課,〈高警 第34939號 京城市內ニ於ケル不穩狀況追報〉, 1919. 12. 9,《朝鮮騷擾事件關係書類 5冊》.

72) 朝鮮軍參謀部,〈朝特報 第2號 鮮內外一般ノ情況(12月 1日~12月 31日)〉, 1920. 1. 10,《朝鮮騷擾事件關係書類 5冊》.

73) 朝鮮軍司令官,〈朝特 第216號 2 전보〉, 1919. 8. 30,《朝鮮騷擾事件關係書類 1冊》; 朝鮮軍參謀部,〈朝特報 第50號 鮮內民心一般ノ趨向ニ就テ(第貳號)〉, 1919. 9. 20,《朝鮮騷擾事件關係書類 4冊》; 朝鮮軍參謀部,〈朝特報 第57號 鮮內外一般ノ情況(9月 1日~9月 30日)〉, 1919. 10. 9,《朝鮮騷擾事件關係書類 4冊》.

74) 朝鮮總督府 警務局 高等警察課,〈高警 第27960號 鮮人商店閉店ニ關スル件〉, 1919. 10. 1,《朝鮮騷擾事件關係書類 4冊》; 朝鮮軍參謀部,〈朝特報 第73號 鮮內外一般ノ情況(10月 1日~10月 31日)〉, 1919. 11. 8,《朝鮮騷擾事件關係書類 4冊》.

시위가 조직되었다.

그런데 표면적으로는 식민지 조선에서 만세시위가 잦아든 이후인 6월부터 격문에서 '조선건국'이나 '단기'를 대신해 '대한민국 원년'이라는 연호가 등장하고 임시정부 관련 격문들이 평안북도 용천군에 산포되기 시작했다.[76] 7월에는 임시정부 내무국에서 국내에 특파원을 파견해 제2의 만세시위를 기획하는 작업에 착수했다.[77] 대한민국청년외교단은 1919년 8월 29일 국치일을 전후해 '국치기념 경고문' 같은 선전문을 인쇄·배포했고,[78] 10월 10일 철원 지역에서는 대한독립애국단 주도로 만세시위가 벌어졌다.[79] 1919년 10월 31일 천장절 축일 대항 만세시위는 임시정부 특파원들을 주축으로 조선민족대동단, 철원애국단, 대한독립청년단 같은 비밀결사와 함께 서울과 평양 등지에서 계획적으로 시도되었고, 11월 27, 28일에 벌어진 경성 만세시위는 조선민족대동단이 주도했다.[80] 이제 자연발생적이고 자율적이었던 만세시위에서 임시정부와 비밀결사 주도의 조직적이고 체계적

---

75) 朝鮮軍參謀部, 〈朝特報 第73號 鮮內外一般ノ情況(10月 1日~10月 31日)〉, 1919. 11. 8, 《朝鮮騷擾事件關係書類 4冊》; 朝鮮軍參謀部, 〈朝特報 第79號 鮮內外一般ノ情況(11月 1日~11月 30日)〉, 1919. 12. 3, 《朝鮮騷擾事件關係書類 5冊》. 기존 연구들에서는 '천장절(天長節)'로 파악하고 있으나 그것은 틀렸다. 천장절은 일왕의 생일을 말하는데 당시 일왕 요시히토(다이쇼 천황)의 본래 생일은 8월 31일이다. 그런데 병약한 그가 더운 날씨에 행사를 진행하기 어려워 축일을 두 달 뒤로 따로 지정하여 행사를 진행했다. 다이쇼 시대 외에는 '천장절 축일'이라는 날은 없어서 당시 《독립신문》 등에서 천장절과 천장절 축일을 동일한 것으로 착각했다.

76) 平安北道長官 藤川利三郎, 〈平北地 第671號 民心ノ狀況等ニ關スル件〉, 1919. 6. 17, 《大正 8年 騷擾事件ニ關スル道長官報告綴 七冊ノ內七》; 平安北道長官 藤川利三郎, 〈平北地 第879號 不穩文書ニ關スル件〉, 1919. 7. 10, 《大正 8年 騷擾事件ニ關スル道長官報告綴 七冊ノ內七》.

77) 〈특파원명단〉, 《대한민국임시정부자료집》 27, 국사편찬위원회, 2008, 184~186쪽.

78) 장석흥, 〈대한민국청년외교단 연구〉, 《한국독립운동사연구》 2, 독립기념관 한국독립운동사연구소, 1988, 283쪽.

79) 장석흥, 〈대한독립애국단연구〉, 《한국독립운동사연구》 1, 독립기념관 한국독립운동사연구소, 1987, 16쪽; 朝鮮總督府 警務局, 《高等警察關係年表》, 朝鮮總督府 警務局, 1930, 10쪽. 《고등경찰 관계 연표》에는 "폐점. 강원도 철원의 조선인 상점에서 격문을 산포하는 자가 있어 약 20호가 폐점했으나 다른 파급은 없다"라고 기록되어 만세시위가 진행되었는지 불분명하다.

인 만세시위로 바뀌었다.

세 번째 특징은 독립운동을 주도하는 단체와 기관 들이 출현하면서 이들이 채택하는 운동 방략에도 변화가 찾아왔다는 점이다. 임시정부는 1919년 10월 31일 '제2차 독립시위운동'을 기획하면서 3월 1일 발표된 독립선언서와 유사한 형태의 독립선언서를 제작했다. '본문-공약삼장-민족 대표 명단' 순으로 작성된 〈대한민족대표선언서〉의 큰 골격은 〈3·1독립선언서〉를 계승하면서도 내용에 차이가 있었다.[81] 일본이 여전히 대한민국 영토를 점유한다면 우리 민족은 최후의 혈전을 할 것이고 최후의 1인까지 싸울 것이며 최후의 목적을 위해 수단과 방법을 가리지 않을 것이라고 천명했다. 그리고 '공약삼장'에서도 질서를 엄수하여 난폭한 행동이 없게 하라는 구호에서 한발 더 나아가 "부득이 자위의 행동에 나서더라도 부인, 소아 및 노약자에게는 절대로 해를 가하지 말 것"이라고 언명하여 공세적 대응에 대해 변화된 태도를 보이고 있다.[82]

이러한 변화는 임시정부에 그치지 않았다. 1919년 결성된 국내외 비밀결사들은 처음에 비무장단체로 출발했다가 투쟁 방략을 강화한 사례가 적지 않았다.[83] 대표적인 사례가 노인동맹단이다. 1919년 3월 26일 블라디보스토크에서 결성된 노인동맹단은 5월 31일 종로 보신각에서 만세시위를 하고, 6월 25일에는 블라디보스토크 주재 일본총영사관에 〈재노령 대한국민노인동맹단 근력혈도충간(在露領大韓國民

---

80) 김은지, 〈대한민국 임시정부의 제2차 독립시위운동〉, 《한국독립운동사연구》 44, 독립기념관 한국독립운동사연구소, 2013, 93~95·108·109쪽.

81) 위의 글.

82) 《독립신문》, 1919년 11월 11일자.

83) 장석흥, 앞의 글(1999), 249쪽.

老人同盟團權瀝血籲衷干)〉이라는 제목의 독립청원서를 제출했다.[84] 그런데 노인동맹단에 소속된 강우규(姜宇奎)가 1919년 9월 2일 신임 조선총독 사이토 마코토에게 폭탄을 던진 것이다.[85] 만세시위와 청원서 제출운동이라는 '비폭력적' 독립운동 방식에서 의열투쟁으로 극적인 변화를 이루었다.

'작탄투쟁(炸彈鬪爭)'을 비롯한 무장투쟁적 경향은 1919년 6월부터 대두되었다. 6월에 상하이 프랑스 조계에서 구국모험단(救國冒險團)이 창설되었다. 단칙에 "작탄으로 구국의 책임을 부담함을 목적"으로 한다고 명시함으로써 폭탄거사 행동대로서의 역할을 분명히 했다.[86] 의열단이 1919년 11월 10일 만주 지린성(吉林省)에서 결성되었고, 1920년 1월 임시정부는 '독립전쟁의 원년'을 선포하면서 3·1운동 이후 독립운동의 새로운 길을 개척하고 있었다.[87]

이와 같은 독립운동 방략의 극적인 전환은 파리강화회의의 종결에도 영향을 받았다. 1919년 6월 23일 파리강화회의가 종결되면서 대표단 파견과 만세시위를 통해 국제사회의 이목을 끌고 승전국의 개입을 끌어내고자 했던 국면은 일단 종결되었다. 물론 이후 출범하게 되는 국제연맹회의에 기대를 품고 임시정부에서는 《사료집》 편찬과 제2차 만세시위 기획 등의 운동을 다시 준비해나갔지만, 국제연맹회의는 당초 계획보다 1년 넘게 연기되어 1920년 11월 15일이 되어서야 개최되었다.[88] 국제연맹에 미국은 불참했고 상임이사국에 일본이

84) 김소진,《한국독립선언서연구》, 국학자료원, 1999, 198~201쪽.

85) 김영범,《의열투쟁 I-1920년대》, 독립기념관 한국독립운동사연구소, 2009, 30~34쪽.

86) 위의 책, 28~29쪽. 김영범은 27결사대부터 의열투쟁의 시작을 비정하고 있지만, 1919년 3월의 분위기에서는 일반적 흐름은 아니었다고 생각한다.

87) 위의 책, 131쪽;《독립신문》, 1920년 2월 5일자.

88) 임경석, 앞의 글(2000), 84쪽.

포함되었으며 회의도 계속 미뤄지면서 독립운동가들은 국제연맹 출범을 마냥 기다릴 수만은 없었다.[89] 1920년이 되자마자 '독립전쟁의 원년'을 선포한 것은 더 이상 국제 외교운동에만 매몰되어서는 소기의 성과를 거둘 수 없다는 공감대가 독립운동가들 사이에 형성되면서 운동 방략의 변화가 필요하다는 판단이 내려진 결과였다.

이상과 같이 운동의 주체, 조건, 방략이 모두 변화하는 시점이 바로 1919년 6~8월이다. 다시 앞의 〈표 4〉로 돌아가 당시 일제 측의 만세시위 기록을 보면 특징적인 시위가 눈에 띈다. 그것은 바로 7월 1일부터 8월 초순까지 지속되고 있었던 경성의 서대문감옥과 그 인근에서 일어난 만세시위였다.

1919년 감옥은 식민지 조선에서 이전의 감옥과는 전혀 다른 의미를 지닌 장소로 변모했다. 이전까지 감옥이 소수의 죄인들 혹은 독립운동가들이 갇혀 있던 공간이었다면 이제 감옥은 3·1운동에 참여한 수많은 조선인, 즉 우리 부모형제 혹은 이웃이 갇혀 있는 공간으로 그 의미가 전환되었다.[90]

7월 초순부터 시작된 서대문감옥과 그 인근에서 전개된 만세시위는 6월 중순부터 본격화되었던 국면 전환과 큰 관계가 있었다. 일본 통치당국은 6월 하순 파리강화회의 종결을 계기로 조선독립운동 실패론을 대대적으로 선전했다. 조선총독부는 파리강화회의 종결 축하행사를 전국 규모로 개최했다. 총독부는 정식 조인일인 6월 28일부터 30일까지 3일 동안 모든 통치기관과 민가에 일본기 게양을 지시했으며, 7월 1일을 기해 전국에 공휴일을 선포했다. 또한 각 지방별로

---

89) 《매일신보》, 1919년 11월 3일자.
90) 최우석, 《《매일신보》가 그려낸 1919년 감옥의 풍경》, 《향토서울》 80, 서울시사편찬위원회, 2013, 199·200쪽.

곳곳에서 '강화회의 축하회'를 열도록 했다.[91]

이러한 선전전에 대응하여 6월 중순부터 경성 지역 주요 학교에서 동맹휴교 움직임이 일기 시작했다.[92] 6월 27일부터 서대문감옥에 갇혀 있던 사람들 사이에서 만세운동을 하려는 움직임이 포착되었고, 7월 1일 오전 2시 독립문 부근을 시작으로, 오후 7시 50분에는 서대문감옥에서, 8시 30분에는 종로통에서, 다음 날인 2일 오전 9시에는 죽첨정 2정목 서대문감옥 출장소에서 만세시위가 이어졌다.[93]

이후에는 7월 11일과 8월 7일에 서대문감옥을 둘러싼 안산과 인왕산에서 소규모 만세시위가 일어났다.[94] 보고 문건에서는 7월 11일 두 차례를 포함해 3번 정도만 만세시위 상황이 확인되지만, 당시 서대문감옥에서 근무했던 간수는 한 달 내내 만세시위가 지속되었다고 기억하고 있다.[95]

본래 서대문감옥은 1,500명 정도를 수감할 수 있는 규모였는데, 1919년 5월경 재감자가 3,319명에 이르렀다.[96] 그래서 교회당과 공장에 철조망을 둘러 임시로 감방을 조성한 상태였다. 또 당시에 개축

91) 임경석, 앞의 글(1999), 256·257쪽.

92) 朝鮮軍司令官, 〈朝特 168號 電報〉, 1919. 6. 16, 《朝鮮騷擾事件關係書類 1冊》; 朝鮮軍司令官, 〈朝特 180號 電報〉, 1919. 6. 24, 《朝鮮騷擾事件關係書類 1冊》.

93) 朝鮮軍司令官, 〈朝特 190號 電報〉, 1919. 7. 1, 《朝鮮騷擾事件關係書類 1冊》; 朝鮮軍司令官, 〈朝特 191號 電報〉, 1919. 6. 2, 《朝鮮騷擾事件關係書類 1冊》; 朝鮮軍司令官, 〈朝特 193號 電報〉, 1919. 7. 3, 《朝鮮騷擾事件關係書類 1冊》; 朝鮮軍參謀部, 〈朝特報 第27號 鮮內外一般狀況(6月 21日~7月 10日)〉, 1919. 7. 15, 《朝鮮騷擾事件關係書類 4冊》.

94) 朝鮮軍司令官, 〈朝督 199號 電報〉, 1919. 7. 15, 《朝鮮騷擾事件關係書類 1冊》; 朝鮮軍參謀部, 〈朝特報 第32號 鮮內外一般狀況(7月 11日~7月 31日)〉, 1919. 8. 5, 《朝鮮騷擾事件關係書類 4冊》; 朝鮮軍司令部, 〈朝參密 第718號 騷擾事件ニ關スル情報(第39號)〉, 1919. 7. 18, 《朝鮮騷擾事件關係書類 4冊》; 朝鮮軍參謀部, 〈朝特報 第35號 鮮內民心一般ノ趨向ニ就テ〉, 1919. 8. 18, 《朝鮮騷擾事件關係書類 4冊》; 朝鮮軍參謀部, 〈朝特報 第50號 鮮內民心一般ノ趨向ニ就テ(第貳號)〉, 1919. 9. 20, 《朝鮮騷擾事件關係書類 4冊》.

95) 남기정 역, 《일제의 한국 사법부 침략 실화》, 육법사, 1978, 196·197쪽.

96) 《매일신보》, 1919년 5월 29일자; 1919년 6월 10일자.

공사가 진행 중이어서 세 면만 벽돌담이 겨우 완성되었고, 나머지 한 쪽 면은 종전의 아연판 담이어서 서대문감옥의 간수들은 파옥에 대한 두려움이 컸다. 이런 상황에서 만세시위자들이 서대문감옥을 둘러싸고 있는 안산과 인왕산에 올라 낮에는 태극기를 흔들고 밤에는 봉화를 올리며 1개월 이상 매일 밤낮으로 운동을 지속했다.[97]

새로운 운동의 신호탄

임정까지 삼일절 기념식에 독립선언서 낭독을 폐지한 지 십여 년입니다. 공약삼장이 우리 전(全) 민의에 위배되는 까닭입니다.[98]

어떠한 운동방법론도 시대를 관통하여 무조건 지지를 받거나 지속되는 경우는 없다. 그래서 시대적 조건과 운동 주체의 능력에 조응하는 운동 방식이 고려되고 새롭게 창출되어야 한다. 3·1운동을 이어받은 임시정부와 한국독립당에서조차 1930년대에는 1919년 3·1운동의 구호가 낡은 것이 되어버렸다.[99]

1919년 3월 1일 시작된 만세시위는 1920년대에 계속해서 식민지 조선인의 대표적 투쟁 방식으로 소환되었다. 하지만 1919년 만세시위와 이후의 만세시위는 분명 구분되었다. 만세시위는 더 이상 전 민

---

97) 남기정 역, 앞의 책, 196·197쪽.

98) 김구, 〈김구가 김이제에게 보낸 서한〉, 1939. 6. 25,《대한민국임시정부자료집》42, 국사편찬위원회, 2008, 489·490쪽.

99) 조소앙, 〈한국독립당지근상(韓國獨立黨之近償)〉, 1931. 1,《대한민국임시정부자료집》33, 국사편찬위원회, 2009, 49·50쪽. 조소앙은 독립당의 대일투쟁 방식을 민중적 반일운동과 무력적 파괴운동이라고 규정했고, 인도의 '비무력 반항'은 우리가 취할 바가 아니라고 주장했다.

족적 호응을 이끌어내지 못했고 여러 운동 방략 중 하나가 되었다. 변화하는 국제 정세와 일제의 정책에 대항해 새로운 독립운동 전략이 계속해서 등장했다. 이 같은 변화가 일어난 시점은 1919년 6월에서 8월이었다.

1919년 7월 1일부터 본격화된 서대문감옥 주변 만세시위는 3·1운동의 만세시위 논리가 한계에 봉착하면서 일어났다. 이 시위는 감옥에 갇혀 있던 사람들에 대한 응원이자 '조선독립 실패론'을 단호히 거부하는 투쟁이었다. 또 한편으로는 만세시위가 통치 권력의 가장 핵심부이자 '불온한 자'들을 '교화'하는 공간인 감옥을 대상으로 이루어졌다는 점에서 식민통치 권력에 대한 대항적 시위로서 극단적인 예라고 할 수 있다. 이는 식민지 조선인들이 결코 식민통치 권력에 굴복하지 않았고 앞으로도 굴복하지 않겠다는 의지를 다지고 천명하는 행위였다. 7월 1일 본격화된 서대문감옥 주변 만세시위가 바로 3·1운동 만세시위의 마지막이자 새로운 운동의 신호탄이었다.

2부

만세시위의 목격자들

7장

청년 양주흡, 혁명을 꿈꾸다

최우석

1919년 2월, 한 청년의 꿈

> 오늘 밤 꿈을 보니, 본촌(本村)의 어린아이들과 어른이 물에 빠져서 반죽음이 된 것을 내가 급히 가서 구제하였다. 이 꿈은 무엇에 비유할 수 있을까? 이것은 도탄에 빠진 우리 민족을 구제할 꿈이다.[1]

1919년 2월 22일 밤, 한 청년이 꿈을 꾸었다. 어린아이들과 어른이 물에 빠져 죽기 직전에 자신이 그들을 구해내는 꿈이었다. 그는 생각했다. 이 꿈의 의미가 무엇일지. 그리고 그는 자신의 꿈이 도탄에 빠진 민족을 구제할 꿈이라고 해석했다.

이 꿈의 주인공은 '양주흡(梁周洽)'이란 인물이다. 상당히 낯선 이름이다. 그는 1898년(광무 2) 음력 3월 7일생으로, 본적은 함경남도 북

---

1) 〈양주흡 일기〉, 1919년 2월 22일.

청군 이곡면(泥谷面) 중리(中里) 84번지였다. 북청에서 농업학교를 졸업했고, 1916년 일본 도쿄에 가 세이소쿠(正則)중학교 3학년에 들어가 4개월간 수학한 다음 메이지(明治)대학 법과에 들어갔다.[2] 그는 메이지대학에 다니던 중, 독립운동을 하기 위해 1919년 1월 31일 귀국했다. 그리고 1919년 3월 25일에 경성에서 한 차례 만세를 외친 혐의로 1년형을 받았던 인물로, '학생들의 독립운동'과 관련된 자료 및 연구에서 한 토막 언급되는 존재다.[3]

현재 양주흡이 1919년 1월 1일부터 4월 13일까지 쓴 일기가 전하고 있다.[4] 이 일기는 1919년 4월 14일, 3·1운동이 한창이던 식민지 조선의 경성 하숙방에서 경찰에게 발견되었고, 이로 인하여 양주흡은 경찰에 체포되었다. 그 일기에는 '독립·혁명'[5]을 꿈꿨던 조선 청년, 양주흡의 생각과 행동이 담겨 있었다. 이 일기의 내용을 쫓아 1919년의 시간 속으로 들어가보고자 한다.

2) 〈양주흡 신문조서(제1회)〉, 1919년 4월 16일, 《한민족독립운동사자료집 13: 삼일운동 III》, 국사편찬위원회, 1990, 234~237쪽[이하 '〈경찰의 양주흡 신문조서(1)〉']; 〈양주흡 신문조서(제2회)〉, 1919년 4월 26일, 《한민족독립운동사자료집 13: 삼일운동 III》, 국사편찬위원회, 1990, 237·238쪽[이하 '〈경찰의 양주흡 신문조서(2)〉']; 〈양주흡 신문조서〉, 1919년 5월 3일, 《한민족독립운동사자료집 15: 삼일운동 V》, 국사편찬위원회, 1991, 53·54쪽[이하 '〈검찰의 양주흡 신문조서〉']; 서대문형무소, 〈양주흡: 일제하 독립운동인사 신상기록카드〉, 1920, 《한민족독립운동사자료집 별집 5》, 국사편찬위원회, 1992, 123쪽.

3) 독립운동사편찬위원회 편, 《독립운동사 제2권: 삼일운동사(상)》, 독립운동사편찬위원회, 1971, 118쪽; 김용달, 〈3·1운동기 서대문형무소 학생 수감자의 역할과 행형(行刑)〉, 《한국학논총》 30, 국민대 한국학연구소, 2008, 687쪽.

4) 일기는 《한민족독립운동사자료집 13: 삼일운동 III》(국사편찬위원회, 1990)에 〈양주흡에 관한 수사 보고〉(1919년 4월 15일)의 첨부 문서로 수록되어 있다. 일본어판으로, '역문(譯文)'이라고 적혀 있어 본래 한글로 작성된 일기가 있었고 일제 관헌이 신문 과정에 참고하기 위해 일본어로 번역했던 것으로 보인다.

5) 양주흡은 '혁명', '건국', '독립' 세 단어를 일기에서 혼용하고 있다. 본문에서도 그러한 사용법을 그대로 차용했음을 밝혀둔다. 3·1운동을 '혁명'으로 이해하고 기억했던 것은 당대부터 광범하게 존재했다. 이준식, 〈'운동'인가 '혁명인가'-'3·1혁명'의 재인식〉, 《3·1혁명 95주년 기념 학술회의 자료집》, 3·1혁명100주년기념사업준비위원회, 2014 참고.

이 글은 〈양주흡 일기〉를 통해 한 개인이 목격했던 순간들을 재현하고 3·1운동에 참여했던 과정을 분석하고자 한다. 〈양주흡 일기〉는 개인의 기록이지만, 이를 확장해서 1919년 재일 유학생 청년들의 3·1운동 참여와 관련지어 살필 것이다. 이와 동시에 일기에 담긴 고민과 감정 들을 분석해 1919년 '혁명' 앞에서 고민하고 주저했으나 결국은 행동했던 당대인의 심성에 다가서고자 노력할 것이다.

1918년 말, 일본에는 769명의 조선인 유학생이 있었다. 이 중 1919년 2월 8일 독립선언 시점부터 5월 15일까지 조선으로 귀향한 수가 359명이었고, 경성으로 들어온 수가 117명에 달했다.[6] 당시 일본에 있던 유학생의 절반에 가까운 수가 조선에 들어왔고 그중 3분의 1가량이 경성으로 향했던 것이다.[7] 수많은 학생이 '배움'이라는 목표를 잠정적으로 중단하고 '독립'이라는 목표를 위해 귀국했다. 조선 땅에 돌아온 이들은 무엇을 하려고 했던 것일까? 이에 대한 일말의 해답을 〈양주흡 일기〉를 통해 찾고자 한다.

이 글에서는 〈양주흡 일기〉를 세 시기로 나누어 살펴보겠다. 양주흡은 1919년 1월에는 일본 도쿄에 머물렀고, 2월에는 귀국해서 북청에 다녀왔으며, 3월 이후에는 경성에 머물다가 체포되었다. 이것은 단순히 공간의 이동에 국한되지 않고 내용상으로도 1월, 2월, 3월이 명백히 구별되는 양상을 띤다. 그러므로 1월을 '내적 갈등 시기', 2월을 '이동 시기', 3월을 '운동 시기'로 각각 명명하고, 그 시기에 따른

---

6) 김인덕, 〈일본 지역 유학생의 2·8운동과 3·1운동〉, 《한국독립운동사연구》 13, 독립기념관 한국독립운동사연구소, 1999 5쪽; 〈조선인개황〉, 1920. 6. 3, 朴慶植 編, 《在日朝鮮人關係資料集成》 1, 三一書房, 1975, 100·101쪽.

7) 양주흡은 1919년 1월 31일에, 그의 친구인 고재완, 이춘균, 강석규 등은 1918년 12월 31일에 식민지 조선으로 귀국했기 때문에 이 수치에서 누락되었다(〈고재완(高在琓) 신문조서〉, 1919년 6월 24일, 《한민족독립운동사자료집 17: 삼일운동 VII》, 국사편찬위원회, 1994, 164~169쪽 (이하 '〈고재완 예심조서〉')).

변화를 살펴보는 방식으로 〈양주흡 일기〉를 따라가도록 하겠다.

다만 일기 자료에도 나름의 한계가 있다. 일기는 개인의 기록이기에 주어인 '나'가 본문에서 생략되고, 본인이 잘 아는 내용에 대해서는 간략히 서술된다. 어떤 행위가 양주흡이 한 행위인지 확정하는 것이 쉽지 않으며, 그가 했던 행위도 간단한 서술 속에서 일종의 '암호'처럼 해석이 필요하다. 이에 덧붙여 양주흡은 1919년 1월 도쿄를 떠나면서 일기에 두 개의 '감추기'를 시도하고 있다. 두 개의 '감추기'는 감정 감추기와 익명화이다.[8]

〈양주흡 일기〉는 1919년 1월 1일부터 4월 13일까지 총 261개의 기사로 이루어져 있다. 각 기사는 그 길이가 천차만별로, 간략한 행위를 기록한 것부터 많은 감정과 고민을 표현한 기사까지 다양하다. 시기별 기사 개수를 비교해보면, 내적 갈등 시기에 105건, 이동 시기에 65건, 운동 시기에 91건이다. 각각 일평균 3.39건, 2.32건, 2.07건의 기사를 썼다. 여기서 눈에 띄는 것은 감정 표현이 삭제되고 있다는 것이다. 감정 표현과 관련된 기사 수는 각각 24.5건, 2.5건, 5.5건이다. 내적 갈등 시기에는 현 정세에 대한 고민이라든가, 건국이나 혁명 등의 활동에 대한 고민을 다양하게 분출하고 있다. 이에 반해 이동 시기에는 부인의 건강을 걱정한 것 외에는 2월 22일 꾸었던 꿈에 대한 서술만 있다. 내적 갈등 시기에 보였던 많은 고민이 이동 시기에는 단 한 차례만 기록되어 있다. 운동 시기에도 감정 표현이 계속 지워지고 있다. 그러다 3월 29일 이후 자금모금운동과 국내 운동의 어려움을 언급하면서 감정 표현이 분출되기 시작한다. 운동 시기의 감정 표현 기사 5.5건은 모두 이때 이후에 나타난다. 감정 표현을 절제하면서 기사

---

8) 이에 대한 자세한 내용은 최우석, 〈재일 유학생의 국내 3·1운동 참여-〈양주흡 일기〉를 중심으로〉, 《역사문제연구》 31, 역사문제연구소, 2014의 제1장 참고.

의 소재도 줄어들고 간단명료해졌다. 내적 갈등 시기에는 일기의 소재가 다양하고 풍부한데, 이동 시기와 운동 시기에는 간단명료한 행위나 풍문을 적은 서술들이 주를 이룬다. 그러다 3월 말 운동 진행 양상에 좌절하면서 자신의 고민을 드러내고 있다. 이것은 양주흡이 스스로 감정 표현을 억제해왔음을 잘 대변해준다.

〈양주흡 일기〉에는 총 60명의 인물이 등장한다. 양주흡이 만났던 사람들은 기본적으로 북청군 혹은 함경남도 출신이라는 공통점을 공유하는 것으로 보인다. 북청군 출신임을 확인한 인물은 모두 14명으로, 이들은 고병남,[9] 고재완,[10] 김유인,[11] 김학우,[12] 동만식,[13] 동세익, 동세현,[14] 동응익, 유태련,[15] 이강섭,[16] 이응영,[17] 최문진,[18] 한치욱,[19] 한환

---

9) 고병남은 고재완과 1918년에 "東京市 麴町區 飯田町 3丁目 5번지 北青館"에서 동숙했고, 1924년에 함께 미국으로 유학을 떠났다. 가까운 친척 혹은 형제였던 것으로 보인다(〈고재완 예심조서〉, 1919년 6월 24일, 164~169쪽(이하 '〈고재완 예심조서〉'); 〈소식〉, 《동아일보》, 1924년 12월 13일자). 그는 해방 직후 남한에서 '북청군민회장'을 맡기도 했다(《북청군지(개정증보판)》, 북청군지편찬위원회, 1994). 그는 1948년 9월 8일 신장염으로 사망했다(《동아일보》, 1948년 9월 11일자).

10) 고재완의 본적지는 함경남도 북청군 양가면 초리다(〈고재완 예심조서〉).

11) 함경남도 북청군 출신으로 양주흡과 함께 메이지대학 법과에 재학 중이던 김유인은 1893년생으로 1919년 당시 27세였다(고정휴, 〈세칭 한성정부의 조직 주체와 선포 경위에 대한 검토〉, 《한국사연구》 97, 한국사연구회, 1997, 196쪽).

12) 김학우는 1923년 북청청년회 신창지회 음악회 관련 신문 기사에서 그의 이름이 확인된다(〈신창청년회음악회〉, 《동아일보》, 1923년 2월 26일자).

13) 동세익, 동만식, 동응익은 동세현과 친척관계로 보인다. 이 중 동만식은 북청군 이곡면에서 청년회장으로 활동했다(〈이곡청년회창립〉, 《동아일보》, 1920년 9월 19일자).

14) 동세현은 함경남도 북청군 출신으로 1919년 당시 39세였다. 그는 가산이 넉넉지 못해 7년 동안 도쿄에서 엿장수와 인삼장사 등을 하면서 1918년에 니혼(日本)대학 법과 야학부를 졸업했고, 1920년에는 메이지대 법과를 졸업했다(〈고학 성공-엿과 삼을 팔아서 칠 년 동안을 공부〉, 《동아일보》 1920년 5월 19일자). 그는 이후 1921년부터 고학생갈돕회후원회를 조직하는 등 고학생운동에 중추적 역할을 수행했다(〈고학생후원회〉, 《동아일보》, 1921년 3월 28일자).

15) 《조선총독부 직원록》(한국사데이터베이스 제공). 1928년 함경남도 내무부 산업과 산업기수를 시작으로 영흥군, 북청군, 신갈과 영림서(營林署), 혜산진 영림서, 조선총독부 농림국 임정과(林政課) 등을 두루 거쳤다. 고병남과 함께 1946년에 이준열사추념준비회 발기인으로 참석했다(〈만국회의에서 독립 절규, 해아밀사 이준 열사 추념〉, 《동아일보》, 1946년 5월 7일자).

욱[20] 등이다. 출신지를 확인한 인물 중 북청군 출신이 아닌 경우는 황해도 출신 양모환이 유일하다.[21] 그 외의 45명 중 40명은 '내적 갈등 시기'의 '함께 노는 문화'와 '이동 시기'에 귀국해 북청군에서 양주흡이 만났던 사실로 보아 북청군 혹은 함남 출신으로 추정된다.

〈양주흡 일기〉에는 특이한 점이 하나 있다. 그것은 바로 친구들의 이름을 감추고 있다는 점이다. '운동 시기' 일기에서 양주흡은 함께 지낸 친구들의 이름을 서술하지 않거나, '여러 친구[諸友]'로 표기하는 방식으로 '익명화'하고 있다.[22] 이러한 '익명화'가 더욱 극명하게 확인되는 점은 바로 3월 초반 함께 하숙방에 머물렀던 이들의 이름을 일기에서 지웠다는 사실이다.

양주흡은 3월 2일에 경복궁 옆 간동(지금의 사간동) 88번지로 이사했다.[23] 그런데 이곳에는 김유인(메이지대), 이춘균(메이지대), 고재완

---

16) 〈양주흡 일기〉, 1월 2일.

17) 〈고재완 예심조서〉.

18) 최문진은 북청군 신창에서 있었던 만세시위에 개입했던 것으로 보인다. 경찰에 검거된 황하운의 신문조서에 따르면, 황하운은 김용식, 최문진, 김원섭, 이덕수, 정인성, 최인균, 이학수 등과 협의해 신창리에서도 3월 12일 정오를 기해 독립운동을 하기로 했다고 한다(〈판결 대정 8년 공소(控訴) 제596호〉, 《독립운동사자료집 5: 삼일운동 재판 기록》, 독립운동사편찬위원회, 1971, 1020쪽). 최문진은 3·1운동 이후에도 북청군 신창면에서 사회운동을 했는데, 1923년 8월에는 신창에서 조직한 유학생친목회의 이사장으로 선출되었다(〈유학생친목회 창립〉, 《동아일보》, 1923년 8월 6일자). 언제, 어디로 유학을 갔는지 모르나 유학생 출신임을 알 수 있다.

19) 〈양주흡 일기〉, 4월 7일. 한치욱은 호만리(湖滿里) 사람이라고 일기에 적혀 있다. 함경남도 북청군 양화면 호만포리(湖滿浦里) 사람으로 추정된다. 양주흡과 한치욱은 생년월일이 같아 의형제를 맺었다.

20) 한환욱은 1920년 북청 출신 학생들을 지원하는 청우장학회 순강에 연사로 참여했다(〈청우장학회순강단〉, 《동아일보》, 1921년 8월 25일자).

21) 〈양주흡 일기〉, 1월 19일.

22) 내적 갈등 시기의 일기 서술에서 양주흡은 함께 어울린 친구들의 이름을 한 사람씩 열거했다. 하지만 운동 시기에는 '제우(諸友)'라고 표기해 그들의 이름을 감추고 있다. 예를 들면 다음과 같다. "閔泳吉, 姜錫璘, 高炳南, 童世顯, 姜昌愍, 金裕範, 朱柄胤 氏 등과 놀다"(〈양주흡 일기〉, 1월 13일).

23) 〈양주흡 일기〉, 3월 2일.

(도쿄물리학교), 고병남(와세다대), 조정기(세이소쿠 영어학교), 이응영(니혼
대) 등이 양주흡보다 먼저 와서 머물고 있었다.[24] 이들은 모두 북청군
출신 도쿄 유학생들로, 1918년 말 혹은 1919년 1월까지 도쿄에 체류
하다가 경성으로 옮겨와 다시 한곳에 모였던 것이다. 3월 이후 〈양주
흡 일기〉에서는 고재완, 이응영을 제외한 인물들의 존재가 언급되지
않는다.[25] 도쿄 유학 시절 가깝게 어울렸던 고병남, 김유인은 한 차례
도 언급되지 않고 있다.[26]

두 개의 의식적인 감추기가 있더라도 〈양주흡 일기〉는 3·1운동에
참여하고자 했던 재일 조선인 유학생들이 처해 있던 현실과 그들의
인식, 활동을 살펴보는 데 매우 중요한 사료임에 틀림없다. 이제 양주
흡이 걸었던 길을 따라 1919년의 시간 속으로 들어가보자.

1. 내적 갈등: 1월, 도쿄

재일 조선인 유학생들 사이에서는 1918년 하반기부터 이미 '낙관
적 정세관'이 확산되고 있었고, 그에 따른 독립운동에 대한 열기도
고조되었다. 제1차 세계대전이 끝난 이후 '민족자결주의'가 승전국

---

24) 〈고재완 예심조서〉; 〈전명우 신문조서〉,《한민족독립운동사자료집 17: 삼일운동 VII》, 국사편
찬위원회, 1994(이하 '〈전명우 신문조서〉'); 고정휴, 〈1930년대 미주 한인사회주의운동의 발
생 배경과 초기 특징-시카고의 재미한인사회과학연구회를 중심으로〉,《한국근현대사연구》
54, 한국근현대사연구회, 2010, 187쪽.

25) 〈양주흡 일기〉, 3월 5·10·13일. 고재완은 3월 5일 경찰에 체포되어서, 이응영은 이후 별도로
만나서 함께 이동했기에 등장할 뿐이다. 간동 88번지에 함께 머무른 사실은 일기에 나타나지
않는다.

26) '내적 갈등 시기'에 고병남과 김유인은 동세현에 이어 각각 14, 13회씩 이름이 등장했을 정도
로 양주흡과 절친한 사이였다.

일본의 지배를 받고 있는 식민지 조선에 어떤 식으로 작동할지에 대한 여러 의견이 제시되고 그에 따른 실천에 대한 고민도 진행되고 있었다.[27] 양주흡 역시 1919년 1월 급변하는 국제 정세 속에서 심각한 내적 갈등을 겪었다. 그는 크게는 '실력양성론'적 입장에서 '무장투쟁론'적인 방향으로 입장을 바꾸었다.

1919년 1월 1일, 양주흡은 지난해에는 아무런 성과도 없었다고 반성하며 새해에 새로이 수양할 바를 정했다. 심신단련, 웅변, 국민성 발휘(國民性發揮), 단단한 생각과 흔들리지 않는 자세(堅思不撓), 독서, 호흡운동 등을 계획했다. 그리고 1920년 봄에는 학교를 졸업하고 미국에 가겠다는 계획도 세웠다.[28] 양주흡의 새해 결심에는 당장 독립운동에 투신하겠다는 것보다도 차근차근 자신을 수양해나가겠다는 생각이 자리 잡고 있었다.

1월 5일에는 한 웅변회에 참석했는데, 이때의 감상 역시 크게 다르지 않았다.

이 시대는 국제연맹, 해양자유, 민족자결주의를 장차 실현하려고 하는 때이지만, 우리 국민은 밤낮 암흑 세상이다. 이 좋은 시기를 잃는다면 이와 같은 시기가 오기 어려울 것이나, **우리 청년과 우리 운동의 시기는 아직 시기상조인 것은 유감이다.** 이 시기를 어떻게 할 것인지는 유감이라고 생각하므로 평안히 잠을 이룰 수 없는 때가 바로 이 시기

27) 나가타 아키후미 지음, 박환무 옮김, 《일본의 조선 통치와 국제관계―조선독립운동과 미국 1910~1920》, 일조각, 2008, 4장 참고; 임경석, 〈3·1운동 전후 한국 민족주의의 변화〉, 《역사문제연구》 4, 역사문제연구소, 2000; 姜德相 編, 《現代史資料(26): 朝鮮(二) 三・一運動(二)》, みすず書房, 1967, 11~18쪽.

28) 〈양주흡 일기〉, 1월 1일.

다.[29] (강조 - 인용자)

양주흡은 이날 있었던 웅변회의 내용을 정확히 기록하고 있지 않다. 다만 "운동의 시기는 아직 시기상조"라는 표현에서 그가 당장의 독립운동보다는 점진적 실력양성을 지향하고 있었음을 알 수 있다.

이와 비슷한 입장은 2·8독립선언에 대표로 참가했던 서춘(徐椿)에게서도 발견된다. 1918년 11월 22일에 재도쿄 조선기독교청년회관에서 있었던 학우회 편집부 주최 현상연합웅변회에서 서춘은 미국과 영국이 정의·인도, 자유·평등를 주장하면서도 필리핀과 인도를 독립시키지 않는 상황에 대해 의문을 제기했다. 그리고 "우리는 말보다 먼저 실력양성에 노력하고 뒤에 정의·인도를 고창해야 할 것"이라고 주장했다.[30] 이는 제1차 세계대전 이후에 제기된 윌슨의 민족자결주의가 곧바로 조선의 독립을 담보하는 것은 아니라는 생각이었다. 따라서 당장의 독립운동보다는 실력양성이 필요하다고 인식했다.

양주흡도 1919년 1월 초순까지는 이러한 경향에 동의했다. 그렇기에 그는 신년 결심에서 독립운동보다도 "내년 봄에 졸업 후 미주에 갈 것"으로 결정했다.[31] 이때 양주흡은 미국에 가서 '정치과'를 공부하겠다고 생각하고 있었다. 이는 조선이 독립된 이후 '내부 조직의 완전한 실현'을 달성하기 위해서였다.[32] 단순히 독립만을 생각하는 것이 아니라 독립 이후 어떤 사회, 어떤 국가를 건설할 것인가의 문

---

29) 〈양주흡 일기〉, 1월 5일. 〈양주흡 일기〉에 서술된 1919년 1월 5일 웅변회는 姜德相 編, 앞의 책에 포함되어 있지 않은 사례다.

30) 姜德相 編, 앞의 책, 16쪽.

31) 〈양주흡 일기〉, 1월 1일.

32) 〈양주흡 일기〉, 1월 10·11일.

제 역시 자신과 자신을 포함한 '(남성) 유학생' 집단이 해결해야 하는 문제라고 생각했다.

그런데 양주흡이 결심을 바꿔 당장의 국내 독립운동에 참여하게 된 것은 1월 6일 이래로 학우회 중심부의 독립운동 계획이 진행되었기 때문이다. 양주흡은 학우회 편집부가 주최한 시국 웅변회(조선독립혁명회)에서 독립운동을 하기로 결정한 것에 적극 호응했다. 1월 7일 모임에서는 유학생 중에서 위원을 선출해 일본 정부 및 제국의회에 의견서를 보내고 동시에 각국 대사관 및 공사관 앞에 가서 시위하기로 결정했다. 양주흡은 이러한 움직임을 "평화, 인도, 자유, 평등을 모르더라도 감탄하지 않을 수 없는 일"이라고 크게 공감했다. 또한 그는 "나라를 열겠다는 정신을 발휘해 한 손에는 칼을 들고 한 손에는 총을 들고 전진해서 우리나라 민족 및 강토를 구제함과 동시에, 우리 동양평화를 유지하고 세계 영구적 평화를 지킬(保持) 시기가 즉 이 시기"라고 역설했다. 그리고 부모 세대 및 형제들과 자신들을 구별하여 "이 민족을 구제할 자는 우리 도쿄 유학생"이라고 선언적으로 일기에 기록하고 있다.[33]

1900년대 청년 학생들 사이에서는 '영웅 중심 청년론'이 대두되었다. 이때의 영웅은 근대 국민국가의 이상적 인간으로서 국민 누구나 영웅이 될 수 있었다.[34] 양주흡은 조선시대 남이 장군의 "사내가 스무 살이 되어도 나라를 평정하지 못한다면 후세에 누가 저를 일컬어 대장부라 할까(男兒二十未平國 後世誰稱大丈夫)"라는 내용의 시를 거듭 읊

---

33) 〈양주흡 일기〉, 1월 7일; 姜德相 編, 앞의 책, 18쪽.

34) 이기훈, 《청년아 청년아 우리 청년아》, 돌베개, 2014, 77·78·81·87쪽. 이기훈은 1910년대에는 '영웅 중심 청년론'이 비판받고 '개인의 완성'이라는 관점에서 자본주의적 근대 인간형으로서의 청년이 부상하기 시작했다고 설명하고 있으나, 양주흡의 경우 이 두 양상이 동시적으로 존재했다고 평가하는 게 더 정확할 것이다.

으며 스무 살이 넘은 자신이 이룬 것도 없기에 독립의 기회에 건국을 달성하는 영웅이 되어야 하는 것이 국민의 책임이며 의무라는 사실을 되새겼다.[35] 그는 강력한 '남성', '도쿄 유학생'이라는 자의식을 가지고 정치적 혁명과 건국을 달성할 주체로서 자신과 (남성) 도쿄 유학생들을 자리매김하고 있었던 것이다.

하지만 그의 기운 넘치는 호응과 열의는 바로 다음 날 좌절되고 만다. 유학생들의 모임은 1월 7일 이미 순사들에 의해 제지되었고, 20여 명의 학생이 경시청에 조사차 다녀와야 했다. 일본 경시청 측에서는 "독립열은 대단히 찬성하나 조선과 일본 민족은 같은 민족이므로 같이 살아야 할 민족"이라며 학우회를 압박했다. 학우회 차원에서 더 이상 공개적으로 운동을 진행할 수 없게 되자 다음 집회 날짜는 무기한 연기되었다.[36] 1월 12일로 예정된 웅변회도 취소되었다.[37]

〈양주흡 일기〉에는 '1월 중의 감상'이라고 1월 달을 정리한 기록이 남아 있다. 여기서 양주흡은 그토록 칭송했던 1월 7일 모임에 대한 평가를 완전히 뒤집었다. "결정한 사안이 유치"하다고 말이다.[38] 하지만 학우회의 운동은 분명 양주흡이 운동에 나서는 데 영향을 미쳤다. 양주흡은 1월 11일부터 학교에 나가지 않기로 결정했고, 자신의 본래 계획이었던 미국 유학을 서둘렀다.[39] 그런데 1월 12일로 예정된 웅변회가 취소되면서 이 모든 계획이 물거품으로 돌아갔다. 그럼에도 양주흡은 좌절하지 않고 더 강하게 마음먹고 자신의 길을 개척하기로

---

35) 〈양주흡 일기〉, 1월 1·3·4·12일.

36) 〈양주흡 일기〉, 1월 8일.

37) 〈양주흡 일기〉, 1월 12일.

38) 〈양주흡 일기〉, 1월 중의 감상.

39) 〈양주흡 일기〉, 1월 12·13일.

결심했다. 그는 1월 12일 귀국하기로 결심했다.[40]

귀국 결심과 '유치하다'는 평가는 학우회에서 주도한 공개적 운동이 좌절되면서 비롯된 것이었다. 그와 주변 유학생들이 품었던 독립에 대한 강한 의지를 지도부가 제대로 떠안지 못한다고 생각했던 것이다. 사실 양주흡은 학우회 주도층이 취하려던 수준과 다른 것을 꿈꾸고 있었다. 학우회 주도층이 일본 당국에 의견서를 제출하고 외국 공사관 앞에서 시위를 하겠다고 할 때, 양주흡은 이순신·을지문덕 등의 투쟁을 예찬하며 강경한 폭력투쟁을 주장했고, 동양평화와 세계평화를 말하면서도 일본을 식민지로 삼겠다고 각오를 다졌다.[41] 양주흡의 주장은 2·8독립선언 주도세력이나 민족 대표 33인 등이 서구 열강을 의식하고 설득하고자 한 입장과 달리, 평화와 복수심이 동시에 발현되어 거칠고 정리되지 않은 느낌이었다. 그는 1월 12일 웅변회 취소를 독립운동의 중단으로 여겼고, 이후 2월 8일 독립선언을 비밀리에 준비한다는 사실을 전혀 인지하지 못했다.

양주흡은 귀국을 결심했지만 두 가지 고민이 있었다. 하나는 어디에 가서 무엇을 할 것인가 하는 문제였고, 또 하나는 자신의 이상을 현실적으로 실천할 수단의 부재, 즉 실행 자금을 어떻게 마련할 것인가 하는 문제였다. 그는 이 두 문제로 고민의 나날을 보냈다.

양주흡은 도쿄에서는 활동할 방법이 없다고 판단했지만 그 이후의

---

40) 〈양주흡 일기〉, 1월 12일.

41) 〈양주흡 일기〉, 1월 7일. "나라를 열겠다는 정신을 발휘해서 **한 손에는 칼을 들고 한 손에는 총을 들고** 전진해서 우리나라 민족 및 강도를 구제함과 동시에 우리 동양평화를 유지하고 세계 영구적 평화를 지킬 시기가 즉 이 시기다", "한산도에서 왜적을 타파하고, 청천강에서 수나라 병사 만 명을 타살(打殺)한 **이순신, 을지문덕의 용진법대로**, 우리들도 그와 같이 **원수들을 타파**하고 독립연회에서 우리들이 독립의 술잔을 교환하고 승전고 및 독립 개선을 부를 작정이니, **이 강화담판회 전에 만주 광대한 지방에서 전투하고 우리나라를 회복해서 장차 원수인 일본 민족을 전멸하고, 토지는 우리나라 식민지로 할 각오.** 건국적 영웅이여……"(강조 – 인용자).

구상도 구체적이지 않았다. 귀국해서 북간도나 만주에서 활동해야겠다고 마음먹었다가도 머뭇거렸다. 어떻게 대처해야 할지 모르겠다고 한탄하기도 했고, 경성에 가서 민심을 선동할지 만주로 갈지 갈팡질팡했다. 귀국하는 것이 당연하다고 자신을 다잡으면서도 다른 한편으로는 귀국을 망설였다. 학생으로서 학업에 정진해야 하지 않을까 하는 고민도 여전히 있었다.[42]

양주흡이 목적과 방략을 구체화하지 못한 것은 그가 유학생 조직의 핵심과 연결된 바도 없었고, 또한 같이 의견을 나누면서 실행하고자 하는 조직도 구체적으로 존재하지 않았기 때문으로 보인다.[43] 물론 그는 북청군 출신의 재일 유학생들과 어울렸고 1919년 3월에는 하숙방에서 그들과 '독립' 혹은 '혁명'에 대해 이야기하고 있었겠지만, 실질적인 실천의 내용을 허심탄회하게 공유했을 가능성은 적어 보인다.[44] 적어도 그랬다면 양주흡이 이렇게 심하게 갈등하지 않았을 것이며, 3월에 다시 이런 고민을 반복하지 않았을 것이다.

양주흡의 고민에 마침표를 찍게 한 사건은 바로 고종의 서거였다. 그는 1월 23일에 고종이 사망했다는 소식을 접한 후 더 이상 학업에 대한 고민도, 거취에 대한 고민도 하지 않았다. 경성으로 향해야겠다고 결심했다. 고종의 죽음은 옛 시대의 종막과 새 시대의 도래를 의

---

42) 〈양주흡 일기〉, 1월 13·16·17·22일.

43) 1910년대 재일 유학생들 사이에서는 국제주의적 연대 그룹인 신아동맹당이 존재했으며, 2·8독립선언을 준비하는 과정에서는 미국과 상하이, 국내 등을 연결해 상호 연관관계를 맺으면서 독립선언을 하려는 움직임도 있었다. 최선웅, 〈1910년대 재일 유학생단체 신아동맹당의 반일운동과 근대적 구상〉, 《역사와 현실》 60, 한국역사연구회, 2006; 김인덕, 〈일본 지역 유학생의 2·8운동과 3·1운동〉, 《한국독립운동사연구》 13, 한국독립운동사연구소, 1999.

44) 〈양주흡 일기〉에서 양주흡이 그나마 자신의 고민을 털어놓고 상담하고 도움을 청하는 존재는 동세현 한 명뿐이다. 1월 10일과 11일 일기에서 양주흡은 서둘러 미국으로 유학 가고자 마음먹고 여비와 중국 여권 확보 문제를 상담한다(〈양주흡 일기〉 1월 10·11일). 아직 자기검열이 발현되기 전인 1월 일기에서 이와 같은 고민 상담은 더 이상 나타나지 않는다.

미했다.[45] 그리고 다수의 인민들이 고종의 장례를 보기 위해 경성으로 몰려들 것이라는 기대감도 내비쳤다. 지금이야말로 인민들이 집합해서 혁명할 좋은 기회라고 판단했다.[46]

이제 그에게 남은 고민은 하나, 실행 자금을 마련하는 것이었다. 그는 귀국 여비를 보내달라고 집에 요청했고, 귀국 여비를 기다리는 내내 안절부절못하고 두통에 시달리며 해소되지 않는 고민을 계속할 수밖에 없었다.[47] 하루하루가 양주흡에게는 꼭 1년같이 느껴졌다.[48] 오랜 기다림 끝에 1월 30일 본가에서 80원을 보내오자, 바로 다음 날인 31일 오후 4시에 귀국하기로 하고 친구들과 작별인사를 나누었다.[49]

1월 31일 도쿄에서 기차를 타고 시모노세키(下關)로 향하던 양주흡은 1919년 1월 동안 있었던 일들에 대한 감상과 자신에게 중요했던 사건들을 일기장에 적어 내려갔다. 식민지 조선에 '혁명'을 하기 위해 간다고 했을 때, 양주흡의 머릿속은 무슨 생각으로 가득 찼을까? 긴장과 떨림, 불안과 설렘이 교차했을 것이다.

양주흡은 귀국해서 "아일랜드와 같이 독립을 선언할 각오"라고 자신을 다잡았다.[50] 1919년 1월 당시 아일랜드에서는 독립선언서를 포고하고 영국수비대의 철퇴를 요구하면서 아일랜드 독립전쟁을 시작했다.[51] 아일랜드 독립선언은 민족자결주의에 대해 의문을 가졌던 당시 식민지민들에게 하나의 독립 쟁취 방법을 제시해주는 사건이었다. 아

---

45) 〈양주흡 일기〉, 1월 24·25일; 권보드래, 〈김성규와 김우진, 3·1운동 전후 세대 갈등의 한 단면〉,《한국학연구》31, 인하대 한국학연구소, 2013, 283·284쪽.

46) 〈양주흡 일기〉, 1월 24·25일.

47) 〈양주흡 일기〉, 1월 16·17·20·26~28일.

48) 〈양주흡 일기〉, 1월 중의 감상.

49) 〈양주흡 일기〉, 1월 30일.

50) 〈양주흡 일기〉, 1월 중의 감상.

일랜드 독립운동에 주목한 것은 양주흡만이 아니었을 것이다. 많은 청년이 '혁명·독립·건국'을 꿈꾸며 식민지 조선으로 향하기 시작했다.

2. 이동: 2월, 북청

1월 31일 도쿄를 출발한 양주흡은 2월 1일 시모노세키를 거쳐 2월 2일 부산에 도착했다. 그리고 2월 2~4일 경성, 4~5일 원산, 6일 신창, 북청, 2월 8일에 북청 본가에 도착했다. 도쿄에서부터 고향집까지 총 8일이 소요되는 여정이었다. 그는 8일 동안 고향집에 머무른 후 다시 경성을 향해 16일에 출발해서 17일에는 장항리(獐項里), 오리야(五里野), 18일에는 청해면(靑海面) 경안대리(景安垈里), 19~20일에는 정일학교(精一學校), 20일에는 임자동(荏子洞), 21~23일에는 북청 읍내 농업학교, 24~25일에는 신창으로 향했으며, 2월 25일에는 웅기(雄基), 다시 26~27일에는 신창으로 와서, 28일 신포(新浦), 원산을 거쳐 3월 1일에 경성에 도착했다.

2월 초반에 경성에서 북청 본가까지 불과 4일이 걸렸던 여정이 2월 하반기 북청 본가에서 출발해 경성에 도착하기까지는 13일가량, 약 3배의 시간이 걸렸다. 여기에는 양주흡이 의도한 바가 있었다. 2월 18일, 그는 고향집을 떠나 항구가 있는 신창 근방에 이르렀다. 그런데 그곳에서 다시 내륙에 있는 정일학교와 임자동으로 향했다. 그는 왜 이런 여정을 택했던 것일까? 2월 양주흡의 여정을 다음과 같이 나누어 살피고자 한다.

---

51) 〈애란 영병 철퇴 요구〉, 《매일신보》, 1919월, 1월 26일자; 테오 W. 무디 외 지음, 박일우 옮김, 《아일랜드의 역사―도전과 투쟁, 부활과 희망의 대서사시》, 한울, 2009.

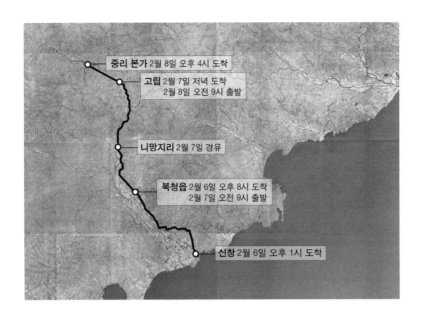

그림 1. 본가 가는 길(2월 6~8일)

㉠ 2월 6~9일: 북청 본가로 향하기, 친척 및 지인들에게 인사

㉡ 2월 10~15일: 연설 관련 및 근세혁명사 등 독서

㉢ 2월 16~20일: 경성으로 가는 길, 각지에서 모금

㉣ 2월 19~27일: 정일학교·북청농업공립학교 학생 최문진·고병남·
김학우 등과 만남

㉠시기는 그다지 특징적이지 않다. 신창에 도착해 북청의 본가로
향하는 길에 여러 사람을 만나고 친척집에 들렀다. 이때 그나마 특징
적인 행동은 양복과 화물을 신창에 있는 필진이란 사람에게 맡겼다
는 사실이다.[52] 이는 북청 본가에 오래 머물기보다는 조만간 자신이
신창을 거쳐 경성으로 이동할 것을 예비했다는 사실을 알려준다. 그

내 포함 이미지 내부 텍스트:

1.중리 본가 2월 16일 출발

2.삼구촌 2월 16일 경유, 모금

3.노평 2월 16일 숙박

6.정일학교 2월 19일

7.임자동 2월 20일 숙박

8.북청 읍내·북청농업공립학교
2월 21~23일, 2월 24일 오전 9시 출발

4.장항리 2월 17일 경유

5.경안대리 2월 18일 숙박

9.신창 2월 25일 오전 9시 도착
2월 27일 오후 3시 원산으로 출발

10.신포 2월 27일 경유

그림 2. 경성 가는 길(2월 16~27일)

는 1월에 이미 경성에서 활동해야겠다는 목표를 갖고 있었다.[53]

ⓛ시기에 양주흡은 본가에 머물며 독서에 열중했다. 양주흡은 1월 22일에 귀국을 결심한 이후, 도쿄에서 매일 책을 사 모았다.[54] 웅변 및 연설 관련 도서, 논리학, 윌슨(Thomas Woodrow Wilson)의《자유주의》, 시어도어 루스벨트(Theodore Roosevelt)의《대전(大戰)과 미국의 장래》등이었다. 구입한 도서는 세계 정세 판단을 위한 도서와 웅변 및 연설 관련 도서이다. 양주흡은 1월 24, 25일에《대전과 미국의 장래》를, 2월 10~15일에 웅변자습서와 '근세(近世)혁명사', '연설과 식사(式辭)

---

52) 〈양주흡 일기〉, 2월 6일.

53) 〈양주흡 일기〉, 1월 25일.

54) 〈양주흡 일기〉, 1월 23~28일.

2월 16일	"오늘 친목회를 삼구촌(三口村)에서 개최하여 동세현의 여비 기부금 30원을 회원 20명에게 받았다."
	"이응익 씨 나[비인鄙人]에게 1원 기부."
2월 18일	"김성욱, 박 군(박충모), 김동진 3인에 대해 여비를 운동했다."
2월 19일	"출발할 때 박충모 씨로부터 돈 1원을 받았다."
	"출발할 때 방면호로부터 돈 1원을 기부받았다."
2월 20일	"손관희가 돈 1원을 기부했다."

의 책' 등을 읽었다.[55] 특히 본가에 머무른 8일 중 5일간 독서를 했다
는 사실에 주목해야 한다. 양주흡은 '혁명'을 실현하기 위해 세계 정세
를 이해하고 조선인들의 호응을 이끌어낼 방도를 고민했던 것이다.

ⓒ시기 양주흡은 본가를 출발하면서 모금 활동을 시작했다. 이는
표면상으로는 크게 두 가지 방향에서 이루어진 듯한데, 하나는 고학
생으로 도쿄에 체류 중인 동세현의 귀국 여비를 마련하기 위한 것이
었고, 또 하나는 자신의 여비를 마련하고자 했던 것으로 보인다.[56]

2월 16일 삼구촌에서는 동세현의 여비 기부금을 모금했지만, 이외
의 모금은 무엇을 위한 것인지 불분명하다. 다만 2월에 돈을 지원해

---

55) 〈양주흡 일기〉, 1월 24·25일, 2월 10~15일. 현재 전하는 일본어 '역문'에는 책 제목을 '연세
(延世)혁명사'로 잘못 적고 있다. 하지만 정확히 '근세혁명사'라는 제목의 책은 아직 확인하
지 못했다. 다만 이 시기에 '근세'라는 단어는 '최근세(最近世)', 사실상의 현재를 의미하는 단
어로 사용되었으므로 '근세혁명사'라는 책은 프랑스대혁명 이후 혁명의 역사를 다룬 책으로
추정된다.

56) 향후 신문 과정에서 동세현의 여비 기부금 모금에 대해 묻자, 양주흡은 2월 16일 있었던 30원
모금에 대해 부정하고, 4원만을 모금했고, 그 돈을 동세현에게 부쳐줬다고 답했다. 30원은 모
금했던 것이 사실인지 여부와 동세현 여비 모금이었는지, 양주흡 자신의 활동자금 모금이었
는지에 대한 명확한 답을 구할 방법이 없다. 〈양주흡 신문조서〉, 1919년 6월 27일, 《한민족독
립운동사자료집 17: 삼일운동 Ⅶ》, 국사편찬위원회, 1994(이하 '〈양주흡 예심조서〉').

준 김성욱, 박충모, 김동진, 방면호 등에게 3월에도 다시 돈을 요청했던 사실을 통해 생각해본다면,[57] 양주흡이 자신이 행할 운동을 설명한 뒤 지원을 받았으며, 또다시 지원을 요청했을 것으로 추정된다.

ⓡ시기에 양주흡은 2월 19~23일 사이에 정일학교와 북청농업공립학교 학생들과 집중적으로 접촉했다. 2월 19, 20일에는 정일학교에 가서 박용희(朴龍熙), 한채학(韓寀鶴), 박구을(朴救乙) 등을 만났고, 2월 21~23일에는 북청농업공립학교 생도가 양주흡을 찾아와 같이 음주를 즐기기도 했다.[58]

'이동 시기'에 양주흡이 만났던 사람들의 이름은 드러나지만, 그들과 무슨 대화를 나누었는지는 불분명하다. 하지만 독립선언을 꿈꾸며 도쿄에서 식민지 조선으로 돌아왔고, 또 본가에 머물면서는 웅변책과 '근세혁명사' 같은 책을 읽으며 운동을 대비했던 양주흡이 단순히 안부차 학생들을 만났던 것으로 보기는 어렵다. 정일학교의 경우 확인되지 않지만, 북청농업공립학교는 3월 중순 만세시위를 기획하기도 했다.[59] 이러한 시위운동에 양주흡의 행동 또한 일정한 영향을 미쳤을 것이다.

1919년 2월, 도쿄를 출발해서 북청에 들렀다가 경성으로 향하는 여정은 양주흡에게만 해당되지 않았다. 3월 간동 88번지에 모였던 7명

---

57) 〈양주흡 일기〉, 3월 8일.

58) 〈양주흡 일기〉, 2월 19~23일.

59) 〈판결 대정 8년 형공 제457호〉,《독립운동사자료집 5: 삼일운동 재판 기록》, 독립운동사편찬위원회, 1971, 1025쪽. 3월 중순 무렵 북청농업공립학교에서 만세시위를 기획한 사실이 있다. 그런데 이 정보에서 주목되는 점이 있다. 이 사건을 기획하고 주도한 강석규(姜錫圭, 25세, 농업)란 인물의 존재이다. 12월 31일에 고재완과 귀국한 재일 유학생 이름도 강석규다. 게다가 고재완은 처음 체포되었을 때, 자신의 신분을 '농업'이라 속였던 사실이 있다. 판결문에 강석규의 직업이 농업이라고 적혀 있는 점에서 학생들을 선동한 강석규가 유학생 강석규일 가능성이 있다(〈고재완 예심조서〉).

의 북청 출신 유학생 중 김유인을 제외하고는 모두가 고향에 들렀다가 고종 장례식 구경을 왔다고 한다.[60] 또 신창에서 만세시위를 조직하는 데 참여한 최문진과 도쿄에서 귀국한 김학우·고병남을 양주흡이 북청군 신창에서 함께 만난 점 등을 미루어봤을 때, 북청 출신 유학생들은 공통적으로 북청으로 향했고 북청과 경성에서 재회했던 것으로 보인다.[61] 특히 고병남과 양주흡은 '도쿄-북청-경성' 세 곳에서 모였다는 점에서 이동과 활동에 대한 기본적인 합의를 하고 있었던 것으로 보인다. 하지만 경찰과 검찰이 이에 대해 캐물었을 때 양주흡은 그러한 의도를 부정했고, 3월 일기에서 고병남의 이름을 지웠다.[62]

2월 일기에서 양주흡은 자신의 감정을 거의 드러내지 않지만, 정일학교와 북청농업공립학교 학생들을 만나고 있던 와중인 22일에 자신이 꾸었던 꿈을 일기장에 적으면서 다짐을 되새겼다. 그의 독립에 대한 열망, 그에 대한 실천 의지는 전혀 사그라들거나 위축되지 않았다. 정일학교와 북청농업공립학교 학생들을 만나면서 그러한 다짐은 더욱 굳건해졌다. 그는 혁명을 꿈꾸며 경성으로 향했다. 양주흡이 꿈꾼 혁명은 그가 생각한 대로 순탄하게 흘러갔을까?

3. 운동: 3월 이후, 경성

1919년 3월 1일 오전 9시 45분, 양주흡은 원산에서 청량리행 열차

---

60) 〈전명우 신문조서〉.

61) 〈양주흡 일기〉, 2월 27일.

62) 〈고재완 예심조서〉; 〈경찰의 양주흡 신문조서(1)〉; 〈경찰의 양주흡 신문조서(2)〉; 〈검찰의 양주흡 신문조서〉.

를 탔다. 경원선이 지나가는 정거장마다 고종 장례식을 보러 가는 사람들로 인산인해였다. 여정은 계속 지체되어 양주흡은 3월 1일 오후 4시 50분이 되어서야 경성에 도착할 수 있었다. 이때는 3·1운동이 벌써 시작된 후였고 그날의 시위도 어느 정도 정리된 상태였다. 그는 3월 1일 만세시위를 놓쳤고 경성, 평양, 함흥, 진남포, 진주, 대구 등지에서 만세시위가 있었다는 소식을 들었을 뿐이었다.[63]

양주흡은 경성에 도착한 이후 3월 3일까지 고종 장례식을 구경하는 가운데, 3월 2일에는 자신의 숙소를 경복궁 옆 간동 88번지로 옮겼다.[64] 그런데 그곳에는 이미 김유인, 이춘균, 고재완, 고병남, 조정기, 이응영 등 북청군 출신 도쿄 유학생 6명이 양주흡보다 먼저 와서 머물고 있었다.[65]

이들은 모여서 무엇을 하려고 했던 것일까? 안타깝게도 〈양주흡 일기〉를 통해서는 무엇을 하려 했는지 알 수 없다. 신문조서에서도 양주흡, 고재완 등은 서로 간에 독립운동에 대한 대화를 하지 않았냐는 검경의 질문에 대해 극구 부인했다.[66]

---

63) 〈양주흡 일기〉, 3월 1일.

64) 〈양주흡 일기〉, 3월 2일.

65) 〈고재완 예심조서〉; 〈전명우 신문조서〉; 고정휴, 앞의 논문(2010), 187쪽. 신창에서 만났던 고병남이 전명우 집에 도착한 시점은 불분명하다. 3월 5일 잡힌 고재완도 그를 언급하는 것을 보면 3월 5일 이전에 왔을 것으로 보이지만, 양주흡은 또 자신이 하숙하고 일주일 뒤(3월 9일 무렵)에야 왔다고 진술하고 있다. 이는 고병남을 위한 거짓 진술로 추정된다(〈양주흡 예심조서〉).

66) 〈고재완 예심조서〉; 〈경찰의 양주흡 신문조서(1)〉; 〈경찰의 양주흡 신문조서(2)〉; 〈검찰의 양주흡 신문조서〉. 고재완은 2월 23일경부터, 김유인은 그보다도 1주일가량 앞선 2월 16일경부터 전명우 집에 숙박하고 있었다. 간동 88번지 주인인 전명우도 주목해야 한다. 그 역시 북청군 출신으로, 1917년에 상업 목적으로 서울에 이주해왔다. 전명우가 간동 88번지에 거주하기 시작한 것은 1919년 2월 11일부터였다. 그런 그가 숙박업 경영 허가를 받은 시점은 1919년 4월 21일이었다. 즉 허가를 받기 전, 집을 옮긴 지 2주일도 안 된 시점에 이미 북청군 출신 유학생들의 하숙을 받았던 것이다. 전명우는 북청군 출신 재일 유학생들의 귀경 목적을 알고 공간을 제공해주었을 개연성이 크다. 하지만 그에 대한 여러 의구심은 신문조서를 통해 확인하기가 어렵다(〈전명우 신문조서〉).

다만 간동 88번지에 모인 이들 중 이춘균, 김유인은 3·1운동 기간에 '한성정부 설립운동'에 참여했음이 확인된다.[67] 김유인과 매우 친했던 양주흡 역시 이 움직임에 연루되었을 수 있지만 구체적이고 직접적인 증거가 없다. 오히려 〈양주흡 일기〉에 따르면, 3월 중순이 넘어가면서 양주흡은 김유인, 이춘균 등과 그다지 소통하지 않았던 것으로 보인다. 양주흡은 3월 22일 니콜스크우스리스크[68]에 임시정부를 설립한다는 소식을 듣고 3월 29일 그곳에 가고 싶어 했다.[69] 하지만 이는 김유인, 이춘균이 관여했던 '한성정부'나 '신한민국정부'와는 전혀 별개인 대한국민의회를 염두에 둔 바람이었다. 또 4월 10일에는 또 다른 전단정부(傳單政府)인 조선민국임시정부에 대한 소식을 일기에 적고 있다.[70] 만약 양주흡이 김유인, 이춘균과 함께 활동했다면, 국외의 대한국민의회나 조선민국임시정부 소식을 동조하기보다는 배척했을 것이다.[71]

간동 88번지에 모였던 이들의 행적 차이는 3월 1일 이전의 경험 차이에서 비롯되었다고 생각한다. 양주흡은 경성을 거친 적 없이 북

---

67) 고정휴, 앞의 논문(1997), 196쪽.

68) 〈양주흡 일기〉에는 소악령(小嶽嶺)이라고 적고 있으나, 주로 소왕령(蘇王嶺), 쌍왕자(雙城子), 소학령(巢鶴嶺), 송왕령(宋王嶺, 松王嶺) 등으로 적는다. 이곳은 연해주 내륙의 중심 도시 가운데 하나로, 1919년에 대한국민의회가 이 도시에서 출범했다. 임경석, 《한국 사회주의의 기원》, 역사비평사, 2003, 55·92쪽.

69) 〈양주흡 일기〉, 3월 22·29일.

70) 조선민국임시정부에서 손병희를 정도령으로, 이승만을 부도령으로 삼았다는 소식이었다. 〈조선민국임시정부 조직 포고문〉은 4월 10일 인사동 일대에 배포되었다. 고정휴는 이 정부를 천도교단에서 추진했던 운동으로 보고 있다. 〈양주흡 일기〉, 4월 10일; 국가보훈처 편, 《해외의 한국독립운동사료(XXV): 일본 편(7) 3·1운동 독립선언서와 격문》, 국가보훈처, 2002, 208·209쪽; 고정휴, 〈3·1운동과 천도교단(天道敎團)의 임시정부 수립 구상〉, 《한국사학보》 3·4, 고려사학회, 1998.

71) 당시 운동 참가자들 사이에서는 조선민국임시정부가 경무총감부에서 조작한 것이라는 소문이 돌았고 이를 배척하는 분위기가 형성되었다. 경기도 경무부, '경고비(京高秘) 제4581호', 《사찰휘보(제20회)》, 1919년 4월 11일.

청에서 바로 도쿄로 유학을 갔다. 그래서 그는 경성에 와서도 다양한 사람들과 관계가 없었고, 그의 관계는 단지 북청군 출신들로만 한정되었다. 게다가 양주흡이 경성에 도착한 시점은 이미 운동이 시작된 후여서 새로운 관계를 맺을 수 있는 상황이 아니었다. 그에 비해 김유인은 경성에서 시위를 준비하던 학생단 중 한 사람인 주익(朱翼)과 2월 중순에 이미 연결되면서 전혀 다른 운동의 길을 찾게 되었다. 《조선독립신문》 발간에 관여한다거나, 한성정부 선포에 뛰어들었던 것이다.[72] 한성정부를 준비한 비밀조직 중 학생조직의 인물들은 함경도로 출신 지역이 제한적이었지만 학생조직을 넘어 함께했던 이들은 출신지, 출신 학교, 나이 모두 다채로웠다.[73] 이춘균과 김유인은 출신 지역을 넘어 새로운 관계를 통해 새로운 활동으로 국내 3·1운동에 개입하려고 했던 것이다.

양주흡은 특정한 조직 운동과 닿아 있지 않았지만 지속적인 운동을 하기 위해 찾아다녔다. 그는 간동 88번지에 계속 머물면서 북청군 출신 인물들과 다양하게 접촉하고, 만세시위에 참가하고 순사를 피해 다니고, 교회에 가고, 자금운동을 벌였다. 양주흡은 거대한 운동 속에서 자생적으로 운동에 가담하고자 가능한 범위에서 끊임없이 노

---

72) 주익은 함경남도 북청군 출신으로, 2월 중순에 이미 경성에 온 재일 유학생들과 접촉하고 있었다. 그들은 아마도 김유인을 비롯한 북청군 출신 유학생들로 추정된다(장규식, 〈YMCA학생운동과 3·1운동의 초기 조직화〉, 《한국근현대사연구》 20, 한국근현대사학회, 2002, 124·125쪽; 〈이관(李瓘) 신문조서〉, 《한민족독립운동사자료집 17: 삼일운동 VII》, 국사편찬위원회, 1994) 그는 2월 28일 전명우 집에 찾아와 3월 1일에 독립운동이 시작될 정보를 전달했으며, 3월 말에는 김사국과 김유인을 연결시켜주는 역할을 했다(《공판시말서(4)》, 《한민족독립운동사자료집 19: 삼일운동 IX》, 국사편찬위원회, 1994; 《공판시말서(5)》, 《한민족독립운동사자료집 19: 삼일운동 IX》, 국사편찬위원회, 1994). 주익에 대한 정보 역시 소략해서 그가 어떤 활동과 역할을 했는지는 불분명하지만, 3월 말에서 4월 초 이춘균, 김유인과 장채극, 이철, 김사국, 윤좌진 등을 연결하는 매개자 역할을 주익이 담당했던 것으로 추정된다.

73) 고정휴, 앞의 논문(1997), 181·182쪽 〈표 2〉와 196쪽 〈표 3〉 참고.

력했다.

우선, 양주흡이 간동 88번지에 계속 머물렀던 사실에 주목해야 한다. 3월 5일 남대문역 만세시위에 참석하려고 나섰던 친구 고재완이 체포되었다. 그러자 이춘균, 이응영, 조정기, 고병남, 김유인 등은 3월 중순을 전후해 각자 다른 곳으로 흩어졌다.[74] 이미 고재완이 잡혔기 때문에 장소가 노출될 위험이 있었는데도 양주흡만은 계속 간동 88번지에 머물렀다.

전명우에 따르면 고종 국장일 즈음에는 하루 10~15명의 사람들이 전명우 집에 드나들었다. 이곳은 3·1운동 기간 중에 북청군 출신들의 사랑방이었다. 3월 말 박용희, 김경희, 김민철 등 여러 사람이 양주흡을 찾아와 함께 머물렀다.[75] 김민철은 1월 도쿄에서, 박용희는 2월 북청에서 함께 어울렸던 인물들이다.[76]

또 한편으로 양주흡은 적극적으로 만세시위 현장을 찾아다녔다. 그는 3월 4일, 5일, 10일, 12일에 있던 시위에 가담하려 했다. 하지만 정보가 부족했을 뿐 아니라 경성 시내에서 있었던 시위는 순식간에 벌어졌다가 해산되었기 때문에 그는 운동에 직접적으로 참여할 수 없었다.

1919년 3월 경성에서는 시위를 엄격하게 통제했다. 3월 5일 남대문역 앞 시위 이후에는 경성 시내에서 더 이상 만세시위가 불가능했다. 그나마 마포, 뚝섬, 왕십리 등지에서 만세시위가 계속되었다.[77] 하지만 양주흡의 활동 범위는 간동 88번지를 중심으로 광화문, 종로, 남

---

74) 〈전명우 신문조서〉; 〈양주흡 일기〉, 3월 13일. 이에 대해 전명우는 3월 5~10일 사이에 다들 돌아갔다고 진술하고 있으며, 〈양주흡 일기〉에도 3월 13일에 본 방에 동거하는 사람들이 밤에 모두 이전했다고 적고 있다. 물론 이 정보들 또한 의심해볼 만하다. 양주흡은 신문 과정에서 김유인과 한 달가량 같이 지냈다고 답했다(〈양주흡 예심조서〉).

75) 〈양주흡 일기〉, 3월 31일, 4월 2·3·9일.

3월 4일	"정오에 시위운동이 있음으로 광화문 앞에 갔다."
	"내일 오전 9시로 연기했다."
3월 5일	"오전 9시에 일반 학생이 남대문 외 및 광화문 앞에서 시위운동을 한다고 해서 갔더니 이미 강력 제지당해 해산했다."
3월 10일	"오후 2시에 일반 상민들이 종로에서 시위운동을 한다고 해서 이응영과 함께 갔더니, 길 양측에 순사·헌병이 열 지어 서서 엄중한 경계를 해서 그때 체포된 사람도 있었다. 여학생은 자동차로 서대문 밖 감옥소에 구류되었다."
3월 12일	"오후 2시 천도교도 및 일반 민중이 종로에서 시위운동을 한다고 해서 갔더니, 순사가 열 지어 서 있었다. 3·4명이 만세를 불러 체포되었다고 한다."

대문 정도였다. 양주흡이 적극적으로 시위에 가담하려고 노력했더라도 쉽사리 참여할 수 없었다. 양주흡은 3월 12일 시위 현장을 찾아간 이후 3월 25일에 처음으로 '만세'를 외쳤다.[78] 25일의 만세 외침은 소수에 의한 즉흥적이고 게릴라적인 것이었다. 양주흡은 활동할 곳을 찾지 못하고 있던 마음속 응어리를 토해냈던 것이다.

이외에도 양주흡은 다른 활동들을 끊임없이 하고 있었다. 그는 3월 1일부터 4월 14일까지 경성에 머물면서 끊임없이 돌아다녔다. 4월 10일 일기에 "오늘은 아무 곳에도 나가지 않았다"라고 기록할 정도로 외출이 잦았다.[79] 시위운동에 참여하거나 이른바 '순사 피하기'와 '교

---

76) 이때 양주흡은 간동 88번지에 머물며 북청군 출신들을 연결시켜주는 역할과 모금운동을 수행했을 것으로 추정된다. 하지만 일제 경찰이나 검찰 측에서는 그가 벌인 3월 달의 모금 활동이나 친구들과의 교류에 별로 주목한 바 없고, 혹시나 물음이 있더라도 양주흡은 모르쇠로 일관하며 모든 혐의를 부정했다(〈경찰의 양주흡 신문조서(1)〉; 〈경찰의 양주흡 신문조서(2)〉; 〈검찰의 양주흡 신문조서〉).

77) 兒島惣次郎(朝鮮憲兵隊司令官), 〈朝憲警 第107號 朝鮮騷擾事件一覽表ニ關スル件〉, 1919. 10. 2, 陸軍省 編, 《朝鮮騷擾事件關係書類 其1》.

78) 〈양주흡 일기〉, 3월 25일. "오늘밤 11시 경복궁 부근에서 만세를 불렀다."

79) 〈양주흡 일기〉, 4월 10일.

회 가기' 위해 외출하기도 했다.[80]

양주흡은 3월 10일부터 17일 사이에 순사가 가택수사를 한다는 첩보를 접하고 이를 피해 외출했다. 특히 3월 16일에는 "내일 가택수사를 한다고 해서 상자 안 일반 서류를 깊이" 숨겨두기까지 했다.[81] 이러한 양주흡의 행동은 단순히 일제 경찰의 행동에 예민하게 반응한 것이 아니라, 실제적 위협을 피했던 것이다. 3·1운동 기간에는 순사 및 형사 들이 학교 기숙사나 하숙집에 들이닥쳐 학생들을 체포하는 일이 빈번했다. 당시 경기도 경찰부는 3월 17일에 대대적으로 광화문, 종로의 집들을 수사할 계획을 세우고, 17일 오전 5시 30분부터 오전 11시까지 사복(주로 조선인 옷)을 입고 순찰하기로 결정했다. 17일에도 경찰 병력 176명이 투입되어 격문 배부 혐의자 2명 검거 및 수상한 사람 338명을 확인하고 각종 불온문서 수획 등에 나섰다.[82] 양주흡은 당시 경찰들의 이러한 활동을 미리 전달받고 대응했던 것이다.[83]

또한 양주흡은 1919년 3월 이후 경성에서 일요일마다 교회를 찾아갔다.[84] 양주흡이 방문했던 곳은 '도렴동 예배당'(지금의 기독교대한감리회 종교교회), '남대문 안 예배당'(지금의 기독교대한감리회 상동교회), '중앙예배당'이었다.[85]

---

80) 그 외에도 다양한 외출이 있지만, 그 구체적인 내용을 파악하기는 어렵다.

81) 〈양주흡 일기〉, 3월 10·13·15~18일.

82) 경기도 경무부, '경고비 제3030호', 《사찰휘보(제20회)》, 1919년 3월 16일; 경기도 경무부, '경고비 제3081호', 《사찰휘보(제21회)》, 1919년 3월 17일.

83) 〈양주흡 일기〉, 3월 6일. 일기에 양주흡은 "학생 기숙사에 형사가 와서 학생을 체포한 것이 많았다"고 적고 있다. 순사들의 학생 숙소 검문은 광범하게 일어났고, 학생들 사이에서는 그 정보가 공유되었던 것으로 추정된다.

84) 〈양주흡 일기〉, 3월 16·23일, 4월 13일.

85) 1919년 당시 '중앙예배당'은 두 곳으로 감리교 측은 인사동에, 장로교 측은 승동에 있었다. 일기상의 '중앙예배당'이 둘 중 어느 곳인지는 알 수 없다.

양주흡은 신문 과정에서 자신은 무교라고 주장했다.[86] 일기에 드러나는 행적만을 봐서는 정말 무교였는지 의구심이 든다.[87] 하지만 그가 기독교도라고 하더라도 쉽게 이해되지 않는 행적이다. 찾아가는 교회가 매번 달랐고, 3월 23일에는 서로 다른 두 곳의 교회를 연속적으로 방문해 '참배'했다. 3·1운동 초반 경성의 학생들이 독립시위를 계획할 때, 정동교회와 승동교회 등지에서 모였었다.[88] 이후에도 교회를 매개로 한 학생 네트워크가 작동했을 수 있다. 양주흡은 그러한 네트워크를 찾아다니고 있었는지도 모른다.[89]

북청군 출신 친구들로부터 내밀한 지하활동 정보를 획득하지는 못했지만, 양주흡은 끊임없이 다양한 정보를 얻고 있었다. 이때 주요한 정보원은 바로 3·1운동 당시의 지하신문과 격문이었다.[90] 그가 이를 발간하는 데 관여하거나 배포하는 데 역할을 한 행적은 없지만 이러한 상황에 영향을 받고 있었다.

하지만 양주흡의 활동들도 점차 한계에 부딪히고 있었다. 탄압은 극심해지고 운동 공간은 축소되어갔다. 3월 말에는 흉흉한 소식들로 가득했다. 양주흡의 고향인 북청군에서 시위 도중 한 사람이 칼에 팔이 잘린 사건이 있는가 하면, 일본인이나 순사에 의한 살인사건 소식이 전해지면서 양주흡 스스로도 "요즘은 밤중에 왕래하기가 매우 불

---

86) 〈양주흡 예심조서〉.

87) 〈양주흡 일기〉, 1월 25일. 그는 도쿄에 머물면서 스루가다이(駿河臺)의 일본 기독교회단에 가서 찬미가 및 설교를 들었던 적이 있다.

88) 장규식, 앞의 글.

89) 〈양주흡 일기〉에서는 교회에서 참배했다는 단편적 정보만 있을 뿐, 더 이상의 해독이 불가능하다.

90) 〈양주흡 일기〉, 3월 23일에는 "오늘 《독립신문》에는 세금을 납부하지 말 것, 일본인 상점과 거래하지 말 것 등을 기재하여 배달되었다"고 기록하고 있다.

편하다"고 일기에 적고 있다.[91] 병졸들이 길에 서서 '소요'를 사전에 봉쇄하고, 탄환이 장전된 총을 소지하고 있기까지 했다. 더 이상 경성에서 시위를 할 수 없는 형편이었다.[92]

이러한 상황에서 국외로 나갈지 말지를 놓고 양주흡의 머릿속은 복잡했다. 양주흡은 3월 19일 북간도 지방으로 많은 사람이 가고 있다는 사실을 인지했고,[93] 22일에는 니콜스크우스리스크에 임시정부가 설립되었다는 소식을 듣고 그곳으로 옮길 것을 결심했다.[94] 국내에서의 활동이 불가능하다고 판단한 시점에 1월에 유보해두었던 만주행이 다시 대안으로 떠오른 것이었다.

그는 1월의 고민을 반복했다. 만주로의 이동을 실현하기 위해서는 돈이 필요했고, 그는 4월 5일 본가에 편지로 돈을 요청했다. 하지만 감감무소식이었고, 8일과 11일에도 본가에 편지를 보냈다. 그는 회답도 없는 현실에 답답함을 토로했다.

> 시기는 도래하였으나 어느 곳도 착수할 곳이 없다. 이를 어찌하여야 하는가. 중화민국으로 가려고 여비를 수차례 청구하였으나 회답이 없다. 참으로 안타까운 일이다. 이렇다면 차라리 죽는 것이 좋겠다.[95]

'혁명'을 스스로 성취하겠다는 이상은 있었지만, 내부 운동에 접속하지 못한 한계와 임시정부 수립이나 파리강화회의 같은 외부에서

---

91) 〈양주흡 일기〉, 3월 26·27·28·29일, 4월 1일.
92) 〈양주흡 일기〉, 4월 4·5일.
93) 〈양주흡 일기〉, 3월 19일.
94) 〈양주흡 일기〉, 3월 22·29일.
95) 〈양주흡 일기〉, 4월 12일.

전해지는 높은 성취들 앞에서 양주흡은 스스로가 초라하게 느껴지고 조급해져만 갔다. 그리고 그 조급함을 해소할 현실적 요건을 갖추기는 어려웠다. 양주흡은 독립에 대한 열망과는 별개로 자신이 독립을 실현하기 위한 구체적인 계획을 세워나갈 수 없었다. 하지만 양주흡을 비롯해 모두가 그런 처지에 놓여 있었다. 거대한 운동 속에서 어느 개인이 뚜렷한 전망과 정확한 대안을 지녔겠는가.[96]

양주흡의 일기는 이런 고민이 지속되는 와중에 중단된다. 양주흡은 4월 14일경 체포되었다. 자신의 생각과 행적을 적었던 일기가 가택수사를 당하면서 발견되었기 때문이다. 그가 꿈꾸었던 미래와 품었던 열망은 좌절되었다.

혁명이 좌절된 이후

1919년 제1차 세계대전이 끝나고 국제질서가 새롭게 재편되고 있었다. 식민지에서는 윌슨의 '민족자결주의'에 따른 변동을 기대하고 있었고, 도쿄의 조선인 유학생들도 이러한 분위기를 공유하고 있었다. 그들은 '민족자결주의'를 토론하면서 향후 '독립'을 어떻게 성취할 것인지를 놓고 고민 중이었다.

이 글의 주인공 양주흡은 1919년 새해가 밝아올 당시, 당장의 독립보다는 점진적인 실력양성을 꿈꾸었다. 그런 그가 1919년 세계 정세가 변화하고 독립운동 열기가 고조되자 자신의 진로를 당장의 독립투쟁·무장투쟁으로 급선회했다.

---

96) 권보드래, 〈1919년, 혁명을 꿈꾸던 청년들-메이지대생 양주흡의 2·8과 3·1〉(2), 수유너머 Weekly-역사 뒤, 남은 사람들(http://suyunomo.jinbo.net/?p=10205).

그는 자신이 동원 가능한 자원, 즉 북청 출신의 인맥과 본가로부터의 재정적 지원을 바탕으로 도쿄에서 북청으로, 다시 북청에서 경성으로 이동하며 '혁명'을 이루고자 노력했다. 하지만 이런 활동은 한계를 가질 수밖에 없었다. 그는 어떤 비밀결사나 조직에도 관여한 바가 없었던 만큼 구체적인 운동 방법 또한 확보하지 못했다. 그는 행동하면서도 주저하고 고민했다. 양주흡의 이러한 마음 상태는 1919년 1월에서 4월까지 계속되었다.

1919년 3월 1일 독립선언이 이루어진 날, 많은 조선인은 곧 조선 독립이 이루어지리라는 기대에 고양되어 있었다. 하지만 그것은 저절로 실현되는 것이 아니었고, 그들은 만세를 외친 이후에 다시 무엇을 해야 할지 고민하기 시작했다. 그사이 일제의 탄압은 더욱 극심해졌고, 3월 1일 만끽했던 해방구는 점차 사라지는 듯했다. 여러 선택지가 있었지만, 어느 하나 쉬운 길은 없었다. 그 무렵 양주흡도 체포되었다.

양주흡은 이후 어떤 삶을 살았을까? 혁명적 정세가 끝나고, 1920년 5월 27일 만기출옥한 양주흡은 메이지대로 돌아갔다. 그는 1921년 북청군 유학생 지원단체인 청우장학회 순강단에 참가했으며, 1922년 메이지대 법과를 졸업했다.[97] 그 이후 양주흡의 행적은 잘 나타나지 않는다. 김유인, 이춘균, 고재완, 고병남, 이응영처럼 일정하게 사회주의적 지향을 실천해나갔는지,[98] 아니면 본래 마음먹었던 '점진적 실력양성'을 위해 노력했는지 말이다. 혹은 양주흡은 이 두 가지 모

97) 〈청우장학회순강단〉, 《동아일보》, 1921년 7월 23일자: 〈33인의 졸업생〉, 《동아일보》, 1922년 4월 1일자.

98) 이현주, 《한국 사회주의 세력의 형성》, 일조각, 2003, 77~80쪽: 고정휴, 앞의 논문(2010), 194쪽.

두를 부여잡고 고민하면서 나아가고 있었는지도 모른다.[99] 다가올 새로운 혁명을 꿈꾸며.

---

99) 양주흡은 1924년 조선노농총동맹 발기회에 함남 이원군 창흥노동친목회 대표로 참석하고 있으며, 자신의 고향인 북청군 이곡면 양촌(梁村)에 영신서당(永新書堂)을 설립하기도 했다. 서당 설립 시점은 명확치 않다. 경성 종로경찰서장, '경종경고비(京鍾警高秘) 제4409호의 2', 〈조선노농총동맹발기회의 건〉, 1924년 4월 17일,《검찰행정사무에 관한 기록(1)》, 경성지방법원 검사정;《북청군지(개정증보판)》, 북청군지편찬위원회, 1994, 1149쪽.

8장

유학자 김황의 3·1운동 경험과 독립운동 이해[1]

서동일

지방인의 시선으로 바라본 3·1운동

최근 역사학계의 3·1운동에 관한 주요 연구 경향 중 하나는 서울 중심의 시각에서 벗어나 개별 현장(지역) 중심의 연구가 증가하고, 3·1 운동의 '세계사적 의의'와 같은 거시적 담론의 중압감에서 벗어나 거대한 역사 흐름과 조우한 인간 내면의 미묘한 흔들림을 관찰하려는 시도가 늘어나고 있다는 점이다. 이는 3·1운동에 관한 허상을 걷어 내고 실재를 포착하려는 노력으로 해석된다.[2] 그런 점에서 우리는 그동안 외면했던 지방유림의 일기에 좀 더 많은 관심을 기울일 필요가 있다.

---

1) 이 글은 서동일, 〈김황의 일기에 나타난 유림의 3·1운동 경험과 독립운동 이해〉, 《한국독립운동사연구》 64, 2018을 보완한 것이다.

2) 서동일, 〈3·1운동의 연구사적 검토〉, 《3·1운동 및 5·4운동에 대한 사학사적 검토》(한국사학사학회 20주년 기념 학술대회 발표자료집), 2018, 86쪽.

유림은 일반적으로 3·1운동에 관한 주요 담론에서 배제되어왔다. 그들의 동선은 3·1운동의 '혁명성'과 '근대성'에 몰두하는 연구자들에게 주목받지 못했다. 그러나 유림은 3·1운동을 가까이에서 목격했고 지방 만세시위에 지도력을 발휘한 주요 토착세력이었다. 그들은 고종의 급서 소식을 접하자 깊은 충격에 빠졌고, 인산을 지켜보기 위해 무리를 지어 상경했으며, 2월 말과 3월 초 경성3)에 대규모 인파4)를 형성한 장본인이었다.

이 글에서는 경남 산청의 청년 유림 중재(重齋) 김황(金榥, 1896~1978)이 1919년 3~5월 스승의 지시에 따라 경남 거창과 '경성'을 오가는 과정에서 남긴 〈기미일기(己未日記)〉(1919. 2. 13~5. 29)를 살펴보려고 한다. 〈기미일기〉를 통해 지방인의 눈에 비친 3·1운동의 형상을 확인하고 지방유림이 독립운동에 접근하는 초기 경로를 추적하는 것이 주된 목적이다. 지금까지 〈기미일기〉는 주로 유교계의 독립청원운동인 파리장서운동(巴里長書運動)을 분석하는 데 활용되어왔다.5) 하지만 이 일기에는 파리장서운동뿐 아니라 3·1운동을 전후해 경성과 지방의 동정이 매우 상세히 기술되어 있다. 이는 스승 곽종석(郭鍾錫)으로부터 독립운동에 관한 중요한 임무를 부여받은 김황이, 보고 듣고 실행한 것들을 자세히 기록해야 할 필요성을 느꼈기 때문일 것이다.

---

3) 이하 본문에서 필자는 오늘날 서울로 불리는 지역을 '경성'으로 기술하고자 한다. '경성'을 '서울'로 기재해도 맥락을 크게 벗어나지는 않으나, '경성'으로 기재한 것은 식민지 시기라는 미세한 환경의 차이를 고려해서이다. '경성'은 단지 지방과 대비되는 용어로서의 지역명이나 강제병합 이후 변경된 행정구역 명칭을 가리키는 데 그치지 않고, 전 시대와 달라진 식민지 환경의 집산물로서의 지역을 형상화한 표현으로 사용했다.

4) 《고베신문(神戶新聞)》은 3월 2일까지 경성에 운집한 군중의 수를 10만 명으로 추정했다(〈京城に集る者十萬〉,《고베신문》, 1919년 3월 2일자).

5) 대표적인 연구는 허선도, 〈3·1운동과 유교계〉, 동아일보사 편,《3·1운동 50주년 기념논집》, 동아일보사, 1969.

한편, 〈기미일기〉에는 김황이 경성에서 만난 사람들과 나눈 대화가 다수 실려 있다. 그중에는 김황이 수세적 위치에서 나눈 대화도 적지 않다. 이 일기가 여타 유림의 일기에 비해 덜 각색되었음을 보여주는 대목이다. 그만큼 3·1운동을 바라보는 지방인과 청년유림의 관점이 솔직하게 드러나 있다.

다만 일기의 내용을 효과적으로 이해하기 위해 분석 대상을 한정했다. 파리장서운동에 관한 부분은 선행 연구에서 이미 충분히 다뤄졌으므로 언급을 최소화했다. 따라서 김황이 귀향(1919. 3. 9)한 이후 진행한 파리장서운동에 대해서는 약술할 것이다. 즉, 유교계의 독립청원운동이 발생하기 전에 어떤 논의가 오갔는지를 위주로 살펴보고자 한다.[6]

1. 경성에서 전해진 비보(悲報)와 지방유림의 반응

1) 일기의 사료적 가치

〈기미일기〉는 어느 정도의 사료적 가치가 있는 것일까? 우선, 일기의 작성자와 기록의 특징에 대해 살펴보자. 일기의 작성자 김황은 경남 산청에 거주하는 촉망받는 청년이었다. 아버지 김극영(金克永)은 조선 말기 3대 유학자의 한 명인 이진상(李震相)[7]에게 가르침을 받았고, 스승 곽종석도 이진상의 뛰어난 여덟 제자(주문팔현洲門八賢) 중 최고로 손꼽힌 인물이었다. 말하자면 김황은 이황(李滉)-이상정(李象

---

6) 본문에 기재된 날짜는 모두 양력으로 기술했다. 〈기미일기〉에는 음력으로 기재되어 있지만, 날짜 간의 혼란을 막고 3·1운동의 추이와 비교해보기 위해서이다.

7) 현상윤, 《조선유학사》, 현음사, 1986(재판), 368쪽.

靖)-이진상으로 이어지는 영남 퇴계학파의 영향을 강하게 받으며 성장했다. 특히 스승 곽종석은 1903년 고종의 부름을 받고 임금을 독대〔야복입대野服入對〕한 뒤 경연관·서연관에 임명되는 등 고종으로부터 파격적인 대우를 받은 영남 유림의 대표적 인물이었다.

김황은 소년 시절부터 경남 거창 다전(茶田, 지금의 거창 가북면 중촌리)에 있는 곽종석 집을 왕래하며 가르침을 받았다. 김황의 수학 과정은 〈다상소문(茶上所聞)〉에 자세히 기술되어 있는데, 1912년 제자가 된 이래[8] 매년 한 차례 이상 곽종석을 찾아가 가르침을 받았다고 한다.[9] 특히 3·1운동이 일어난 1919년에는 2월 15일(음 1. 15)부터 곽종석 집에 기거하며 곽종석의 조카 곽윤(郭奫)[10]과 함께 병약한 스승을 대신해 온갖 사무를 처리하고, 2월 26일에는 곽종석의 지시에 따라 곽윤 등과 함께 상경했다.

여기서 필자가 3·1운동에 관한 유림의 기록 중 김황의 일기에 주목하는 이유는 그가 1919년 2~4월 독립운동에 깊이 관여했다는 사실과 관계가 있다. 그는 스승의 지시에 따라 파리장서운동의 주요 연락책으로 활동했고, 이 임무를 수행하기 위해 경성과 경남 일대를 왕래하면서 3·1운동의 생생한 현장을 목격했으며, 당시 보고 들은 내용

---

8) 곽종석, 〈면문승교록(俛門承敎錄)〉,《면우집(俛宇集)》4, 아세아문화사, 1984, 838쪽.

9) 김황, 〈다상소문(茶上所聞)〉,《중재선생문집(重齋先生文集)》5, 권39, 보경문화사, 1988, 59·60쪽.

10) 곽윤(1881~1927, 호 대연大淵)은 곽종석의 형인 곽정석(郭廷錫)의 외아들이다. 1919년 2월 26일 김황과 함께 숙부 곽종석의 대리인으로 상경해 김창숙(金昌淑)과 함께 파리장서운동의 기획에 관여했다. 이런 독특한 위상은 1919년 2월 말 김황과 곽윤 일행이 경성에 도착했을 때 거사에 관심을 보인 인물들이 모두 이 '조카'(곽윤)부터 찾았다고 한 데에서도 알 수 있다. 한편, 곽윤은 1925년 김창숙이 독립운동기지 건설에 필요한 자금을 모으기 위해 비밀리에 입국했을 때에도 그를 적극 도왔다가 피신한 일이 있다. 문집으로《겸와유고(謙窩遺稿)》(1933)가 남아 있지만 내용은 매우 소략하다. 최근 현손 곽상윤을 통해 후손가에 소장되어 있는 전적·문서를 조사했으나, 독립운동에 관한 주목할 만한 문건은 발견되지 않았다.

을 꼼꼼히 기록했다. 무엇보다 그는 유림이기 전에 바깥세상에 대해 호기심이 많은 청년이었다.

〈기미일기〉는 독립운동에 관한 내용을 해방 이후 회고기의 형태로 짧게 정리한 것이 아니라 당대에 일기로 남겼다는 점에서 사료적 가치가 높다. 그 기록이 식민지 시기와 한국전쟁을 거치면서 소실되지 않고 남아 있다는 점이 놀랍다. 비슷한 시기에 작성된 일기들과 비교해보면, 그 내용이 풍부함을 한눈에 알 수 있다.

〈기미일기〉는 김황이 2월 13일(음 1. 13)부터 5월 29일(음 5. 1)까지 3개월 17일간 스승 곽종석의 지시에 따라 상경했다가 돌아오는 과정에서 보고 듣고 경험한 것들을 순한문체로 기록한 것이다. 분량은 간행된 문집을 기준으로 39쪽이고, 글자 수는 1만 7,000여 자에 달한다. 일기 제목은 원래 '일기(日記)'인데, 다른 해의 일기와 구분하기 위해 '기미(己未)'라는 간지를 붙였다.[11] 4월 25일(음 3. 25) 이후의 기록은 내용이 매우 소략하고 압축적이며, 남에게 전해 들은 얘기 위주이다. 이는 일기의 작성자가 파리장서운동의 주요 연락책이 되어 여러 곳을 왕래하며 쉴 새 없이 활동하느라 구체적인 기록을 남길 만한 시간적 여유가 없었기 때문일 것이다.

〈기미일기〉에 기록된 내용은 대부분 3·1운동이나 파리장서운동과 관련된 것이다. 분량만으로도 이 일기는 3·1운동 연구자들의 관심을 불러일으키기에 충분하다. 이 일기에는 지방유림의 고종 죽음에 대한 평가와 상복 착용 여부에 관한 깊은 관심, 인산에 앞서 지방에 떠돌던 각종 소문, 인산을 참관하려는 지방인의 심리, 국장 예행연습 광

---

11)　김황의 문집에는 〈기미일기〉(1919) 외에도 〈시병일기(侍病日記)〉(1939~1941), 〈건건록(乾乾錄)(건乾)〉(1967~1973), 〈건건록(곤坤)〉(1974~1977), 〈건척록(乾惕錄)〉(1978) 등의 일기가 수록되어 있다.

경, 상경 유학생들의 근황, 독립선언의 상황과 선언서의 내용, 만세시
위와 일본 군경의 시위 진압 광경, 고종독살설의 소문, 반우제(返虞祭)
광경, 인산 전후 유림의 독립운동에 대한 기민한 움직임 등이 소상히
적혀 있다.

다만 이 일기가 포괄하지 못하는 부분도 있을 것이다. 김황과 곽윤
은 곽종석의 지시를 받아 동반 상경했지만, 실제로 곽종석으로부터
대리인의 권한을 위임받은 인물은 곽윤이었기 때문이다. 그렇다고
해서 김황이 남긴 일기의 가치가 떨어지는 것은 아니다. 그는 곽윤과
함께 상경해 경성에 체류하면서 보고 들은 것을 매우 세세하게 기록
했고, 곽윤의 기록은 현재까지 발견되지 않고 있다.

2) 고종의 사망 소식과 지방유림의 반응

1919년 1월 21일 고종이 갑자기 사망했다.[12] 예상치 못한 일이었다.
더욱이 이 소식은 사망 이틀 뒤인 1월 23일자 신문에 1월 22일 사망
한 것으로 발표되었다.[13] 평소 고종의 건강에 뚜렷한 이상이 없었던
탓에 사람들 사이에선 자결설, 독살설 등 소문과 억측이 난무했다.[14]

유림은 충격에 빠졌다. 강제병합 이후 10년간 망국의 감정은 유예
되어 있었다. 그러나 '왕조시대'의 실질적인 '마지막 임금'인 고종이
사망함으로써 망국은 비로소 현실로 체감되었다. 이 소식을 들은 지
방의 유교 지도자들은 장고(長考)에 들어갔다. 그들은 망국을 막지 못
한 신하로서의 책임을 통감하며 반성했고, 유교 지도자로서 고종의

---

12) 이왕직(李王職) 편, 《일지(日誌)》, 1919, 한국학중앙연구원 장서각 MF16-111.

13) 〈휘보(彙報)〉, 《조선총독부 관보》, 1919년 1월 23일자(호외); 〈이태왕 전하 훙거〉, 《매일신보》,
1919년 1월 23일자.

14) 김용기, 〈삼일독립운동과 파리장서사건에 대하여〉, 《문리대학보》, 부산대 문리대학, 1959, 63
쪽; 李昇燁, 〈李太王(高宗)毒殺說の檢討〉, 《二十世紀研究》 10, 2009, 6~11쪽.

생애에 대한 평가, 상복 착용 여부와 착용 기간, 인산 준비, 독립운동 참여 여부에 대한 입장, 향촌사회에 대한 권고 사항을 놓고 고심을 반복했다.

고종의 사망 소식을 접한 유림은 우선 유교 경전과 국제(國制)가 제시하는 예법을 따랐다. 지방에서는 유림뿐 아니라 마을 주민 또는 관(官)의 주도로 고종의 유해가 있는 경성을 향해 곡을 하는 '망곡례(望哭禮)' 또는 '애도회(哀悼會)'가 행해졌다.[15] 유림과 사족은 상복에 준하는 복장을 갖추려고 했다. 인산이 임박하자 임금의 마지막 '행차'를 지켜보기 위해 상경하려는 사람들이 늘어났고, 이들은 너도나도 흰색 갓인 백립(白笠)을 갖추려고 애썼다. 그 때문에 백립의 품귀현상이 빚어졌다. 백립을 구하지 못한 사람들은 임시방편으로 흑립(黑笠)에 흰색 종이를 붙인 지도립(紙塗笠)을 썼다.[16]

유교 지도자들은 인산이 임박한 2월 하순까지 고종의 죽음에 대한 평가와 인산 참관 여부 그리고 상복 착용 여부에 대해 명확한 결단을 내리지 못하고 있었다. 그런 가운데 각지에서는 유교 지도자들에게 각종 문의가 쏟아졌다. 고종의 억울한 죽음에 유림이 들고일어나야 한다는 의견에서부터, 상복 문제와 관련해서는 고종은 조선인 모두의 임금이므로 정상적인 상복을 입어야 한다는 의견, 상복을 입는다면 3년 또는 1년을 입어야 한다는 의견, 고종은 대한제국을 멸망시킨 사직(社稷)의 죄인이므로 상복을 절대 입을 수 없다는 의견(무복론無服論) 등 갖가지 주장이 제기되었다.

이런 가운데 경남 산청의 유림 김극영은 2월 13일 곽종석에게 전

---

15) 이정은, 〈3·1운동의 배경〉, 국사편찬위원회 편,《한국사》47, 2001, 319쪽.

16) 김황, 〈기미일기〉, 음력 1월 15일,《중재선생문집부록(重齋先生文集附錄)》13, 천자족보사, 1998, 17쪽; 〈시장에서 백립(白笠) 절종(絕種)〉,《매일신보》, 1919년 2월 14일자.

하는 편지를 아들 김황 편으로 보냈다. 그 내용은 500년 종묘사직이 영원히 끊길 위기에 있는데 곽종석이 유림을 대표해 덕수궁 앞에 가서 한번 울부짖고 와야 하지 않겠느냐는 것이었다.[17] 2월 15일 김황이 거창 다전의 곽종석 거처에 도착했고, 이날을 전후해 곽종석에게는 김극영 외에도 송호곤(宋鎬坤, 합천), 박응환(朴應煥, 산청), 정재성(鄭載星, 거창), 조정규(趙貞奎, 함안), 심학환(沈鶴煥, 합천), 장석영(張錫英, 성주), 이태식(李泰植, 의령), 김병일(金炳一, 함양) 등으로부터 상복 착용 여부 및 기간, 인산 참가를 위한 상경 여부, 독립운동 계획에 관한 문의가 이어졌다.[18] 곽종석은 고심 끝에 직접 상경하지 않고 조카 곽윤으로 하여금 경성의 사정을 살펴보도록 했다.[19]

2월 19일 곽종석의 옛 제자인 윤충하(尹忠夏)가 곽종석을 방문해 유교계의 독립청원운동을 추진하자고 제안했다. 그는 궁중의 사정, 고종의 '시해' 사실, 경성의 국장 준비 상황에 대해 간략히 설명한 뒤 파리에서 열리고 있는 국제평화회의에 관한 소식을 전했다.[20] 이 회의가 세계 약소민족의 독립을 지원하고 있고, 이에 호응해 조선의 여러 단체에서 독립운동 계획을 세우고 있는데, 유독 유림만 움직임이 없다고 불만을 표했다. 그러면서 경성의 유림이 별도로 국제평화회의 측에 '문서'를 전달할 계획을 세웠으며, 곽종석을 대표로 추대하기로 했다고 전했다.[21] 곽종석은 반신반의했지만, 인산일에 '젊은 아

17) 김황, 〈기미일기〉, 음력 1월 13일, 5·6쪽. 김황도 곽종석에게 경성에 가서 총독과 담판을 벌이거나 덕수궁 앞에 가서 한번 부르짖고 오기를 권유했다(김황, 〈기미일기〉, 1월 15일, 11쪽).

18) 김황, 〈기미일기〉, 음력 1월 13일, 7·8쪽; 음력 1월 15일, 10쪽; 음력 1월 17일, 15쪽; 음력 1월 18일, 16쪽; 음력 1월 24일, 22·23쪽.

19) 김황, 〈기미일기〉, 음력 1월 15일, 11쪽.

20) 김황, 〈기파리소서사(記巴里愬書事)〉, 음력 1월, 《중재선생문집부록》 13, 천자족보사, 1998, 76쪽.

21) 김황, 〈기미일기〉, 음력 1월 19·20일, 18·19쪽.

이들'을 보내 상의케 하겠다고 답했다.[22] 곽종석으로서는 성사 여부
는 예단키 어려우나 독립운동 참가의 명분을 찾은 셈이었다.

윤충하의 거창 방문은 경성 내 종교단체와 사회단체의 독립청원운
동 움직임에 자극을 받은 유림단체들이 독자적인 활동에 들어갔음을
보여준다. 이날 윤충하는 홀로 거창을 방문했지만 개인 자격이 아니
었다. 후술하겠지만, 2월 말 곽종석은 윤충하 측과 독립청원운동 추
진에 관한 논의를 진전시키기 위해 곽윤을 경성에 보냈는데, 이때 곽
윤은 윤충하를 만난 자리에서 숙부(곽종석)가 '이들'과 함께 일하는
것이 어렵겠다는 말을 꺼냈다.[23] 여기서 '이들'이란 〈기미일기〉에는
기술되어 있지 않지만 당시 경성에 본부를 두고 있던 유교단체인 태
극교(太極敎)의 구성원들을 가리키는 것으로 보인다.

한편, 곽종석은 인산이 임박하자 고민 끝에 고종을 위해 삼년복(三
年服)을 입어야 한다고 주장했다. 이것은 고종을 망국을 초래한 군주
로 간주하지 않는다는 것을 의미했다. 또한 고종의 '억울한' 죽음에
항의하는 차원에서 유림이 집단적인 행동을 취할 수 있음을 은연중
암시하는 발언이었다. 상복에 대한 곽종석의 입장은 정승모(鄭升謨)
에게 보낸 편지에 자세히 담겨 있다.

제가 생각하건대 **우리 대행황제(大行皇帝, 고종)께서는 임금으로 백
성에 임하신 지 40여 년이요, 무릇 먹는 땅과 입는 옷이 그 복육(覆育)
을 받지 않은 것이 없습니다.** 비록 시운(時運)이 둔건(屯蹇)을 만나 보필
하는 사람이 없어 제대로 내수외양(內修外攘)의 실질을 다하지는 못하였

---

22) 김황, 〈기파리소서사〉, 음력 1월, 77쪽.

23) 각주 65) 참조.

으나 그 인심(仁心), 인문(仁聞)이 진정 이미 여송(輿誦)에까지 적시었습니다. …… **가국(家國)이 허무하게 된 것은 자신에게 있는 것이 아니니, '망국의 임금[亡國之君]'이라는 네 글자로 평가해서는 불가합니다.** …… 신민의 아픔이 평일에 배가 되니 무릇 이성(彛性)이 있다면 어찌 감히 편안히 있고 말겠습니까? …… 진실로 나라를 팔고 은덕에 배치하는 자가 아니라면 임금을 위한 상복(君服)을 입지 않을 수 있겠습니까? **이미 입는다면 임금을 위해 3년간 참최(斬衰)를 입는 것은 성인이 정한 제도이니 올리고 내리고를 용납할 것이 없습니다.**[24] (강조 – 인용자, 이하 같음)

즉, 곽종석은 백성들이 고종 집권 40년간 따뜻한 보살핌을 받았고, 대한제국 멸망의 책임도 고종에게 있지 않으므로 고종을 망국의 임금으로 대해서는 안 된다고 단언했다. 또한 상복 착용과 관련해서는 당연히 부모와 임금에 대한 상복인 삼년복을 입어야 한다고 주장했다.

곽종석의 입장은 점차 유교계에 확산되어 사실상 유교계의 주된 입장으로 자리 잡았다. 이는 평생 학문과 의리에 대한 입장을 놓고 대립관계에 있던 전우(田愚)가 곽종석의 입장을 지지한 데에서도 알 수 있다. 전우는 "태황제가 40년간 임어하셨고 나라를 잃은 것이 또한 그 몸에 있지 않으니 어찌 상복을 입지 않겠는가?"라는 표현에 대해 '충후(忠厚)하다'고 높이 평가했던 것이다.[25]

---

24) 곽종석, 〈답정치현(答鄭致賢)〉, 《면우집》 3(《면우선생문집》 권117), 397상a~b쪽.

25) 오진영, 〈복변변(服辨辨)〉, 《석농집(石農集)》 권17, 31b쪽.

2. 경성에서 김황 일행의 3·1운동 경험

1) 인산 이전의 3·1운동 경험과 고종독살설

김황 일행은 2월 26일 경남 거창을 출발해 경성으로 향했다. 이들의 상경 및 귀성 과정을 정리하면 〈표 1〉과 같다. 당시 인산을 구경하기 위해 상경했던 사람들이 대개 그러했듯 김황 일행도 무리를 지어 상경했다. 일행은 총 6명이었다.[26] 곽종석의 대리인인 곽윤과 김황, 김황의 형 김건(金楗), 동문 김형래(金亨來)와 김성래(金誠來) 그리고 신원 미상의 김 모(자 희오禧吾)였다. 이들은 상경 도중 많은 사람을 만났다. 경북 지례의 한 주막에서는 같은 목적으로 거창, 안의, 삼가에서 올라온 수십 명의 지인과 반갑게 해후하기도 했다. 이어 김황 일행은 김천역까지 도보로 이동한 뒤 기차를 타고 상경했다.

김황 일행은 2월 27일 밤 경성 남대문 밖에 도착해 주변 여관에 투숙했다. 본격적인 일정은 다음 날 시작되었다. 2월 28일 일행 중 곽윤은 제원(濟院)으로 갔고,[27] 김황 등은 간동의 임유동(林有棟, 1900~1950)과 삼청동의 전훈(田壎)을 찾아갔다. 김황은 두 사람 모두 자리에 없어 만나지 못하고 여관으로 돌아왔다. 얼마 후 재종질서(再從姪壻) 조만제(趙萬濟)가 여관으로 찾아왔다. 김황은 조만제의 권유로 종로로 나가 국장 예행연습〔습의習儀〕을 구경했다. 밤이 되자 임유동과 조만제가 찾아왔다. 간단한 인사를 나눈 뒤 이들은 긴 논쟁에 빠져들었다. 대한제국 멸망의 원인, 자국사에 대한 인식, 군권(君權)과 민권(民權)의 관계를 둘러싼 열띤 논쟁이었다.[28] 이후 김황 일행은 이들을 포

---

26) 김황, 〈기미일기〉, 음력 2월 26일, 23쪽.

27) 곽윤이 왜 혼자 제원(濟院)에 갔는지에 대해서는 사료를 통해 확인되지 않는다.

28) 이에 대해선 제3절에서 다루었다.

일자(양력)	이동 상황
2월 26일	거창→지례→원기점(院基店)
2월 27일	김천역→(기차)→경성 남대문
......	......
3월 7일	경성 남대문→(기차)→김천역→광천점(光川店)
3월 8일	장교(長橋)
3월 9일	거창(곽종석에게 상경 결과 보고)

표 1. 김황 일행의 상경과 귀성 과정(1919년 2월 26일~3월 9일)

함해 경성에서 많은 인물을 만났는데, 2월 28일부터 인산 전날인 3월 2일까지 만난 인물은 〈표 2〉와 같다. 이를 통해 김황 일행이 경성에서 간접적으로 얻은 정보의 출처를 가늠할 수 있다.

한편, 3월 3일에 거행될 인산을 2~3일 앞두고 경성 도처에서는 심상치 않은 분위기가 감지되었다. 3월 1일 김황은 정상환(鄭祥煥)을 만났다. 그는 주변 사람들을 물리친 뒤 김황에게 인산일에 '사건'[29]이 발생할 수 있으니 바깥출입을 삼가라고 조용히 전했다.[30] 거사의 주체는 알 수 없으나 사건이 발생하면 피해자가 속출할 것이라고 우려했다. 김황이 천도교의 계획인지 묻자 정상환은 그렇지는 않다고 하면서 비밀을 지켜달라고 부탁했다.

같은 날 한경윤(韓景允, '景允'은 자로 추정)이 경성에 나돌고 있는 소문을 전했다. 인산일에 백립을 쓴 사람들을 한곳에 모아놓고 '폭포(暴

---

29) 여기에서 인산일에 발생한다는 '사건'이 후술할 민용호(閔鏞鎬)가 전한 고종독살설과 관계가 있는지는 정확히 파악되지 않는다.

30) 김황, 〈기미일기〉, 음력 1월 29일, 28쪽.

일자	성명	출생(거주)	관계	직업, 종교	행적
2월 28일	조만제	경남 함안	재종질서	(학생)	습의 관람, 논쟁
2월 28일	임유동	경남 거창	후배	유학, 중동학교 학생	논쟁
3월 1일	이준석				곽윤의 상경 목적 문의, 3·1독립선언 임박 예고
	한창동 한대우	경남 삼가	(동향인)		(+3월 2일)
	이은혁	경남 진주	친구		(+3월 2일)
	정상환				인산일 거사 예고
	한경윤		(동향인)		
	신용구	경남 단성	같은 여관 투숙객	천도교	〈3·1독립선언서〉 전달
	송재근	경남 산청	같은 여관 투숙객	경성 학생	경성 시위 소식 전달
3월 2일	불명				《조선독립신문》 전달
	곽종렬		(동향인)		
	전훈	경성	김황에게 책 판매	서점 주인	유교계 독립선언 동참 주선, 유림의 처신 조언
	김창탁		재종질		
	김긍림		재종형		
	김창숙	경북 성주	족질, 선배	유학	우연히 상봉
	민용호		전 승지, 여흥부 대부인의 종제		고종독살설 전달

※ '+'는 해당 일자에도 재차 만났음을 의미함.

표 2. 김황 일행이 인산 이전 경성에서 만난 사람들(1919년 2월 28일~3월 2일)

砲)'를 발사할 것이라는 소문이었다.[31] 한경윤은 이 말이 사실인지는 모르겠지만 '그런 일이 없으리라고 보장은 못하겠다'며 우려했다. 그만큼 경성에서는 인심이 흉흉한 가운데 며칠 뒤 거행될 인산에서 어떤 사태가 벌어질지 누구도 장담할 수 없는 분위기가 형성되고 있었다.

독립선언은 이미 3월 1일 오전부터 거리에 뿌려진 〈3·1독립선언
서〉를 통해 예고되고 있었다. 이에 앞서 곽윤은 이준석(李俊錫)에게
들은 이야기를 김황에게 전했다. 3월 1일 오후 3시에 독립선언이 있
을 예정이라는 것이었다. 곽윤과 이준석의 대화는 다음과 같았다.

> **이준석** 무슨 일로 멀리서 왔는가?
>
> **곽　윤** 인산을 보기 위해서다.
>
> **이준석** 일반 백성[사서인士庶人]이 인산에 나아가는 것이 옛날에 그런
> 　　　　예(例)가 있었는가?
>
> **곽　윤** 오늘날은 한결같이 전례(前例)로 보아서는 안 된다.
>
> **이준석 어떤 이는 영감(곽종석을 가리킴-인용자)께서 이번에 성중(城
> 　　　　中)에서 장차 일이 있어 공(公)을 대표로 삼아 신장(信章)을 가
> 　　　　지고 오게 했다**고 하는데, 무슨 말인가?
>
> **곽　윤** 진정 헛소문이다. (이준석이 재삼 캐물었으나 대답을 바꾸지 않다)
>
> 　　　　　　　　　　　　……
>
> **이준석** 우리나라가 독립한다는 뜻으로 손병희 등 여러 분이 문서를
> 　　　　작성하고 선언을 하는데 그 시기가 오늘 오후 3시[미시未時]에
> 　　　　있다. 처음에는 단지 문서를 작성하고 낭송함으로써 '국민대
> 　　　　회(國民大會)'를 알리며 순(順)하고 소동은 없게 하였으나, 이
> 　　　　제 물정을 보니 이를 보장키 어려울 것 같다. 각 학교 학생 중
> 　　　　이를 미리 안 자들이 모두 등교하여 기다리지 않고 급히 추진
> 　　　　한다고 하니, 일을 심각하게 해칠 것이다.

---

31)　김황, 〈기미일기〉, 음력 1월 29일, 29쪽.

곽　윤 독립을 바랄 조짐이 있겠는가?

이준석 (턱을 끄덕이며) 우선 알기 바란다.³²⁾ (강조 및 대화 편집 - 인용자)

　위의 대화에 따르면, 이준석이란 인물은 그 정체가 불분명하나, 그가 곽윤에게 접근한 것은 곽윤이 곽종석의 대리인 자격으로 상경했다는 소문과 관계가 있는 것 같다. 곽윤의 임무가 한용운의 제안에 따른 곽종석의 〈3·1독립선언서〉 서명 의사를 전달하기 위한 것이었는지, 아니면 2월 중순 윤충하의 제안에 따라 파리장서운동에 참여하는 문제를 논의하기 위한 것이었는지는 알 수 없다. 다만 곽윤이 후자의 임무를 띠고 있었던 것만큼은 분명했다.

　김황 일행은 이준석의 당부에 따라 3월 1일 오후 바깥출입을 삼갔다. 따라서 이날 경성에서 벌어진 사건은 오로지 전언에 의존해 파악한 것이었다. 이 전언에는 독립선언의 광경에 관한 내용도 포함되어 있었다. 김황은 독립선언의 기획 배경, 그 준비 과정과 역할 분담, '민족 대표'의 독립선언과 체포 과정을 당일 대략적으로 파악했다. 특히 독립선언의 배경을 파리평화회의 및 일본 유학생의 기획과 연결시킨 소문을 접했다. 일기의 내용을 살펴보자.

　파리(巴里)에서 평화회의(平和會)를 개최하여 대체로 옛날에 나라가 있었던 자들이 모두 속박을 제거하고 독립자주(獨主)케 하니, 한인(韓人)으로 안창호·이승만이라는 자가 왕래하며 운동을 하였고, 또 **일본에 유학한 자 100여 명이 혈서(血書)로 널리 알리고 옛 서울에는 오직 천도교가 가장 많은 수를 모집할 수 있다고 여겨 드디어 손병희에게 편지를 남**

32)　김황, 〈기미일기〉, 음력 1월 29일, 29쪽.

겨 같이 거사를 시작하는데, 손병희가 처음에는 따르지 않았으나 뒤에 마침내 여러 모임[會]과 연락하고 편지를 작성해 비밀리에 수만 장을 인쇄했다. 먼저 1통을 가지고 태화관에 가서 2층 누각 위에 국민대회를 설치하고 그것을 낭유(朗諭)하였다. 그리고 다시 나머지를 가지고 경성부 안 각 큰 거리에 뿌렸다.[33]

즉, 이 전언에서는 3·1운동의 기획 주체로 일본 유학생을 지목했다. 파리평화회의가 개최되어 약소민족 독립의 계기가 마련되자 안창호·이승만 등 미주 한인 지도자들이 발 빠르게 움직였고, 이에 자극을 받은 일본 유학생들이 손병희를 매개로 모국에서 교세가 강한 천도교의 협력을 유인해 독립선언을 성사시켰다는 것이다. 천도교 측의 최린(崔麟)이 도쿄 유학생 송계백(宋繼百)을 통해 2·8독립선언 추진세력과 의견을 교환하고 자극을 받았다는 것은 이미 알려진 사실이지만,[34] 일본 유학생들을 3·1독립선언의 기획 주체로 본 소문은 이채롭다.

이어 김황 일행은 같은 여관에 묵고 있던 신용구(申用九)와 송재근(宋在根)으로부터 〈3·1독립선언서〉를 전달받고 경성의 시위 상황을 전해 들었다.[35] 김황은 우선 신용구가 전한 독립선언서를 보고 그 요지가 자유를 얻지 못한 백성의 고통, 독립운동의 독려, 독립의 필연성 강조 등에 있다고 파악했다. 한편, 송재근이 전한 학생 시위대 소식에 따르면, 시위대가 파고다공원→덕수궁→9리가로(九里街路)→진고개를 경유하여 행진했고, 군경을 보면 '개와 돼지의 새끼'처럼 여겼다

---

33) 김황, 〈기미일기〉, 음력 1월 29일, 29·30쪽.
34) 이정은, 앞의 글, 316쪽; 조규태, 《천도교의 민족운동연구》, 2006, 18·20쪽.
35) 김황, 〈기미일기〉, 음력 1월 29일, 31쪽.

고 전했다. 이어 수건에 혈서로 '조선독립만세'라 쓰고 휘두르던 모습과 상인들의 철시 그리고 학생의 체포 상황 등을 전했다. 시위 소식을 접한 김황은 조선 사람이라면 누가 이런 마음이 없겠느냐고 하면서도 "갑자기 처음 들으니 결국 멍하다"고 당시의 감정을 솔직히 표현했다.[36]

3월 2일은 인산 전날이었다. 이날 김황은 우연히 《조선독립신문》을 받아 보았다.[37] 이른 아침 여관 앞마당을 거닐고 있는데, 우체부처럼 보이는 한 사람이 집 안을 엿보다가 문득 신문 한 장을 날려 보내고 사라진 것이다. 그는 "정신을 차리시오〔當廅精神〕"라고 외치고 종적을 감추었다.

시위는 이날도 계속되었다. 종로에서 전훈을 만나고 있던 김황은 시위 참가자들이 체포되는 광경을 직접 목격했다.[38] 시위 군중이 만세를 부르며 서대문 방면에서 나오자 '왜경(倭警)'이 이들을 뒤쫓아 체포하려 했고, 시위 군중은 잡히지 않으려고 다투어 도망했다. 김황은 전훈의 조언에 따라 얼른 자리를 피해 여관으로 돌아왔다.

김황은 평소에 잘 알고 지내던 서점 주인 전훈을 찾아가 이 혼란한 정국에 유림으로서 어떻게 처신해야 하는지를 물었다. 이때 전훈은 김황의 질문에 차분히 대답하면서 얼마 전 '민족 대표' 측이 자신에게 유교계의 동참을 주선해달라고 요청했다는 뜻밖의 사실을 알려주었다. 1960년대만 하더라도 역사학자들은 '민족 대표' 측이 유교계에 사전 연락을 취했다는 일부 인사의 증언[39]에 대해 회의적인 태도

36) 김황, 〈기미일기〉, 음력 1월 29일, 30쪽.

37) 김황, 〈기미일기〉, 음력 2월 1일, 31·32쪽.

38) 김황, 〈기미일기〉, 음력 2월 1일, 32쪽.

39) 김법린, 〈삼일운동과 불교〉, 《신천지》 1-2, 1946, 75·76쪽.

를 보였지만,[40] 이제는 굳이 1919년 2월 말 한용운의 거창 방문 사실[41]을 거론치 않더라도 '민족 대표' 측의 유교계에 대한 협력 시도[42]를 더 이상 부인하기 어렵게 되었다. 전훈이 전한 '민족 대표' 측과의 접촉 내용과 결과는 다음과 같았다. 이 내용은 다른 사료에서는 확인되지 않는 부분이다.

> 지난번에 **손병희 등이 장차 거사할 때 내가 유가인(儒家人)이라고 하여 고향으로 내려가서 유문(儒門)을 일으켜달라고 요구했는데**, 몇몇 공(公)이 저와 뜻을 함께하였고 헤아려보니 사양한다고 할 수 없었습니다. (그러나-인용자) 또한 일찍이 남에게 믿음을 보인 적이 없어 드디어 과감히 실행치 못했을 뿐입니다.[43]

즉, '민족 대표' 측이 전훈에게 유교계의 동참을 주선해달라고 요청했다는 것이다. 그런데 전훈은 '민족 대표' 측이 이런 중대한 사안을 요청할 정도로 유교계의 명망가로 인식되고 있었을까? 그는 학계에 잘 알려지지 않은 인물이다. 김황의 일기에서 전훈은 유교에 대한 이해가 깊고 경성에서 서점을 운영한 인물로만 묘사되어 있지만, 그는 1919~1920년 전국적인 유교단체를 설립해 활발한 대외 활동

---

40) 허선도는 김황의 입을 빌려 '민족 대표' 측의 유교계 인사에 대한 사전 접촉을 부정했다(허선도, 〈삼일운동과 유교계〉, 284쪽). 그런데 이 일기를 학계에 처음 공개한 그가 '민족 대표' 측과 유교계의 접촉 사실을 부인한 것은 의아한 일이다.

41) 한용운, 〈한용운공판기〉, 《한용운전집》, 신구문화사, 1980(증보), 373쪽.

42) 최린에 따르면, 유교계의 경우 '상당한 인물'이 없는 것은 아니나 조직체계가 일원화되어 있지 않고 시일이 촉박해 단체교섭은 중단하는 것이 좋다는 쪽으로 의견이 일치되었다고 한다〔최린, 《여암문집(如菴文集)》 상, 여암선생문집편찬위원회, 1971, 191쪽〕. 즉, 애초부터 논의가 없었던 것이 아니라 어느 정도 추진하다 여의치 않아 중단했다는 의미이다.

43) 김황, 〈기미일기〉, 음력 2월 1일, 32쪽.

을 벌인 인물이었다. 그는 1919년 음력 11월 조선고사연구회(朝鮮古
史研究會) 발기인과 1920년 음력 5월 인도공의소(人道公議所) 발기인
으로 활동했다.[44] 즉, 전훈은 3·1운동 직후 유교 부흥을 목적으로 설
립된 전국적 유교단체의 발기인으로 참여할 정도로 유교계에서는 지
식, 인망, 열의를 지닌 인물이었다. 또한 전훈의 아들이 기호유림의
영수인 전우에게 가르침을 받았다고 한 것[45]으로 보아 '민족 대표' 측
은 전훈에게 유교계의 명망가인 전우에 대한 교섭을 요청한 것이 아
닐까 추정된다.

한편, 이날 김황은 덕수궁 대한문 앞에 가서 곡을 하며 고종의 죽
음에 애도를 표했다. 먼저, 작은 종이에 이름과 주소를 적어 함에 넣
은 뒤 외곡반(外哭班, 궁궐 밖에서 전직 관리와 일반 백성이 곡을 하는 반열을
가리킴)에 나아가 엎드려 곡을 하고 네 번 절했다. 일반 백성이 이런
행동을 하는 것은 유교 예법에 벗어나는 일이지만 옛 임금을 쓸쓸히
보낼 수 없어 한 행동이라고 했다. 주변을 둘러보니 대한문 앞에는
엎드려 통곡하는 사람들로 첩첩산중을 이루고 있었다.[46]

같은 날 밤 김황은 고종이 독살당했다는 소문[47]을 접했다. 발설자
는 '전 승지' 민용호(閔鏞鎬)였다. 이날 민용호는 김황·곽윤 일행, 한
창동(韓昶東)·한대우(韓大愚) 부자, 이은혁(李殷赫) 등이 묵고 있는 여
관을 '지나가다 방문[過訪]'했다. 우연히 방문했다는 것인데, 공교롭

44)   〈조선고사연구회취지서(朝鮮古史研究會趣旨書)〉; 〈인도공의소취지서(人道公議所趣旨書)〉
      (경신 5월).
45)   김황, 〈기미일기〉, 음력 2월 1일, 33쪽.
46)   김황, 〈기미일기〉, 음력 2월 1일, 33쪽.
47)   고종독살설의 사실 여부에 대해서는, 먼저 사실이라는 입장이 제기되었으나(이태진, 〈고종황
      제의 독살과 일본 정부 수뇌부〉, 《역사학보》 204, 2009), 최근에는 허구에 불과하다는 반론이
      강하게 제기되었다(李昇燁, 〈李太王(高宗)毒殺說の檢討〉, 2009; 윤소영, 〈한일 언론자료를 통
      한 고종독살설 검토〉, 《한국민족운동사연구》 66, 2011).

게도 인산 전날이었다. 마침 여관에는 곽종석의 지시로 경성의 동정을 살피고 독립청원운동 등을 논의하기 위해 급히 상경한 곽윤·김황 일행 등이 묵고 있었다.

일기에 따르면, 민용호는 흥선대원군의 부인인 여흥부대부인(驪興府大夫人) 민씨의 사촌동생〔從弟〕[48]이 되는 인물로 민씨 척족이었다. 그는 여관을 방문하기 전 '대부(大父) 영공(令公)'과 함께 덕수궁에 들어가 조문하려 했고, 전직 관리였던 '대부'는 우여곡절 끝에 덕수궁에 들어가 애도를 표했다. 김황 일행에게 이런 사정을 얘기한 민용호는 궁궐의 사정을 잘 안다며 고종의 죽음과 관련해 놀라운 소식을 전했다. 고종은 자연사한 것이 아니라 갑작스럽게 죽었고, 더욱이 독살되었다는 것이었다. 일기에는 다음과 같이 기술되어 있다. 내용은 다소 길지만, 유림이 경성에서 민씨 척족으로부터 직접 들은 독살설에 관한 내용이어서 전문을 소개한다.

---

48) 다만, 이 부분에 대해서는 차후 추가 고증이 필요하다. 여흥 민씨 족보를 살펴본 결과, 여흥부대부인 민씨의 종제(從弟)로 본명 또는 초명을 민용호(閔鏞鎬)라고 쓰는 인물은 발견되지 않았다. 8촌 이내는 물론이고 삼방파(三房派) 전체에서도 마찬가지였다(《여흥민씨세보(驪興閔氏世譜)》 5, 회상사, 1992, 813~957쪽). 다만 이름은 다르지만 동일인일 개연성이 있는 인물 1명이 발견되었다. 여흥부대부인 민씨의 남동생 민승호(閔升鎬)(930쪽)는 4종숙(從叔) 민치록(閔致祿)의 양자로 들어갔는데, 양자로 들어간 집안에서 종제가 되는 인물 중 시종원 부경(副卿)을 지낸 민의호(閔儀鎬, 1865~1945, 초명 민봉호閔鳳鎬)가 있다(862쪽). 민의호일 가능성이 더 큰 이유는 일기 뒷부분을 보면 그의 대부(大父)인 '영공(令公)'이 종2품의 무반(武班) 출신이라고 했는데, 민의호의 부친 민치일(閔致一, 1843~?)은 종2품 무관인 전라병마절도사를 지냈다(862쪽). 따라서 민용호가 허구 혹은 신분을 위조한 인물이 아니라면 민의호의 이명일 개연성이 있다. 그런데 이런 가능성에 하나의 한계가 있다. 민치일의 사망 연도가 족보에는 1892년으로 기재되어 있는데, 그렇다면 1919년 당시 이미 사망한 상태이므로 민의호와 함께 덕수궁에 동행할 수 없게 된다. 이 밖에 삼방파에서 동일한 한자 성명을 지닌 전(前) 낭창(郞廳) 민용호(閔龍鎬, 1827~1886)가 보이지만(892쪽), 1919년 당시 이미 사망한 인물이다. '승지'를 지낸 인물은 시종원 시종을 지낸 민준호(閔濬鎬, 1877~1977)(951쪽)가 있다. 한편, 《고종실록》에는 1903년 시종원 시종, 비서승을 지낸 민용호(閔龍鎬)가 발견되는데, 삼방파인지 여부를 확인할 수 없다.

······승지 민용호가 지나가다가 방문하였다. ······ 민용호는 경중(京中)의 귀척(貴戚)으로 여흥부대부인 민씨〔흥선부대부인興宣府大夫人〕의 종제인데, 능히 궁중의 일을 안다고 하면서 말하기를 작년 12월 20일 국변(國變, 고종의 서거를 가리킴-인용자)은 사람들을 기막히게 했다. 이에 앞서 파리평화회가 가장 먼저 '한국독립사건'을 물으니 일본 공관은 '우리는 이유 없이 대한(大韓)을 버리지 않을 것이다. 대한의 인민〔韓民〕이 스스로 힘이 미약하니 자주를 할 수 없어서 진정으로 우리에게 굳게 부속되기를 원하여 우리도 어쩔 수 없었다'고 일컬었다. 그러나 회의에 참석한 이들이 못 믿겠다고 하자 일본은 마침내 은밀히 한국의 구경(舊經) 대신(大臣)인 자에게 위촉하여 '민족 대표'로 삼았다. 이때 이완용(李完用)은 정당 대표, 이재곤(李載崑)은 귀족 대표, 윤덕영(尹德榮)은 종척 대표, 송병준(宋秉畯)은 사회 대표, 조중응(趙重應)은 노동 대표, 김윤식(金允植)은 유림 대표로 각각 도장을 찍어 신표로 삼았다. 이윽고 '(파리평화회의가-인용자) 국왕의 도장이 없어서는 안 된다'고 하자, 그 오른쪽을 비우고 태황(太皇)의 처소에 이르러 협박했다. 주상이 꾸짖으며 '너희들이 다시 내 나라를 팔려고 하느냐?'라고 하며 밀어내니, **이완용 등은 크게 두려워하여 마침내 한상학(韓相鶴)과 불궤(不軌)한 일을 行할 것을 꾸며, 내시 2명에게 밤에 식혜를 올리게 하여 주상이 받아 마시니 머지않아 아홉 구멍에서 피가 나왔다. 새벽에 갑자기 붕어한 후 마침내 문협(文篋)을 열어 신보(信寶)를 얻고 거기에 찍고 떠났다.** 비밀로 인하여 발상(發喪)하지 않고 즉시 내시 2명을 살해함으로써 입을 없애고, 다음 날을 기다려 비로소 전의감(典醫監)을 불러 검사하여 뇌일혈(腦溢血)이라고 하니, 안팎의 모르는 자들은 '태양이 그늘에 가리니〔白日陰翳〕 천지에 아픔이 사무친다〔天地痛徹〕. 아! 아!'라고 하였다.[49]

즉, 고종은 자연사한 것이 아니라 친일파에 의해 독살되었다는 것이었다. 친일파 무리가 파리평화회의에 조선은 독립을 원하지 않는다는 내용의 서한을 고종의 서명을 받아 제출하려 했다가 고종의 완강한 반대에 부딪히자 후환이 두려워 고종을 독살했다는 내용이었다. 이 것은 2월 중순 윤충하가 곽종석에게 전달한 내용[50]과도 일치한다.

위의 인용문에서 주목되는 점은 고종독살설의 진위 여부보다 그 유포와 확산 경로이다. 앞서 언급한 대로, 김황 일행에게 독살설을 전달한 인물은 민씨 척족인 민용호였다. 그는 여흥부대부인 민씨의 종제로 '승지'[51]를 지냈다. 민씨 척족 이라는 그의 신분 때문에 김황과 김황의 말을 전해 들은 유림은 그의 발언을 믿지 않을 수 없었을 것이다. 3월 1일의 독립선언과 만세시위 여파가 이어지고 있는 상황에서 이는 매우 민감한 내용이었지만 민용호는 이 소문을 외부 인사에게 전달했다.

고종독살설이 지하신문이나 격문 같은 선전물 형태가 아니라 황실 또는 척족 등 궁중 인사의 입을 통해 유포된 사례는 좀 더 확인된다. 예를 들어, 윤치호는 홍건이라는 인물로부터 고종이 한약탕을 마신 뒤 신체가 마비되며 사망했다는 얘기를 전해 들었는데, 홍건은 이 얘기를 민영휘(閔泳徽)로부터 들었다고 했다.[52] 이와 같이 고종독살설은 충군애국 의식이 강한 유림, 전직 관리, 학생 들을 중심으로 확산될 기미를 보였다.[53]

한편, 민용호가 고종독살설을 전달한 대상은 김황 일행 등 인산 참

---

49) 김황, 〈기미일기〉, 음력 2월 1일, 34·35쪽.

50) 김황, 〈기파리소서사〉, 음력 1월, 76·77쪽.

51) 아마도 승정원의 후신인 비서원, 시종원에 속한 관리였을 것이다.

52) 윤치호,《국역 윤치호 영문 일기》6, 1919년 2월 11일, 국사편찬위원회, 2015, 255쪽.

관차 상경한 영남 유림이었다. 민용호는 왜 이들에게 민감한 소식을 전했을까? 영남 유림은 경성과 멀리 떨어진 곳에 거주하고 있었지만, 역사적으로 고종의 특별한 관심과 대우를 받았다. 흥선대원군과 고종은 집권 초기에 그동안 정계에서 소외되었던 영남 남인을 발탁했고, 영남 유림도 한때 이들의 개혁정치에 큰 기대를 걸었다. 그런 신뢰의 기반은 1919년이라는 시점에도 소멸되지 않은 채 남아 있었고, 민용호는 이런 신뢰를 토대로 김황 일행에게 접근한 것으로 보인다.

민용호는 김황 일행을 재야 근왕세력의 대리인으로 간주했던 것으로 보인다. 민용호의 방문은 공교롭게도 인산을 하루 앞둔 3월 2일에 이루어졌다. 민용호는 고종의 억울한 죽음을 알려 김황 일행과 유림을 자극해 독립운동에 참여하도록 유도하려던 것이 아니었을까? 여기에는 양자의 밀접한 관계가 증명되어야 한다. 고종과 김황 일행 사이에는 그럴 만한 신뢰가 있었을까? 그 증거가 몇 가지 확인된다.

김황의 스승인 곽종석은 전우와 더불어 대한제국 시기 유교계의 원로로 인식되었고, 1903년 고종의 부름을 받고 상경해 의정부 참찬에 임명되는 등 특별한 예우를 받았다. 이때 곽종석 문하에는 그의 명성을 듣고 민씨 척족이 몰려들었다고 한다.[54] 다음 해인 1904년 고

---

53) 윤치호는 학생들이 윤덕영의 고종암살설을 믿고 있다고 했고《국역 윤치호 영문 일기》6, 1919년 3월 3일, 269쪽), 윤치호 본인도 처음에는 '쓸데없는 소리'라고 했으나, 나중에는 민병석(閔丙奭)·윤덕영 등이 덕수궁 부지를 일본인에게 매각했다는 소식을 듣고 '그 소문을 믿고 싶어졌다'고 하여《국역 윤치호 영문 일기》6, 1919년 11월 29일, 445쪽) 개연성을 부정하지 않았다.

54) 곽종석의 문인록인 〈면문승교록〉은 곽종석 사후에 제출된 만장(挽章)과 제문(祭文)을 토대로 작성되었다. 원래 이 문인록에는 민씨들도 포함되어 있었지만, 간행을 주도한 곽종석의 조카 곽윤이 민씨가 권력을 추종한 세력이라 하여 모두 빼게 했다고 한다[최인찬 구술, 1999. 10. 3, 경남 진주 상봉동동 이이재(二以齋)]. 실제로 〈면문승교록〉에는 민씨가 전혀 보이지 않는다. 다만 곽종석의 문집인 《면우집》에는 곽종석이 민치학(閔致鶴), 민영하(閔泳夏), 민치홍(閔致鴻), 민영은(閔泳殷) 등 4명의 민씨에게 보낸 편지가 수록되어 있어 그 흔적의 일부를 확인할 수 있다.

종의 첫 번째 며느리인 순명비(純明妃) 민씨가 사망했을 때 곽종석은 조카 곽윤을 한성(서울)에 보내 만장(挽章)을 제출했다.[55] 1919년 고종의 갑작스런 사망 소식이 지방에 전해지자 일각에서는 망국의 군주에게 상복은 없다는 무복론을 제기했지만, 앞서 언급했듯이 곽종석은 삼년복을 강력히 주장하여 망국의 책임이 고종에게 있지 않다고 단언했고, 이런 입장은 유교계에 널리 확산되었다. 이로 미루어본다면, 곽종석과 고종·민씨 척족 사이에는 어느 정도 신뢰관계가 있었다고 할 수 있다.[56]

고종독살설을 접한 김황 일행은 어떤 반응을 보였을까? 김황 일행도 고종의 죽음을 석연치 않게 생각한 것은 마찬가지였다. 예를 들어, 3월 3일은 인산일이어서 여관의 모든 투숙객이 새벽부터 나갈 채비를 서둘렀는데, 김황 일행은 전혀 채비를 하지 않았다. 이에 대해 김황은 일기에 《춘추》의 '장례를 기록하지 않는 의리[不書葬之義][57]라는 말을 인용했는데, 이 말은 "임금이 시해를 당했을 때 그 범인을 토벌하지 못하면 장례에 대한 기사를 기록하지 않는다"[58]는 문장에서 나온 것이다. 즉, 고종을 시해한 역적들이 징벌되지 않았으므로 편안히 인산을 구경할 수 없다는 의미다.

고종독살설은 김황을 포함한 유림에게 충격을 주었고, 그와 그의 스승이 참여한 독립청원운동에도 적지 않은 영향을 미쳤다. 김황은

---

55) 김황, 〈기미일기〉, 음력 2월 28일, 25쪽.

56) 그렇다면 민용호가 고종독살설을 김황 일행에게 전달한 목적은 무엇이었을까? 필자는 아직 그 결론에 도달하지 못했다. 이를 위해서는 여전히 베일에 싸여 있는 '민용호'라는 인물의 실체에 대한 정밀한 검토와 더불어, 고종 서거 이후 황실 인사 및 민씨 척족의 동향, 민씨 척족과 조선총독부의 정치적 역학관계, 유림과 민씨 척족의 관계, 독립운동 세력과의 연결 가능성에 대한 폭넓은 검토가 필요할 것이다.

57) 김황, 〈기미일기〉, 음력 2월 2일, 35쪽.

58) 《춘추공양전(春秋公羊傳)》, 은공(隱公) 11년: "君弑, 賊不討, 不書葬."

경남 거창으로 돌아온 다음 날인 3월 10일 스승 곽종석으로부터 독
립청원서를 시험 삼아 기초해보라는[試草] 지시를 받았다.[59] 이때 김
황이 작성한 초안에는 '적신(賊臣)'의 독립불원서(獨立不願書) 기획과
고종에 대한 서명 압박→고종의 완강한 반대→내시를 통한 시해 등
의 과정이 포함되었다.[60] 민용호에게 전해 들은 내용과 일치한다. 이
문안은 증거 없이 섣불리 주장할 경우 독립청원서의 설득력을 떨어
뜨릴 수 있다는 이유로 최종본에 그대로 실리지는 않았지만,[61] "하룻
밤 잠깐 사이에 우리 임금께서 별세하시니 온 나라가 흉흉했다"[62]는
표현으로 함축되어 유림의 감정을 격발시키고 동참을 이끌어냈다.

이 밖에 김황은 다른 소문들도 일기에 풍부하게 기술했다. 예를 들
어, 1918년 겨울 고종이 파리평화회의에 2명을 파견했으나 사전에 발
각되어 사망한 일이 있었다는 것이다. 《주역》의 "서리를 밟으면 단단
한 얼음이 이른다[履霜堅氷]"는 말[63]을 기술하며, 이미 1918년 말에 고
종 시해의 조짐이 있었음을 시사했다.

2) 인산 이후의 3·1운동 경험과 독립운동 명분

3월 3일은 인산일이었다. 일기 내용은 짧지만 일기에 깔린 전반적
인 분위기가 매우 무겁다. 다른 여관 투숙객들이 인산을 구경하기 위
해 새벽부터 떠날 채비를 하느라 분주했지만, 김황 일행은 별다른 움
직임이 없었다. 여관 투숙객들은 이들을 이상하게 여겼다. 김황은 원

---

59) 김황, 〈기미일기〉, 음력 2월 9일, 38쪽.

60) 김황, 〈기미일기-평화장서초(平和長書草)〉, 45쪽.

61) 김황, 〈기파리소서사〉, 82·83쪽.

62) 〈면우선생연보(俛宇先生年譜)〉 권3, 《면우집》 4, 760쪽: "一夜倉卒, 寡君卽世, 擧國洶洶."

63) 김황, 〈기미일기〉, 음력 2월 1일, 35쪽.

일자	성명	출생(거주)	관계	직업, 종교	행적
3월 3일	한창동	경남 삼가			병석 위문
	최진순	강원 울진	후배 최익한의 종숙	상업학교 학생	
3월 4일	윤충하	경남 거창	선배	태극교	독립청원운동 협의
	김창규	경북 영주		무인(武人)	독립운동 협의
	유만식	경북 안동	유필영의 아들		유림 움직임 전달, 독립운동 논의
	김창숙	경북 성주	선배		독립청원운동 논의 (+3월 5, 6일)
3월 5일	전훈		서점 주인		(+3월 6일)

※ '+'는 해당 일자에도 재차 만났음을 의미함.

표 3. 김황 일행이 인산 직후 경성에서 만난 사람들(1919년 3월 3일~3월 6일)

래 병도 있고 몸도 피곤해서 그렇다고 대충 얼버무렸다. 그리고 대부분의 투숙객이 여관을 빠져나간 오후에 일어나 동대문으로 나갔다. 동대문 위에 올라 지나가는 상여를 보며 눈물을 흘렸다. 이후 귀성 전까지 김황이 만난 인물들은 〈표 3〉과 같다.

3월 4일 김황 일행은 드디어 윤충하를 만났다. 앞서 언급한 대로 김황 일행의 주된 임무는 2월 19일에 경남 거창에서 있었던 곽종석과 윤충하의 논의 사항을 구체화하는 것이었다. 이날 윤충하가 김황 일행이 묵고 있는 여관을 방문함으로써 만남이 성사되었다. 그런데 대화의 분위기가 심상치 않았다. 일기의 내용을 보자.

　　윤충하 어른이 곽윤을 방문했다. 지난번 윤충하 어른이 거창에 왔을 때 파리에 편지를 보내는 일〔巴里致書事〕을 면우(俛宇) 옹(곽종석-인용자)

께 말하니, 면우 옹이 답하기를 '조카 아이가 상경할 때 시국을 보고 결정하겠다'고 했다. 경성에 도착한 이래 대연(大淵, 곽윤-인용자)은 발병으로 문밖을 나갈 수 없었고, 또 경성 안의 인심과 물정을 보니 대체로 우리 유림(吾儒)과 같지 않았다. 그러므로 **대연은 자못 난색을 표하며 "저는 감히 우리 아버지(吾父, 실제는 숙부임-인용자)께서 이들과 일을 함께 하는 것을 명분으로 삼지 못하겠습니다"라고 하니, 윤충하 어른은 "이쪽도 그렇다"고 했다.**[64]

일기에 수록된 대화의 내용은 매우 짧다. 내용을 보면, 대화가 짧았을 뿐 아니라 일기의 작성자(김황)가 대화 상대나 오고간 대화 내용에 대해 비우호적이었음을 짐작케 한다. 곽종석의 대리인인 곽윤은 거창에서 예상했던 경성의 분위기와 실제로 목격한 경성의 사정이 매우 다르다고 토로했다. 윤충하가 내놓은 제안은 곽종석이 받아들이기 어려울 것으로 예측되었다. 곽윤은 거절 의사를 나타냈고, 윤충하도 같은 입장을 표했다. 이로써 2월 중순에 시작된 유교계의 독립청원운동 논의는 별다른 성과 없이 끝났다. 이에 앞서 김창규(金昌圭)라는 인물도 김황 일행을 방문해 독립운동에 관해 논의했지만 역시 진전된 사항이 없었다.

일기에 기술되지는 않았지만, 곽윤은 독립청원운동 참여 문제에 지나칠 정도로 조심스러운 태도를 취했다. 그것은 거창 출발 전 곽종석이 전한 의사였을 것이다. 이런 태도는 2월 말 한용운이 거창을 방문해 곽종석에게 〈3·1독립선언서〉의 서명을 제안했을 때 곽종석이 보인 태도와 닮아 있다. 당시 곽종석은 즉답을 피한 채 나중에 조

---

64) 김황, 〈기미일기〉, 음력 2월 4일, 36쪽.

카를 보내 답변하겠다고 했고, 실제로 곽윤이 상경했지만 결과적으로 곽종석의 〈3·1독립선언서〉 서명은 불발됐다. 유림의 입장에서는 독립운동의 가장 큰 명분이 될 수 있는, 임금의 갑작스런 죽음이라는 돌발변수가 발생했으나, 곽종석은 여전히 외부세력의 독립운동 제안을 극도로 경계했다.[65] 이런 곽종석의 모호한 태도는 오늘날까지 그가 독립운동에 소극적이고 우유부단한 태도를 보였다는 평판을 받는 배경이 된다.

3월 4일 윤충하와 김창규에 이어 유만식(柳萬植)과 김창숙(金昌淑)도 김황 일행이 묵고 있는 여관을 방문했다. 이들이 같은 날 곽종석의 대리인(곽윤)이 묵고 있던 여관을 방문한 것은 우연이 아니었다. 전날(3월 3일) 인산을 계기로 지방에 흩어져 있던 유림이 경성에 모여 시국 대응에 관한 의사를 서로 교환하는 계기가 마련되었다. 이어 3월 4일은 반우제, 즉 고종 시신을 홍릉에 안장하고 혼령을 위패에 모셔 오는 제사를 하루 앞둔 날이었기 때문에 반우제가 끝나면 바로 귀향할지 말지를 결정해야 했다. 이런 상황에서 유림은 순종에 대한 복위상소, 제2의 독립선언, 일본 또는 파리평화회의에 독립청원 등의 여러 대안을 내놓고 친밀한 세력끼리 합종연횡하기 시작했다.

---

65) 이런 경계심은 1912년의 쓰라린 경험에서 생긴 트라우마와 관계가 있는 것이 아닌가 생각된다. 1912년 김세동(金世東)이란 인물이 곽종석을 찾아와 고종의 밀지를 보여주었는데, 그 내용은 일본에 건너가 국권을 회복할 방도를 찾으라는 것이었다. 곽종석은 밀지에 대한 상소를 김세동에게 주어 보냈는데, 상소의 내용은 원수의 나라에 가서 국권 회복의 방도를 찾으라는 것은 '삼척동자도 웃을 일'이라며 화를 자초하지 말고 안락공(安樂公)처럼 편안히 지내면서 후일을 도모하라는 내용이었다. 이후 곽종석이 사람을 시켜 그의 뒤를 쫓았더니, 그는 고종이 보낸 사람도 아니었고, 밀지도 허위로 작성된 것이었다. 그런데 이 소식이 유림에게 알려지자 곽종석은 고종의 독립운동 제안을 거절했을 뿐만 아니라 고종으로부터 특별한 예우를 받은 신하로서 고종을 욕보였다고 하여 신랄한 비난을 받았다. 곽종석은 이 일로 독립운동의 관여에 대한 일종의 트라우마를 갖게 되었던 것 같다. 이 사건의 전말에 대해서는, 유병헌(劉秉憲), 〈여곽면우(與郭俛宇)〉, 《만송유고(晩松遺稿)》 권1, 14a~17b쪽에 실린 '유병헌이 곽종석에게 보낸 편지', '곽종석의 답장', '곽종석의 답장에 대한 유병헌의 답장' 참고.

이때 유만식이 영남 유림의 동정을 전했다. 유만식의 부친인 유필영(柳必永)은 경북 안동에 거주하는 인물로, 퇴계학파의 적통을 이어받은 안동 유림의 원로였다. 유만식 역시 연로한 유필영을 대신해 상경한 것이었다. 유만식이 전한 영남 유림의 동정은 다음과 같았다.

> 안동 유일초(柳一初) 어른〔서파西坡, 유필영의 아들〕이 내방하여 대연(곽윤-인용자)에게 말하기를 "금세 이교리(李校理) 어른〔이만규李晩煃, 예안〕을 만났는데 나라 안의 뜻있는 자와 유림은 장차 선언서를 발표하려 하고, 또 어떤 이는 일본 정부에 장서(長書)를 보내자고 말하면서 존옹(尊翁, 곽종석-인용자)과 오옹(吾翁, 유필영-인용자) 모두 서명하지 않으면 안 된다고 하는데, 그대의 생각은 어떤가?"라고 하였다. 대연은 "아직 본의를 알지 못하는데, 어찌 사적으로 제가 그것을 허락할 수 있겠습니까?"라고 하니, 유만식은 "나와 그대가 사적으로 그것을 한다면 비록 가옹(家翁)께 물어 따지더라도 그 화가 당연히 심하지 않을 것이요, 우리들이 스스로 그것을 마땅하다고 여긴다면, 또한 옳지 않겠는가?"라고 하였다. **대연은 또한 그렇다고 여기지 않고 "아직 일이 돌아가는 형세가 해야 할지 말아야 할지를 몰라서 부형(父兄)의 이름을 맘대로 사용하는 것을 저는 감히 하지 못하겠습니다"라고 하니, 유만식 어른이 이윽고 떠났다.**[66]

영남 유림, 적어도 유만식이 접촉한 인사들은 선언서를 발표하거나 총독부에 장서를 제출하되 곽종석과 유필영의 이름을 반드시 문건에 넣어야 한다고 주장했다. 선언서 발표나 총독부에 장서 제출은

---

66) 〈기미일기〉, 음력 2월 3일, 36쪽.

당시 인산 참관차 상경한 유림이 시도한 보편적인 의사표현 방식이었다. 선언서 발표는 유림에게 생소한 형식이었지만 〈3·1독립선언서〉의 영향을 받아 추진한 것이었다. 기독교와의 연대도 시도되었다. 총독부에 장서를 보내는 것은 문제의 당사자인 총독부(일본)에 부당한 식민지배와 식민통치의 실책을 엄중히 항의하고 떳떳하게 독립을 요구해야 한다는 유림의 인식을 반영한 것이었다.

그런데 곽윤의 입장은 여전히 부정적이었다. 독립을 요구하는 문건에 곽종석의 이름을 넣는 문제는 단순히 서명자 한 명을 추가하는 데 그치지 않고 강제병합 이후 '아직 죽지 못한 신하[未死臣]'로 자처하던 곽종석이 생애 마지막에 내놓는 최종적 입장이고, 이것이 영남 유림의 입장으로 간주될 것이기 때문이었다.

그럼 영남 유림은 왜 유교계 전체의 독립운동을 계획하지 않고 영남 유림만의 독립운동을 추진했던 것일까? 여기에는 그럴 만한 사정이 있었다. 당시 맹보순(孟輔淳) 등은 유교계 전체를 아우르는 독립청원운동을 시도했지만 결국 성공하지 못했다. 기호와 영남의 양 세력을 통합하려는 노력이 좌절되자 지역·학맥별로 독자적인 독립운동을 추진했다. 실제로 기호 율곡학파에서는 유준근(柳濬根), 송주헌(宋柱憲) 등 최익현(崔益鉉)과 송병선(宋秉璿)의 제자들이 주축이 되어 3월 5일 순종에게 즉각적인 복위(復位)를 요청하는 상소를 제출하기로 했다.

김황 일행의 귀향이 임박한 시점에 김창숙은 김황 일행을 찾아가 자신이 추진하고 있는 독립청원운동에 대해 설명했다. 이에 대해서는 이미 기존 연구에서 충분히 언급된 바 있다. 김창숙은 파리평화회의에 조선의 독립을 요청하는 서한을 보낼 계획인데, 이 서한에 전국 유림의 서명을 담을 예정이며, 이 계획을 이미 안동 유림의 원로인 이만규에게 알려 동의를 얻었다고 했다. 김황 일행은 처음으로 독립운동 제의에 긍정적 반응을 보였다. 김창숙은 동문 대선배이자 김황의 족질(族姪)로 신뢰할 만한 인물이며, 더욱이 이만규의 보증도 있었기 때문이다.

다음 날인 3월 5일 김창숙은 다시 김황 일행을 만나 그간의 독립청원운동 경과를 설명했다. 이 사업은 점차 구체화되고 있고 동참하려는 자가 많다고 했다. 그런데 이 계획은 처음부터 곽종석을 대표로 염두에 두고 시작한 것이므로 얼른 거창으로 내려가 곽종석에게 이 사실을 알리고, 독립청원서의 작성도 요청해달라고 부탁했다.[67] 김황 일행은 마침내 3월 7일 귀성길에 올랐고, 3월 9일 드디어 거창 다전에 도착해 곽종석에게 이 같은 사실을 알렸다.[68] 곽종석은 김창숙의 제안을 흔쾌히 수락했다. 이로써 후일 파리장서운동으로 불리게 된 유교계의 독립청원운동은 첫걸음을 내딛게 되었다.

3. 독립의 개념을 둘러싼 신구 청년의 논쟁

1) 국권 상실 원인에 관한 논쟁

〈기미일기〉에서 주목되는 내용의 하나는 일기의 작성자인 김황이 임유동과 벌인 논쟁이다. 이들은 모두 1900년 전후에 태어난 20대 초·중반의 청년이었다. 김황은 당시까지 줄곧 유학을 연마하고 있었던 반면, 임유동 등 경성에서 만난 옛 후배들은 유년 시절 유교적 소양을 쌓았으나 경성으로 유학해 신학문을 연마하고 있었다. 이들은 의례적인

---

67) 김황, 〈기미일기〉, 음력 2월 4일, 36쪽.
68) 김황, 〈기미일기〉, 음력 2월 9일, 37쪽.

인사를 나눈 뒤 국권 상실의 원인, 군권과 민권의 관계 등을 놓고 치열한 논쟁을 벌였다. 이 대화는 일상적인 대화가 아니라 1919년 당시 경성의 학생운동 주도세력과 지방의 대표적인 청년유림 간의 논쟁이고, 1920, 30년대 독립운동, 청년운동, 유교운동을 이끌어갈 차세대 민족운동 지도자들의 논쟁이었다는 점에서 주목된다.

　김황 일행은 경성에 도착했을 때 임유동을 가장 먼저 만나려고 했다.[69] 임유동은 곽종석의 제자로 김황의 네 살 연하 후배였다. 김황은 당시 중동학교에 재학 중인 임유동이 경성 사정에 어두운 김황 일행의 길잡이가 되어줄 것으로 기대했을 것이다. 임유동은 유년 시절 고향에서 곽종석의 제자가 되어[70] 유교적 소양을 쌓았다. 그의 집안은 조선 중기의 문신인 갈천(葛川) 임훈(林薰)의 후손으로, 부친 임필희(林苾熙)는 곽종석의 제자였고,[71] 형 임유량(林有樑)도 곽종석의 제자이자 사위였다.[72] 즉, 임필희와 임유동·임유량 부자는 모두 곽종석의 제자일 정도로 이황–이진상–곽종석으로 이어지는 학통에서 성장한 인물들이었다.

　김황과 임유동의 만남은 2월 28일, 즉 독립선언 발표 하루 전날 이루어졌다. 당시 종로에서는 인산을 위한 예행연습이 한창이라 어수선했다. 김황은 간동에 있는 임유동의 숙소를 찾아갔으나 임유동은

---

69)　임유동은 1919년 3·1운동 참가 이후 중국 베이징으로 건너가 국립사범대학에서 수학했다. 사범대학에 재학 중이던 1924년 잠시 귀국해 조선학생총연합회 발기인으로 정치부 집행위원이 되었다. 사범대학 졸업 후인 1927년 귀국했다가 조선학생총연합회와 관련해 체포되었다가 풀려났다. 1928년 조선공산당에 연루된 것으로 알려져 체포되었다가 석방되었는데, 이후 베이징으로 돌아가 베이징한인청년회에 가입해 활동하다가 선전원으로 재입국했다. 1928년 서울에서 체포되어 2년간 옥고를 치렀다. 이후 중외일보사에 들어가 1930년 상무 취체역이 되어 경영에 관여했다(《민족문화대백과사전》(인터넷 판), 〈임유동〉, 2018. 8. 6. 검색).

70)　곽종석, 〈면문승교록〉, 841쪽.

71)　윤영선, 《조선유교연원도(朝鮮儒敎淵源圖)》 권 상(上), 동문당, 1941, 25a쪽.

72)　곽종석, 〈면문승교록〉, 839쪽.

자리에 없었다. 얼마 뒤 김황의 재종질서인 조만제와 임유동이 화동에 있는 김황의 숙소로 찾아왔다. 임유동과 조만제는 마치 그동안 쌓은 식견을 토대로 여전히 시골 유생의 때를 벗지 못한 선배들을 일깨우려 작심한 듯했다.

임유동과 조만제는 오랜만에 만난 선배와 친척이 반가웠지만, 민족의 운명이 위태로운 시기에 한가롭게 인산을 구경하기 위해 상경한 김황 일행이 반가울 리 없었다. 유교가 진부하다는 임유동의 지적에 김황이 진부한 유교도 소생할 날이 있을 것이라고 낙관론을 펴자, 임유동은 유교의 현실을 '마른나무의 죽음[枯木死]'에, 그 미래를 '재[灰]'에 비유하며 유교의 소멸이 임박했는데도 여전히 현실을 직시하지 못하는 우매하고 망령된 태도가 사람을 기막히게 한다고 맹렬히 비난했다.[73]

이어 임유동은 국권 상실의 원인에 대해 질문하면서 김황 일행을 논쟁의 중심으로 끌어들였다. 논쟁의 초점은 중국 문화와 자기 문화에 대한 인식이었다. 유림의 중국 문화에 대한 예속성과 의존성을 지적하려는 것이었다.

> **임유동** 우리들이 예전에는 나라가 있었으나 지금은 나라가 없습니다. 예전에는 의기양양하여 진정 만국(萬國)의 일원이었으나 지금은 위축되어 남의 하인이 되는 것을 면치 못하고 있습니다. 이는 무엇 때문입니까?
>
> **김 황** 군은 누구의 책임이라고 생각하는가?
>
> **임유동** 예전에 우리나라가 교육을 시행할 때 중국의 글을 읽고 중

---

73) 김황, 〈기미일기〉, 음력 1월 28일, 26쪽.

국의 역사를 기록하며 중국의 성인을 칭찬하고 중국의 제도를 본받아 일단 정신이 모두 중국인에게 빼앗겼는데, 다행히 '소중화(小中華)'라는 칭호를 얻었다고 하면 과장입니다. 이는 진실로 무슨 마음입니까? 우리나라에 본래 성인(聖人)이 있고 우리나라에 본래 역사책이 있고 우리나라에 본래 제도가 있는데, 무엇이 부족하여 반드시 중국을 섬깁니까? '사대(事大)'라는 한 글자는 그 화가 오늘에 이른 것이 그대들의 죄입니다.

김 황 사대하는 자라고 어찌 본심(本心)인들 편안하겠는가? 그렇지 않으면 형세가 그랬던 것이다. …… 어찌 홀로 중국이겠는가? 만방에 하나라도 법으로 삼을 만한 것이 있다면 그것을 취한들 무슨 해인가?

임유동 소위 남에게 취하는 것은 반드시 내게 부족함이 있은 뒤에 그 것을 취하는 것이지, 우리나라에 본래 부족한 것이 없는데 중국이라고 하면 비록 쓸데없는 구멍에서 나오더라도 역시 장차 그것을 취하려 합니다. 그 취한다는 것은 큰 모자(大冠)와 넓은 소매(廣袖)에 불과하여 출중하게 하루 종일 새끼줄 하나를 잡게 하니, 이미 잃었는데 그것을 취함은 무엇을 위해서입니까?[74]

임유동은 국권 상실의 원인을 뿌리 깊은 사대주의에서 찾고, 중국 문화를 맹종하는 유림의 태도를 지적했다. 김황이 외국 문화에 대해 배울 점이 있어 배우는 것이 무슨 잘못이냐고 항변하자 임유동은 자

---

74) 김황, 〈기미일기〉, 음력 1월 28일, 26·27쪽.

기 나라의 문자·역사·제도에 부족한 것이 없는데 사대주의에 빠져 중국 문화를 맹종하는 것은 강대국에 의존하는 습관을 낳고, 결국 그런 습관의 누적이 국권 상실을 초래했다고 반박했다.

임유동은 중국으로부터 배운 것이 '큰 모자(갓)'와 '넓은 소매'에 불과하다고 꼬집었다. 임유동의 눈에 비친 중국의 '선진문명'이란 백성의 생활을 풍요롭게 만드는 과학과 기술이 아니라 몸과 마음을 불편하게 만드는 한낱 의복제도에 불과했다. 나아가 유림이 목숨을 걸고 반대한 변복령(變服令, 1884)과 단발령(斷髮令, 1894)이 유교 문화 지키기에 불과하다는 점을 은연중에 비판한 것이다.

다음 대화는 자국사 인식에 대한 논쟁으로 이어졌다. 임유동은 유림이 중국 문화와 역사에는 해박하지만 자국사에 대해서는 몰이해에 가깝다는 점을 지적하고 김황이 설득하려는 '사대주의'의 맹점을 공박하려고 했다.

> **김 황** 우리들(유림-인용자)이 제대로 실천(實踐)과 실조(實操)를 하지 못해 군들에게 조소를 당하는 것은 당연하다. 그러나 군이 이것을 가지고 유자(儒者)가 쓸모없다고 완전히 말한다면 불가하다. 또 군의 말에 따르면, 신설(新說)을 논하는 자는 어찌 능히 다 유용하여 배운 것을 저버리지 않겠는가?
>
> **임유동** 비록 그렇지만, 우리 동국(東國)의 인민은 우리 동국의 역사를 물으면 알지 못하고, 중국을 물으면 눈앞에 있는 듯하니 ……
> 일찍이 **유자 가운데 본국의 역사를 안 자가 있었습니까?**
>
> **김 황** 어찌 알지 못한다고 여기는가? 돌아보건대 군이 그것을 처음 보았다고 여길 뿐이다.
>
> **임유동** 단군이 요순을 이기고 기자가 탕무를 떠났는데 우리나라 사

람들은 겸손하게 물러나서 '그렇지 않다'고 여기니, 도리어 이상하지 않습니까? 변설(辯說)이 복잡하여 충분히 다 기억하지 못하겠습니다.

곽　윤　요컨대 **오늘날 인사(人士)는 각기 소견을 따른다. 훗날을 기다려보는 것이 어떤가?** 그것을 찢는 자가 없을 수가 없고 그것을 보완하는 자가 없을 수 없을 것이다.

조만제·임유동 (크게 탄식하며) 쯧쯧, 이미 부패하여 일찍이 종기가 더욱 심해졌는데 보완한다고 합니까?

곽　윤　천하의 사람들이 의지하는 것이 세 가지니, 정덕(正德)과 이용과 후생이다. 지금의 시기에 이용과 후생은 굳건히 군들에게 의지함이 있을 것이고, 정덕이라는 것에 대해 말하자면 당연히 저절로 적합한 사람이 있을 것이다. 또 **군은 단지 물의 말류(末流)가 때때로 어지러운 것을 보고 탁하다고 여기고 드디어 그 근원은 본래 맑은 곳이 없다고 하면 지나친 것이다.**

조만제·임유동 (서로 돌아보고 비웃으며) 쯧쯧, 더 이상 말할 수가 없겠군요.

김　황　군들은 말하기를 우리들(유림-인용자)이 **중화의 잘못을 배워 조국정신(祖國精神)을 잃지 않았는지** 강요하지만, **도리어 군들의 장 속에는 서국정신(西國精神)이 있어 그것이 조국정신에 병통이 되지 않을까 걱정이다. …… 그리고 한번 물어보자. 우리나라 500년이 어떻게 그것이 공고하다가 하루아침에 개화가 되어 결국 과연 어떻게 됐는가?**

조만제·임유동 (대답하지 않고 웃으며) 쯧쯧.[75] (강조 및 대화 편집-인용자)

---

75)　김황, 〈기미일기〉, 음력 2월 28일, 27·28쪽.

즉, 임유동은 유림이 자국사에 대한 이해가 없을 뿐 아니라 중국사 속에 등장하는 자국사[76]에 대해서도 중국인의 시각으로 왜곡하여 마치 타국사처럼 인식한다고 했다. 김황은 유림도 자국사에 대해 잘 안다고 강변하지만 구체적인 내용으로 반박하지 못했다.[77] 이때 곽윤은 유교와 구미사상 모두 제한적이라 지적하며 양자의 입장을 중재하려 했으나, 임유동은 더 이상 대답할 가치를 느끼지 못했다. 마지막으로, 김황은 신식교육을 받은 사람들이 유림에 대해 사대주의에 함몰되어 '조국정신'을 잃었다고 비판하지만, 신식교육을 받은 청년들이야말로 '서양정신'에 함몰되어 조국정신을 배양하는 데 장애가 될 것이라고 했다. 나아가 김황은 개화가 결국 대한제국의 멸망을 초래하지 않았느냐고 반박했다.

2) 군권과 민권의 관계에 관한 논쟁

임유동은 유림의 임금에 대한 지나친 숭배를 비판했다. 이 점이야말로 임유동과 조만제가 김황 일행과 만났을 때 불편한 기색을 숨기지 않았던 근본적 이유였다. 양측은 드디어 감정의 바닥을 드러냈다. 임유동·조만제와 김황·곽윤은 군권과 민권의 관계에 대해 상이한 시각을 드러냈다. 대화의 내용을 살펴보자.

> **임유동** 금번에 왜 인사들이 많이 왔습니까? 인산 때문입니다. 인산
> 이 진정 무슨 구경거리입니까? 지방 사람들이 임금을 보기를

---

76) 임유동 역시 자국을 '대한' 또는 '조선'으로 표현하지 않고 '東國'이라고 표현했다.

77) 다만 이런 영향 때문인지 후일 김황은 《동사략(東史略)》,《동국역년도첩록(東國歷年圖捷錄)》 (1959),《독립제강(獨立提綱)》(1959),《역대기년부(歷代紀年附) 동국기년(東國紀年)》 등 한국사,《환영대조(寰瀛對照)》(1947) 등 세계지리에 관한 저술을 많이 남겼다.

중요하다고 여기는데〔視君爲重〕이런 습관을 없애지 않는다면 끝내 회복될 운명이 없을 것입니다.

김 황 무슨 까닭인가?

임유동 임금은 '민족의 대표〔民族之代表〕'입니다. …… 대표가 좋지 못하다면 당연히 바꿔야 합니다. 어찌 존중의 대상이라고 하여 대대로 지킴이 있겠습니까?

김 황 군의 말이 여기에 이르니 오히려 다시 어찌하겠는가? (두 사람과 인사하고 대화를 끝냈다.)

곽 윤 (눈으로 그들을 보내며) 진정 돌올한(突兀漢)이다.[78] (강조 및 대화 편집 - 인용자)

임유동은 우리 민족의 운명이 위태로운 상황에 있는데도 유림이 과거에 대한 향수와 감상에 젖어 한가롭게 인산을 구경하기 위해 상경했다고 질타했다. 특히 지방 사람들에게 이런 경향이 심하다고 하면서, 이런 습관을 버리지 않으면 국권 회복은 비관적이라고 단언했다.

임유동이 김황을 각성시키기 위해 꺼낸 유교 논리는《맹자》의 '민위중설(民爲重說)'이었다. 맹자는 임금도 정치를 제대로 시행하지 못하면 교체할 수 있다고 하여 '역성혁명(易姓革命)' 이론을 창안했고, 이런 인식은 "인민이 가장 귀중하고, 사직은 다음이며, 임금은 가볍다"는 문구[79]에 잘 함축되어 있다. 이 문구는 역사적으로 위민정치(爲民政治)의 중요성을 강조할 때 자주 인용되었고, 1919년 고종의 사망과 독립선언이라는 예상치 못한 사건들이 연이어 발생하던 시기에도

---

78) 김황, 〈기미일기〉, 음력 1월 28일, 28쪽.
79) 《맹자》, 〈진심(盡心)〉 하(下): "孟子曰 民爲貴, 社稷次之, 君爲輕."

일부 유림이 전제군주제를 비판하는 근거로 활용했다.[80]

임유동은 지방 사람들이 맹자가 강조한 '민위중(民爲重)-군위경(君
爲輕)'의 가르침을 망각한 채 '군위중(君爲重)'의 논리에 함몰되어 있다
고 비판했다. 하지만 김황은 임유동의 말을 전혀 이해하지 못했다. 자
신은 유교의 전통과 의리를 충실히 실천하고자 노력하는 인물이며,
임금의 마지막 길을 배웅하는 것은 부모의 마지막 길을 배웅하는 것
과 같이 인륜을 따르는 자연스런 행위라고 여기고 있었기 때문이다.

'민위중'의 논리는 맥락상 공화주의와 닿아 있다. 임유동은 '민위
중'에서 '민(民)'에 '민족(民族)'을 대입해 민족이 가장 중요하고, 임금
은 민족의 대표로서 민족의 생존과 유지에 기여할 때만 존재 가치가
있다는 논리를 폈다. 따라서 임금이 무능하거나 사망할 경우에는 당
연히 교체되어야 하고, 그런 제한적 권력을 지닌 임금의 죽음에 과도
한 관심과 물력을 투입해서는 안 된다는 인식이 깊게 깔려 있다. 임
유동은 시종일관 임금에 대해 얘기하고 있지만, 김황의 입장에서는
'이적'의 정치제도인 대통령제 또는 공화주의와 다르지 않았다. 이런
임유동의 대답에 김황 일행은 더 이상 대화를 진행할 수 없었다.

그렇다면 임유동은 '민위중'의 논리를 발전시켜 공화주의를 수용
하는 단계로 나아갔을까? 그런 의식의 발전 과정을 사료를 통해 구
체적으로 확인하기는 어렵지만, 그가 베이징 국립사범대학에 입학해
혁명사상을 접하고 식민지 조선의 대표적인 청년운동가로 성장하며
조선공산당 사건에 연루되는 일련의 과정을 감안할 때 그런 사상적
변화가 감지된다고 하겠다.

반면, 우리는 김황 일행이 경성의 정세를 정확히 파악하려는 노력

---

80) 이런 사례가 같은 일기에 수록된 곽종석과 윤병수(尹秉洙)의 대화에서도 확인된다(김황, 〈기
미일기〉, 음력 2월 12일, 39쪽).

이나 독립운동의 의지가 부족했다고 보아야 할까? 그렇게 보기는 어렵다. 김황 일행은 유교 지식인으로서 경성이라는 이질적인 공간에서 독립운동의 명분을 찾는 데 어려움을 겪었다고 보는 것이 좀더 정확할 것이다. 이들은 1919년 3~4월 독립청원운동(파리장서운동)에 적극 참여했고, 1925~1926년 독립운동기지 건설운동을 기획한 김창숙을 도울 정도로 독립운동에 적극적이었다.

여기서 우리는 이들의 대화에서 드러나지 않은 의식의 내면을 좀더 관찰할 필요가 있다. 김황은 경성에 체류하는 기간에 낯선 사람과는 거리를 두었지만, 신뢰할 만한 인물을 찾아가 자신의 처지를 고백하고 자문을 구하기도 했다. 경성에서 서점을 운영하며 김황과 교류해온 전훈이 바로 그런 인물이었다. 김황은 임유동 일행과의 대화에서 격한 감정을 쏟았던 것과는 달리 전훈과의 만남에서는 매우 차분하고 솔직한 대화를 나누었다.

우선 전훈은 유림이 세상과 거리를 두는 것은 이해하지만, 국가와 관계된 일마저 외면해서는 안 된다고 충고했다. 이에 김황은 전훈이 경성에 오래 거주해 바깥 사정을 잘 알 테니 세상의 추이를 알려달라고 부탁했다.[81] 전훈은 우선 유림의 사회에 대한 시각을 수정할 필요가 있다고 조언했다. 자신과 다르다고 하여 '사회인(社會人)'을 배척해서는 안 된다고 했다. 예를 들어, 유림이 자기 한 몸을 편안히 하는 데 몰두하면서 민족의 운명이 달린 시기에 사회운동과 독립운동에 앞장서고 있는 종교세력을 '사도(邪道)'로 배척하면 종교세력이 유림을 어떻게 평가하겠느냐고 했다.[82] 유림이 '민족 대표'를 구성한 기독교,

---

81) 김황, 〈기미일기〉, 음력 2월 1일, 33쪽.
82) 김황, 〈기미일기〉, 음력 2월 1일, 32쪽.

천도교, 불교세력을 전통적 시각에서 '이단'으로 폄하한 점을 지적한 것이다.

이어 전훈은 1919년 당시까지 이어지고 있는 유림의 은둔을 신랄히 비판했다. "사자(士子)로서 몸을 쉬고 용기 내지 못하는 자가 책을 읽어 장차 무엇을 할 수 있겠"느냐고 지적했다.[83] 이에 김황은 배운 것을 활용하는 것은 모든 이의 희망이지만, 도(道)를 실현할 수 없는 시대에 살면서 도를 굽혀 합치됨을 구하려는 태도는 온당치 않다고 반박했다. 또한 유림은 도에 거처하는(道居) 사람인데 어찌 숨어 산다〔隱居〕고 하느냐고 반문했다. 이에 대해 전훈은 자신의 깊은 뜻〔深意〕을 헤아리지 못한다고 하면서 대화를 중단했다.

지방에서 상경한 청년유림 김황은 약 10일간 경성에 체류하면서 독립운동의 당위성과 유림으로서의 명분 사이에서 깊이 고뇌했다. 그런데 김황 일행은 경성의 사정에 대해서도 어두웠지만, 여러 인물과 대화하는 과정에서 소통이 원활하지 못해 곤란을 겪었다. 심지어 현재 유교를 신봉하고 있는 인물이나 과거에 유교를 학습한 인물들과도 이념적 거리감은 물론 기본적인 개념의 이해에서도 충돌했다. 같은 공간에서 다른 시간을 살고 있었던 것이다. 이것은 경성의 '시간'과 지방의 '시간'의 충돌[84]을 의미했다.

결과적으로 김황 일행은 전훈 등의 간곡한 충고와 따가운 비판에도 불구하고 자신의 신념을 꺾지 않았다. 독립운동의 당위성에 대해서는 깊이 공감했지만, 독립운동의 목표에 대해서는 이질감을 해소하지 못했다. 김황 일행은 '무엇을 위한 독립운동인가'에 초점을 맞추었다. 이는 스승 곽종석의 시각과도 일치하는 것이었다. 김황 일행

---

83) 김황, 〈기미일기〉, 음력 2월 1일, 34쪽.

은 3월 1일 경성의 맹렬한 만세시위 소식을 듣고 다음과 같이 소회를 밝혔다.

> **곽　윤** 우리 **유림을 위한 계획**은 장차 어디에서 나와야 할까?
>
> **김　황** 이 한 몸은 애석하기가 부족하고 부모님이 계셔서 애석하지 않을 수가 없지만, **의리를 위반하여 구차하게 사는 것은 불가**할 따름입니다. 그러나 전번에 **'선언서'를 보니 우리 유림(吾儒)이 참여할 수 있는 것이 아닌 점이 있었습니다.** 그 수제(首題)에서 곧장 군주의 고통[85]을 말하였는데, 일반적으로 독립이라 하는 것은 우리들이 나라가 없었다가 있는 것입니다. 돌아보건대 누구인들 분앙(奮昻)하지 않겠습니까마는 **예로부터 '독립국'이라는 것은 있었지만** 반드시 '사람마다 독립해야 한다'(必人人獨立)는 말은 들어본 적이 없습니다. 사람은 막대하고 여기에는 군신과 상하가 있습니다. **지금 '사람마다 독립한다'고 하면 강상은 의지할 곳이 없습니다.** 이것은 전 세상이 함께 그런 것인데, 불행히도 이와 함께 텅 빈 상황을 빚는다

---

84) 윤해동은 3·1운동을 '조선의 시간'이 '제국의 시간'과 만나 발생한 '열광'의 '불꽃'으로 표현할 수 있다고 했다. 그는 제1차 세계대전이 식민지 조선에 존재하는 다양한 시간을 '교차'하고 '중첩'하며 '압축'했다고 하면서, 이런 '시간의 압축'이 없었다면 3·1운동은 불가능했을지도 모른다고 했다(윤해동, 〈'압축된 시간'과 '열광'―3·1운동 연구를 위한 시론〉, 《동아시아문화연구》71, 2017, 128·141쪽). 마찬가지로 김황이 경성에서 겪은 혼란은 '지방의 시간'에 구속되어 있던 김황이 경성에 산재해 있는 '제국의 시간'과 접촉하는 과정에서 생긴 혼란이라고 볼 수 있다. 이 혼란과 방황의 경험은 한편으로는 서구 사상에 대한 불신을 환기시키고, 다른 한편으로는 유림이 주도하는 새로운 방식의 독립운동을 모색케 하는 요인으로 작용했을 것이다.

85) 〈3·1독립선언서〉에서 구체적으로 어떤 문장을 가리키는 것인지 알 수 없다. 〈3·1독립선언서〉에서 직접적으로 고종 또는 고종의 죽음을 가리킨 문장은 없고, "구래(舊來)의 억울(抑鬱)을 선창(宣暢)하려 하면, 시하(時下)의 고통(苦痛)을 파탈(擺脫)하려 하면, 장래(將來)의 협위(脅威)를 삼제(芟除)하려 하면"이라는 문장에서 '시하의 고통', 즉 '현재의 고통'이라는 표현은 추상적이어서 고종의 죽음으로 인한 고통이라고 해석하기에는 무리가 따른다.

면 천고의 죄인이니 우리 유림은 아마도 사양해야 할 것입니다. 이것을 굳건히 깊이 강마(講磨)해야 할 것입니다.[86]

김황은 의리를 저버리고 구차하게 사는 것은 불가하지만 〈3·1독립선언서〉 내용 중에는 유림으로서 수용할 수 없는 부분이 있다고 밝혔다. 선언서 서두에서 군주의 고통과 국가의 독립을 언급했다면 당연히 국권이 침탈되기 이전의 체제인 군주제 국가로의 회복을 천명해야 하는데, 오히려 개인의 권리를 내세운다면 불변의 인간 질서인 군신의 의리가 의지할 곳이 없어진다는 논리였다. 독립운동의 취지에는 찬성하지만 자유인권과 공화주의를 거부하는 이념적 지향성이 분명하게 담겨 있다.

지방유림이 독립운동에 접근하는 경로

지금까지 김황이라는 인물을 통해 지방 청년유림의 눈에 비친 3·1운동의 형상을 확인하고, 지방유림이 독립운동에 접근하는 초기 경로를 살펴보았다. 이를 위해 경남 산청에 거주하는 20대 청년 김황이 스승 곽종석의 지시에 따라 경남 거창과 경성을 오가는 과정에서 남긴 〈기미일기〉를 검토했다. 이 일기에는 경성과 지방의 3·1운동에 관한 많은 목격담과 소문이 실려 있어 3·1운동에 대한 지방인의 시각을 이해하는 데 많은 도움을 얻을 수 있었다.

내용을 다시 한 번 환기해보기로 하자. 김황과 곽윤 일행은 1919년

---

86) 김황, 〈기미일기〉, 음력 1월 28일, 31쪽.

2월에 경험한 경성의 상황이 지방에서 예상한 것과 크게 다르다고 느꼈다. 이들은 출발 전 스승 곽종석으로부터 독립운동에 관한 중요한 임무를 부여받았고, 상경과 경성 체류 그리고 귀성에 이르는 동안 평정심과 신중함을 잃지 않았다. 그러나 경성의 거리에서 접한 〈3·1 독립선언서〉·《조선독립신문》 등 독립운동 선전물, 여관 투숙객 송재근이 전한 청년 학생들의 격렬하고 희생적인 만세시위 소식 등은 독립운동의 필요성을 절감케 하면서도 일순간 '멍'하게 만들었다. '지방의 시간'과 '경성의 시간'이 교차하고 충돌하며 가치의 진동을 경험하는 순간이었다.

3·1운동의 현장을 함께한 김황 일행은 유교 '의리'의 연장선에서 3·1운동에 공감했지만, 〈3·1독립선언서〉의 내용과 이념에 대해서는 쉽게 동조하지 못했다. 국가의 독립은 군주제의 회복이 전제되어야 하는데, 그보다 개인의 자유를 중시하는 듯한 내용은 수긍하기 어려웠다. 또한 상경 유학생인 동문 후배 임유동이 맹자의 '민위중'이라는 문구에서 '민'에 '민족'을 대입해 임금은 민족의 대표로 기능할 때에만 존재 가치를 지닌다고 주장하자 더 이상 대화를 진행할 가치를 느끼지 못했다. 이런 유림의 의식은 1919년 당시 유교계가 〈3·1독립선언서〉의 취지에 공감하기 어려웠고, '민족 대표'에 합류하기 어려운 상황이었음을 짐작게 한다.

하지만 그렇다고 해서 김황 일행이 독립운동 참여 의지가 부족했다고 볼 수는 없다. 김황 일행은 상경 직전 스승 곽종석으로부터 윤충하와 독립청원운동에 관해 논의를 구체화하라는 임무를 부여받았다. 다만 이들은 경성이라는 이질적 시공간 속에서 독립운동 참여의 명분을 찾는 데 어려움을 겪은 것으로 보인다. 결국 이들은 다른 경로로 독립운동의 동기와 명분을 찾아갔다. 그것은 유교적인 방식이었다.

김황 일행의 상경 이전 행적과 관련해 주목되는 것은 고종의 갑작스런 서거 소식을 접한 점과 상복 착용 기간을 3년으로 결정한 점이었다. 고종의 갑작스런 서거 소식은 지방유림을 경성이라는 낯선 공간으로 유인했고, 망국의 슬픔과 분노를 폭발시킨 즉각적 요인이었다. 이와 관련해 〈기미일기〉에는 1919년 1~2월 유림의 관심이 고종을 위한 상복의 착용 여부와 착용 기간에 집중되어 있었음을 보여준다. 김황 일행의 스승인 곽종석은 유교계 일각에서 제기된 무복론에 반대하고 삼년복을 주장했다. 이는 고종을 망국의 군주로 간주하지 않는다는 의미이며, 고종의 억울한 죽음에 항의하기 위해 독립운동을 진행할 수 있다는 논리로 발전할 가능성을 지녔다. 실제로 삼년복을 주장한 유림은 독립운동에 적극적이었다.

　　이어 김황 일행은 경성에서 얻은 경험과 정보를 토대로 지방으로 내려가 독립운동 동참을 재촉했다. 우선 민씨 척족 민용호가 전한 고종독살설은 김황 일행의 내면을 흔들고 지배한 것으로 보인다. 그 결과 김황이 작성한 독립청원서(파리장서) 초안에는 민용호가 전한 내용이 그대로 삽입되어 있었다. 한편, 〈3·1독립선언서〉의 내용에는 동조할 수 없었으나 독립선언 자체와 청년 학생들의 희생적 만세시위는 추모의 감정에 빠져 있던 유림을 한층 더 각성시켰다. 마지막으로, 3월 5일 반우제를 계기로 경성에 일시 체류하던 유림이 각기 세력을 규합해 독립운동에 나선 점도 김황 일행을 포함한 영남 유림의 독립청원운동에 대한 관심을 증폭시켰다.

9장

윤치호, 방관과 친일 사이

노상균

거부, 연민, 전유: 3·1운동과 윤치호

1시 30분쯤 거리에서 군중들의 함성이 들려왔다. 창문으로 내다보니 거리를 가득 메운 학생들과 시민들이 '만세'를 외치며 종로광장 쪽으로 달려가고 있었다. 소년들은 모자와 손수건을 흔들었다. 이처럼 순진한 젊은이들이 애국심이라는 미명 아래 불을 보듯 훤한 위험을 향해 자진해서 달려가는 모습을 보니 눈물이 났다. 우리는 골치 아픈 문제에 연루되지 않으려고 회관을 완전히 봉쇄하기로 결정했다.[1]

경찰이 시위에 참가한 소년, 소녀 들을 끌고 가느라 바쁜 모습을 보았다. 그 장면을 보면서 흐느껴 울었다. 하지만 난 너무 무력하다. ······ 니와 씨와 와다세 목사에게 내가 얼마나 진심으로 이번 소요에 반대하

---

1) 《윤치호 일기》, 1919년 3월 1일.

고 있는지 호소했고, 일본은 조선인이 갖고 있는 불만이 무엇인지 철저히 규명해야 한다고 제안했다.[2]

1919년 3·1운동은 획기적이고도 중요한 사건이었다. 3·1운동은 일부 친일인사를 제외한 전 민족적 차원에서 참여한 운동으로, 민족의 독립의지와 역량을 대내외적으로 알렸으며, 향후 건설할 독립국가의 방향을 제시했고, 민중을 각성시켜 독립운동의 주체로서 등장하게 하는 계기가 되었다. 또 세계사적으로는 비폭력 투쟁을 통해 제국주의를 정면으로 배격함으로써 약소민족들의 식민지해방운동에 직간접적으로 영향을 주기도 했다. 그 때문에 3·1운동은 독립운동사적으로나 세계사적으로나 역사적 의의가 매우 높게 평가되어왔다.

그러나 그 영향과 역사적 의의가 높게 평가되는 것에 비례해 3·1운동을 정치적으로 전유하려는 시도 또한 일찍부터 이루어져왔다. 3·1운동은 자신들의 정치적·역사적 정당성을 확보하려는 여타 세력에 의해 각종 아전인수 격 해석으로 조형화되었으며, 또 한편으로는 그에 반대되는 세력들에 의해 폄하되거나 다른 방식으로 부조화되기도 했다.[3] 이처럼 조형화되고 부조화된 3·1운동의 역사상을 극복하기 위해 오랜 기간 많은 연구 성과가 제출·축적되었으나,[4] 시대적 한계와 연구 관점의 정형화 등으로 인해 그 역사상의 복원은 여전히 충분

2)   《윤치호 일기》, 1919년 3월 5일.

3)   일제 시기부터 현대에 이르기까지 3·1운동의 평가를 둘러싸고 벌어진 각 정치세력들의 3·1운동 전유 시도에 대한 개괄적인 정리는 지수걸, 〈3·1운동의 역사적 의의와 오늘날의 교훈〉, 한국역사연구회·역사문제연구소 편, 《3·1민족해방운동연구》, 청년사, 1989 참고.

4)   대표적인 연구 성과로는 동아일보사 편, 《3·1운동 50주년 기념논집》, 동아일보사, 1969; 한국역사연구회·역사문제연구소 편, 앞의 책; 동아일보사 편, 《3·1운동과 민족통일》, 동아일보사, 1989; 동북아역사재단 편, 《3·1운동과 1919년의 세계사적 의의》, 동북아역사재단, 2010을 들 수 있다.

치 못하며, 시대의 변화에 맞춘 새로운 해석 및 의의의 발굴 또한 정체된 상태이다. 3·1운동에 대한 엄밀한 고증과 다양한 시각 및 방법을 통한 재조명이 필요한 상황이라 하겠다.

이러한 문제의식 아래 본 글에서는 《윤치호 일기》를 중심으로 윤치호가 바라본 3·1운동과 그에 대한 평가 및 대응에 대해 살펴보고자 한다. 3·1운동에 대한 다양한 시각과 해석이라는 차원에서 윤치호는 대단히 흥미로운 인물 소재다. 윤치호는 3·1운동이 일어나자 바로 다음 날 《오사카마이니치신문(大阪每日新聞)》과의 인터뷰에서 '조선독립 불가능론'을 설파하며 3·1운동에 대한 반대 의사를 밝혔다. 신중한 성격의 소유자로 알려진 윤치호로서는 이례적인 행동이라고 할 수 있을 만큼, 3·1운동에 대해 분명한 거부감을 가지고 있었다. 그러나 그는 3·1운동을 '골치 아픈 문제'로 폄하하면서도 한편으로 3·1운동에 참석한 학생들에게 연민을 느끼고 일제의 가혹한 탄압, 고문, 학살행위를 비판했다. 나아가 3·1운동을 근거로 일제의 식민정책이 실패했음을 지적하면서 조선인들의 불만 사항과 자신이 생각하는 개혁방안을 정리해 당국자들에게 제시, 관철시키고자 노력하기도 했다. 거부, 연민, 전유. 언뜻 보기엔 서로 모순되는 것 같은 3·1운동에 대한 윤치호의 다양한 반응들은 어떠한 의식구조 속에서 이루어진 것일까? 윤치호에게 3·1운동은 과연 무엇이었을까?

윤치호가 3·1운동을 거부한 이유에 대해 선행 연구들에서는 조선역사에 대한 비관적인 인식과 현실주의적인 태도,[5] 사회진화론에 바탕한 국제 정세관,[6] 105인 사건 때의 경험,[7] 민중멸시관,[8] 자유주의 사

5)   유영렬, 《개화기의 윤치호 연구》, 경인문화사, 2011, 제2편 제3장.
6)   김상태, 〈일제하 윤치호의 내면세계 연구〉, 《역사학보》 165, 역사학회, 2000, 115·116쪽.

상에 입각한 사고방식⁹⁾ 등에 기인한 것으로 설명했다. 이러한 해석들에 대해 필자 역시 어느 정도 동의하지만, 기왕의 연구들에서는 윤치호의 3·1운동 반응 가운데 주로 '거부'의 측면만을 주목하고 '연민', '전유' 등 윤치호의 다른 반응들은 간과함으로써 그의 인식 및 행동의 전모와 복합적인 성격을 충분히 드러내지 못한 아쉬움이 있었다. 또 상당수의 연구들이 3·1운동 전후 국면 속에서의 행적만을 다룸으로써 윤치호가 3·1운동에 대한 인식 틀과 거부논리를 형성해나가는 계기 및 과정을 온전히 파악하는 데 한계가 있었다.

이에 필자는 본 연구를 진행하는 데 몇 가지 유의점 및 목표를 두고자 한다. 첫째, 윤치호의 개인적인 경험과 사상 전개의 연속성 위에서 그의 3·1운동 인식 및 평가, 대응을 살펴보고자 한다. 윤치호가 3·1운동을 인식하고 거부하는 틀은 3·1운동이 일어나기 이전까지 그의 경험과 사상에서 이미 그 기반이 마련되어 있었기 때문이다. 3·1운동이라는 거대한 역사적 사건 속에서 윤치호를 다루는 것이 아닌 윤치호라는 개인의 경험과 관점에서 3·1운동을 조명하고 그 내용과 인식논리를 밝혀내는 것이야말로 문제의식에 바르게 조응할 수 있는 접근 방법이라고 생각한다.

둘째, '독립'과 '민주주의'에 대한 윤치호의 이해를 규명하는 데 초점을 맞추고자 한다. 윤치호의 3·1운동 비판논리 가운데 주목되는 것은 독립도 민주주의도 모르는 대중을 선동했다는 주장이다.¹⁰⁾ 주지하

---

7)   윤경로, 《개정증보판 105인 사건과 신민회 연구》, 한성대학교출판부, 2012, 431~436쪽.

8)   양현혜, 《개정판 윤치호와 김교신》, 한울아카데미, 2009, 85~90쪽.

9)   박지향, 《윤치호의 협력일기》, 이숲, 2010, 97~99쪽; 류충희, 〈1910년대 윤치호의 식민지 조선 인식과 자조론의 정치적 상상력〉, 《동방학지》 175, 연세대학교 국학연구원, 2016.

10) 《윤치호 일기》, 1919년 4월 11일.

다시피 독립과 민주주의는 3·1운동 참여자들이 추구한 대표적인 가치라 할 수 있는바, 윤치호와 그들의 '독립' 및 '민주주의'에 대한 이해 방식의 차이를 살펴보는 것은 3·1운동을 거부하는 윤치호의 논리와 근거를 해명하는 작업과 맞닿아 있다고 할 수 있다. 나아가 이는 자유와 권리, 민주주의 등을 내세우면서 대중의 직접적인 참여와 활동을 제한하고자 하는 사고방식의 역사적 전개를 단편적이나마 확인하는 작업도 될 수 있을 것이다.

셋째, 윤치호가 3·1운동을 인식하고 대응하는 데 기독교 신앙의 역할에 대해 주목하고자 한다. 잘 알려진 대로 3·1운동을 기획하고 전개하는 데 기독교인들의 역할이 매우 컸는데, 가령 민족 대표 33인 가운데 16명이 기독교인이었으며 윤치호가 이끄는 감리교 출신만 7명이었다. 실제로 3·1운동을 전후해서 교회 내에서 윤치호에게 3·1운동에 대한 참여를 종용하거나 불참을 비난하는 목소리가 높았다. 그럼에도 불구하고 그는 3·1운동을 끝까지 거부했는데, 이러한 차이는 어디에서 기인한 것일까? 3·1운동과 종교의 관계는 심도 있는 접근이 필요한 주제이지만 윤치호 개인의 차원에서 그것이 어떻게 관계되고 있는지를 확인해봄으로써 이해의 실마리나마 제공할 수 있기를 기대한다.

1. 한말 일제 초 윤치호의 현실 인식과 일본관

1) 선망과 증오의 착종: 동양문명국 일본과 이중의 무정부 상태

독립협회운동의 실패 이후 5년여간 지방관직을 전전하며 좌천생활을 하던 윤치호는 1904년 3월 12일 외부협판에 임명됨으로써 다시

금 중앙정계에 복귀하게 되었다. 1904년 3월은 러일전쟁이 발발한 지 얼마 되지 않은 시점이었다. 전쟁에 앞서 대한제국 정부는 각국에 전시(戰時) 국외중립을 선언함으로써 위기를 해결하고자 했으나, 일본은 이를 무시하고 개전 결정과 동시에 군대를 파견해 서울을 점령한 후 강제로 한일의정서를 체결했다. 한일의정서의 체결은 일본이 정치적·군사적·외교적으로 대한제국을 간섭할 수 있는 근거가 마련되었음을 의미했다. 이에 따라 조야에서는 국권 침탈의 위기의식이 고조되는 가운데 대한제국의 정책에 불만이 있던 재야지식인들을 중심으로 '정치경장'을 주장하는 각종 개혁상소들이 제출되는 등 개혁의 필요성에 대한 사회적 공감대가 형성되었다.[11]

이러한 상황에서 정계에 막 복귀한 윤치호 또한 개혁의 필요성을 절감하고 있었다. 그러나 당시 상황은 그리 녹록지 않았다. 그가 보기에 개혁의 주체가 되어야 할 고종과 정부 대신들은 부패했으며, 질서와 독립을 유지할 만한 의지와 역량이 부족했다. 윤치호는 독립을 유지하기 위해서는 무엇보다도 문명화(경제적 개발)가 이루어져야 한다고 보았는데, 이때 그가 생각하는 문명화의 방법이란 국민을 계몽하고 계몽된 국민이 진보를 이룰 수 있도록 자유경쟁체제를 구축하는 것이었다.[12] 그러기 위해서는 정부가 개인의 생명과 재산을 법과 제도로 보호해주는 것이 전제되어야 했지만 고종과 정부는 오히려 인민의 재산을 앞장서 수탈하고 있었다. 정부와 대신들을 '대머리 독수리'로, 대한제국을 그들이 노리는 '썩은 동물 시체'로 표현할 정도였

---

11) 최기영, 〈러일전쟁 발발 직후 지식인의 정치개혁론〉, 《한국근대계몽사상연구》, 일조각, 2003, 38쪽.

12) 《윤치호 일기》, 1904년 7월 11일. 이는 윤치호와 마찬가지로 자유주의를 수용했던 한말 지식인들의 일반적인 개혁구상이기도 했다. 노상균, 〈한말 '자유주의'의 수용과 분화〉, 《역사와 현실》 97, 한국역사연구회, 2015, 357~361쪽.

다.[13] 이에 더하여 방만하고 비효율적으로 운영되는 정부기구 또한 개혁을 추진하는 데 장애요소였다.[14]

그렇기에 그는 대한제국 정부를 말끔히 일소할 절대권력이 자신에게 주어지기를 소망해보기도 했다.[15] 하지만 현실적으로 정부 내에서 윤치호의 입지는 높지 않았고 오히려 불안정했다. 정부와 대립했던 독립협회 회장이라는 그의 과거 경력 때문이었다. 외부협판에 임명되기 불과 반년 전까지만 하더라도 그는 고종이 싫어할 만한 정치적·사회적 행동을 하는 것이 금지되어 있었고, 저명인사들 사이에서 기피인물로 여겨지고 있었다.[16] 정계에 복귀한 이후에도 여전히 운신의 폭은 넓지 않았다. 실제로 어윤적과 함께 국민교육회 회합에 참여했다가 누군가로부터 독립협회 전 회장 및 부회장이 새로운 모임을 설립하고자 회동했으니 의심스럽다는 무고를 받아 단순히 구경 갔을 뿐이라는 해명을 했던 적도 있었다. 비록 바로 반려되기는 했지만 외부협판직을 사임청원할 정도로 독립협회 경력은 그에게 정치적인 부담으로 작용하고 있었다.[17] 이러한 상황에서 그가 정부 개혁을 이끄는 중심이 되는 것은 사실상 불가능한 일이었다.

그렇다고 민중에게서 희망을 찾지도 못했다. 그는 독립협회운동의 실패 원인의 하나로 민중의 개화의식 결여를 지적할 만큼 민중의 역량에 회의적이었다.[18] 그는 백성들이 예의를 모르고 경쟁의식을 갖

---

13) 《윤치호 일기》, 1905년 7월 4일.

14) 《윤치호 일기》, 1905년 4월 26일·1904년 10월 5일.

15) 《윤치호 일기》, 1905년 4월 26일.

16) 《윤치호 일기》, 1903년 6월 19일.

17) 〈교육회치의〉, 《대한매일신보》, 1904년 8월 27일자; 〈윤어량 씨〉, 《대한매일신보》, 1904년 8월 27일자; 〈윤씨사소(尹氏辭疏)〉, 《황성신문》, 1904년 8월 30일자; 〈물사행공(勿辭行公)〉, 《황성신문》, 1904년 8월 31일자.

18) 유영렬, 앞의 책, 153·154쪽.

추지 않은 점에 대해 비판하면서, 한국인의 땅을 뺏은 일본인들이 그 땅을 훌륭하게 개발하고 있음을 지적하고, 한국인들이 일어나서 배우지 않는 한 일본인들에게 모든 것을 빼앗기게 될 것이라고 주장했다.[19] 종국에는 "모세가 자신이 광야로 이끌고 온 노예 세대에게 독립과 훌륭한 정부를 기대할 수 없었던 것처럼, 현세대의 한국인들에게 독립과 훌륭한 정부를 기대할 수는 없다"라며 국권 침탈의 위기와 정부의 수준에 대한 책임을 민중에게 전가했다.[20]

고종에게서도, 정부 관료에게서도, 민중에게서도 개혁의 희망을 찾을 수 없는 상황에서 윤치호는 깊은 슬픔과 절망감을 느꼈다.[21] 그로 인해 생긴 스트레스로 종종 고열에 시달리기도 했다.[22] 이러한 비관적인 현실 인식 속에서 그는 차츰 대한제국 정부가 아닌 다른 문명국에 의한 개혁 가능성에 희망을 걸게 되었다. 윤치호가 다른 문명국의 지배를 통해서라도 일단 한국을 개혁해야 한다는 발상을 하게 된 것은 이때가 처음은 아니었다. 그는 일찍이 자주적인 개혁이 불가능하며 동시에 외세의 지배 및 간섭이 불가피하다고 여길 때마다 차선책으로 문명국의 지배를 통한 개혁론을 제시했다. 곧, 거문도 점령사건, 청일전쟁, 아관파천 등을 전후하여 그는 늘 문명국 지배하의 개혁을 기대했는데, 여기에는 사회진화론에 입각한 개혁지상주의적인 사고가 깔려 있었다.[23]

이때 윤치호는 한국에 대한 지배권을 놓고 전쟁 중이던 러시아와

19) 《윤치호 일기》, 1904년 7월 11일.
20) 《윤치호 일기》, 1905년 11월 2일.
21) 《윤치호 일기》, 1904년 5월 6일.
22) 《윤치호 일기》, 1904년 5월 27일.
23) 유영렬, 앞의 책, 252~262쪽.

일본 가운데 한국을 개혁할 문명국으로 일본을 선호했다.[24] 이는 그가 가진 백인에 대한 인종적 감정에 따른 선택이었다. 그는 미국 유학 시절 및 선교사들과의 교제 과정에서 크고 작은 인종 차별을 경험했고, 또 약소민족의 일원으로서 세계 곳곳에서 일어나는 백인들의 침탈과 횡포에 강한 불만을 느꼈다.[25] 그러한 감정은 다음 인용문에서도 엿볼 수 있다.

개인적인 생각을 말하자면 아시아인과 유럽인의 '차이'는 나의 존재만큼이나 현실적이다. 나는 백인에 대한 무한한 감탄과 애정까지 갖고 있고, 다소 미국화된 생각과 이상, 반일적인 본능과 편견을 가지고 있다. 하지만 유럽인이나 미국인 친구, 곧 백인 친구와 함께 있는 자리에서는 일본인들과 공유했던 동지애를 전혀 느끼지 못한다. 말하자면 정체를 알 수 없는 무언가가 나로 하여금 백인 친구에게 흉금을 터놓지 못하게 만든다.[26]

이처럼 윤치호의 백인에 대한 감정은 개인적인 친분관계를 뛰어넘을 만큼 강하고 극복하기 어려운 것이었다. 그래서 그는 일본과 러시아의 침탈행위를 모두 인지하고 있으면서도 인종주의에 입각해 러시아를 일본보다 더 위험한 적으로 규정하고 그들의 침략을 막기 위해 황인종은 단결해야 한다고 주장했다.[27] 이후 러일전쟁에서 일본의 승

24) 《윤치호 일기》, 1904년 10월 20일.
25) 《윤치호 일기》, 1903년 1월 3일. 미국 유학 시절 윤치호가 겪은 인종 차별 경험과 인종주의적 사고에 대해서는 장규식, 〈개항기 개화 지식인의 서구 체험과 근대 인식〉, 《한국근현대사연구》 28, 한국근현대사학회, 2004, 28~32쪽 참고.
26) 《윤치호 일기》, 1903년 1월 15일.
27) 《윤치호 일기》, 1902년 5월 7일.

리가 확실시되자 그것이 한국의 독립을 위태롭게 하는 것을 알면서도 황인종의 일원으로서 일본의 승리에 자부심이 느껴진다고 말했다.[28]

이제 윤치호에게 일본은 자신이 두려워하고 증오했던 백인 문명국과 맞서서 이겨낸 동양 유일의 문명국으로서 선망의 대상이 되었다. 그는 1905년 7월 시찰원에 임명되어 40여 일간 일본을 방문했는데, 시찰을 통해 윤치호가 본 일본은 한국과 달리 질서와 체계와 청결함과 불빛과 즐거움과 행복이 가득한 나라였다. 오사카의 거리와 사람들은 활력 넘치고 매력적이었으며, 도쿄의 거리 또한 자신이 유학하던 24~25년 전과 비교할 수 없을 만큼 발전해 있었다. 그가 받은 감명은 자신에게 조국을 선택할 수 있는 선택권이 있다면 다른 어떤 나라보다 일본을 선택할 것이라고 말할 정도였다.[29]

그러나 윤치호가 가진 일본에 대한 선망 및 기대는 금세 실망과 증오로 뒤섞였다. 일본의 관심은 오로지 한국에서 자신들의 이익을 확보하는 것일 뿐 한국에 훌륭한 정부를 도입하고 개혁을 추진해나가는 것에는 하등의 관심이 없음을 확인했기 때문이다.[30] 그는 일본이 한국인들의 생명과 재산을 보호해줄 법률을 마련해 관리들의 억압과 착취를 막아주기를 기대했지만, 자신들이 이권을 침탈하기에 유리한 국면을 조성하기 위해 오히려 한국 정부의 부패를 방치·조장하고 있음을 목도하고 분개했다. 이제 한국인들은 부패한 군주와 관리들뿐만 아니라 일본인들의 억압과 재산 침탈도 걱정하게 되어 러일전쟁 이전보다 더 어려운 처지가 되었다. 그는 이러한 당시의 상황을 '이중의 무정부 상태' 또는 '이중의 억압 상태'로 표현하며 앞으로 한국

28) 《윤치호 일기》, 1905년 6월 2일·9월 7일.
29) 《윤치호 일기》, 1905년 7월 18일·7월 20일·7월 24일·8월 6일.
30) 《윤치호 일기》, 1904년 4월 26일·5월 28일.

인들이 절망적인 생존경쟁을 치러야 할 것을 우려했다.[31] 나아가 을사조약의 체결 문제에 대해서도 일본의 약속을 믿을 수 없으니 조약을 체결해서는 안 되며, 조약을 체결하는 사람은 나라를 팔아먹는 자가 될 것이라고 했다. 을사조약이 결국 체결되자 그는 다음 날 바로 사직했으며, 치욕스러운 조약에 서명한 내각 명단을 일기에 기록하는 개인적이고 비공식적인 방식으로 자신의 불만을 표출했다.[32]

그런데 윤치호는 을사조약에 대한 반대 의견을 가지고 있었음에도 불구하고 을사조약에 반대하는 조야의 여러 활동에는 참석하지 않았다. 그는 조병세의 주도하에 을사조약의 폐기를 청원하는 관료들의 상소운동에 참석할 것을 세 번이나 권유받았음에도 참석하지 않았다. 비록 그 의도는 좋지만 일본이 20만 명의 생명과 수억 엔을 희생시키면서 획득한 것을 소리만 요란한 몇 장의 상소문으로 취소하기 어렵다고 생각했기 때문이다.[33] 더하여 외교 활동이나 자결을 통한 항의, 의병운동 등에 대해서도 별다른 소득이 없을 것이며, 오히려 일본의 침략이 확대되는 구실로 작용할 뿐이라고 부정적으로 여겼다.[34]

이러한 인식하에 그는 외교고문 스티븐슨에게 보내는 편지에 보호국으로 전락한 현실을 수긍하는 한편, 대한제국 정부에 의한 독립 및 개혁 기대를 포기하고 개인적인 계몽운동에만 힘쓰기로 마음먹었음을 밝혔다.[35] 이후 그는 자신이 밝힌 바대로 각종 계몽운동에 참여했다. 대한자강회 회장, 기호흥학회 교육부장, 청년학우회 회장 등 서울

---

31) 《윤치호 일기》, 1905년 10월 14일·10월 25일.

32) 《윤치호 일기》, 1905년 11월 17일·11월 18일.

33) 《윤치호 일기》, 1905년 11월 27일.

34) 《윤치호 일기》, 1905년 9월 9일·11월 30일·12월 17일·1906년 6월 15일.

35) 《윤치호 일기》, 1905년 12월 12일.

에서 조직된 주요 계몽단체의 간부로 활동했으며, 개성교육회, 개성
상업회, 개성학회 등 자신의 집이 있는 개성 지역 계몽단체들에서도
회장직을 맡아 활동했다.[36] 개성 한영서원과 평양 대성학교의 교장을
겸하면서, 어린 학생들을 위한 교재로《최신유학자취(最新幼學字聚)》
를 편찬하는 등 교육사업에도 힘썼다.[37] 그러는 동안 몇 차례 관직 제
의가 있었지만 3개월 정도 중추원 찬의에 임명되었던 것을 제외하고
는 모두 거절했다. 농상공부대신이 되어 새로운 내각에 참여할 것이
라는 소문이 나기도 했지만 실현되지는 않았다.[38] 계몽운동 기간 그
는 줄곧 정치와 거리를 두었으며 한일강제병합이 임박한 1910년 여
름에는 영국 에든버러에서 열리는 세계선교대회에 참석차 아예 국내
를 떠나 있었다. 그는 조용히 해외에서 나라를 잃은 지식인이 되었다.

2) 생명·재산의 보호 부재에 대한 불만과 침묵

윤치호에게 한일강제병합 이후부터 3·1운동 이전까지는 식민지배
의 억압과 차별을 피부로 실감했던 시간들이었다. 그 시작은 105인
사건이었다. 잘 알려져 있다시피 105인 사건은 일제가 병합을 전후해
일어난 암살 및 테러사건의 배후로 여겨지는 비밀결사단체의 실체를
파악하고, 나아가 반일의식이 강했던 서북 지방의 기독교 세력과 그
와 연결되어 있는 미국 선교사들을 축출하기 위해 조작한 사건이었

---

36) 〈개성상업회(開城商業會)〉,《대한매일신보》, 1907년 5월 29일자; 〈개성교육회소식〉,《대한매
   일신보》, 1908년 2월 23일자; 〈개성학회확장(開成學會擴張)〉,《황성신문》, 1908년 6월 17일자.

37) 〈최신유학자취(最新幼學字聚)〉,《대한매일신보》, 1909년 1월 30일자.

38) 〈내각조직설〉,《대한매일신보》, 1908년 12월 3일자. 이 소문의 신빙성에 대해서는 확인하기
   어렵다. 다만 이러한 소문이 나돌기 몇 달 전 당시 통감이던 이토 히로부미(伊藤博文)가 '부
   동산법조사회'를 설립하면서 조선 측 위원으로 윤치호를 추천했다가 대신들의 반대에 부딪
   혔는데, 그것이 소문의 형성에 영향을 주었던 것이 아닌가 짐작된다(金正明 編,《日韓 外交資
   料集成 6 - 日韓倂合編 上》, 巖南堂書店, 1964, 256·257쪽).

다. 윤치호는 1912년 2월 5일에 105인 사건의 주모자로 구속되었다. 그가 체포된 시점은 다른 피의자 대부분이 1911년 9월경 체포된 것에 비해 9개월이 지난 후였는데, 이렇게 구속이 늦어진 것은 일제 측이 105인 사건의 조작을 마무리하는 단계에서 뒤늦게 사건의 주모자로 그를 지목했기 때문이다.[39] 그는 혐의를 전면 부인했으나 경찰 측의 혹독한 압박과 고문에 못 이겨 허위 자백을 했다. 이로 인해 그는 징역 6년형을 선고받고 3년간 옥고를 치른 끝에 1915년 2월 천황의 특사로 석방되었다.

중년의 나이를 넘긴 윤치호에게 감옥생활은 가혹한 것이었다. 몇 년 뒤 회고에 따르면, 그는 감옥에 있는 동안 햇빛 구경도 제대로 할 수 없었고, 운동도 하루에 3~5분 정도만 가능했으며, 사람과의 접촉은 전면 금지되었고, 《성경》을 제외하고는 어떤 책도 볼 수 없었다고 한다.[40] 흥미로운 것은 석방 직후 《매일신보》와의 인터뷰에서 그가 일본 역사를 공부하고 싶어 오쿠마 시게노부(大隈重信)가 쓴 《개국오십년사》를 얻어서 읽어보았다고 말했다는 점이다. 그는 일본 역사를 공부한 이유에 대해 "일본과 조선이 역사상 어떠한 관계에 있는지, 또 지금과 같이 서로 나뉘지 못할 관계가 있으나 소위 유식자 중에 능히 일본 역사와 지리를 아는 사람이 몇이나 되는지, 이러한 일은 참 한심한 일이며 죄를 받을 일이라고 생각하였기" 때문이라고 밝혔다.[41] 짐작건대 그가 회고를 통해 《개국오십년사》에 대해 언급하지

---

39) 윤경로, 앞의 책, 431쪽. 윤치호는 한일강제병합 이전부터 잦은 외국행으로 인해 일제의 감시
    대상이 되곤 했다(〈비밀형탐〉, 《대한매일신보》, 1910년 1월 12일자; 〈윤 씨를 탐문〉, 《대한매
    일신보》, 1910년 7월 16일자).

40) 《윤치호 일기》, 1921년 10월 19일.

41) 〈극락(極樂)에 환생한 6인(六人): 옥중소득(獄中所得), 화기를 띤 윤치호 씨, 옥중에서 얻은
    몇 가지〉, 《매일신보》, 1915년 2월 16일자.

않은 것은 자신의 감옥생활의 어려움을 강조하려는 의도로 볼 수도 있겠으나, 한편으로는 인터뷰와는 다르게 그것이 그가 원해서 읽은 책이 아니었기 때문으로 보인다. 실제로 일기를 쓰기 시작한 이래로 이때까지 그가 일기에 남긴 독서 목록 가운데 일본에 관한 책은 상하이 시절 읽은, 제목이 기재되어 있지 않은 일본 소설 몇 권이 전부였다. 그가 읽은 책들은 주로 서양의 역사·문학·위인에 관한 것으로, 윤치호는 일본의 역사와 문화에 대해서는 따로 책으로 읽을 만큼 관심을 갖지 않았다. 그러나 105인 사건을 통해 이제 그는 그동안 관심 없었던 일본의 역사도 알아서 공부하고 그 감명을 공개석상에서 말해야만 하는 처지에 놓이게 되었다.

그리하여 그는 매일신보사를 찾아가 앞으로는 일본의 유지들과 교류를 깊이 하고 동화정책에도 적극 협력할 것이라는 전향 선언을 했으며, 일본의 역사와 지리를 공부하고 일본 사람과 친밀히 지낼 것을 권고하는 연설도 했다.[42] 친일단체와 행사에도 참여해야 했다. 이와 관련해 데라우치 마사타케(寺内正毅) 총독은 그를 직접 불러 앞으로 조선인과 외국인, 조선인과 일본인 사이의 이해 증진에 힘써주기를 바란다는 요청 아닌 요청을 했었다.[43] 이에 그는 효용성을 의심하면서도 무단통치 시기에 유일하게 결성이 허락된 단체이자 친일단체였던 대정친목회에 평의원으로 참여했으며, 일본의 명사들과 매달 네 번째 금요일마다 열리는 정기 대화모임을 조직하는 등 친일행보

---

42) 〈본사장(本社長)을 방문한 윤치호 씨, 여(余)는 대(大)히 오해하였었노라, 여는 광명을 득(得)하였노라〉, 《매일신보》, 1915년 3월 14일자; 〈윤치호 씨의 오십이각(五十而覺)〉, 《매일신보》, 1915년 5월 20일자.

43) 《윤치호 일기》, 1916년 3월 4일. 그 밖에도 《경성일보》 사장 아베 미쓰이에(阿部充家)로부터 이따금씩 총독을 방문하고 총독이 출장을 떠나거나 돌아올 때마다 열리는 연회에도 참석할 것을 권고받았다(《윤치호 일기》, 1916년 5월 28일).

의 폭을 넓혀갔다.[44]

하지만 일제의 압박은 그 정도로 그치지 않았다. 공개적으로 순응의 뜻을 밝혔음에도 불구하고 YMCA 총무로서 직원을 뽑는 일조차 경찰 측에 일일이 문의하고 허가를 받아야 할 정도로 그는 대외 활동에 심한 통제를 받았다.[45] 그가 관여하던 학교나 YMCA의 교육 활동 또한 일제의 사립학교 규칙 개정에 따라 운영에 제약을 받았고,[46] 당국의 의심을 살 것이 두려워 송도고등보통학교 교장직을 맡아달라는 부탁을 거절하기도 했다.[47] 가는 곳마다 경찰에 감시 되었으며, 자신을 찾아오는 손님이나 심지어 YMCA 소속 목사마저 밀정으로 의심해야 할 정도였다.[48]

한편으로 그가 더욱 곤혹스럽게 생각했던 것은 장래 조선의 독립을 위해서는 조선 인민의 실력양성이 무엇보다 절실한데, 총독부가 그 기본이 되는 조선인의 생명권·재산권을 제대로 보호해주지 않는다는 사실이었다. 도리어 조선인들은 기근에도 방치되었으며 일본인 관료들의 불공정 행위와 민족적 차별 속에 재산을 침탈당하고 있었다.[49] 여기에는 윤치호 개인의 경험도 있었다. 아버지 윤웅렬의 묘가 있는 온양의 선산을 포함한 주변 일대에 일본인 광산업자가 금광채굴권을 신청했던 것이다. 그는 선친의 묘가 훼손되는 것을 막기 위해 이시즈카 에조(石塚英藏) 농상국장과 경무국 관료 와타나베 다가지로

---

44) 《윤치호 일기》, 1916년 5월 26일·1917년 1월 19일. 대화모임의 회원은 총독부 영문기관지 《서울프레스》 사장 야마가타 이소(山縣五十雄), 일본조합교회 조선전도부 주임 와타세 쓰네요시(渡瀬常吉), 조선전도부 참사 무라카미 타다요시(村上唯吉) 등이었다.
45) 《윤치호 일기》, 1916년 12월 17·26일.
46) 《윤치호 일기》, 1916년 11월 14일·12월 14일.
47) 《윤치호 일기》, 1918년 7월 30일.
48) 《윤치호 일기》, 1916년 2월 5일·1918년 4월 14일·12월 23일.
49) 《윤치호 일기》, 1917년 7월 26일·1918년 5월 13일·12월 1일.

(渡邊鷹次郎) 등 친분이 있는 당국자들에게 도움을 요청했으나, 그들의 미온적인 태도에 일본인의 경우와는 다르게 조선인의 사권(私權)은 보호해주지 않는 것에 불만을 품으면서 당국이 금광채굴권을 허가해줄까 봐 두려워했다.[50] 이에 더하여 실사를 나온 광산국 관리 구라이시(倉石)와는 다음과 같은 일화가 있었다.

광산국 관리인 구라이시가 와서 우리 소유의 언덕을 측량했다. 구라이시는 상당히 거만한 태도와 어조로 내가 소유권을 지키기를 바라는 것은 어리석은 일이고, 사람의 묘 주위를 파는 일은 나쁘다는 생각은 조선의 미신에 불과하다고 말했다. 나는 생명의 안전과 재산권의 안전은 황제도 존중해야 하는 근본적인 권리라는 생각을 확고히 하고 있었다. 나 자신의 권리를 지키려고 노력하는 것을 미신이라고 말하다니 지나치다. 그렇다면 나는 무엇을 할 수 있는가? 무기력한 분노감에 나는 '조선인에게는 묘도 산도 있는 것입니다(朝鮮人ニ八カモ山モアルモノテスカ)'라고 말해주었다. 그러고는 그곳에서 떠났다.[51]

그는 생명과 재산권은 누구도 침범할 수 없는 근본적인 권리라고 생각함에도 불구하고 자신의 권리 행사를 한낱 미신으로 치부하며 훈계하는 일본인 관리의 행태에 강하게 항의하지 못하고 그저 무기력한 분노감만 느낄 수밖에 없었다. 이러한 생명과 재산에 대한 일제의 비보호 및 차별은 윤치호가 중시하던 조선독립을 위한 실력양성의 길을 가로막는 처사라는 점에서 조선의 현실은 물론이고 미래마

---

50) 《윤치호 일기》, 1916년 8월 24일·1917년 12월 12일.

51) 《윤치호 일기》, 1917년 12월 15일.

저 위협하는 매우 심각한 문제였다.

그러나 그는 이러한 불만과 문제 인식에도 불구하고 3·1운동 이전까지 이에 대한 적극적인 개선 요구나 타개책을 모색하지는 않았다. 대외 활동에 심한 감시와 제약을 받은 탓도 있었지만, 그보다는 그가 생각하는 조선독립의 방법에 기인하는 바가 컸다. 곧, 윤치호는 약소국이 현실적으로 독립할 수 있는 가능성을 체코슬로바키아의 사례에서 찾았다. 그는 체코슬로바키아의 독립은 마사리크의 외교적 노력 덕분이 아니라 오스트리아의 350년 지배 속에서도 체코슬로바키아인들이 민족적·국가적 유대감을 지키고 실력을 키워왔다는 점과 제1차 세계대전이라는 국제 정세의 조건이 결합되었기에 성공한 것이라고 보았다.[52] 그런 점에서 그는 국제 정세가 조성되지 않은 상황에서, 또 그에 호응할 민족적 역량이 확보되지 않은 상황에서 일본에 저항을 일삼는 것은 오히려 조선인의 처지를 더 악화시킨다고 생각했다.

따라서 그는 해외에서의 독립운동에 대해 비판적이었다. 양기탁이 독립운동을 하다가 체포당했다는 소식을 듣고는 양기탁에 대해 어리석고 일본 당국의 불신을 지속시키는 '진정한 조선의 적'이라고 비난했으며,[53] 미국의 독립운동가들이 추진하는 외교 활동에 대해서도 의미 없는 행동이라 평가했다.[54] 그는 조선인의 마음을 얻기 위해 일본이 진보적이고 포용력 있는 정책을 채택해야 한다고 하면서도,[55] 그러기 위해서는 저항보다는 제1차 세계대전 때 영국에 협조했던 인도와 같이 오히려 일본의 정책에 적극적으로 협조해 그들의 호감을 얻

---

52) 《윤치호 일기》, 1919년 2월 27일·12월 20일·1920년 11월 14일.

53) 《윤치호 일기》, 1918년 12월 18일.

54) 《윤치호 일기》, 1918년 12월 19일.

55) 《윤치호 일기》, 1918년 12월 22일.

음으로써 정책 변화를 이끌어내야 한다고 생각했다.[56] 이러한 생각을 가진 그는 3·1운동 이전까지 공식석상에서 일본에 대한 불만을 드러내는 일 없이 철저히 침묵으로 일관했다. 그렇게 불만과 침묵을 쌓아가는 가운데 1919년 그날이 다가왔다.

2. 윤치호의 3·1운동 경험

《윤치호 일기》에 따르면 윤치호가 3·1운동 계획에 대해 정확히 파악한 시기는 3·1운동을 불과 며칠 앞둔 2월 26일경이었던 것으로 보인다. 하지만 윤치호는 이미 그보다 앞서 향후 3·1운동으로 이어질 국내외 정세의 변화와 조선 사회의 움직임에 대해 어느 정도 감지하고 있었다.

변화의 바람은 먼저 국외에서 시작되었다. 1918년 1월 8일 미국 대통령 우드로 윌슨은 의회에서 제1차 세계대전의 종결 원칙으로 〈14개조 선언〉을 제창했다. 주지하다시피 윌슨의 〈14개조 선언〉은 전후 구축될 세계체제에서 미국의 정치적·경제적 이익을 확보하고, 러시아혁명 이후 동요하고 있는 식민지 민족들의 여론을 무마하기 위한 미국의 세계전략으로 제시된 것이었다.[57] 하지만 거기에 포함된 '민족자결'의 원칙은 식민지 제 민족, 특히 아시아의 식민지 민족들로 하여금 독립에 대한 기대감을 갖게 만들었고, 이에 자연스럽게 제1

---

56) 《윤치호 일기》, 1919년 1월 16일.

57) 윌슨의 민족자결주의 선언이 이루어지게 된 역사적 맥락과 그 의미에 대해서는 조민, 〈제1차 세계대전 전후의 세계 정세〉, 한국역사연구회·역사문제연구소 편, 앞의 책; 전상숙, 〈파리강화회의와 약소민족의 독립 문제〉, 《한국근현대사연구》 50, 한국근현대사학회, 2009 참고.

차 세계대전의 전후 처리 문제가 논의될 파리강화회의에 관심이 집중되었다. 조선의 지식인들 또한 윌슨의 민족자결주의에 대해 각자 조금씩 다른 인식을 가지고 있으면서도 대체로 파리강화회의 개최를 서구 열강에 독립을 호소해 실현할 수 있는 좋은 기회로 생각했다. 그리하여 미국의 동정과 지원을 기대하는 가운데 조선인 대표를 선정해 파리강화회의에 파견하고자 하는 국내외 단체들의 독립청원 시도와 그것을 여론적으로 지지하기 위한 독립선언 계획이 추진되었다.[58]

파리강화회의에 대한 기대와 참여의지는 윤치호의 주변에도 있었다. 그리고 그들 중 일부는 윤치호가 파리로 가서 서구열강의 지도자들에게 조선의 실상과 독립의지를 선전해주기를 바랐다. 곧, 1919년 1월 17일에 신흥우가 윤치호에게 파리로 갈 의향이 있는지 물었고, 1월 28일에는 최남선이 찾아와 파리로 갈 것을 설득했다.[59] 그들이 윤치호에게 파리강화회의에 참석할 것을 권유한 정확한 동기는 확인할 수 없지만, 아마도 윤치호의 뛰어난 영어 실력과 국제적인 명성을 바탕으로 한 외교적 역량에 기대를 걸었던 것으로 보인다. 윤치호는 미국 정계의 몇몇 의원과 친분관계를 맺고 있었으며, 그 외에도 각종 기독교 세계대회에 조선 대표로 참여한 경력 덕에 국제적인 명성도 가지고 있었기 때문이다.[60]

그러나 정작 윤치호는 파리강화회의에 참여하는 것에 대해 부정적이었다. 그는 파리강화회의를 통해 독립을 시도하는 것은 어리석은

---

58) 박찬승, 〈3·1운동의 사상적 기반〉, 한국역사연구회·역사문제연구소 편, 앞의 책, 399~410쪽.

59) 최린의 신문조서에 따르면 최남선의 방문은 3·1운동에 구시대 인물의 대표로서 윤치호를 참여시키려는 목적을 가지고 이뤄진 것이었다고 한다. 최남선의 파리행 권유는 윤치호의 의향을 파악하기 위한 포석이었던 것으로 보인다(〈최린 신문조서(제2회)〉, 국사편찬위원회 편, 《한민족독립운동사자료집》11, 국사편찬위원회, 1990).

60) 실제로 이러한 명성으로 인해 105인 사건 당시 윤치호의 구속과 관련해 미국 정계의 많은 관심과 은근한 압력이 총독부에 작용하기도 했다. 윤경로, 앞의 책, 155·156쪽.

행동이라고 비판하며 세 가지 이유를 들었다. 곧, ① 한일병합조약을 뒤집기 위해서는 조선의 상황이 병합 이전에 비해 열악해졌음을 서구열강에 증명할 수 있어야 하는데, 그것이 불가능하다는 점, ② 조선을 확보하는 것은 일본의 생사가 걸린 문제이기 때문에 군사력으로 완전히 제압되지 않는 한 조선의 독립을 좌시하지 않을 것이며, 그렇다고 미국이나 영국이 조선을 독립시키기 위해 일본과 전쟁을 치를 가능성도 없다는 점, ③ 독립을 위해 투쟁하지 않고 정치적 독립을 성취한 민족이나 국가는 역사상 그 유례를 찾아볼 수 없으므로 투쟁이 불가능한 조선으로서는 약자로서 살아남는 법을 배워야 한다는 점이 바로 그것이다.[61] 요컨대 식민지 현실 인식, 일본의 안보상 조선이 갖는 중요성, 국제 정세의 동향, 제국주의와 약소민족에 관한 역사의식 등을 근거로 파리강화회의에 참석 권유를 거절했던 것이다.

이러한 윤치호의 인식과 선택에 대해 조선의 지식인들은 적지 않은 실망감과 불만을 표출했다. 송진우는 그를 찾아와 국제연맹이 현실화될 것이며 국제연맹이 의미를 가지기 위해 미국의 강력한 주도 아래 약소국에 자결권이 부여될 것이고 조선에도 자결권이 주어질 것이라고 윤치호와는 다른 자신의 국제 정세관을 피력했다.[62] 또 이상재로부터 그가 파리강화회의에 불참한 것을 두고 불만을 토로하는 사람이 많다는 충고를 듣기도 했다.[63] 하지만 그는 파리강화회의에 가지 않겠다는 자신의 결정을 바꾸지 않았다. 그는 파리강화회의에서 조선 문제가 안건으로 상정되지 않을 것이며, 따라서 지금은 승산 없는 헛된 투쟁을 하기보다는 일본에 협력해 그들의 호감을 사 처

---

61) 《윤치호 일기》, 1919년 1월 29일.
62) 《윤치호 일기》, 1919년 1월 18일.
63) 《윤치호 일기》, 1919년 2월 5일.

우를 개선하는 것이 최선이라고 주장했다.[64]

한편, 비슷한 시기에 국내에서 여론을 자극하는 또 다른 사건이 일어났다. 1919년 1월 21일, 한때 대한제국의 황제였으나 국권을 빼앗긴 이후 덕수궁에서 명목상의 예우만 받으며 지내던 고종이 세상을 떠난 것이다. 고종의 갑작스러운 죽음을 두고 민간에서는 독살설과 자살설 등 온갖 소문이 나돌았으며 이로 인해 조선인들의 반일감정이 크게 고양되었다. 윤치호는 이에 대해 다음과 같이 평했다.

> 평균적인 조선인은 10퍼센트의 이성과 90퍼센트의 감성으로 이뤄져 있다. 서울에 살고 있는 조선인들은 광무태황제의 승하 때문에 와자지껄하고 있다. 유교적인 예문가로서 자부심을 지닌 많은 노인들은 역겨운 상복을 입고 있다. 하지만 조선인들은 이 사건을 통해서 가슴속에 쌓인 울분과 수치심을 드러내려고 하는 것 같다. 조선인들은 광무태황제의 승하를 두고 야단법석을 떨고 있다. 광무태황제의 통치가 어리석음과 실수로 점철된 오랜 통치였다는 사실을 몰라서가 아니라, 광무태황제의 승하가 조선의 자결권이 끝내 소멸되었음을 나타내는 상징적인 사건이기 때문이다. 광무태황제를 위해서는 한 방울의 눈물이, 조선인들을 위해서는 두 방울의 눈물이 흐른다.[65]

조선 민중들이 가지고 있는 유교 전통과 비이성적인 면모에 대해 혐오감을 드러내면서도 다른 한편으로는 조선이 독립국이었다는 것을 증명하는 마지막 존재가 사라짐에 따라 새삼 느껴지는 식민지인

---

64) 《윤치호 일기》, 1919년 1월 16일.
65) 《윤치호 일기》, 1919년 1월 23일.

의 울분과 수치심 등에 연민을 느꼈던 것이다. 그러나 그러한 연민의 감정은 어디까지나 부차적인 것이었다. 왁자지껄, 야단법석이라는 표현에서 알 수 있듯이 윤치호는 민중들의 충격과 울분에 완전히 공감하지 못한 채 비이성적인 소동에 불과한 것으로 명확히 선을 긋고 있었다.

오히려 그는 파리강화회의에 대한 헛된 기대감과 고종의 죽음으로 인한 민중들의 감정 고양이 소요로 이어질 것을 우려했다. 그의 우려는 단순한 기우가 아니었다. 소요의 조짐과 관련한 각종 소문이 들려왔기 때문이다. 총독부 당국이 고종의 승하로 인해 소요가 날 것을 우려해 감시를 강화하는 비밀지령을 내렸다는 이야기가 있었으며,[66] 여자고등보통학교 학생들 일부가 장례행렬 도중에 소요를 일으키려는 계획을 짜고 있다는 소문도 있었다.[67] 교회 내 청년들의 분위기 또한 심상치 않았다. 그가 보기에 청년들은 오직 정치적 독립에만 관심을 두며 약간만 자극해도 불이 붙을 것 같은 기세였다.[68] 각종 소문의 범람 속에 그는 2월 26일에서야 고종의 장례식 하루나 이틀 전에 시위가 일어날 것이며, 방법은 비폭력 시위이고, 천도교 인사들이 시위를 계획하고 있다는 것 등 3·1운동에 대한 비교적 정확한 정보를 알게 되었다.[69]

하지만 윤치호는 3·1운동의 계획에 특별히 관여하거나 적극적으로 반대하기보다는 그저 자신과 자신이 이끄는 YMCA가 3·1운동에 연루되어 피해 입는 것을 방지하는 데만 주력했다. 3·1운동을 추동하

---

66) 《윤치호 일기》, 1919년 1월 28일.
67) 《윤치호 일기》, 1919년 2월 10일.
68) 《윤치호 일기》, 1919년 2월 23일.
69) 《윤치호 일기》, 1919년 2월 26일.

는 조선 내 여론에 연민을 느끼면서도 거기에 공감하지 못한 채 오히려 그것이 더욱 가혹한 통치를 가져오지 않을지만을 걱정했던 윤치호로서는 어찌 보면 당연한 선택이었다. 다른 지식인들과 청년들이 한창 3·1운동 준비를 하는 동안 그는 3·1운동과 관련될 만한 주변 요소나 상황 들을 배제하는 데 여념이 없었다. 곧, 아이들의 가정교사를 맡으며 자신의 집에서 숙식하고 있던 경성의학전문학교 학생 정화기(鄭華基)가 반일청년으로 경찰의 주목을 받고 있다는 이야기를 듣자 곧바로 하숙집을 구해 나가도록 조치를 취했으며,[70] 간사회의를 열어 3월 1일부터 3일까지 YMCA회관에서 열릴 예정이던 모든 공공집회를 취소하게 했다.[71] 3·1운동 당일에도 만세시위를 목격하자 곧바로 YMCA회관을 봉쇄할 것을 결정했다. 3·1운동에 참여했던 지식인들과 민중들과는 달리 그에게 3·1운동은 철저히 회피하고 싶은 사건에 불과했던 것이다.

3. 윤치호의 3·1운동 인식과 대응

1) 3·1운동에 대한 부정적 평가와 자치제로의 전유 시도

3·1운동에 대한 평가를 놓고 윤치호는 이중적인 태도를 보였다. 그는 3·1운동의 진압 및 수사 과정에서 일어난 경찰의 폭력, 학살, 고문 등에 대해 비판하고 피해자들에게 연민을 표하면서 학생들을 석방해야 한다고 주장했다.[72] 나아가 3·1운동에 대해 조선이 아직 민족

---

70) 《윤치호 일기》, 1919년 2월 6·9일.

71) 《윤치호 일기》, 1919년 2월 27일.

72) 《윤치호 일기》, 1919년 3월 5·10·26일.

본능이 살아 있다는 결정적인 증거라고 평가했으며,[73] 또 3·1운동이 조선인의 반일감정이 깊고 넓다는 사실을 확인시켜줌으로써 지난 10년간 일본인의 정책이 조선인의 호감을 얻는 데 실패했다는 것을 증명해냈다고 나름 의의를 부여하기도 했다.[74]

그러나 3·1운동에 대한 윤치호의 평가는 기본적으로 부정적이었다. 그는 각종 언론매체와의 인터뷰에서 3·1운동에 대한 자신의 반대 입장을 명확히 밝혔다. 3월 2일《오사카마이니치신문》의 방한승(方漢昇) 기자가 찾아오자 3·1운동에 반대하는 여섯 가지 이유를 설명했으며, 3월 6일에는《경성일보》와 인터뷰하면서 3·1운동에 반대하는 세 가지 이유를 들었다.《경성일보》와의 인터뷰는 당시 유일한 한글 신문이었던《매일신보》에 〈조선인을 위하여 비극, 윤치호 씨 담(談)〉이라는 제목으로 상세히 소개되기도 했다.[75] 흔히 대표적인 친일인사로 알려진 이완용이 3·1운동에 대한 경고문을 발표한 것이 4월 2일이었고, 친일관료로서 3·1운동에 대한 가장 체계적인 반대 논설을 썼던 민원식이 신문지상에 글을 게재한 시점이 3월 11일이었던 것을 고려해본다면 윤치호의 반응은 매우 기민했다고 할 수 있다. 윤치호는 이러한 반대 인터뷰로 인해 대중으로부터 많은 비판과 냉담을 받았다. 하지만 그는 "내 말에 조금이라도 애매한 점이 있으면 즉시 당국자들의 의심을 사게 될 것이고, 조선의 청년들을 잘못 인도하게 될 것이므로 양다리를 걸칠 수는 없다"라며 자신의 행동을 합리화했다.[76]

---

73) 《윤치호 일기》, 1919년 2월 27일.

74) 《윤치호 일기》, 1919년 3월 31일.

75) 〈조선인을 위하여 비극, 윤치호 씨 담(談)〉,《매일신보》, 1919년 3월 8일자.

76) 《윤치호 일기》, 1919년 3월 6일. 윤치호는 YMCA회관 건물에 일장기를 달자고 주장할 정도로 총독부의 시선을 의식하고 있었다.《윤치호 일기》, 1919년 3월 22일.

윤치호가 3·1운동에 반대한 이유는 인터뷰마다 약간의 차이가 있
는데 대체로 ① 파리강화회의에서 조선의 독립 문제가 상정되지 않
을 것이라는 점, ② 미국을 비롯한 서구열강이 조선의 독립을 위해
일본과 대립을 감수할 가능성이 없는 점, ③ 독립이 주어지더라도 독
립을 통해 문명의 혜택을 얻을 준비를 아직 갖추지 못한 점, ④ 3·1운
동이 오히려 일제의 무단통치를 연장시킬 수 있다는 우려, ⑤ 단순한
만세시위만으로 독립을 얻을 수는 없다는 점, ⑥ 운동을 주도한 천도
교 세력에 대한 불신 등을 근거로 들었다. 이를 정리하면 결국 국제 정
세 인식과 조선인들의 역량 및 주체성에 대한 불신감이 3·1운동을 반
대하는 주요 논리 기반이었다고 할 수 있다. 그 연장선에서 그는 3·1
운동을 국제 정세를 잘 모르고, 또 독립도 민주주의도 모르는 사람들
이 천도교를 비롯한 일부 사람들에게 선동되어 일으킨 것으로 평가절
하했다.[77]

　그런데 윤치호는 3·1운동을 부정적으로 평가하면서도 동시에 일
본의 식민통치를 변화시키고 조선인의 입지를 개선할 하나의 기회로
파악했다. 그리하여 그는 우쓰노미야 다로(宇都宮太郎) 조선군사령관,
이시즈카 에조 동양척식회사 총재, 외무성 관료 요시자와 겐키치(吉
澤謙吉) 등 일본의 요인들을 만나서 총독부로 하여금 조선인의 불만
사항을 접수하고 정책 변화에 나설 것을 촉구했다.[78] 이때 그는 조선
인들의 불만 사항으로 ① 공직사회 진출 제한 및 차별, ② 재산권 보
호 미비와 기본권 제약, ③ 고충 사항을 알릴 만한 기관이나 방법의
부재, ④ 동양척식주식회사의 일본인 이민정책과 토지 침탈, ⑤ 출판

---

77)　《윤치호 일기》, 1919년 4월 11일.
78)　《윤치호 일기》, 1919년 3월 12·22일·4월 16·18일·5월 1·7일.

과 언론 탄압 등을 제시했다.[79] 이후 그는 3·1운동으로 혼란해진 조선의 정국을 수습하기 위해 사이토 마코토(齋藤實) 총독이 부임하자 자신의 의견을 〈일본 통치에 대한 조선인들의 불만 요인〉이라는 보고서로 정리해 야마가타 이소를 통해 총독과 정무총감에게 전달함으로써 총독부의 새로운 통치 방침에 자신의 의견이 반영될 수 있도록 노력했다.[80]

한편, 윤치호는 이러한 과정을 통해 궁극적으로는 자치제의 실시를 희망했다. 자치제에 대한 요구는 3·1운동 직후부터 송병준 등에 의해 추진된 바 있으며 윤치호 또한 그 소문을 접한 적이 있었다. 그는 자치제가 당장 실현될 수 있을지에 대해 의문을 품고 자치운동에 직접적인 참여는 자제했지만,[81] 이후 결국 현실적으로 독립보다는 자치가 조선에 최상의 이익을 가져다줄 방안이라고 생각하게 되었다.[82] 이때 윤치호가 생각하는 자치제의 기본 틀은 군사·외교·재정·무역·관료·경찰에 관한 권한을 본국 정부가 관장하고 식민지 의회는 기타 업무를 담당하되, 본국 정부는 식민지 의회의 의원을 지명할 권한이 있고, 식민지 의회가 제정한 법률을 거부할 권한도 가지는 매우 낮은 수준의 자치제였다.[83] 이렇게 낮은 수준의 자치제를 구상한 것은 일본의 자치 허용 가능성을 고려함도 있었지만 한편으로는 조선 민중의 능력에 대한 불신감 때문이었다.[84]

이러한 그의 구상은 1919년 9월 20일부터 26일까지 개최된 '13도

---

79) 《윤치호 일기》, 1919년 3월 12일·4월 18일·5월 1일.

80) 《윤치호 일기》, 1919년 9월 11일.

81) 《윤치호 일기》, 1919년 3월 18일.

82) 《윤치호 일기》, 1919년 9월 15·16일.

83) 이는 영국과 아일랜드의 관계에서 착안한 것이었다. 《윤치호 일기》, 1920년 1월 20일.

84) 《윤치호 일기》, 1919년 7월 11일.

대표에 대한 시국강연회'에서 제출한 〈19개조 건의안〉으로 구체화된
다. 시국강연회는 총독부가 문화통치의 시작과 함께 각 도마다 4명
씩, 전국 13도에서 52명의 조선인 유력자들을 불러 모아 총독부의 시
정 방침에 관한 설명을 하기 위해 개최한 대회였다. 그러나 조선인
대표들은 총독부의 의도와는 달리 이 대회를 자신들의 의견을 개진
할 기회로 보고 야간에 따로 회합해 조선인의 불만 및 요구 사항을
정리한 건의안을 작성해 제출했다. 당시 윤치호는 조선인 대표들의
의장직을 맡아 〈19개조 건의안〉 작성에 주도적인 역할을 했던 것으
로 보인다.[85] 〈19개조 건의안〉의 내용은 다음과 같다.

1. 지방자치제를 실시하기 위하여 면회, 부회, 도회의 설립을 요함.
2. 각 도 인민의 대표자를 회집하여 민의창달의 기관 설치를 요함.
3. 교육 정도는 내지인과 동일히 하여 초등교육은 의무교육을 실시
   할 것.
4. 언론·집회·출판·결사의 자유를 허할 것.
5. 이민정책을 폐지할 것.
6. 금회의 소요 범인에 대해서는 기결, 미결을 불문하고 상주특사(上
   奏特赦)의 은(恩)을 몽(蒙)케 함을 요함.
7. 선인능력(鮮人能力)을 민법 총칙 제1장 2절 능력에 동등한 제도로
   해 금치산제도(禁治産制度)를 시설할 것.
8. 1, 2등 도로에 대한 부역은 면제하고 3등 이하의 도로 부역은 농시
   (農時)를 뺏지 말 것을 요함.
9. 국유산림 및 어기(漁基, 어장-인용자), 간사지(干瀉地, 갯벌-인용자) 등

---

85) 《윤치호 일기》, 1919년 9월 24일.

기타 대부에 대하여 청원의 선후와 연고자의 유무에 의치 말고 내선인의 차별적 대부를 철폐할 것.

10. 역둔토는 소유지 선인에게 매각할 것.

11. 제반 법령에 관한 수속을 통일 및 간이하게 할 것.

12. 토지 수용령을 남용치 말고 필요할 때에는 상당한 시가를 지급할 것.

13. 각 관청 요직에 있는 내선인 관리원 수를 평균히 채용할 것.

14. 재판소령 제35조를 개정하여 조선인 법관에게도 내지인과 동등의 권리를 부여할 것.

15. 내외국 중등 이상의 학교 졸업생에게는 특별 채용의 길을 열어줄 것.

16. 각 면장은 민선에 의하여 임명할 것.

17. 민적부 오류 정정의 수속을 간이하게 할 것.

18. 재래 금양(禁養)한 실적 또는 관청의 문서 빙거(憑據)가 존재하는 산림에는 지적굴(地籍屈) 유무 및 임재(林材) 유무를 불문하고 소유권을 양여할 것.

19. 광구(鑛區) 내에 소유주가 있는 분묘(墳墓) 소유지는 지표 이하 사방 300간(間)을 침범치 말 것.[86]

항목들을 보면 자치제 준비(1·2조), 재산 및 기본권 보호(4·10·12·18·19조), 조선인 관리 등용(13·15·16조), 차별 철폐 및 복지 요구(3·9·13조), 이민정책 폐지(5조) 등 그동안 윤치호가 주장하던 바가 상당 부분 반영된 것을 확인할 수 있다. 특히 윤치호가 개인적으로 어려움을 겪고

---

86) 〈각 도 대표자의 희망조건(希望條件)〉, 《매일신보》, 1919년 9월 29일자.

있던 온양 선산 광산 개발 문제와 직결되는 요구 사항이 제19조에 반영되어 있어 주목된다.

그러나 윤치호 등의 19개조 건의는 "현재 우리의 목적은 선전안과 선전 방식에 대해 논의하는 것이지, 마치 여러분이 의원인 것처럼 총독부의 정책에 대해 토론하는 것이 아니다"는 총독부의 답변과 함께 바로 묵살되었다.[87] 이러한 총독부의 태도로 인해 이후 일정에 조선인 대표의 절반이 불참할 정도로 불만이 팽배했고 윤치호도 몹시 실망했지만, 친분이 있는 야마가타 이소에게 개인적인 의견을 전달하는 것 외에 특별한 대응을 하진 못했다.[88] 일본에 협력해 호감을 얻고 그를 통해 정책 변화를 이끌어낸다는 것이 당초 윤치호의 구상이었던 만큼 일본의 거부를 비판하고 압박할 만한 논리나 수단이 그에겐 없었기 때문이다. 일본 당국자의 말처럼 그들은 진정한 조선인의 대표도 여론의 지지를 받는 것도 아니었다. 결국 3·1운동을 전유해 자신이 생각하는 개혁을 추진하려던 그의 시도는 민중과의 괴리에 따른 취약한 지지 기반으로 인해 좌절되고 말았다.

2) 자유·권리 관념의 변화와 기독교의 역할 강조

3·1운동은 일제의 식민통치에 대한 방관자이자 소극적 협력자이면서 동시에 조선 사회의 유력한 지도자로서 이중적인 운신을 해왔던 윤치호로 하여금 친일이냐 반일이냐 하는 명확한 입장을 밝히지 않을 수 없게 만들었다. 하지만 그의 선택은 조선 사회로부터 냉담과 비난을 불러일으켰다. YMCA 회장으로서 기독교 사회에서 영향력은

---

87) 《윤치호 일기》, 1919년 9월 25일.
88) 《윤치호 일기》, 1919년 9월 26·27일.

여전했으나 그의 사상과 행적을 이유로 많은 친구가 떠나가는 등 개인적으로나 사회적으로 입지가 축소되었다. 윤치호가 비난을 감수하면서까지 추진했던 정책 건의안 또한 총독부의 비협조로 거부되었다. 이에 그는 스스로를 "독립에 대해 건전한 생각을 가지고는 있으나 그다지 호응받지 못하는 사상을 가지고 주도적으로 나설 만한 용기와 정력이 결여된 무기력한 계층"으로 정의하고, 누가 자신을 이 답답한 수렁에서 꺼내줄 것인지 한탄하며 심적인 어려움을 토로했다.[89]

이와 같은 정신적 압박감은 다른 친일인사들도 대부분 겪었다. 이때 그들은 대개 그러한 심리적 압박감을 조선 민중에게 전가해 해소하고자 했다. 문명화된 일본에 대한 열등감과 어리석은 조선인에 대한 우월감, 그리고 스스로를 그 사이에서 민중을 문명으로 이끄는 선각자로 위치 짓는 것은 친일인사들에게 일반적으로 발견되는 심리적 특성이었다. 일본으로부터 받은 열등감과 차별로 인한 분노를 민중의 무지와 역량 부족 탓으로 돌림으로써 그들은 정신적 균형을 유지할 수 있었다.[90]

윤치호도 마찬가지였다. 그는 한일강제병합 이전부터 문명국이 된 일본에 대한 동경과 민중에 대한 불신감 및 우월감을 가지고 있었으며, 이러한 경향은 3·1운동을 겪으면서 더 심해져 특히 후자와 관련해서는 보다 강도 높은 비판과 계몽의 필요성을 역설하곤 했다. 흥미로운 것은 그 과정에서 그동안 윤치호가 중시해왔던 개인의 자유와 권리에 대한 인식에 변화가 있었다는 점이다. 일찍이 미국 유학을 통해 자유주의 사상을 수용한 이래로 이때까지 윤치호는 천부인권설에

---

89) 《윤치호 일기》, 1921년 2월 20일.

90) 임경석, 〈3·1운동기 친일의 논리와 심리〉, 《역사와 현실》 69, 한국역사연구회, 2008, 65·66쪽.

입각해 개인의 생명·재산·신체·언론·집회·결사의 자유 등을 주장해 왔다.[91] 그런데 3·1운동을 경험한 이후 윤치호는 부커 워싱턴의 말을 인용해 "자유는 물려받는 것이 아닌 쟁취하는 것"이라는 기존과는 다른 자유관을 주장했다.[92]

다만 여기서 주의해야 할 것은 윤치호의 새로운 자유관이 개인의 자유와 권리를 위협하는 권력에 맞서 적극적으로 저항·투쟁하라는 의도에서 나온 것이 아니었다는 점이다. 그는 개인의 자유와 권리는 어디까지나 법과 질서를 지키는 가운데 향유되어야 하며, 방종을 자유로 착각하는 사람이 많을 경우 오히려 자유를 제한하는 법을 시행해야 한다고 주장했다.[93] 개인과 개인, 국가와 국가 사이의 상호의존성을 깨닫지 못하고 전체의 행복보다 개인적인 이해관계를 더 중시하는 개인이나 국가는 진정한 독립을 이룰 수 없다고도 했다.[94] 그 연장선에서 정부에 대한 저항권과 그와 관련된 집회 및 결사의 자유 또한 비판적이었다. 예컨대, 그는 경남도청을 진주에서 부산으로 이전한다는 총독부의 결정에 대해 조선인들의 소망을 완전히 무시한 정당화될 수 없는 악의적인 처사라고 평하면서도, 정작 지역 주민들이 반대시위를 전개하자 어리석은 행동이라고 비판하며 반대했다.[95] 과거 독립협회운동 당시 국가의 목적은 인민의 자유와 권리를 보장하는 데 있고, 이를 수행하지 못하는 정부에 대해 인민은 국정 비판권

91) 개화기 윤치호의 자유주의 사상 수용과 특징에 대해서는 김도형, 〈근대초기 자유주의의 수용과 발전-유길준과 윤치호를 중심으로〉, 《한국사학》 17, 한국정신문화연구원 역사연구실, 1999 참고.

92) 《윤치호 일기》, 1920년 1월 27일.

93) 《윤치호 일기》, 1920년 9월 8·11일.

94) 《윤치호 일기》, 1920년 2월 17일.

95) 《윤치호 일기》, 1924년 12월 13·14일.

은 물론이요 혁명권까지 가진다고 보았던 것[96]과 비교하면 상당히 후퇴한 자유관이라 할 수 있다.

'자유는 쟁취하는 것'이라는 그의 주장이 가지는 진의는 투쟁에 있는 것이 아니라 쟁취할 수 있는 힘을 기르는 것, 곧 실력양성을 강조하는 데 있었다. 여기에는 두 가지 의미가 있는데, 첫째는 일본의 차별 대우를 어느 정도 합리화할 수 있다는 것이다. 이전까지 윤치호는 사회진화론에 입각해 실력이 부족한 국가와 민족의 독립이 불가능한 것은 인정하면서도 문명국인 일본이 개인의 기본권을 침해하고 차별 대우를 하는 것에 대해서는 비판적이었다. 그러나 3·1운동 이후에는 차별을 받지 않기 위해서는 먼저 힘을 길러서 그들과 동등해진 후에야 가능하지 그전까지는 어떠한 법규나 설교도 차별을 막을 수 없다고 주장했다.[97] 자유와 권리에 대한 달라진 인식을 바탕으로 일본의 차별로 인한 조선인들의 불만이 3·1운동과 같은 정치적 시위로 이어지는 것을 막고 교육 및 경제적 실력양성으로 유도하고자 한 것이다.[98]

둘째는 민중들을 계몽하는 데 보다 강압적인 수단을 사용할 수 있다는 것이다. 달라진 인식에서는 자유와 권리가 보호되지 않는 것은 어디까지나 개인의 책임인 만큼 그 중요성을 강조할수록 계도하는 자의 책임과 권한 또한 더 커지기 때문이다. 실제로 윤치호는 조선인 부랑자의 수가 급속히 늘어가는 현상에 대해 악명 높은 부랑자 10여 명을 교도소에 가두고 중노동을 시키면 간단히 근절될 것이라고 하면서 경찰당국의 의지 부족을 비판했다.[99] 곧, 부랑자들을 계몽하기

96)   유영렬, 앞의 책, 214~218쪽.
97)   《윤치호 일기》, 1919년 9월 1일·1920년 8월 22일.
98)   《윤치호 일기》, 1920년 4월 17일.
99)   《윤치호 일기》, 1919년 8월 7일.

위해서라면 신체의 자유 정도는 무시할 수 있다는 것이었다. 심지어 데라우치 총독 시절에는 기강이 엄격해서 법을 준수하는 사람들이 만족스럽게 생각했는데, 사이토 총독 시절에는 온갖 사회의 암적 존재가 나타나 순박한 사람들을 착취하고 있다고 하여 무단통치 시기의 억압과 통제를 긍정적으로 재평가하기도 했다.[100]

또 한편으로 윤치호는 세계관의 변화와 기독교 신앙을 통해 심적인 어려움을 극복하고 자신의 행동을 새롭게 합리화했다. 그 과정을 살펴보면, 우선 그는 일본의 식민통치로 인해 생기는 각종 부조리와 범죄를 역사 일반의 현상으로 이해했다.

인류 역사는 개인들과 국가들이 서로에게 가한 불의와 상해의 기록이다. 주님의 이름으로 아일랜드의 가톨릭 신도들을 학살한 크롬웰이 집권하고 있을 때 장로교도들은 아일랜드 원주민들의 씨를 말려야 한다고 생각했거나 주장했다. 1910년에 내가 앨라배마에 있을 때 감리교 원로인 젠킨스 목사가 언젠가는 흑인들을 멸종시켜야 한다고 말해서 큰 충격을 받았다. 일본인들이 흥에 겨워 몇 년 안에 조선 민족의 자취는 시베리아 변방에서나 발견할 수 있게 될 것이라는 자신들의 희망, 소원, 의도를 발설하는 것을 내 귀로 직접 들은 적이 있다. 인간의 본성 가운데 가장 혐오스러운 점은 애국심, 자유, 충성, 종교의 이름으로 갖가지 극악무도한 짓을 저지르는 것이다.[101]

전적으로 선하거나 전적으로 악한 국가는 없다. 다만 어느 국가가 다

---

100) 《윤치호 일기》, 1920년 11월 9일.
101) 《윤치호 일기》, 1919년 7월 18일.

른 국가에 비해 좀 더 악한 편이라고 말할 수 있을 뿐이다. 제일 힘이 약한 국가가 항상 제일 선하다. 하지만 바로 그 나라도 다른 국가를 억누를 수 있을 만큼 강해지면 곧 가장 악한 국가가 된다. 모든 사람에게 죄가 있듯이 모든 국가에도 죄가 있다는 것이 서글픈 현실이다. 다만 정도의 차이가 있을 뿐이다.[102]

위 글에서 보듯이, 일본의 침략은 인간의 본성에 따라 저질러진 인류 역사에서 흔히 볼 수 있는 일이며, 힘의 여부에 따라 언제든지 서로 바뀔 수 있는 것인 만큼 정도의 차이만 있을 뿐 국가 간에 선악을 구별하는 것은 의미가 없다고 했다. 실제로 그는 제암리 학살사건에 대해 과거 아일랜드 의용군을 진압하는 과정에서 민간인을 죽였던 영국은 일본을 비난할 수 없을 것이라고 하여 3·1운동 당시 일본의 만행을 희석시키기도 했다.[103]

이러한 인식하에 그는 인간 본성 가운데 '호전성'을 주목했다. 호전성은 모든 종교와 도덕의 기본 원리이자 인간의 통치체제와 신의 통치체제의 기본 원리로서, 호전적인 민족만이 끝까지 진보하고 생존할 수 있다고 할 정도로 인간 본성의 중요한 성질이었다.[104] 여기서 윤치호는 생존을 위해 호전성을 발달시켜야 한다고 하면서도 인류가 호전성을 오용하고 있는 것이 문제이며, 기독교를 통해 그것을 길들이고 단련·정화시켜야 한다고 주장했다. 호전성이 제대로 길들여지고 단련·정화되면 인간은 영웅, 성인, 주님의 사도가 되며, 반대로 오용되고 왜곡하면 독일제국의 황제처럼 패망한 야만인이 된다는 것이

---

102) 《윤치호 일기》, 1921년 5월 26일.
103) 《윤치호 일기》, 1920년 1월 5일.
104) 《윤치호 일기》, 1919년 1월 31일·1920년 7월 26일.

었다.[105] 이는 제국주의 열강 간에 대립의 결과였던 제1차 세계대전을 인간 본성을 오용했기 때문에 일어난 사건으로 규정하고 그를 극복하기 위한 역할을 기독교에 부여함으로써 3·1운동 이후 잃어버렸던 자신의 위상을 회복하고자 한 것이었다.

게다가 이것은 식민지 현실을 적극적으로 비판·타개하려 하지 않는다는 비판에 대한 대응이기도 했다. 일본을 비롯한 제국주의 국가의 침략과 범죄를 인간 본성에 관한 문제로 이해한다고 했을 때 3·1 운동과 같이 일본의 식민통치를 비판하는 정치적인 시위는 의미를 잃게 되기 때문이다. 그는 "내 왕국은 이 세상 것이 아니다"라는《성경》구절을 인용하며 우치무라 간조(內村鑑三)같이 정치에 휘둘리지 않는 기독교인이 되어야 한다고 주장했으며, 목사들에게는 정치문제를 내버려두고 민족의 도덕적 향상에 전념해야 한다고 촉구했다.[106] 기독교의 탈정치화, 탈세속화를 시도함으로써 자신의 소극적인 행위를 합리화했던 것이다.

이러한 과정을 통해 정신적인 압박감을 극복하고 자신의 행동에 대한 의미를 새롭게 부여한 윤치호는 이후 독립운동과 자치운동 양쪽 모두 거리를 둔 채 도덕적·경제적 실력양성을 위한 활동에만 주력했다. 워싱턴 군축회의에 조선 대표로 참석하라는 권유를 받기도 했지만 탈정치의 기치를 내세우며 거절했다.[107] 그는 약소민족이 독립하기 위해서는 여전히 체코슬로바키아의 사례가 가장 유력한 방법이라고 생각했다.[108] 3·1운동 직후의 짧은 외도를 끝내고 그는 비정치

---

105)《윤치호 일기》, 1919년 2월 22일·3월 9일.

106)《윤치호 일기》, 1919년 4월 21일·5월 10일.

107)《윤치호 일기》, 1921년 9월 27일.

108)《윤치호 일기》, 1920년 11월 14일.

적인 실력양성운동에만 매진하며 국제 정세가 변화하기만을 기다리는 수동적인 자세로 되돌아갔다.

윤치호에게 3·1운동이란 무엇이었을까?

윤치호에게 3·1운동은 회피하고 싶은 위기였다. 그가 보기에 3·1운동은 국내외 정세도 모르고 힘도 없는 사람들이 식민통치에 대한 불만만으로 조금도 승산 없는 일을 위해 스스로 위험을 불사하는 지극히 비이성적인 사건이었다. 물론 그도 식민통치에 불만이 있었다. 그는 일본이 문명국으로서 기대한 최소한의 개혁도 해주지 않는다는 사실에 실망하고 분노했다. 또 105인 사건 이후로 일본의 강한 압박과 통제를 받았고, 개인적인 기본권의 침해와 차별도 겪었다. 그럼에도 불구하고 그는 사람들의 분노와 독립의지에 공감하기보다는 그들과 거리를 두고 어떻게든 3·1운동에 연루되지 않으려고 했다. 함께 위험을 무릅쓰기에는 민중에 대한 그의 불신감이 뿌리 깊었다. 민중과 함께할 수 없는 윤치호에게 3·1운동은 일본의 더욱 가혹한 통치를 부추기는 위험요소에 불과했다. 따라서 그는 동참을 바라는 조선 사회의 여론에도 불구하고 누구보다도 발 빠르게 3·1운동을 반대함으로써 위험에서 벗어나고자 했다.

그러면서도 한편으로 3·1운동은 전유하고 싶은 기회이기도 했다. 식민통치에 대한 불만을 쌓아가면서도 침묵을 지킬 수밖에 없었던 그에게 3·1운동은 위험부담 없이 자신의 불만을 개진하고 개혁을 추진할 수 있는 좋은 기회였다. 그 때문에 그는 일본의 주요 요인들을 만나서 정책 변화를 촉구하는가 하면 자신의 의견을 정리해 총독과 정무총감에게 전달하는 등 자신의 구상을 총독부 정책에 반영시키기 위해 많은 노력을 했다. 지극히 현실적이고 신중한 성격의 윤치호가 이렇게 적극적으로 활동한 것은 일제 시기를 통틀어 일제 말기와 이때가 유일했다고 할 정도로 그는 3·1운동이 가져다준 국면을 활용하고 싶어 했다. 그러나 그의 개혁구상은 자치제에 대한 요구에서도 드러나듯이 당시 대다수 민중의 바람과는 분명 거리가 있었다. 그가 전유하고 싶은 것은 3·1운동이 가져다준 기회이지 그 정신은 아니었다.

그러나 그의 개혁 시도는 일본의 무관심 속에 좌절되었다. 그에게 남은 것은 조선 사회로부터의 냉담과 비난뿐이었다. 이에 깊은 상실감과 정신적 압박을 느꼈던 윤치호는 자신의 생각을 일부 바꿈으로써 심적인 어려움을 극복하고자 했다. 그 사상 변화의 방향이란 기독교를 이용한 탈정치의 기치로 민중의 정치적인 요구를 외면하고, 자유는 쟁취하는 것이라는 관념을 통해 강압적으로 민중을 계도할 수 있도록 합리화하는 것이었다. 이를 통해 정신적 압박감을 극복하고 자신의 행동에 대한 의미를 새롭게 부여할 수 있었지만 민중과의 거리를 회복할 수는 없었다. 3·1운동 당시 그는 독립도 민주주의도 모르는 대중이 선동당한 것이라고 비판했다. 하지만 3·1운동 이후 독립과 민주주의로부터 멀어진 것은 오히려 그였다. 일본의 보통선거운동과 조선의 독립운동을 대중의 불안감 때문에 일어난 것으로 규정하고, 대중의 불안감이 안전하게 배출될 수 있도록 총독부가 기독교의 교세 확장을 장려해주길 희망할 정도였다.[109] 3·1운동을 통해 윤치호는 민중으로부터 기대받던 사회적 신망도 잃고, 사상적으로도 더욱 멀어졌다.

---

109) 《윤치호 일기》, 1920년 3월 21일.

10장

조선군사령관 우쓰노미야 다로의
눈에 비친 3·1운동

이민성

3·1운동의 '탄압자'이자 '목격자', 우쓰노미야 다로

1919년 3월 1일 경성을 시작으로 전국에서 만세운동이 일어났다. 오후 3시경 조선군사령관 우쓰노미야 다로(宇都宮太郎)는 경무총장(警務總長) 고지마 소지로(児島惣次郎)로부터 "형세가 불온"하다는 소식을 접했다. 경무총장은 보병 1개 중대의 파견을 요청했으며, 사령관은 이에 호응했다. 우쓰노미야는 시위 군중의 주축을 기독교 계열 학생이라고 보았다. 3월 1일 경성의 만세운동에는 군 병력뿐 아니라 헌병, 순사 등도 가담했다. 파견된 병력은 보병 7개 중대와 기병 1개 소대에 달했다. 선천·평양·원산에서도 만세시위가 일어났다는 소식이 전해졌다.

위의 내용은 조선 주둔 일본군(이하 '조선군')사령관으로서, 3·1운동의 '탄압자'이자 '목격자'였던 우쓰노미야 다로가 작성한 3월 1일 일기에 따른 것이다. 1891년 육군대학을 졸업한 우쓰노미야는 참모본부에서 군인생활을 시작했으며, 영국 주재 일본대사관에 파견되었다. 영국에서 돌아온 우쓰노미야는 보병 제1연대장, 참모본부 제1부장과 제2부장을 역임했다. 그리고 육군 중장으로 진급해 제4사단장으로 근무하다가 1918년 7월 조선군사령관으로 부임했다.[1]

우쓰노미야는 3·1운동 이전 조선에 부임해 만세운동의 양상을 일기에 자세히 기록했다. 이 일기에서 조선군사령관 우쓰노미야가 3·1운동 전후의 상황을 어떻게 인식하고 판단했는지 살펴볼 수 있다. 우쓰노미야 일기를 통한 3·1운동 연구는 기라 요시에(吉良芳惠), 율리안 비온티노(Juljan Biontino) 등에 의해 이루어졌다. 특히 율리안 비온티노는 1919년 만세운동 당시 기록된 내용을 주로 검토했으며, 우쓰노미야가 무력 진압을 담당하면서도 일부 조선인과 친밀하게 교류했다고 밝혔다. 또한 조선인의 마음을 얻기 위해서는 폭력에 호소하지 않는 정책도 필요하다고 제안했으며, 이것이 일본의 식민통치에도 반영되었다고 주장했다.[2] 이외에 김승태 등이 3·1운동 탄압 과정에서 발생한 일본군의 '제암리 학살'을 다루며 우쓰노미야 일기를 살폈다.[3]

3·1운동을 전후해 조선군이 어떠한 활동을 했는가에 대해서는 조선군사령관의 지시 사항, 보병 6개 대대의 추가 파병 등 적지 않은 연구가 축적되었다. 최근에는 조선군이 3·1운동을 탄압하고 이를 계기

---

1) 秦郁彦 編,《日本陸海軍總合事典(第2版)》, 東京大学出版会, 2005, 25쪽.

2) 安田常雄 編,《近代日本のなかの韓國併合》, 東京堂出版, 2010; 吉良芳惠·宮本正明,〈大正時代中期宇都宮太郎─第四師団長·朝鮮軍司令官·軍事參議官時代〉,《日本陸軍とアジア政策─陸軍大将宇都宮太郎日記》3, 岩波書店, 2007, 10~14쪽; Juljan Biontino,〈宇都宮太郎将軍の三·一独立運動の鎮圧過程に見られた朝鮮認識〉,《日本近代學硏究》37, 한국일본근대학회, 2012, 298~304쪽.

3) 김승태,〈일제의 제암리 교회 학살·방화 사건 처리에 관한 소고〉,《한국독립운동사연구》30, 한국독립운동사연구소, 2008; 희암,〈일제가 축소 조작한 제암리 학살사건: 3·1운동 당시 조선군사령관 우쓰노미야(宇都宮太郎) 일기에서〉,《新人間》690, 신인간사, 2008 등.

로 병력을 증가하게 되었다는 연구도 이루어졌다.[4] 즉, 조선군의 상주화 과정에서 3·1운동이 일어났으며, 운동의 양상에 따라 탄압 방식도 변화했음이 밝혀졌다. 조선군의 상주화는 병력을 분산 배치에서 집중 배치로 전환하여 대륙 침략을 위한 체계를 갖춘다는 것을 의미했다. 그러나 3·1운동이 일어나자 조선군은 운동을 탄압하기 위해 병력을 다시 분산 배치할 수밖에 없었던 것이다.

선행 연구는 3·1운동에 대한 조선군의 탄압 이전 활동을 소략하게 언급했다는 측면에서 논의의 여지가 남아 있다. 일기의 선행 연구도 대체로 만세운동 시기의 인식에만 집중했다. 따라서 3·1운동 전후로 조선군사령관이 취했던 인식과 대처를 연속적으로 파악할 필요가 있다. 1918년은 제1차 세계대전의 연장선에서 일본군이 시베리아 방면으로 파병되었던 시기다. 일본 육군은 조선을 거쳐 병력과 군수품 등을 수송하고,[5] 조선군은 후방에서 병참업무를 수행했다. 그 와중에 1919년 1월 고종이 사망했고, 3월 3·1운동이 일어났다. 조선군은 '상주화'와 함께 일본군의 시베리아 출병에 따른 '병참업무'를 수행하는 중에 만세운동을 맞닥트렸던 것이다.

본고는 우쓰노미야 일기를 주로 분석해 조선군사령관 부임 직후

4) 松田利彦,《日本の朝鮮植民地支配と警察―一九〇五年～一九四五年》, 校倉書房, 2009; 朴廷鎬, 〈近代日本における治安維持政策と国家防衛政策の狭間: 朝鮮軍を中心に〉,《本郷法政紀要》, 東京大学大学院法学政治学研究科, 2005; 김상규, 〈1915~1921년 조선 주둔 일본군의 상주화와 3·1운동 탄압〉,《군사사(軍事史) 연구총서》6, 국방부 군사편찬연구소, 2017; 이양희, 〈일본군의 3·1운동 탄압과 조선 통치 방안-《朝鮮騷擾事件關係書類》를 중심으로〉,《한국근현대사연구》65, 한국근현대사학회, 2013; 임경석, 〈3·1운동의 일제의 조선 지배정책의 변화-만세시위운동에 대한 일제의 대응 방식을 중심으로〉,《한국현대사의 재인식》14, 한국정신문화연구원, 1999; 임종국,《일본군의 조선침략사》Ⅱ, 일월서각, 1989; 채영국, 〈3·1운동 전후 日帝 〈朝鮮軍〉(駐韓日本軍)의 동향〉,《한국독립운동사연구》6, 독립기념관 한국독립운동사연구소, 1992 등 참조.

5) 坂本悠一·木村健二,《近代植民地都市釜山》, 櫻井書店, 2007; 坂本悠一, 〈植民地期 朝鮮鐵道에 있어서 軍事輸送〉,《한국민족문화》28, 한국민족문화연구소, 2006.

조선군의 현안과 3·1운동 탄압 과정을 종합적으로 파악하고자 한다. 조선군사령관 우쓰노미야가 조선에 부임한 이후 작성한 일기를 통해 그가 어떠한 맥락에서 3·1운동을 인지하고 대응했는지 다각적으로 검토할 수 있을 것이다. 같은 맥락에서 만세운동의 전개와 탄압·대처 양상의 변화에 대해서도 살펴보고자 한다.

우쓰노미야의 일기는 2007년 우쓰노미야관계자료연구회(宇都宮太郎関係資料研究会)에서《일본 육군과 아시아 정책-육군 대장 우쓰노미야 다로 일기(日本陸軍とアジア政策-陸軍大将宇都宮太郎日記)》(이하 '일기')라는 제목으로 출판한 바 있다. 일기는 총 3권으로, 그중 우쓰노미야가 조선군사령관으로 부임한 1918년부터 1921년까지의 일기가 들어 있는 제3권을 주로 검토할 것이다.[6]《밀대일기(密大日記)》·《서수대일기(西受大日記)》·《서밀수대일기(西密受大日記)》등 일본 방위연구소 소장 자료와[7] 당시 간행된 신문·잡지 등도 살필 것이다.

1. 우쓰노미야 다로의 조선군사령관 부임과 조선군의 병참업무

1918년 6월 말 우쓰노미야 다로는 자신이 조선군사령관으로 부임할 것이라는 소식을 들었다. 우쓰노미야는 오사카(大阪) 주둔 육군 제

---

6) 宇都宮太郎関係資料研究会,《日本陸軍とアジア政策-陸軍大将宇都宮太郎日記》3, 岩波書店, 2007; 일기는 우쓰노미야 다로 본인의 유언에 따라서 공개되었고, 우쓰노미야관계자료회에 의해 정리되어 출판할 수 있게 되었다. 자료 발견 및 간행의 자세한 경위에 대해서는 宇都宮太郎関係資料研究会,〈刊行にあたって〉,《日本陸軍とアジア政策-陸軍大将宇都宮太郎日記》1, 岩波書店, 2007 등 참조.

7) 아시아역사자료센터(アジア歴史資料センター)는《密大日記》·《西受大日記》·《西密受大日記》가 육군성 공문서를 편철한《陸軍省大日記類》에 포함되어 있는 자료라고 소개했다. 이 중《西受大日記》와《西密受大日記》는 일본군의 시베리아 출병에 관해 주고받은 문서를 편철했으며, 훈령이나 훈시, 편제, 동원 등이 수록되어 있다.

4사단장으로 근무하고 있었다. 6월 23일 요쿠라 기헤이(与倉喜平)는 우쓰노미야가 "다분"히 조선주차군사령관으로 전임(転任)될 것이라는 소식을 전했다. 7월 1일 우에하라 유사쿠(上原勇作) 대장은 우쓰노미야가 사령관으로 확정되었다는 사실을 전했다.[8]

우쓰노미야가 조선군사령관으로 내정되면서 후속 조치가 취해졌다. 7월 12일 우에하라 대장은 우쓰노미야에게 그와 가까운 사이였던 이토가와(井戸川)를 평양으로 보내는 것에 대해 의견을 듣고 싶어 했다. 당시 평양에는 제39여단이 주둔하고 있었다.[9]

우쓰노미야는 언론인과도 만났다. 7월 14일 아베 미쓰이에(阿部充家)는《경성일보(京城日報)》를 사직하고 돌아오는 길에 우쓰노미야를 방문했다.[10] 18일에는《매일신보(每日申報)》기자 세가와 겐지로(世川憲次郎)가 방문했다. 세가와 겐지로와는 제12사단 출병에 관해 이야기를 나누었다. 제12사단 출병 소식은 일본군의 시베리아 출병을 의미했다. 즉, 일본군의 시베리아 출병과 우쓰노미야의 조선군사령관 부임이 같은 시기에 이루어졌다.[11]

우쓰노미야는 시베리아 출병 소식을 접하고 그에 대한 감상을 일기에 적었다. 예를 들어, 7월 12일 우쓰노미야는 곧 출병이 있을 것이

---

8) 《日本陸軍とアジア政策-陸軍大将宇都宮太郎日記》(이하 '〈일기〉'), 1918년 6월 23일·7월 1일.

9) 〈일기〉, 1918년 7월 12일. 이토가와 다쓰조(井戸川辰三)는 미야자키(宮崎)에서 사쓰마번(薩摩藩)의 사족(士族) 이토가와 유이치(井戸川唯一)의 장남으로 태어났다. 육군사(陸士)를 졸업하고 소위로 임관해 보병 제24연대에서 근무를 시작했다. 근위보병 제3연대를 거쳐 참모본부에 들어갔으며, 1898년 6월 중국에 파견되었다. 1912년 육군성 부관 겸 육군대신 비서관, 1913년 혼고연대구사령관(本郷連隊区司令官), 1915년 보병 제62연대장, 1917년 8월부터 근위보병 제3연대장으로 근무했다〔秦郁彦 編,《日本陸海軍総合事典(第2版)》, 東京大学出版会, 2005, 13쪽〕.

10) 아베 미쓰이에는 하세가와 요시미치(長谷川好道) 총독이 부임하면서 언론 통제가 강화되자 조선총독부의 조치에 반발했다. 이로 인해 아베는 도쿠토미 소호(德富蘇峰)와 함께 사임을 결정하게 되었다. 이형식, 〈경성일보, 매일신보 사장 시절(1914. 8~1918. 6)의 아베 미쓰이에(阿部充家)〉,《사총》87, 2016, 175~179쪽 참조.

그림 1. 조선군 관련 인사이동 언론 보도. 오른쪽 두 번째가 우쓰노미야 다로다. 〈육군요부경송(陸軍要部更送)〉, 《경성일보(京城日報)》, 1918년 7월 25일자.

라는 소식을 접하고 "하루라도 일찍 출병해 미국의 야심을 꺾고, 독일의 동점(東漸)을 막아서 아시아의 고토를 회복하고 제국 사명 달성의 기초를 개척해야 한다"고 썼다. 17일에는 고쿠라(小倉)의 제12사단, 만주의 제7사단과 함께 용산의 보병 제40여단이 동원될 수 있다는 소식을 일기에 기록하기도 했다.[12]

---

11) 일본 육군의 시베리아 출병 경위를 정리하면 다음과 같다. 1917년 10월 러시아에서 사회주의 혁명이 일어나 소비에트 정권이 수립되었다. 1918년 3월 러시아는 독일과 강화조약을 체결하고 전쟁에서 이탈했다. 그러나 독일과 전쟁 중이었던 영국·미국·프랑스 등은 두 국가의 강화를 반대하고, 소비에트 정권에 반대하는 반혁명 정권을 수립하고자 했다. 일본은 러시아혁명 발발 직후 단독으로 출병하려고 했으나 미국이 반대한 바 있었다. 영국·프랑스·미국·일본 등의 시베리아 공동출병은 1918년 7월에 이르러 결정되었다. 시베리아의 정치적 안정과 소비에트 정권에 반대하는 체코슬로바키아 포로 반란에 따른 구출이 명분이었다(古川万太郎, 《日本とアジア(上)-日淸戰爭からシベリア出兵まで》, 婦人之友社, 2002, 159·160쪽; 후지와라 아키라(藤原彰) 지음, 서영식 옮김, 《일본군사사(日本軍事史) 상》, 제이앤씨, 2013, 202·203쪽 등 참조).

12) 〈일기〉, 1918년 7월 12·14일. 실제로 참모본부는 조선군 동원을 계획했던 것으로 확인된다. 특히 1918년 3월 시베리아 출병의 일환으로 조선군의 보병 제40여단을 투입시키기로 계획했다(朴廷鎬, 앞의 논문, 252쪽).

7월 22일 육군성에서 우쓰노미야를 조선군사령관으로 임명한다는 내첩(內牒)이 도착했다. 23일 밤 무라오카 조타로(村岡長太郎)도 24일에 공식 발표가 있을 것이라고 이야기했다. 그리고 7월 24일, 우쓰노미야 다로를 조선군사령관으로 임명한다는 인사이동 소식이 공식 발표되었다.[13]

1918년 7월 24일 일본 정부가 발표한 육군 인사이동에는 조선군에 관한 내용이 적지 않았다. 대략적인 내용을 정리하면 〈표 1〉과 같다. 다치바나 고이치로(立花小一郎)가 제19사단장에서 제4사단장으로 이동했으며, 제4사단장 우쓰노미야 다로가 조선군사령관으로 부임했다. 조선군사령관 마쓰카와 도시타네(松川敏胤)는 군사참의관(軍事參議官)으로 임명되었다. 제39여단장 하야카와 신타로(早川新太郎)가 제31여단장으로 이동하고, 이토가와 다쓰조(井戸川辰三)가 제39여단장에 부임했다. 주지하다시피 이토가와의 제39여단장 부임은 우쓰노미야와의 관계가 고려된 것이었다고 생각된다.[14]

《아사히신문(朝日新聞)》은 "육군의 대이동"에 관해 우쓰노미야의 부임 소식과 그의 경력을 상세히 전했다. 우쓰노미야는 1888년 《일영동맹론(日英同盟論)》을 저술했으며, 참모본부에 근무하면서 군정(軍政) 등을 조사하기 위해 인도 등을 방문한 경력이 있다고 소개되었다. 러일전쟁 당시에는 영국 일본대사관에서 근무했다는 사실도 주목했다. 특히 "참모적 수완가"로 평가받을 정도로 국제 정세에 밝은 전략적 인물로 알려져 있었던 것이다.[15]

---

13) 〈일기〉, 1918년 7월 22~24일.

14) 〈叙任及辞令〉, 《官報》, 1794, 大蔵省印刷局, 1918. 7. 25, 579쪽; 〈陸軍大更迭: 新任中将二十名〉, 《朝日新聞》, 1918년 7월 24일자.

15) 〈転補の人々 昨日発表の陸軍大異動: 児島さんの朝鮮憲兵司令官は最も適材適所であるとの評判〉, 《朝日新聞》, 1918년 7월 25일자.

이름	계급	변동 사항
마쓰카와 도시타네 (松川敏胤)	육군 대장	조선군사령관→군사참의관
우쓰노미야 다로 (宇都宮太郎)	육군 중장	제4사단장→조선군사령관
다치바나 고이치로 (立花小一郎)	육군 중장	제19사단장→제4사단장
다카시마 도모다케 (高島友武)	육군 소장→육군 중장	제19여단장→제19사단장
후루미 이즈시오 (古海厳潮)	육군 중장	조선군헌병대사령관→제17사단장
고지마 소지로 (児島惣次郎)	육군 중장	참모본부 제4부장→조선군헌병대사령관
히가시 마사히코 (東正彦)	육군 소장	보병 제37여단장
이토가와 다쓰조 (井戸川辰三)	육군 소장	보병 제39여단장
하야카와 신타로 (早川新太郎)	육군 소장	보병 제39여단장→보병 제31여단장
타루이 아카히라 (垂井明平)	육군 소장	진해만 요새사령관

표 1. 조선군 관련 육군 인사이동(1918. 7. 24)

　　《조선공론(朝鮮公論)》도 육군의 인사이동을 소개하면서 우쓰노미야 중장의 역할을 주목했다. 특히 참모본부에 재직하면서부터 "극동 문제 연구"에 주목한 인물이라는 점 등을 강조했다. 조선이 "제국의 시베리아 출병"으로 인해 "지위가 점차 중대한 의미를 가지게" 되었으므로, 조선군사령관으로서 방위에 임하며, 군정·인사·작전·교육 등을 맡아야 한다고 서술하기도 했다.[16]

---

16)　〈滿鮮官民人物月旦(27)-朝鮮軍司令官 陸軍中將 宇都宮太郎〉,《朝鮮公論》제6권 제10호, 1918, 85~89쪽.

우쓰노미야는 자신의 조선군사령관 부임에 대한 감상을 일기에 기록했다. 우쓰노미야는 본래 도쿄 위수총독(衛戍總督)이 순번이었으나, 군사령관을 맡게 되었다. 다만 조선군사령관도 "일개 휴직(休職)"에 지나지 않으며, 곧 군사참의관으로 발령받았다가 전보(轉補)되고, 그대로 "연령만한(年齡滿限)"으로 물러나는 것이 보통이라고 하였다. 이러한 처지는 이구치 쇼고(井口省吾), 아키야마 요시후루(秋山好古), 마쓰카와 도시타네도 마찬가지였다고 적었다. 일본 육군의 조슈벌(長洲閥)을 중심으로 한 인사 때문이었다. 하세가와 요시미치(長谷川好道)와 안도 사다요시(安東貞美)가 참모총장, 타이완총독으로 부임할 수 있었던 것을 '특별한 인연' 때문이라고 표현한 이유도 이런 맥락에서였다.[17]

7월 26일 우쓰노미야는 사사야마(篠山)의 장교집회소에서 고별인사를 한 뒤에 도쿄로 이동했다. 도쿄에서는 29일까지 머무르며 육군성, 참모본부 등을 방문했다. 제39여단장, 조선총독, 참모총장, 육군대신, 총리대신 등 조선 부임과 관계된 인물들도 면회했다. 오사카로 돌아온 우쓰노미야는 조선으로 떠나기 전 여러 곳을 거치며 송별모임을 가졌다.[18]

그 무렵 일본의 시베리아 출병이 본격화되었다. 8월 2일 일본 정부는 미국의 요구에 응해 시베리아 출병을 결정한다고 발표했다. 우쓰노미야의 일기에도 체코슬로바키아 군대를 구원한다는 명분으로 일본 육군의 시베리아 출병 명령이 공포되었다고 기록했다.[19] 동원 날

---

17) 〈일기〉, 1918년 7월 24일; Juljan Biontino, 앞의 논문, 289·290쪽.

18) 〈일기〉, 1918년 7월 26~30일·8월 2일.

19) 〈일기〉, 1918년 8월 2일; 〈第一次世界大戰と軍戰備〉, 《戰史叢書: 陸軍軍戰備》 99, 防衛庁防衛研修所, 1979, 77·78쪽.

짜는 8월 4일이었다.

8월 5일 오전 우쓰노미야는 오사카역을 출발해 조선으로 이동했다. 조후(長府), 시모노세키(下關)를 거쳐 관부연락선(關釜連絡船) 시라기마루(新羅丸)를 타고 부산까지 오는 경로였다. 부산에 도착한 날은 비가 내렸다. 오이케(大池) 여관에서 투숙했으며, 후루미 이즈시오(古海嚴潮), 다치바나 고이치로가 방문했다. 후루미는 헌병대사령관에서 제17사단으로, 다치바나는 제19사단장에서 제4사단장으로 전임할 예정이었다. 부산에서는 기차를 이용해 대구, 대전, 수원을 거쳐 경성 용산역으로 이동했다. 도착일은 8월 10일이었다. 이동 중에 이희두(李熙斗), 조성근(趙性根), 어담(魚潭), 강용구(姜容九) 등이 우쓰노미야를 찾아왔다. 수원에서는 윤치오(尹致旿), 이근호(李根湖) 등을 만났으며, 용산역에서는 박영효(朴永曉), 조동윤(趙東潤), 유혁로(柳赫魯) 등이 환영했다. 우쓰노미야는 이희두, 조성근, 어담, 강용구를 '성의세화(誠意世話)'한 사람들, 즉 자신이 여러 방면으로 신경을 써주는 조선인이라고 적었다.[20] 오전 11시 군사령관 관저에 들어갔으며, 헌병대사령관 고지마 소지로 중장, 군참의장 이치카와(市川) 소장, 보병 제40여단장 우치노(内野) 소장, 군경리부장 히로세(広瀬) 주계감 등이 방문했다.

1918년 8월 12일 월요일, 우쓰노미야가 조선군사령관으로 부임해 근무한 첫날이었다. 사령부를 돌아보고, 하세가와 총독, 야마가타 이사부로(山県伊三郎) 정무총감, 고지마 헌병대사령관, 그리고 조선·일본인 유력자들과 만나 이야기를 나누었다.

8월 17일 하세가와 총독과 일본 도쿄 각지에서 "소요(騷擾)"가 일어났다는 소식을 교환하기도 했다. 일본의 '쌀 소동'을 의미하는 것으로

---

20) 〈일기〉, 1918년 8월 10일.

생각된다. 임재덕(林在德), 이하영(李夏榮), 송병준(宋秉畯) 등도 우쓰노미야를 찾아왔다. 같은 날 참모총장 우에하라 유사쿠는 육군대신에게 연해주와 북만주로 파견하는 육군 병력에 대한 병참업무를 조선군사령관이 맡도록 하는 명령을 조회하고 동의를 받았다.[21]

1918년 8월 18일 일본 참모본부는 우쓰노미야 조선군사령관에게 〈작명(作命) 제11호〉로 지시를 내렸다. 우쓰노미야는 지시 사항을 일기에 적어놓았다. 다만 세부 지시에 해당하는 〈명(命) 제22호 제1〉은 제외했다. 먼저, 〈작명 제11호〉에는 일본이 영국, 미국, 프랑스, 이탈리아 등과 함께 체코슬로바키아 군대를 돕기 위해 부대를 연해주 방면에 파견하며, 병력은 블라디보스토크 파견군사령관 지휘 아래 협동해 군사행동을 실행한다고 썼다. 군사행동 지역은 북만주 지방과 연해주·만주 방면으로 나뉘었다. 병력을 파견하는 동안 조선 내에서 이루어지는 병참업무는 조선군사령관이 맡는다고 했다.[22] 〈작명 제11호〉의 병참업무에 관한 세부 지시 〈명 제22호 제1〉에서 조선군사령관은 연해주·북만주 파견 병력에 대한 군수품 보급·수송과, 북만주 파견 부대가 조선을 통과하는 동안 급양(給養)·위생을 맡을 것을 지시받았다. 마지막으로 업무 이행을 위해 부대를 배속하라고 했다. 조선군 병력으로 병참업무를 담당할 병력을 구성하라는 것이었다.[23] 8월 21일에는 참모본부에서 〈명 제25호 제1〉로 북만주 방면으로 운송하는 군수품에 대한 구체적 지시가 내려왔다.[24]

21) 〈兵站業務に関し朝鮮軍司令官に訓令の件〉, 《大正7年8月至大正14年2月 西伯利出兵作戦に関する命令訓令西動綴共4其1》, 1918. 8. 17〔JACAR(アジア歴史資料センター)Ref. C06032003200(防衛省防衛研究所)〕.

22) 〈일기〉, 1918년 8월 18일.

23) 〈朝鮮軍司令官に与える訓令伝宣等の件〉, 《大正7年8月至大正14年2月 西伯利出兵作戦に関する命令訓令西動綴共4其1》, 參謀總長 上原勇作→陸軍大臣 大島健一, 1918. 8. 20〔JACAR(アジア歴史資料センター)Ref.C06032003600(防衛省防衛研究所)〕.

1918년 8월 말 우쓰노미야 다로는 조선군사령관으로 부임하고, 곧이어 일본군의 시베리아 출병에 따른 병참업무를 지시받았다. 조선을 통과하는 일본군 병력 수송과 군수품 조달이었다. 한편, 적지 않은 조선인들이 우쓰노미야에게 면회를 신청했다. 신임 사령관에게 축하 인사를 하기 위해서였던 것으로 생각된다. 8월 21일 민병석(閔丙奭), 민영기(閔泳綺), 조동윤, 이병무(李秉武), 민영휘(閔泳徽), 김가진(金嘉鎭), 22일 박영효가 찾아왔다. 23일 금요일에는 창덕궁 인정전에서 신임 조선군사령관, 제19사단장, 경무총장 등을 위한 만찬회가 열렸는데 이재각(李載覺), 윤택영, 윤덕영, 박영효 민병석, 송병준, 조민희(趙民熙)도 참석했다.[25]

8월 말 조선 남·북부 일대를 시찰하는 일정이 시작되었다. 우쓰노미야는 경부선(京釜線)에 이어 경의선(京義線) 일대를 돌아보았다. 8월 26일 월요일 오전 8시 50분, 용산에서 출발하는 기차를 타고 먼저 남부 지역으로 이동했다. 남부 지역 시찰은 9월 1일까지 이어졌다. 경로를 '지역(도착 날짜, 시찰 대상)'으로 정리하면, '마산(26일, 중포병대대)→진해만(28일, 요새사령부)→대구(29일, 제80연대)→대전(31일, 제80연대 제3대대)→용산(9월 1일)'이었다.[26] 우쓰노미야는 9월 3일부터 7일까지 조선 북부 지역을 시찰했다. '평양(3일, 보병 제39여단사령부·보병 제77연대·위수병원·육군창고)→신의주(5일, 수비중대)→용산(6일)'의 순으로 진행되었다.[27] 각 지역 주둔 부대·기관에 대한 시찰과 지역의 관헌(官憲) 및 유력가 들을 만났다.

---

24) 〈北滿洲方面派遣部隊に対する兵站業務に関し朝鮮軍司令官に指示の件〉, 〈JACAR(アジア歴史資料センター)Ref.C06032003700(防衛省防衛研究所)〉.

25) 〈일기〉, 1918년 8월 21~23일.

26) 〈일기〉, 1918년 8월 26~31일.

9월 8일 보병 제78연대장으로 새롭게 부임한 마쓰키 나오스케(松木直亮)가 찾아왔다. 9일에는 이범래(李範來)가 사령부를 방문해 조선 통치에 관한 의견을 전달했다. 조선인들은 보통교육의 보급과 설비 확충을 원한다는 제안이었다. 즉, 조선인 아동을 일본인 아동과 함께 교육하고, 조선인 관리 채용 기회를 확대할 것 등의 요구가 있음을 이야기했다. 이러한 요구가 충족된다면 조선 사회의 반발이 없을 것이라고 조언했다.[28]

8월 말 9월 초 우쓰노미야는 조선 남·북부 지역을 시찰했다. 대체적인 경로는 '마산→대구→대전→용산→평양→신의주'였다. 경부선과 경의선을 돌아보는 일정이었다. 9월 13~27일까지 우쓰노미야는 경부·경의선 시찰 이후 경원선(京元線) 일대를 살폈다. 지역은 함흥·원산·영흥·나남·회령·두만강·종성·온성·동포(東浦)·행영(行營)·청진·원산이었다. 시찰 부대는 제74연대, 영흥만요새사령부, 제37여단, 야포병 제25연대, 공병 제19대대, 제73연대 등이었다. 이 시기에 일본 육군 제3사단이 시베리아 출병을 위해 조선을 통과했다.[29]

9월 말 우쓰노미야는 용산에서 조성근, 김영환(金泳煥), 임재덕, 이완용(李完用) 형제 등과 회동하기도 했다. 조선방직주식회사 사장, 미쓰이물산(三井物産) 경성 지점장도 우쓰노미야를 찾아왔다. 부임 이후 우쓰노미야는 병참업무를 처리하거나 부대 시찰을 했으며, 용산에 머무는 동안에는 민간의 유력자 등을 만났다.[30]

조선군은 병참업무의 일환으로 남우수리 방면에 병력을 파견하기

---

27) 〈일기〉, 1918년 9월 3~7일.

28) 〈일기〉, 1918년 9월 8일.

29) 〈일기〉, 1918년 9월 10~27일.

30) 〈일기〉, 1918년 9월 28·29일.

도 했다. 10월 7일 참모총장은 육군대신에게 조선군의 일부를 연해주로 파견하는 건에 대해 조회했다. 조선에 주둔하는 보병 제74연대의 보병 1개 대대, 기병 27연대의 2개 소대, 공병 제19대대의 1개 중대를 연해주에 파견해 수분하(綏芬河)에서 조선 국경에 이르는 전신선(電信線)을 경비하려는 목적이었다.[31] 전신선은 블라디보스토크와 일본의 통신을 위해 설치되었으나, "러시아 과격파", 블라디보스토크에 주둔하는 조선인의 활동을 경계해 파병을 계획했다.[32] 조선군 보병 제74연대 제3대대가 파견되었으나, 곤도 슈조(近藤秀三)가 지휘를 맡았다. 육군대신의 요청으로 조선총독부에서도 제74연대 제3대대에 통신요원으로 배속할 기술자 3명을 체신국(遞信局)에서 파견했다. 13일 파견 병력의 주력으로 보병 2개 중대와 기병·공병 일부가 먼저 서호진(西湖津)에서 승선해 이동을 시작했다.[33]

조선군사령관 부임 이후 우쓰노미야 다로는 일본군의 시베리아 출병에 따른 병참업무를 처리하는 데 시간을 보냈다 우쓰노미야는 조선의 상황에 대해 어느 정도 낙관하고, 통치 방침에 적극적인 변화가 있어야 한다고 판단했을 것이다. 실제로 우쓰노미야는 1918년 12월 13일 육군대신 다나카 기이치를 만나서 조선 통치에 관한 자신의 의견을 전달했다. 조선인으로 군부대를 편성하고, 이들에게 국경 수비를 맡겨서 해외에 있는 조선인 부대에 대한 정신적 대책을 수립해야 하며, 나아가 조선인을 도쿄 근위병으로 채용하자는 주장이었다. 일본 식민통치에 협력하는 조선인을 적극적으로 활용하자는 뜻이었다.

---

31) 〈JACAR(アジア歴史資料センター)Ref.C06032005100(防衛省防衛研究所)〉.

32) 《步兵第七十四聯隊史》, 步兵第七十四聯隊史編集刊行委員会, 1998, 2·3쪽.

33) 〈일기〉, 1918년 10월 8~13일; 〈JACAR(アジア歴史資料センター)Ref.C03010103100(防衛省防衛研究所)〉.

그러나 육군대신이 우쓰노미야의 의견에 동의하지 않았던 것으로 보인다. 다만 우쓰노미야는 일기에 육군대신이 "대체로 반대하지 않았다"고 적었다.[34]

2. 3·1운동 직후 우쓰노미야의 대응

1918년 7월 말 우쓰노미야 다로는 제4사단장에서 조선군사령관으로 부임했다. 우쓰노미야는 조선의 여러 지역을 시찰하고 적지 않은 조선인을 만났다. 일기 및 보고서는 군사령관 우쓰노미야의 행적과 조선군의 병력 배치가 당시 현안이었던 일본군의 시베리아 침략에 따른 병참업무를 위한 것이었음을 보여준다. 조선군사령관과 조선군의 활동은 일본의 대륙 침략과 밀접하게 연계되었던 것이다. 우쓰노미야는 조선군사령관으로서 조선을 통과하는 일본군 병력의 수송과 보급을 맡아 처리하는 '병참업무'를 담당했고, 동시에 자신을 찾아오는 적지 않은 조선인과도 교류하며 조선 통치에 관한 의견을 들었다. 1918년 12월 우쓰노미야는 이러한 개인적 경험과 인맥을 기반으로 조선 통치에 관한 의견을 육군대신에게 제시하기도 했다. 본 장은 1919년 3·1운동의 전개와 대응 양상을 우쓰노미야 일기를 통해 구성해보고자 한다.

1919년 1월 말, 데라우치 총독 사퇴 이후 내각총리대신을 맡게 된 하라 다카시(原敬)는 제국의회에서 다음과 같이 연설했다.

---

34) 〈일기〉, 1918년 12월 13일.

러시아 동부 지방의 상태는 연합 동맹국의 힘으로 체코슬로바키아를 구원하고 독일과 오스트리아 세력을 소통한다는 목적도 이미 달성됨에 따라 우리 군대는 동 지방의 질서 유지 요컨대 수비에 필요한 병력만을 남기고 나머지는 소환했습니다. …… 제국 정부는 열국과의 협조에 힘 쓰면서 러시아와 중국에 대해 아무런 야심을 갖고 있지 않으며 특히 러 시아에 대해서는 성의껏 질서를 회복하고자 노력했습니다. 중국에 대해 서는 …… 문호 개방과 기회균등주의를 중시하면서 제국과 중국의 친 선관계가 더욱 견실해지는 것을 바라는 것 이외에 아무런 다른 뜻이 없 습니다.[35]

일본이 영토 침략에 대한 의심을 받고 있는 상황을 언급하면서, "질서의 회복"과 "친선관계가 더욱 견실"해지는 것만 바란다고 주장 했다. 시베리아 출병에 대한 목적이 대략적으로 달성되었기 때문에 병력을 최소한만 남기고 소환한다는 뜻이기도 했다. 조선을 통과해 북으로 이동했던 병력이, 조선을 통과해 일본으로 돌아간다는 사실 을 짐작할 수 있다.

한편, 우쓰노미야는 지난해 육군대신에게 이야기한 내용을 구체 화하여 재차 조선 통치에 관한 의견을 제출했다. 1919년 1월 6일 우 쓰노미야는 다나카 기이치 육군대신에게 조선 통치에 관한 8개 항목 의 제안서를 보냈다. 지난해 12월에 이야기한 바를 문서화한 것이었 다. 이 제안은 조선인으로 국경수비대와 근위부대를 편성하고, 특종 무관(特種武官)으로 채용해야 한다는 등의 내용이었다. 조선인의 진급 가능성을 열어두고, 호적법을 수정해 일본인과 조선인의 결혼에 장

---

35) 이규수 편, 〈41회 제국의회 통상회, 시정 방침 연설(1919년 1월 21일)〉, 《일본 제국의회 시정 방침 연설집》, 가천대학교 아시아문화연구소, 2012, 218·219쪽.

애를 제거해야 한다는 주장도 했다. 시행 시기는 왕세제 이은(李垠)과 나시모토노미야(梨本宮, 한국명은 이방자李方子)의 결혼식 전후로 제시 했다.[36]

우쓰노미야의 제안은 지난해 12월과 마찬가지로 개인적인 판단에 근거한 것이었다. 1월 7일 우쓰노미야는 조선총독과 육군대신에게 보낸 제안서에 대해 이야기를 나누었으나, 대체로 동의를 얻지 못했다. 특히 총독은 조선 군인의 채용과 부대 편성에 대해 반대했다.[37]

그러나 1919년 1월 말 고종이 사망하면서, 조선 사회의 동향은 급속도로 악화되었다. 1월 21일 우쓰노미야는 전라남도 광주를 시찰하던 중 고종의 사망 소식을 접했다. 다음 날 사망 소식이 발표되었고, 이은과 나시모토노미야의 결혼은 연기되었다. 그는 고종의 사망이 민심 일반에 악영향을 줄 것이라고 판단했다.[38]

이후 우쓰노미야는 조선 사회의 동향에 주목했다. 우쓰노미야는 고지마 소지로 헌병대사령관, 제40여단장 우치노, 제37여단장 히가시 등과 만나 민심의 동향 등에 대해 논의했다.[39] 2월 8일 도쿄에서 조선인 유학생을 중심으로 한 독립선언이 발표되었다는 소식도 접했다. 2월 11일 우쓰노미야는 일본의 국경일인 기원절(紀元節)을 맞아 경성을 시찰했으나, 일본 국기를 내건 조선인 가옥을 보지 못했다고 적었다. "조선의 인심이 험악"해지고 있었던 것이다. 그는 13일 일기에서 이것이 고종의 사망과 함께 파리강화회의로 인한 것이라고 판단했다.[40]

---

36) 〈일기〉, 1919년 1월 6일.
37) 〈일기〉, 1919년 1월 7일.
38) 〈일기〉, 1919년 1월 12~16·21일.
39) 〈일기〉, 1919년 1월 22·23일·2월 10일.

1919년 2월 14일, 우쓰노미야는 오전 8시 50분 용산에서 출발하는 기차를 타고 남부 지역으로 향했다. 병참업무 등을 목적으로 한 시찰이었다. 일정은 '대구→안동→대구→경주→포항→경주→대구→울산→부산→용산(24일)'이었다. 우쓰노미야가 대구와 울산, 부산 지역을 시찰하며 작성한 일기에는 급변하는 국제·국내 정세에 대한 감상 등이 나타나 있다. 대구·부산에서는 병참기관을 주로 살폈다. 울산에서는 유적지를 돌아보며 신대(神代)부터 일본이 대륙으로 진출하려는 시도가 있었다는 감상을 적었다. "과거 한 차례 부여의 백마강에서 일소된 바 있으며, 울산성에서도 재차 물러나야 했다"는 것이다. 663년 백강(白江)에서 일어났던 나당연합군과 백제·왜의 전투, 그리고 1597년 임진왜란을 말하는 것으로 보인다. 그는 오늘날의 진출이 세 번째로, "후퇴의 모습"을 보이는 것에 대해 한심스럽다고 평했다. 일본군의 귀환 결정에 대한 감상이었다.[41]

한편, 2월 15일 안동을 방문하고 작성한 일기에는 양반이 많아 배일(排日)로 유명한 지역이라고 적었다. 안동의 배일 원인은 조선왕조를 잊지 못하는 유학자가 많다는 점이었다. 또한 미국 선교사의 활동에 대해서도 적었다. 선교사들은 병원을 세우는 등 활발하게 활동했으나, 일본 종교인은 그에 비해 미비하다고 비판했다. 조선어를 이해하는 경우도 거의 없는 등 "교화의 포부"가 전무에 가깝다는 지적이었다.[42]

2월 27일 밤, 용산으로 돌아온 우쓰노미야는 저녁식사 후에 찾아온 권동진(權東鎭)과 대화를 나누었다. 그는 조선인 인심의 괴리가 점

---

40) 〈일기〉, 1919년 21월 11~13일.

41) 〈일기〉, 1919년 1월 12~16·21일.

42) 〈일기〉, 1919년 2월 15일.

차 심해지고 있다고 지적했다. 따라서 이번 고종의 장례식에서 우발적 사건이 발생할 수도 있으니 경계해야 한다고 이야기했다.[43]

1919년 3월 1일 토요일, 날씨는 맑았다. 오전부터 우쓰노미야 사령관은 고종의 국장에 관해 논의하기 위해 조선호텔에서 아키야마 대장, 노다(野田) 체신대신, 척식국 장관 고가 렌조(古賀廉造)와 회담한 뒤, 척식국 장관과 점심식사를 했다. 그리고 오후 무렵 경무총장이 형세가 불온해 보병 1개 중대의 파병을 청구한다는 연락을 해왔다. 이 연락은 경성에서 일어난 만세운동에 대한 것이었다. 전국적으로 만세운동이 일어났던 것이다. 우쓰노미야는 경무총장이 요청한 보병 1개 중대를 경성에 파견하도록 지시했다. 파병한 보병 1개 중대가 "미리 계획"했던 바의 일부라고 적었다. 파견된 병력은 순사, 헌병대와 함께 시위 진압에 나섰다. 조선보병대도 참여했다.[44]

우쓰노미야는 3월 1일 경성의 만세운동과 그 진압 과정에 대해 상세히 적었다. 삽시간에 수천 이상의 규모로 불어난 시위대는 선언서를 살포하고, 만세를 외치면서 도로를 행진했다. 창덕궁, 대한문으로 난입하는 경우도 있었다. 진압 병력의 규모도 늘어났다. 일기에는 경성의 만세운동에 투입한 병력이 보병 7개 중대와 기병 1개 소대라고 적었다. 해 질 녘에 이르자 보병 3개 중대를 남기고 철수했다.[45] 지방에서는 선천·평양·원산 등에서 소요가 있었다고 언급하며 "민심 일반이 불온"했다고 평했다.

시위의 주도세력에 대해서도 추정했다. 주도세력은 야소교(耶蘇教)와 천도교(天道教) 신자, 학생 등 신진세력이었다. 또한 외국인, 그중

43) 〈일기〉, 1919년 2월 27일.
44) 〈일기〉, 1919년 3월 1일.

선교사에 주목했다. 자동차를 이용해 시위대를 주도하는가 하면, 미국인 관헌이 가담한 경우도 있었다고 추정되었기 때문이다.

우쓰노미야는 만세시위가 일어난 원인을 무리하게 강행된 혼인에 비유하기도 했다. 조선은 '여자'로, 일본은 '남자'로 비유해 '남자'가 잠시만 인내했으면 '여자'가 혼인을 바랐을 것인데, 무리하게 혼인을 추진한 것이 문제라는 지적이었다. 우쓰노미야가 비유한 혼인은 1910년의 한일강제병합을 지칭하는 것이었다. 강제병합이 조선인이 열복(悅服), 다시 말해 기쁘게 복종하는 데 걸림돌이 되었다고 인식했다. 또한 강제병합이 "지나(支那) 이하 동방제방(東方諸邦)의 마음"을 잃게 만들어 일본제국의 팽창정책에도 장애가 된다고 서술했다. 식민통치에 대해서도 비판했다. 조선인의 마음을 얻어야 하는데, 겉으로 드러나는 시설을 갖추는 데 급급했다는 요지였다. 구체적으로는 '제1조선인'에 대한 봉급·임용 등의 차별과 불공평을 해결하고, 적극적으로 그들과 교섭해야 한다고 했다.

3월 2일에도 만세시위가 계속되었다. 경성의 노동자·학생 무리가 종로경찰서 앞에서 독립만세를 외쳤으며, 평안남도 중화군 상원면에

---

45) 임종국, 임경석 등 선행 연구에서 나타난 3월 1일 경성 시위에 대한 진압 병력은 보병 3개 중대와 기병 1개 소대이다. 이는 조선군사령부에서 편찬한 문서와 육군대신에게 보낸 보고서에 따른 것이다. 그러나 3월 1일의 상황이 종결된 후에 작성한 일기에서는 일시적으로 병력이 보병 7개 중대와 기병 1개 소대까지 투입되었다.
우쓰노미야의 일기를 신뢰한다면, 시위 초기에 투입된 병력은 보병 1개 중대였으나, 이후에는 보병 7개 중대와 기병 1개 소대로 늘어났다. 저녁에 이르러 시위대 규모가 축소되자 보병 3개 중대만 남겨두었다. 〈조특(朝特) 제1호〉의 착신 시각은 오후 6시 40분이므로, 기병 1개 소대를 철수한 것은 그다음으로 짐작할 수 있다. 즉, 보병 1개 중대(오후 3시)→보병 7개 중대와 기병 1개 소대(오후 3시 이후, 오후 6시 40분 이전, 보병 6개 중대와 기병)→보병 3개 중대와 기병 1개 소대(오후 6시 40분), 보병 3개 중대(기병 1개 소대 귀환)로 정황이 바뀌었다고 짐작할 수 있다(임종국, 앞의 책; 임경석, 앞의 글; 〈密受 第102號〉 朝特 1號),《大正8年乃至同10年 朝鮮騒擾事件関書類 共7冊 其1》, 朝鮮軍司令官→陸軍大臣, 1919. 3. 1(〈JACAR(アジア歴史資料センター)Ref.C06031080600(防衛省防衛研究所)〉).

서는 시위대가 경찰을 공격하고 서장을 포박했다. 이외에도 의주·진남포 등에서도 만세운동이 발생했다. 우쓰노미야는 경성에 7개 중대의 병력 동원 명령을 내렸다. 저녁에 병력을 귀환시키고자 했으나, 남산에서 시위 소식을 접하고 3개 중대를 남겨두었다. 총독의 요청으로 제19사단장에게 평양 부근의 시위대 진압을 명하기도 했다. 3일에 거행된 고종의 장례식은 오전 11시경에 끝났다. 장례식이 진행되는 동안, 시위가 발생할 것을 경계했으나 눈에 띄는 움직임은 없었다. 다만 평안도에서 운동이 계속되었고, 함경남도 함흥에서 처음 운동이 일어났다는 사실을 주목했다.[46]

3월 초 우쓰노미야는 경성보다 지방의 시위 양상에 주목했다. 주목되는 경성의 시위는 8일 옛 용산인쇄소 직공 약 300명의 독립선언 정도였다. 반면, 평안도 일대의 시위는 지속적이고 격렬하게 전개되었다고 기록했다. 4일 성천(成川)·사천(砂川)에서 시위대가 각각 헌병분대와 주재소를 공격했다. 사천에서는 헌병 1명과 보조원 3명 전원이 사망했다. 5일에는 평남 양덕(陽德)에서 시위대의 공격이 있었다.[47]

3월 7일 오전 11시경 고종의 장례의식이 끝나고, 우쓰노미야는 "반도 최후의 국왕의 장례가 끝났다"고 적었다. 그럼에도 3월 8일 평안도에 소규모 시위가 계속되었고, 대구에서도 "학생의 독립운동"이 일어났다. 독립운동이 점차 지방으로 확산되었다. 우쓰노미야는 고종의 장례식 이후에도 시위가 잦아들지 않자 우려를 표했다.[48]

3월 9일에는 경성의 전차장·운전수가 동맹휴업하고 시내 상점 대부분이 문을 닫았다. 경성과 평양에서는 3월 10일 큰 시위가 있을 것

---

46) 〈일기〉, 1919년 3월 2·3일.
47) 〈일기〉, 1919년 3월 4~7일.
48) 〈일기〉, 1919년 3월 7·8일.

이라는 소문이 파다했다.[49] 우쓰노미야는 경성 주둔 병력을 크게 늘려 배치하기로 결정했다. 이에 추가로 보병 3개 중대, 기병 2개 소대, 포병 1개 중대를 배치했다.[50]

우쓰노미야는 정치적 측면에서 만세운동에 대한 대책을 마련하고자 했다. 3월 9일 일기에는 〈대본원(大本願)〉이라는 제목의 문서가 실려 있는데, 그는 〈대본원〉의 내용을 중심으로 동지를 규합하겠다는 계획을 세웠다. 〈대본원〉은 세계가 차별이 없는 평등의 시대에 이르지 못했다는 주장을 담았다. 이를 위해서는 함께 공존하고, 공동으로 복지를 증진하며 융합해야 한다는 것이었다.

〈대본원〉은 '조선독립'이라는 구호에 대항하기 위해 작성한 동화(同化) 방침의 하나로, 앞서 육군대신에게 제안한 내용과 3월 1일 일기에 기록한 내용의 연장선으로 짐작된다. 다만 당시 우쓰노미야의 조선 통치에 관한 의견이 총독과 육군대신에게 동의를 얻지 못해서 개인적 인맥을 통해 동지를 규합하는 방식을 택했던 것으로 보인다. 실제로 당시 김응선(金應善)과 이희두를 불러 〈대본원〉을 보여주고 동의를 얻었다. 이완용과도 규합하기로 계획했다. 조선피혁회사 사장 가다 나오지(賀田直治)를 통해 동지로 규합할 민간의 조선인을 탐색하기도 했다.[51]

3·1운동에 대한 군사적 진압 방침에 변화를 꾀하기도 했다. 3월 11일 우쓰노미야는 현재 조선의 소요가 북쪽으로는 의주·회령, 남쪽으로는 광주·부산까지 확산되었으며, 그 원인 중 하나로는 초기의 진압 방침이 "일시적 변통"에 지나지 않았기 때문이라고 평했다. 이에

49) 〈일기〉, 1919년 3월 7~10일.
50) 〈일기〉, 1919년 3월 9일.
51) 〈일기〉, 1919년 3월 9일.

"일반적 구처(區處)"가 필요하다고 판단해 총독을 설득하기로 계획했다.[52]

우쓰노미야는 군참모장 오노 도요시(大野豊四), 총독부 부무관(總督府附武官) 무라타 시노(村田信乃)를 통해 총독에게 방침 전환에 대한 의견을 전달했다. 총독은 우쓰노미야의 의견에 동의했고, 우쓰노미야에게 시위가 만연하는 징조가 있으니 병력을 동원해 진압하라고 지시했다. 우쓰노미야는 총독의 명령으로 인해 군대의 행동이 자유로워졌고, 앞으로 시위 진압이 유망할 것이라고 기록했다.[53]

3월 11일 조선총독은 육군대신에게 군대 사용에 관한 의견을 전달했다. 총독은 조선의 장래 통치에 악영향을 주지 않기 위해 군대를 제한적으로 사용해왔다고 이야기했다. 시위가 일어나는 지역에 대한 수동적 대응에 그쳤다는 것이다. 그러나 만세운동이 점차 전국으로 퍼져나갔기 때문에, 시위를 미연에 막아야 할 상황에 이르렀다고 판단해 군사령관에게 시위 지역 외에도 군대를 파견하라고 지시했음을 알렸다. 육군대신도 조선총독의 의견에 지극히 동감하고 충분히 진압하는 것을 바란다고 답변했다.[54] 조선군의 분산 배치 방침이 정해진 것이었다.

3월 12일 우쓰노미야는 다카시마 제19사단장, 우치노 제40여단장을 사령부로 불러 시위 진압에 대한 명령과 훈시 등을 전했다. 〈그림 2〉는 지시 내용을 담은 지도이다. 지역은 성진(보병 제73연대에서 1개 중대), 북청·원산(보병 제74연대에서 각 1개 중대), 춘천(보병 제79연대에서 1개 중대), 공주·안동(보병 제80연대에서 각 1개 중대), 충주·이리·송정리·진

---

52) 〈일기〉, 1919년 3월 11일.

53) 〈일기〉, 1919년 3월 11일.

54) 〈JACAR(アジア歴史資料センター)Ref.C06031080800(防衛省防衛研究所)〉.

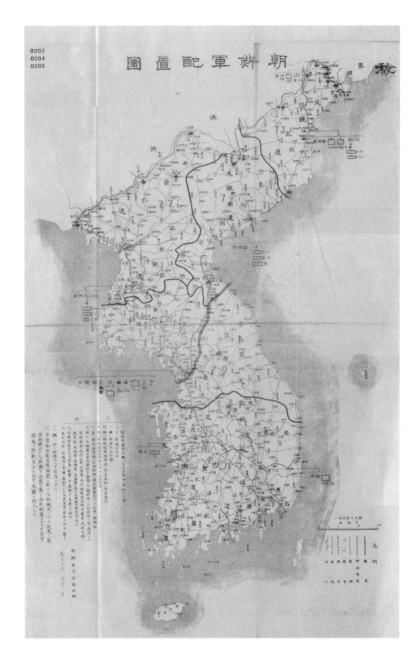

그림 2. 조선군 배치도(1919. 3. 12)

주(보병 제80연대에서 각 1개 중대)였다. 육군대신에게는 총독의 명령에 따라 시위를 미연에 방지하기 위해 한동안 군대를 분산 배치했다고 보고했다.[55]

제19사단장·제40여단장에게 전달된 사항은 병력 분산 배치에 관한 내용과 〈군사령관의 희망 사항 요지〉였을 것이라고 짐작된다.[56] 우쓰노미야는 만세운동이 일본군의 전시 작전에 심각한 위협이 될 수 있기 때문에 신속한 진압을 지시하면서도, 무기 사용을 자제하라고 이야기했다.[57] 만세운동에 대한 진압이 일본 육군의 대륙 침략 과정에 지장을 줄 수 있다고 판단했던 것이다. 동시에 무기 사용을 자제하라는 요구로 보아, 우쓰노미야는 병력의 분산 배치를 지시하는 선에서 만세시위 진압이 가능하다고 여긴 것으로 짐작된다.

3. 시위 양상에 따른 정치·군사적 대책 변화

전국에 조선군의 분산 배치가 결정되었음에도 불구하고, 시위는 간도·훈춘·블라디보스토크 등 국경 일대까지 확산·격화되었다. 3월 13일에는 군 병력이 간도 용정촌으로 출병해 발포했다. 영국인 선교사가 가담했다는 사실도 확인되었다. 우쓰노미야는 시위가 짧은 시간에 계획된 것이 아니라고 판단했다. 그렇지 않다면 간도를 비롯해

---

55) 〈일기〉, 1919년 3월 12일; 〈密 第102號 其51: 朝特 第29號〉, 《大正8年乃至同10年 朝鮮騷擾事件關係書類 共7冊 其1》, 朝鮮軍司令官→陸軍大臣, 1919. 3. 12[〈JACAR(アジア歴史資料センター)Ref.C06031080800(防衛省防衛研究所)〉]; 이양희, 〈일본군의 3·1운동 탄압과 조선 통치 방안〉, 《한국근현대사연구》 65, 한국근현대사학회, 2013, 108쪽.

56) 姜德相 編, 《現代史資料(25): 朝鮮(一) 三·一運動(一)》, みすず書房, 1966, 119·120쪽.

57) 신효승, 〈일제의 '제암리 학살사건'과 미국 선교사 기록의 형성 과정〉, 《학림(學林)》 41, 연세사학연구회, 2018, 187쪽.

지방까지 신속하고 일치된 방식으로 운동이 퍼져나갈 수 없다는 것이다. 3월 15일 블라디보스토크에서 대규모 시위가 계획되고 있다는 소식을 접하기도 했다.[58] 우쓰노미야는 만세운동의 확산이 구체적인 계획에 의한 것으로 판단했다.

3월 18일에도 함경도·경상도·전라도에서 크지 않은 규모의 시위가 계속되었다. 강화도에서는 수천 명이 격렬한 시위를 일으켰다. 19일에는 조선 남부 지방과 훈춘에서도 위협이 감지되었다. 20일 수천 명의 조선인이 훈춘 영사관을 공격해 국기를 탈취했다는 소식을 접했다. 우쓰노미야는 훈춘 출병을 놓고 조선총독·참모총장과 각각 논의했다.[59]

3월 말에 이르면 조선 남부 지역의 시위에 대한 진압 병력이 부족하다는 요청도 접했다. 3월 23일 우치노 제40여단장은 우쓰노미야를 방문해 시위를 진압하기 위한 병력이 부족하다고 호소했다. 제40여단은 조선 남부 지역 일대의 경비를 맡고 있었다. 일기에는 23일 경성 부근에서도 시위가 다시 일어났으며, 27일 뚝섬에서 수백 명의 시위대가 출현해 발포까지 했다고 적었다. 우쓰노미야를 찾아온 이윤용(李允用) 등 조선인도 현재 시위 진압이 충분하지 못하다고 지적했다. 3월 23일 우쓰노미야는 시위가 경성과 지방에서 일제히 일어났으며, 일정한 계획에 따른 시위라고 기록했다.[60]

3월 말 만세시위의 지속과 우쓰노미야의 판단, 다시 말해 일정한 계획에 의해 시위가 계속되고 있다는 인식은 1919년 4월 1일 〈군사령관의 희망 사항 요지〉로 이어졌다. 〈군사령관의 희망 사항 요지〉에

---

58) 〈일기〉, 1919년 3월 12~16일.

59) 〈일기〉, 1919년 3월 18~21일.

60) 〈일기〉, 1919년 3월 23·27·28일.

는 3월 12일 지시한 바에도 불구하고, 시위가 계속된 데다 위험성을
띠기에 이르렀다고 판단했다. 이러한 시위 양상의 원인은 군대가 지
나치게 신중했기 때문이라고 했다. 따라서 "강압수단"을 사용해 시
위를 진압해야 한다고 지시했다. 적극적인 병기 사용을 요구한 것이
다. 4월 1일 우쓰노미야는 제19사단장, 제40여단장, 군참모장 등을 불
러서 〈군사령관의 희망 사항 요지〉 등 지시 사항을 전달했다.[61]

　일본 본국에 추가 파병도 요청했다. 4월 1일 밤 10시가 지나 하세
가와 조선총독은 우쓰노미야에게 내각의 전보를 전달했다. 만세운동
진압을 위한 추가 파병 여부를 묻는 것이었다. 우쓰노미야는 현재 병력
으로도 충분하지만, 신속히 진압하기 위해서는 증병이 필요하다고 이
야기했다. 다음 날 우쓰노미야는 같은 내용의 안건을 작성했고, 군참모
장과 총독의 동의를 얻었다. 안건 내용은 보병 약 5, 6개 대대와 헌병
200명 정도의 파병을 요청하는 것이었다. 우쓰노미야가 작성한 안건
은 총독 명의로 내각에 발송되었다. 그리고 4월 5일 보병 6개 대대와
헌병 300여 명이 파병되었다. 우쓰노미야는 이것이 지난 2일 총독 명
의로 보낸 요청에 의한 것으로, 시의적절한 조치였다고 평가했다.[62]

　4월 6일 일본 참모본부는 육군 제2·5·8·9·10·13사단장에게 〈참명
(參命) 제2호 제1〉 명령을 하달했다. 〈참명 제2호 제1〉에 따라 각 사단
에서 보병 1개 대대를 차출해 '임시조선파견보병대'를 편성했다. 이
에 따라 6개 사단 휘하의 제32·71·5·36·10·16연대는 각각 1개 대대
를 차출했다. 각 대대는 장교 22명과 회계 1명, 군의 2명, 특무조장 4
명, 하사 56명 등으로 약 700명 규모였다.[63]

61) 〈일기〉, 1919년 4월 1일; 〈JACAR(アジア歷史資料センター)Ref.C06031205400(防衛省防衛研
　　究所)〉.

62) 〈일기〉, 1919년 4월 1·2·5일.

우쓰노미야는 파견 6개 대대의 이동 일정과 배치 내용을 일기에 기록했다. 제5·10사단 파견 대대는 10일 부산, 제9·13사단 파견 대대는 11일 부산, 제2·8사단 파견 대대는 13일 원산에 상륙하기로 했다. 파견 6개 대대 중에 1개 대대는 제19사단에, 나머지 5개 대대는 제20사단에 배속했다. 제19사단은 원산 이북의 함경도를, 제20사단은 평안도·경기도·강원 이남의 경비를 맡았다. 제20사단의 3개 대대는 경성에 남겨두기로 했다.[64]

보고서에서도 일기처럼 구체적인 내용을 확인할 수 있다. 파견 6개 대대 중 제2사단 제32연대 파견 대대가 제19사단 소속으로 원산에 배치되었다. 나머지 5개 대대는 제20사단 소속으로, 2개 대대(제10사단 제10연대, 제9사단 36연대 파견 대대)는 보병 제39여단장의 지휘를 받았다. 3개 대대(제5사단 제71연대, 제8사단 제5연대, 제13사단 제16연대 파견 대대)는 제40여단장의 지휘를 받았다. 제40여단장 지휘를 받는 3개 파견 대대 중 2개 대대는 보병 제79연대장, 나머지 1개 대대는 제80연대장에 소속되었다. 각 지역에 병력을 분산 배치하는 와중에 경성에 제20사단 예하 보병 3개 대대(제78연대 2개 대대, 제79연대 1개 대대)와 기병중대의 절반을 남겨 경비를 맡기기도 했다. 마지막으로 조선 내에 배치했던 '철도엄호대'를 폐지하고, 각 지역의 철도 수비는 지역을 관할하는 병력이 담당하기로 했다.[65] 조선군의 집중 배치를 분산 배치로 전환하고, '강압수단' 사용을 결정한 후에도 추가 파병을 통해 조선 내 치안 유지를 위한 체제를 갖추었던 것이다.

한편, 우쓰노미야는 조선 통치에 관한 자신의 의견을 실현하기 위

63) 〈JACAR(アジア歴史資料センター)Ref. C06031084500(防衛省防衛研究所)〉.
64) 〈일기〉, 1919년 4월 6일.
65) 〈JACAR(アジア歴史資料センター)Ref. C06031084500(防衛省防衛研究所)〉.

한 방안을 모색했다. 동지로 김응선, 이희두, 이완용을 규합했다. 박영효, 송병준, 조성근, 이윤용, 한상룡(韓相龍)도 대상이었다. 또한 자신의 의견을 일본 '내지'에서 출판하는 계획을 세웠다. 출판을 위해 조선총독과 육군대신의 설득도 계획했다. 우쓰노미야는 '일선합동(日鮮合同)'이 세계적 추세라고 강조했다. 그러나 조선인 대부분은 망국·열등 취급 등으로 인해 10년간 쌓인 불만이 폭발해 독립을 외치게 되었다고 보았다. 독립에 대한 이해는 거의 없다고 했다. 출판 순서는 일본이 먼저였고, 추후에 조선·중국어로 번역·출판하기로 했다. 만세운동이 계속되고 있는 조선에서 이를 이해할 사람이 많지 않다고 생각했기 때문이다.[66]

우쓰노미야는 동지를 규합하고 출판을 현실화하기 위한 계획을 이어갔다. 4월 8일 이완용과 이희두가 방문해 동지 규합을 모의했다. 송병준, 박영효, 윤치호 등을 만나 출판 계획 중이었던 의견서도 보여주었다. 일본인 중에서는 일본 제국의회 중의원(衆議院) 의원 즈모토 모토사다(頭本元貞)가 계획에 동조했다.[67] 윤치호는 국제 정세와 관련해 조선 통치에 대한 의견을 개진했는데,[68] 특히 통치에 협력해야 할 조선인에 대해 제안했다. 윤치호는 "개성의 양주삼(梁柱三), 평양의 김덕수(金德洙), 개성의 김동성(金東成)은 오랫동안 미국에 있어서 해외 사정에 통효(通曉)"하면서 "이번 망동에는 단연 거절해 참가하지 않았다"고 했다. "조선 내의 학생 등 신지식계 제일의 세망가(勢望家)는 최남선(崔南善)"이며, "재외자 중 성망가(声望家)는 하와이에 있는 이승만(李承晩)"이 제일이라고 했다.[69]

---

66) 〈일기〉, 1919년 3월 20~31일·4월 1~5일.

67) 〈일기〉, 1919년 4월 8·9·14·16일.

4월 18일 밤 우쓰노미야는 총독부를 방문해, "15일 발안장 부근의 제암리"에서 벌어진 제79연대 제12중대 아리타 도시오(有田俊夫) 중위의 진압에 관한 소식을 듣게 되었다. 이른바 '제암리 학살사건'이었다. 중위는 기독교도와 천도교도 30여 명을 교회에 모아놓고 몇 차례 문답을 주고받은 끝에 이들을 학살하고, 교회와 민가를 방화했다. 순사와 순사보도 가담했다. 우쓰노미야는 "사실을 사실로 처분하면 간단하지만 …… 독필을 휘두르는 외국인 등에게 학살·방화를 자인하는 일은 제국의 입장에 불이익"을 가져올 수 있다고 기록했다. 또한 학살·방화를 인정한다면 조선인의 반발이 심해질 것이고, "진압에 종사하고 있는 장졸이 의혹을 품는 불리"가 있다고 판단했다. 결국 학살·방화는 인정하지 않고, 저항에 의한 살해라고 공표하기로 결정했다. 다만 총독은 학살·방화에 대한 책임을 부정하는 것이 불리할 수 있으니 어느 정도 과실을 인정해 행정처분을 하자고 제안했다. 결국 "학살·방화는 부인하고 진압의 방법·수단에 적당하지 않은 바"를 인정해 30일간 중근신(重謹愼)을 내리기로 결정했다.[70] 4월 22일 우쓰

---

(68) 윤치호는 4월 16일과 18일에 우쓰노미야를 만난 일을 일기에 기록했다. 윤치호는 4월 16일 일기에 우쓰노미야를 "다정한 노인"이라고 평가하면서, 그가 자신이 일본에 유학하던 시절의 모습을 기억하고 있었다고 적었다. 또 우쓰노미야가 용산을 "보기 흉한 묘지터"에서 "가장 훌륭한 지역"으로 바꾸어놓았다고 호평했다.
4월 18일 일기에는 우쓰노미야와 윤치호의 대화가 기록되어 있는데, 우쓰노미야는 조선과 일본의 관계를 조선은 '신부', 일본은 '신랑'으로 부부에 빗대어 표현했다. 우쓰노미야는 부인이 남편과의 이혼을 원하고 있지만, 이혼보다는 남편과 화해하는 것이 좋을 것이라고 말했다. 이유는 두 가지였다. 첫째는 '신부는 혼자 살 수 없을 것'이라는 주장으로, 조선의 타율성을 강조하는 논리다. 둘째는 일본이 주변국에 비해 '괜찮은 남편감'이라는 주장이었다. 비교 대상은 중국, 러시아, 미국이었다. 특히 미국은 조선을 합법적인 부인보다 '첩'으로 삼을 것이라 보았다. 따라서 조선은 일본과 화해하는 편이 좋다는 것이었다. 이에 윤치호는 조선인의 불만과 요구 사항을 수용할 수 있는 기관을 설치하고, 교육을 위한 해외 유학의 자유를 허용해야 한다는 의견을 전달했다(윤치호,《국역 윤치호 영문 일기 6》, 국사편찬위원회 편, 2015).

(69) 〈일기〉, 1919년 4월 18일.

(70) 〈일기〉, 1919년 4월 18일. 1919년 8월 21일 아리타 중위는 군사재판을 받았으나, 무죄를 선고받았다. 이른바 '제암리사건'에 대해서는 김승태, 앞의 논문; 신효승, 앞의 논문 참조.

노미야는 '제암리 학살사건'에 대한 처리도 일단락되고 만세운동도 대체로 잦아들었다고 판단했다.[71]

그 같은 판단 아래, 우쓰노미야는 한상룡·구연수(具然壽)·이진호(李軫鎬) 등에게 조선 통치에 관한 의견을 청취하고 즈모토 모토사다 등을 통한 출판 계획을 추진했다. 5월 6일 중의원 의원 즈모토 모토사다는 출판을 위해서는 "내지 당국"과 담합이 필요하다고 조언했다. 우쓰노미야는 즈모토를 통해 육군대신 다나카 기이치를 설득하고, 《오사카마이니치신문(大阪每日新聞)》 사장 모토야마 히코이치(本山彦一)를 통해 출판 계획을 세웠다. 즈모토는 기밀비 900엔을 받아 일본으로 향했다.[72]

1919년 5월 13일 우쓰노미야는 출판과 관련해 다나카 기이치 등의 반대를 막을 수 있어 보인다는 소식을 접했다. 우쓰노미야의 의견에 크게 동조하지 않았던 육군대신의 입장이 변화했던 것이다. 14일 우쓰노미야는 다나카 기이치의 전보를 통해 출판에 대한 찬성 의견뿐 아니라, 통치에 관한 의견을 구한다는 이야기를 접하게 되었다. 다나카 기이치는 "이번 사건에 비추어, 조선 통치의 방침과 총독부 관제 기타 모든 제도의 개혁이 필요하다"라며 "이에 관한 귀관의 숨김없는 의견"을 요청했다. 다나카는 출판 비용으로 1,200엔을 즈모토에게 전달했다. 우쓰노미야는 육군대신에게 감사의 뜻을 전하고, 요청한 사안에 대해서는 문서로 보내겠다고 답변했다.[73]

71) 〈일기〉, 1919년 4월 22일.
72) 〈일기〉, 1919년 4월 26·30일·5월 6~9일.
73) 〈일기〉, 1919년 5월 13~15일.

우쓰노미야 다로의 조선 통치관: 〈조선시국관견〉을 중심으로

1918년 우쓰노미야 다로는 조선군사령관으로 부임했다. 그는 일본군 시베리아 출병에 따라 조선군사령관으로서 병참업무를 지시받았다. 우쓰노미야는 조선 각 지역을 시찰했고, 여러 조선인과도 교류했다. 군사 운송도 원활하게 이루어졌다. 그는 조선인 군부대 편성 등 통치에 관한 방침을 조선총독과 육군대신에게 제출했으나, 동의를 얻지는 못했다.

1919년 1월 고종 사망 이후 조선의 인심이 악화되었고, 3월 1일 전국적인 만세운동이 일어났다. 조선군은 주둔 지역에 머물며 시위 지역에 병력을 파견하는 방식으로 대응했다. 우쓰노미야는 평안도 일대의 만세운동이 격렬해지고 있다고 인식했으며, 점차 운동이 지방으로 확산하는 상황에 대해 경계했다. 결국 시위 발생을 미연에 방지하기 위해 병력의 분산 배치를 조선총독에게 요청하게 되었다.

3월 말 우쓰노미야는 만세시위가 파편화된 양상이 아닌, 전국적인 계획에 의한 것이라고 파악했다. 제40여단장으로부터 진압 병력이 부족하다는 요청까지 접했다. 4월 초 우쓰노미야는 적극적 강압수단의 사용을 지시하고, 추가 병력을 요구했다. 이에 따라 보병 6개 대대와 헌병 300명 규모의 병력이 조선에 배치되었다. '제암리 학살사건' 등이 일어났지만 전반적으로 만세운동의 추이는 하향세로 접어들었다.

한편, 우쓰노미야는 자신의 조선 통치 방침을 담은 의견서를 일본에서 출판하고자 했다. 동지가 될 사람을 모색하기도 했다. 이는 총독과 육군대신의 동의를 얻지 못한 상황에서 개인적 방편이었다. 그러나 5월 14일 육군대신 다나카 기이치가 통치에 관한 의견을 요청해왔다. 우쓰노미야에게는 자신의 의견을 실현할 수 있는 기회였다.

1919년 5월 17일 밤 우쓰노미야는 〈조선시국관견(朝鮮時局管見)〉이라는 문건을 다나카 기이치 육군대신에게 발송했다. 〈조선시국관견〉에는 이것이 5월 14일의 전보, 즉 다나카 기이치의 요청으로 작성되었음을 밝혔다. 〈조선시국관견〉에는 식민통치 전반에 관한 의견이 포함되었다. 이는 육군대신의 요구에 의한 것이었으나, 우쓰노미야 자신이 조선 통치에 관한 의견을 가지고 있었음은 주지의 사실이다. 처음에는 육군대신이나 총독이 이에 동의하지 않았을 뿐이었다. 따라서 우쓰노미야는 〈조선시국관견〉에 자신의 주장을 다분히 담았다.[74]

〈조선시국관견〉의 내용을 살펴보면, 먼저 조선의 행정제도를 지적했다. 일본과 동일한 부현제(府縣制)를 실시해야 한다는 주장이었다. 별개의 행정제도가 유지된다면, 독립론(獨立論)이나 분리론(分離論)이 나타날 수 있다는 이유였다. 그러나 인심의 동요를 막기 위해 낮은 단계의 자치제로서 정촌제(町村制)를 먼저 시행한 후에 점차 행정제도의 통일을 꾀하고 제국헌법을 적용해야 한다고 주장했다. 이러한 맥락에서 중앙의 권력을 점차 지방으로 나누어야 한다고 보았다. 만세시위가 지방으로 확산하는 상황에 지방관리가 적극적으로 대처하지 못했기 때문이다.

다음으로 헌병경찰제도의 변화를 요구했다. 본래 조선에서 헌병경찰은 전국에 분산되어, 치안 유지 등의 업무까지 수행했다. 우쓰노미야는 헌병경찰이 제2선으로 물러나 군기(軍紀)·풍기(風氣) 관리에 종사하고, 보통경찰이 치안을 담당하도록 제안했다. 다만 야전군(野戰軍)이 출동하는 경우 경찰과 함께 경비를 맡도록 해야 한다고 강조했

---

74) 宇都宮太郎, 〈朝鮮時局管見〉, 《齋藤實文書(朝鮮總督時代關係資料): 意見書類》 13, 高麗書林, 1990, 95~127쪽. 율리안 비온티노는 우쓰노미야의 조선 인식을 살펴보기 위해 〈조선시국관견〉을 간략히 검토한 바 있다(Juljan Biontino, 앞의 논문, 296·297쪽).

다. 헌병과 경찰 채용에 조선인을 포함시키고, 그들의 진급이 가능토록 해야 한다는 주장도 있었다. 채용·진급 조건으로는 언어 습득(일본인은 조선, 조선인은 일본어)을 중요시했다. 만세운동이 지방으로 확산되는 데 대한 대응책, 그리고 조선인을 통치에 적극적으로 활용하고자 하는 의도가 반영된 것으로 보인다.

군사 방면에서도 우쓰노미야는 조선에 2개 사단 증병을 요구했다. 그는 조선과 일본 본토의 면적과 인구밀도를 비교한바 조선에 최소 육군 5개 사단이 필요하다고 판단했다. 우쓰노미야는 재정 문제로 증병이 어려울 경우 일본에 있는 병력을 조선에 배치하는 제안도 했다.

주목할 점은 조선인으로 구성된 부대를 편성하자는 주장이었다. 즉, 조선인을 군대·경찰·헌병으로 채용해야 한다고 보았다. 그는 그전해부터 지속적으로 육군대신에게 조선인으로 구성된 부대를 편성해 근위대·국경수비대로 활용하자고 제안했다. 이것이 해외의 조선인 부대, 즉 독립운동 세력에 대한 사상적 대책의 일환이라고도 했다. 이에 〈조선시국관견〉에서는 지원병제도를 통해 소규모 조선인 부대를 시험적으로 편성하고, 추후 징병령을 실시하도록 제안하기에 이르렀다.

군대의 배치에 대해서도 대륙 침략을 위한 병력의 집중이 가져온 폐단에 주목했다. 우쓰노미야는 〈조선시국관견〉에서 오늘날의 배치가 '대러시아 작전', 다시 말해 시베리아 출병과 같은 대륙 침략의 맥락에서 결정되었다고 했다. 그러나 이러한 배치로 인해 강원도·충청도·전라도·경상남도·황해도에는 조선군이 부재하는 "기현상(奇現象)"이 나타났다고 했다. 따라서 각 지역에서 빗발치는 파병 요청에 대응하기 어려웠다. 즉, 3·1운동의 확산에 즉각적인 대처가 어려웠다는 것이다.

따라서 우쓰노미야는 조선군의 '보편적 배치', 즉 병력을 재차 분산하는 방안을 제시했다. 조선 통치와 지방 개발에도 효과적이라고 판단했다. 철도망이 갖추어졌고, 러시아의 형세가 변했기 때문에 이러한 조치가 가능하다고도 했다. 러시아혁명 이후의 정세 변화로 위협이 줄어들었기 때문에 군대의 배치 변화가 가능하리라고 본 것이다. 이외에도 적극적인 일본인 이민정책과 일본 행정제도의 구축, 서양 선교사에 대한 대책 등을 제시했다.

마지막으로 조선인이 느끼는 차별에 대해 소개했는데, 일본인 관민에게 받는 사회적 차별과 제도적인 차등 대우, 취업에 대한 문제, 해외 유학 수속의 번거로움과 귀국하는 사람에 대한 감시, 학교의 부족 등 교육에 대한 요구와 함께 회사령과 묘지규칙 등에 대한 요구였다. 이범래, 윤치호 등 조선인을 통해 접한 의견을 반영한 것으로 보인다. 즉, 우쓰노미야 다로는 조선군사령관으로 부임한 이후의 경험을 반영해 〈조선시국관견〉을 작성했다. 시베리아 출병에 대한 인식과 조선 내 병참업무의 원활한 실시, 3·1운동에 대한 탄압 경험을 반영했다고 짐작된다. 또한 자신과 개인적으로 만나서 통치에 관한 의견을 나눈 일부 친일적 조선인들과의 관계를 통해서도 적지 않은 의견을 참고한 것으로 보인다.

11장

외국인 선교사가 바라본 3·1운동

김승태

외국인 선교사들은 3·1운동을 어떻게 보았을까?

3·1운동 당시 한국에는 380여 명의 외국인 선교사가 서울을 비롯한 각 지방의 중심지에 선교지부를 두고 거주하며 한국인을 대상으로 선교 활동을 하고 있었다. 1919년 이러한 외국인 선교사 수는 교파별로 장로회 182명, 미감리회 50명, 남감리회 33명, 성공회 25명, 구세군 18명, 동양선교회 9명, 안식교 9명, 천주교회 52명, 러시아정교회 1명, 일본기독교회 2명, 일본메소디스트교회 1명 등 총 382명이었다.[1] 그리고 개신교 선교사들의 국적은 대부분 영·미계였다.[2] 무단통치 체제하에서 3·1운동이 일어나자, 일제는 처음부터 무력을 동

---

[1]   朝鮮總督府 學務局,《朝鮮の統治と基督教》, 朝鮮總督府, 1921, 22·23쪽.

[2]   1945년 이전에 내한한 개신교 선교사는 1,529명이었다. 국적별로는 미국인 1,059명(69.3%), 영국인 199명(13.0%), 캐나다인 98명(6.4%), 호주인 85명(5.6%)으로 대부분 영미 선교사였다 (김승태·박혜진 편,《내한선교사 총람》, 한국기독교역사연구소, 1994, 4).

원해 가혹한 탄압을 하는 한편, 이 운동을 선교사들이 사주해 일으킨 것으로 매도하고 선교사들까지 비난했다. 그러나 일제의 선교사에 대한 태도는 이중적이었다. 한편으로는 언론을 동원해 선교사들을 사주자·선동자로 매도하고, 다른 한편으로는 한국인들에게 큰 영향을 미치는 선교사들을 회유해 시위를 중단하도록 할 것을 촉구했다. 그리하여 비밀리에 이미 3월 초순부터 주요 선교사들과 접촉해 수차례 회합을 갖고 대책을 논의했다.[3] 이 회합은 선교사들의 협력 거부로 3월 하순에 중단되었지만, 언론을 통한 선교사 비난은 계속되었고, 선교사에 대한 가택수색과 입건도 이루어졌다. 심지어 시위 학생들을 숨겨주었다는 이유로 선교사를 구속하거나 지방에서는 헌병경찰이 선교사를 구타하는 사건도 있었다.[4]

선교사들도 처음에는 본국 정부와 선교본부의 방침에 따라 정치 불간섭과 엄정 중립을 표방했지만, 일제의 비인도적 탄압과 살상·방화 만행에 대해서는 일찍부터 대책을 협의하고 일제에 항의했다. 또한 비밀리에 편지와 보고서를 친지나 선교본부에 보내 일제의 비인도적 3·1운동 탄압의 실상을 폭로해 3·1운동에 동정적인 국제 여론을 조성했다.

---

3) 김승태, 《한말·일제강점기 선교사 연구》, 한국기독교역사연구소, 2006, 267~286쪽. 이 회합에 대한 회의록 형태의 비망록이 선교사들 문서에 남아 있다. "Report of the First Session of Unofficial Conference, Chosen Hotel, March 22nd, 1919." 이 회담의 참석자들은 다음과 같다. 와타나베(渡邊暢, 총독부 고등법원장, 판사), 가타야마(片山), 고쿠부(國分三亥, 총독부 사법부 장관, 고등법원 검사국 검사), 세키야(關屋貞三郎, 총독부 학무국장), 호시노(星野), 가와바타(川端), 야마가타(山縣五十雄, 《서울프레스》 발행인), 마쓰모토(松本), 사카이도(坂井戶), 니와(丹羽淸次郎, 일본 YMCA 총무), 웰치(Herbert Welch), 애비슨(Oliver R. Avison), 마페트(Samuel Austin Moffett), 게일(James Scarth Gale), 저다인(Joseph L. Gerdine), 하디(Robert A. Hardie), 브록만(Frank Marion Brockman), 휘트모어(Norman C. Whittemore), 노블(William Arthur Noble), 벙커(Dalziel A. Bunker).

4) Dae-yeol Ku, *Korea under Colonialism: The March First Movement and Anglo-Japanese Relations*, The Royal Asiatic Society Korea Branch, 1985, pp. 181~189.

이 글에서는 3·1운동에 대한 외국인 선교사들의 초기 반응과 인식, 그리고 그들의 대응과 역할을 정리해보고자 한다.

1. 외국인 선교사들의 초기 반응과 인식

1) 선교사들의 초기 반응

1919년 3·1운동은 일제는 물론 외국인 선교사들도 거의 예상하지 못한 놀라운 역사적 사건이었다. 독립선언을 하기 하루 전날인 2월 28일 저녁 세브란스의학전문학교 학생 이용설(李容卨)이 같은 학교에서 교수하던 캐나다장로회 선교사 스코필드(Frank William Schofield, 石虎弼, 1889~1970)를 찾아가 인쇄된 〈3·1독립선언서〉 한 장을 주며 백악관에 보내달라고 부탁했다. 또 3월 1일 아침에는 세브란스병원 사무원이던 이갑성(李甲成)이 스코필드를 찾아가 당일 오후 2시에 독립선언을 하는 것을 알리고, 독립만세시위 사진을 찍어 해외에 널리 알리도록 부탁했는데 이는 극히 예외적인 사례였다.[5] 한국인들이 선교사들에게 사전에 거사 계획을 알리지 않았던 이유는 선교사들 가운데는 친일적인 인물들이 있어서 일이 사전에 발각될까 우려해서였거나, 엄격한 정교분리를 교리처럼 가르치던 서구 선교사들의 간섭과 방해를 받고 싶지 않았기 때문일 것이다. 또한 주체적 입장에서 외부인들에게 거사 계획을 사전에 알려주는 것은 바람직하지 않은 데다, 거사 후에 선교사들의 곤란해질 입장도 고려했기 때문일 것이다.[6] 그러나 평양의 마페트(S. A. Moffett), 모우리(E. M. Mowry), 번하이젤(C. F.

---

5)   김승태·유진·이항 엮음, 《스코필드 박사 자료집–강한 자에는 호랑이처럼 약한 자에는 비둘기처럼》, 서울대학교출판문화원, 2012, 240·241쪽.

Bernheisel) 등과 같이 소문으로 무언가 일어날 것을 예감한 선교사들은 독립선언식 현장에 참관하고 있었고, 그러지 않은 선교사들도 그들의 선교구역 안에 있는 수많은 신자들이 3·1운동에 참여하고, 교회와 학교가 피해를 입었으므로 이 사건에 관심을 갖지 않을 수 없었다. 평양의 첫날 시위를 참관했던 번하이젤은 〈한국에서의 독립운동〉이라는 보고서에서 이날 참관하게 된 동기를 이렇게 밝히고 있다.

　한국, 평양 1919년 3월 1일.

　이날은 이 나라 역사에서 기억할 만한 날이다. 전 대한제국 황제이던 이태왕(李太王, 고종)이 최근에 죽었으며, 모레는 장례식 날로 예정되었다. 그 장례식은 일본제국의 황족의 자격으로, 국장(國葬)으로 치러질 예정이다. 그 장례식은 신도의식(神道儀式)에 따라 엄수될 것이다. 그런데 한국인들은 이에 매우 분노하고 있다고 한다. 왜냐하면 그 장례식이 자기 나라 의식에 따라 치러지기를 원하기 때문이다. 그래서 장례식 때에 서울에서 벌어질 일에 대해 많은 소문이 떠돌고 있다.

　고(故) 고종황제를 애도하는 봉도식(奉悼式)이 이 도시에서 열릴 것이라고 며칠 전에 발표되었다. 한 모임은 숭덕학교(기독교계 남학교), 다른 모임은 감리교회, 그리고 세 번째 모임은 천도교 본부에서 각각 열릴 것이다. 천도교는 전국에 널리 퍼져 있는 반(半)종교적이고, 반(半)정치적인 조직이다.

　한국인들 사이에는 요 며칠 동안 분명히 억누른 흥분이 감돌고 있고,

---

6)　스코필드는 귀국 후 현지 언론에 기고한 글에서 한국인들이 거사 계획을 외국인 선교사들에게 알리지 않은 것은 선교사들에 대한 한국인의 사랑을 실제로 보여준 사례라고 했다(Frank William Schofield, "The Korean Revolution-The Attitude of the Missionaries Towards the National Movement", *Korea Review Vol. II.*, No. 8, October, 1920, pp. 13~14).

우리는 그때에 무엇인가 중요한 일이 일어나리라는 소문을 많이 들었다. B(S. A. Moffett) 씨와 C(E. M. Mowry) 씨 그리고 나(C. F. Bernheisel)는 그 모임에 직접 참가해서 우리 눈으로 무슨 일이 일어나는가를 보기로 했다. AA(선천)의 F(S. L. Roberts) 씨도 후에 늦게 와서 운동장 뒤켠에 서 있었다. 운동장은 3,000명의 인파로 발 디딜 틈이 없었다. 우리는 아주 앞쪽의 한쪽 열 옆으로 자리가 비어 있는 것을 보았다. 우리의 모든 교회 학교와 대부분의 공립학교에서 온 학생들이 참석했다.[7]

그는 이 독립선언식과 만세시위를 참관하고 이날이 한국 역사에서 기억할 만한 날이 될 것을 직감했다. 이러한 생각은 그만의 생각이 아니었다. 미북감리회 여선교사 노블 부인(Mattie Wilcox Noble, 1892~1934)도 자신의 1919년 3월 1일자 일기에 이렇게 적고 있다.

오늘은 한국의 위대한 날이다. 그들의 기쁨이 얼마나 지속될지 누가 말할 수 있을까? 오후 2시, 초등학교에서 중등학교에 이르는 모든 학교가 일본의 한국 통치에 항거하여 시위에 나섰다. 모두가 행렬을 지어 거리로 나가 양손을 치켜들고 모자를 흔들며 만세를 외치기 시작했다. 거리의 사람들도 그들과 함께 이 행렬에 가담하여 그런 기쁨에 찬 외침이 온 도시를 뒤덮었다. 나는 긴 행렬 하나가 궁궐 담장 모서리를 지나는 광경을 우리 집 창문을 통해 볼 수 있었다. 관립 여학교의 학생들도 대열에 합류했다. 이화학당 앞을 지나던 한 무리의 남학생들은 학교 안으로 몰려가 이화학당의 학생들에게 나오라고 했다. 이화학당의 여학생들이 밖으로 나가려고 했으나 기모노 차림을 한 월터 양(Miss Walter)이

---

7)   김승태, 〈평양에서의 3·1운동과 김선두 목사〉,《기독교사상》713, 2018년 5월호, 92·93쪽.

달려와 대문의 빗장을 걸어 잠그고 학생들을 저지했다. 테일러 씨(Mr. Tayler)와 아펜젤러 씨(Mr. Appenzeller)가 월터 양을 도와 학생들을 밖으로 나가지 못하게 했다. 학생들이 울음을 터뜨렸고, 몇몇 남학생들은 몹시 화를 냈으나 결국 발길을 돌릴 수밖에 없었다.[8]

여기서 선교사들이 이화학당 학생들의 시위 참여를 막은 것은 학생들을 보호하기 위해서였지, 그들의 주장에 반대해서가 아니었다. 부산의 일신여학교에서도 호주장로회 여선교사들이 학생들의 시위를 말리려다가 오히려 일제 경찰에 체포되어 억류되었다가 신문을 받고 풀려난 경우도 있었다. 이때 억류된 일신여학교 교장 데이비스(M. S. Davies)는 진술서 서두에서 자신의 체포 경위를 이렇게 밝혔다.

다른 곳에서 일어난 소요에 대한 일을 알고서 이곳에서도 비슷한 시위가 있을 것을 우려하여 우리는 교사들과 기숙사에 있는 학생들에게 경고하고, 교칙에 어긋나는 일이 없도록 노력했다. 그러나 우리 노력에도 불구하고 그들은 일어난 어떤 봉기에도 참여하기로 결심하여, 3월 11일 저녁에 오후 8시 반경 그들은 우리를 피해서 그들이 없는 곳이 없을 정도로 참여했다. 기숙사 사감을 맡고 있던 멘지스 양(Miss Menzies)은 곧바로 그들을 찾기 시작했으나, 도망간 8명(교사 2명, 학생 6명) 중 아무도 찾지 못했다. 그때 호킹 양(Miss Hocking)과 나(M. S. Davies)는 멘지스 양에게 우리가 학생들을 찾아 가능하면 데려올 동안 집에서 기다리라고 권고했다. 처음에 대로와 다른 좁은 길을 따라 찾는 데는 실패했다. 그때 갑자기 대로에서 외치는 소리가 들려 우리 여학생들을 데려올 수 있는

8) Noble, Mattie Wilcox, *The Journals of Mattie Wilcox Noble 1892~1934*, 한국기독교역사연구소, 1993(영인), 275쪽.

지 알아보려고 그곳으로 달려갔다. 그들이 우리가 다가가는 것을 보자 우리가 가서 그들을 막을 것을 알았기 때문에 가능한 한 빨리 우리에게서 도망쳤다. 그들이 빨리 도망하면 도망할수록 우리도 빨리 쫓아가서 마침내 두세 명을 붙잡는 데 성공했다. 한 여학생은 내 말에 순종하여 집으로 돌아갔으나, 다른 여학생들은 말을 듣지 않고 우리 손을 뿌리쳤다. 그들을 막는 것이 소용이 없음을 알고 나서 호킹 양과 나는 조용히 집으로 돌아왔다. 우리가 집에 돌아와 20분쯤 되었을 때 6명의 순경들이 나타나서 그들과 함께 가야 한다고 말했다. 그들은 매우 무례하게 그리고 선제 공세적으로 말했다. 우리가 대로에 도착했을 때 20여 명의 다른 경찰들이 있었고, 우리 얼굴에 라이트를 비추고 응시하며 모욕적인 방식으로 지껄였다. 잠시 후 우리를 부산에서 가져온 한 차에 타라고 하여 곧바로 경찰서로 데려갔다. 우리를 본청에서 헌병들에게 신문을 받으면서 두 시간 동안 억류되었지만, 공식적인 조사는 받지 않았다.[9]

2) 선교사들의 3·1운동에 대한 인식

3·1운동이 전국적으로 확산되자 총독부 고위관리들의 요청으로 서울에서 유력 선교사들과 총독부 관리들의 회합이 몇 차례 이루어졌다. 이 회합은 서로의 입장만 확인한 채 별다른 성과를 내지 못하고 3월 말경에 중단되었지만, 이 회합에서 한 선교사들의 발언은 3·1운동에 대한 선교사들의 인식과 입장을 이해하는 데 매우 중요한 단서가 된다.

최초 회합은 총독부 내무부 장관 우사미 가쓰오(宇佐美勝夫)의 요청으로 당시 한국에 있는 일본인들을 대상으로 선교하던 스미스(F. H.

---

9)   Margaret S. Davies, "Statement of What Happened at Fusanchin and Fusan", March 17th, 1919.

Smith) 선교사의 집에서 3월 9일 일요일 저녁에 열렸다.[10] 이 회합에서 우사미는 "한국의 사정에 대해 여러분이 어떤 견해를 가지고 있는지 알기 위해 만나달라는 부탁을 하였다"고 회합의 목적을 말한 다음, "나는 선교사들이 이 문제를 일으킨 것과 무슨 관련이 있다고 믿지 않으나, 잘 훈련된 한국인 목사와 지도자 들이 이 문제와 관련되어 있기 때문에, 많은 사람이 선교사들이 이 운동에 관련되어 있다고 추론하는 것도 자연스러운 일이다"라고 해 선교사들에게도 일정한 책임이 있음을 시사했다. 그리고 한국인들은 감정에 약하고 소문에 쉽게 귀를 기울여 파리평화회의에서 자신들의 문제가 알려지리라는 희망을 갖게 된 것이 소요의 원인으로 작용했으며, 기독교 목사들이 정치단체에 가까운 천도교의 속임에 빠졌다고 생각한다는 견해도 밝혔다. 그렇지만 선교사들은 한국인들은 "일본 정부가 한국 국민들에게 자기 민족으로 구성된 행정부를 구성해주어 그 행정부 아래에서 많은 개혁이 이루어지기를 기대한다"(A. M. 샤록스), "한국인을 다스리는 일본식 통치란 경찰이 나라를 관리함으로써 정신적인 폭력을 행사하게 되어 백성들이 공포를 느낀다. 한국인은 언제 잡혀가 감옥에 갇힐는지 알 수 없는 불안한 상황에서 살고 있다"(J. S. 게일), "한국 백성들은 일본 정부가 미래에 한국인들의 삶이 보다 나아질 수 있다고 여길 만한 프로그램을 제시하지 않아 희망을 갖지 못하고 있다"(W. A. 노블)는 등의 일본의 실정을 지적했다. 또한 번하이젤 선교사는 최근 자신이 평양에서 겪은 한국인에 대한 일본 경찰의 잘못된 무력 행사 사

10) Mattie Wilcox Noble, *The Journals of Mattie Wilcox Noble 1892~1934*, 한국기독교역사연구소, 1993(영인), 277쪽. 이 회합에 참석한 선교사는 스미스(F. S. Smith), 게일(NP), 애비슨(NP), 하디(MS), 노블(M), 샤록스(A. M. Sharrocks, NP), 번하이젤(NP), 밀러(Hugh Miller, 성서공회) 등이다.

례를 보고했다. 선교사이자 세브란스병원 원장인 애비슨(O. R. Avison)
은 한국인 지도자들의 마음속에 있는 불평 목록으로 "1) 두 민족 간
의 독특한 민족적인 다른 점에 대한 충분한 배려, 2) 한국어 교육의
특권, 3) 언론의 자유, 4) 출판의 자유, 5) 공공집회의 자유, 6) 여행의
자유, 7) 사회 정화—일본 정부가 매춘 조직을 한국인을 상대로 강제
함. 한국인은 이에 대해 자구책이 없음, 8) 한국인 차별 철폐" 등을 열
거하면서 한국인들이 이 중 어느 것이라도 요구하면 감옥에 가거나
범죄인처럼 취급을 받아왔다고 주장했다. 그러고는 우사미에게 한국
인들의 이러한 청원을 허용할 것인지 물었다. 그러자 우사미는 제출
되는 청원은 어떤 것이든 기꺼이 받아주겠다고 응답했다.[11] 이 회합
에서 드러난 것은 총독부 측은 소요의 원인을 한국인과 선교사 들의
잘못으로 인식한 반면에 선교사들은 총독부의 실정으로 인식했다는
점이다.

두 번째 회합은 당시 총독부 고등법원 판사로 있던 와타나베 노부
(渡邊暢)와 외사과 속(屬)으로 있던 가타야마 쓰네오(片山恒夫)의 초청
으로 3월 22일 조선호텔에서 가졌다. 이 회합에는 총독부 사법부 장
관 고쿠부 산가이(國分三亥)와 학무국장 세키야 데이자부로(關屋貞三
郎), 《서울프레스(The Seoul Press)》 발행인 야마가타 이소(山縣五十雄) 등
이 총독부 측 인사로 참석하고, 선교사 측에서는 감리교의 웰치 감독
(Bishop H. Welch), 하디(R. A. Hardie), 노블(W. A. Noble) 등과 장로교의 애
비슨, 마페트, 게일(J. S. Gale), 휘트모어(N. C. Whittemore) 등이 참석했

---

11) "Interview with Mr. Usami and Mr. Heda(Hishida), Seoul, March 9, 1919." 이 자료는 미북장로
회 선교부 문서 가운데 들어 있으며, 두 쪽으로 타이핑된 이 자료의 상단에 "Given Dr. Brown
on April 15, 1919 by Rev. A. E. Armstrong of Toronto, Canada"라고 필기체로 메모되어 있어, 암
스트롱이 3월 16일 애비슨의 요청으로 한국을 재방문했을 때 입수해 4월 15일 브라운에게 직
접 전달한 것이 아닐까 추측된다.

다. 와타나베는 자신의 경험을 들어 일본의 치적을 늘어놓으며, 선교사들에게 솔직한 토론을 요구했다. 이에 게일 선교사는 일본의 지배가 물질적으로는 많은 이득을 가져왔지만, 정신세계에는 그렇지 못했으며, 한국인의 정신적인 세계의 열쇠가 그 문제 해결의 열쇠라고 주장했다. 마페트 선교사도 한국인들은 물질적인 것보다 정신적이고 도덕적인 것들에 훨씬 더 높은 가치를 두고, 정의의 실현이 그들에게 더 큰 호소력을 갖는다고 말했다. 하디도 일본에 의한 물질적인 개선을 인정하면서도 이번 소요는 한국인에게 강요된 형태의 인종 차별에 대한 싫증과 불만과 항거의 표현이며, 그들의 신뢰를 얻는 것이 관건이라고 발언했다. 휘트모어 선교사는 "한국인들은 자신들에게는 허용된 종교적 자유와 법률적 시민성이 없다고 느낀다"고 말했다.

사법부 장관 고쿠부는 "선교사들이 이 문제(소요)를 사주했다는 말을 듣고 조사했지만, 그들이 그것과 관련이 없다는 것이 확실했다"고 하면서 이 소요사건에 대한 선교사들의 태도, 즉 "선교사들이 이 문제를 지켜보는 단순한 방관자의 입장을 고수할 것인지, 아니면 정부를 지지하여 폭동을 진압하는 데 도움을 줄 협조자의 역할을 할지를 알고 싶어 했다." 그는 "선교사들이 한국인들을 진정시키기 위해 노력한다면 앞으로 더 나은 선교 활동을 할 수 있을 것이며, 이러한 차원에서 인류의 평화를 위해서도 많은 기여를 하게 될 것"이라고 말했다. 총독부 측은 바로 이것을 요구하고자 이 회합을 마련했던 것이다. 세키야 학무국장도 "일본 정부가 한국인들이 원하는 것을 무시했을 수도 있지만, 고의로 무시한 것은 아니었다"고 하면서 "비록 정부의 조치가 한국인들에게 못마땅하더라도 선교사들이 정부에 협력해주기를 바란다"고 선교사들의 협력을 요청했다. 그러자 벙커(D. A. Bunker) 선교사는 한국인들의 가슴속에는 불의에 대한 증오심으로 가득한데 그들이 좀 더 자율적으로 행동할 수 있도록 자유를 주는 것이 현명하다고 제안했다.

가타야마는 한국과 일본의 병합은 국제법에 따라 정당하게 수행된 것이며, 한국은 일본제국의 일부이기 때문에 한국인들이 독립 의사를 표현한 것은 대역죄이며 반란을 도모하는 범법행위로서 법의 심판을 받아야 한다고 주장하면서, "때로 정당하지 못한 폭력적인 상황이 발생할 경우 선교사들이 이 점을 지적해준다면 우리는 선교사들의 의견을 존중할 것이다"라고 발언했다. 이에 대해 YMCA 총무 브록만(F. M. Brockman)은 "한국인이 스스로의 주도권을 지키는 것이 한국 사회에 평화와 행복, 희망을 가져올 수 있다"고 주장했다.[12]

세 번째 회합은 2차 회합 이틀 후인 3월 24일, 장소는 2차 회합과 같은 조선호텔에서 열렸다. 가타야마는 이 회합은 지난 토요일(3월 22일)에 열린 회합의 연장선으로 당시에 논의되거나 토론한 주제에 대해 모두 자신의 생각을 자유롭게 발표하라고 주문했다. 발언을 요청받은 웰치 감독은 2차 회합에서 합의한 비공식 회합으로서의 성격을 분명히 하고자 했다.[13] 그리고 발표 위주로 하는 것보다는 질의응답 형식으로 진행하자고 하면서, 질문도 정치를 떠나서 인도주의적인 질문으로 제한하고, 이 문제에 다른 문제를 끼워 넣을 생각이 없다고 말했다.

세키야는 웰치 감독의 발언에 이의를 제기하며 "최근에는 시위자

---

12) "Report of First Session of Unofficial Conference, Chosen Hotel, March 22nd, 1919." 3월 22일과 24일의 회합에 대해서는 총독부 측 참석자인 고쿠부 산가이(國分三亥)도 1919년 3월 25일에 "독립운동 사건에 관하여 의사소통을 도모하기 위하여 개최한 외국인 선교사와의 회합의 전말"이라는 제목의 수기(手記)를 남겼다(姜德相 編,《現代史資料(26): 朝鮮(二) 三·一運動(二)》, みすず書房, 1967, 425~430쪽).

13) "Report of Second Session of Unofficial Conference, Chosen Hotel, March 24th, 1919."

들이 경찰서를 공격하고 집과 학교를 파괴하고 있다"고 강조하고, 《성경》에서는 기독교인들이 '권위'에 복종해야 한다고 가르치고 있다는데 "지금이 바로 그 계율을 가르쳐야 할 때가 아닌가?" 하고 물었다. 그러자 웰치 감독은 한국인들이 시위할 때 전혀 무기를 가지고 있지 않으며, 치명적인 무기로 공격당하지 않는 한 어떤 폭력도 쓰지 않는다고 들었는데, 한국인들이 먼저 공격을 한 사례를 들어달라고 응수했다. 세키야는 몇 곳에서는 시위가 평화적으로 이루어졌지만, 다른 곳에서는 한국인들이 처음부터 헌병대 초소와 경찰을 공격했고, 최근에는 더 폭력적이 되었지만, 장소와 관련자를 밝힐 수는 없다고 했다. 고쿠부도 시위가 평화적으로 이루어진다고 말할 수 있지만, 독립운동 자체가 법에 저촉되는 것이며, 옳지 않은 법이라도 개정되기 전까지는 그 법을 위반하면 안 되는 것이라고 하면서, "선교사들이 그 사람들의 친구라면 그들이 불법적인 행동을 하지 못하도록 노력을 해야 하는 것 아닙니까?" 하고 되물었다.

이에 대해 웰치 감독은 다음과 같이 선교사들이 개입해서는 안 되는 이유를 설명하고 나서, 전임 미국공사 실(J. M. B. Sill)이 1897년에 반포한 미국 시민들의 정치 참여에 대한 경고문을 읽었다.[14]

그 말씀은 사실과 정부 측 태도에 대해 의문을 갖게 합니다. 선교사들이 왜 개입해서는 안 되는지를 제가 분명하게 대답하고 싶습니다. 세 가지 이유가 있습니다. (1) 선교사들이 개입한다고 해도 그다지 효과적이지 않을 것이며, 원하는 결과를 이룰 수 없을 것입니다. 시위자들 대

---

14) 서울 주재 미국총영사 버그홀츠는 1919년 1월 24일 한국의 선교부들에 이 경고문을 보내 한국의 국내 정치문제에 절대로 간섭하지 말도록 소속 선교사들에게 주지시킬 것을 지시한 바 있었다(Bergholz to SS, 1919. 1. 29, *FRUS*, 1919, Vol. Ⅱ, pp. 458~459).

부분은 기독교인이 아니며, 따라서 우리의 영향력 밖에 있습니다. 저는 우리에게 조언을 구하지 않았던 기독교인이라면 우리의 조언을 받아들이지 않을 것이고, 오히려 화를 낼 것이라고 생각합니다. (2)시위자들은 모두 우리의 개입을 달가워하지 않으며, 선교사들은 그 사람들의 신임과 사랑을 받을 때만 영향력을 발휘할 수 있습니다. 선교사가 그 사람들이 원하는 바에 반대한다면 그 결과는 비참할 것입니다. (3)선교사가 정치적 문제에 개입하는 것은 매우 부적절합니다. 선교사나 외국인들이 정치에 개입하는 것이 합당하다고 인정된다면 그들이 어느 쪽을 택하든 인정을 해야만 할 것입니다. 정부는 우리가 정부에 반대하는 쪽으로 정치에 개입할 수도 있다는 것은 인정하지 않을 것입니다. 따라서 국내 문제와 관련해서는 영국과 미국의 영사가 이 문제를 처리합니다.[15]

남감리회 선교사 저다인(J. L. Gerdine)은 초대 통감이었던 이토 히로부미(伊藤博文)도 선교사들이 정치적 문제에 개입하는 것은 매우 적절치 못하다는 입장이었는데, 오늘날은 정치적 문제에 대해 사람들에게 조언하라는 강요를 받고 있다고 하면서 어느 것이 적절한 입장이냐고 물었다.

마페트 선교사도 자신이 평양에서 목격한 사실을 증언하면서 "너무나 불법적이고 잔인한 행위들을 보았기 때문에 영사에게 항의를 전하는 것이 자신의 의무라고 느꼈지만, 도지사에게 먼저 보고하기 전에는 영사에게 진정할 생각이 없었다"고 말했다. 애비슨은 영국인으로서 솔직하게 말한다고 전제하고, 일본은 "자유라는 위대한 원칙"을 위해 동맹국들과 함께 싸웠고, 이제 세계는 그 원칙을 지키기

---

15) "Report of Second Session of Unofficial Conference, Chosen Hotel, March 24th, 1919."

위해 국제연맹을 조직하고 있다고 하면서, (1) 민족정신을 품을 수 있는 권리, (2) 자신의 모국어를 사용할 권리, (3) 언론의 자유와 권리, (4) 출판의 자유, (5) 그 나라 국민들의 복지에 영향을 미칠 어떠한 문제에 대해서도 모여서 자유롭게 토론할 수 있는 자유, (6) 정부에 참여할 권리 등 인간의 자유에 속하는 필수적인 항목을 설명했다. 그리고 과거 수년 동안 한국에서 문제가 되는 것은 정부의 상징으로서 칼(무력)을 계속 과시해오고 있다는 점이며, 인류의 자유를 위한 그 목적을 일본이 연합국들과 함께 지지할 것으로 믿는다고 말했다.

세키야는 "제가 여러분 외국인들에게 한 가지 제안을 하자면, 여러분은 주저 없이 (어떤 문제든) 자유롭게 이야기하실 수 있다는 것입니다. 여러분은 정부(총독부)에 직접 말해야 합니다. 마페트 박사께서는 어떤 것을 말할 때 우리가 반일적으로 생각할 것이라고 지레짐작하지 않길 바랍니다. 이 나라에서 30년 동안 살아온 사람은 누구라도 일본인들보다는 한국인에게 더 동정적이어야 한다는 것은 당연한 일입니다. 애비슨 박사의 말씀과 관련하여 저는 대부분 공감합니다. 그리고 저도 일본이 폭넓은 견해를 갖게 되기를 희망합니다. 그렇지 않으면 우리는 한국을 성공적으로 통치할 수 없을 것입니다"라고 말하고 모임을 마쳤다.[16]

네 번째 회합은 웰치 감독과 애비슨이 총독부 학무국장 세키야와의 면담을 요청해 3월 29일 토요일 오후 4시 세키야의 자택에서 이루어졌다. 이 회합에서는 "한국인들의 시위를 일본 경찰과 헌병이 과잉진압한 사실에 대해" 선교사들이 "보고서를 작성해도 되는지, 그리고 이에 대한 정당한 이의가 있는지", "이 보고서가 작성되면 누구

---

16) 위의 글.

에게 제출해야 하는지"를 질문하고, 경찰과 헌병대의 조직 구성에 대해서도 세키야의 설명을 요구했다. 세키야는 "군 책임자는 우쓰노미야 다로(宇都宮太郎, 조선군사령관, 대장)이지만 경찰 및 헌병대는 독자적으로 움직이며, 실제 책임자인 고지마 소지로(兒島惣次郎, 총독부 경무총장) 장군(육군 중장)의 지시에 따른다"고 대답했다. 시위 과잉진압에 대해 세키야는 "특정 지역에서 시위를 과잉진압한 것은 인정하지만, 대부분의 경우 한국인 시위대가 수적으로 열세인 경찰과 헌병 들에게 먼저 폭력을 사용했기 때문에 경찰과 헌병을 보호하고 정부의 재산을 보호하기 위해 어쩔 수 없이 군대를 투입했다"고 변명하면서 "한국인들의 불법 폭력행위에 대한 경찰의 보고서를 인용하여 보충 설명을 했다." 그리고 폭력 진압 보고서에 대한 이의를 제기할 의향이 있는지에 관한 질문에는 대답을 하지 못하고, 그들의 보고서를 관계 당국에 제출하기 전에 자신이 먼저 검토하겠다며 세키야 본인에게 제출할 것을 제의했다. 세키야는 "한국인들에게 큰 영향을 미치는 선교사들이 한국인들을 설득하여 그들이 시위를 중단하고 일상생활로 돌아가도록 해주기를 바란다"며 지난 회합에서의 요청 사항을 다시 한 번 언급했지만, 선교사들은 자신들의 입장에서는 그런 일을 하기 어렵다고 거절했다. 애비슨은 "현재의 상황을 해결하기 위해서는 한국인들에게 언론·출판·집회의 자유를 부여하고, 자유로운 만남을 가져 상호의견을 주고받으며 그들의 의견을 글로 표현할 수 있도록 하고, 더 나아가서는 그들의 의견을 수렴하여 정부에 요청할 수 있는 기회를 주어야 한다"고 주장했다. 세키야는 애비슨의 주장에 관심을 보이며 다음 회합은 그 다음 날인 3월 30일 일요일 저녁 7시 30분 조선호텔에서 갖기로 하고 회합을 마쳤다.

다섯 번째 회합에서 세키야는 한국인에게 "독립이 주어지더라도 갖게 될 어려움들"을 상세하게 설명하고, 고등교육을 받은 소수의 사람을 정부 부처에서 일할 수 있도록 배려하지 못한 점을 인정하면서, 일본 정부는 이 점에서 개혁을 계획하고 있다고 말했다. 애비슨은 그러한 정책들은 유용하겠지만, 실제 상황과는 별개의 문제라고 대답했다. 이 회합에는 경무총감부 제2의 실권자인 마에다 노보루(前田昇, 고등경찰과 과장, 육군헌병 대좌)가 합류했다. 마에다 대좌는 경찰 및 헌병이 38개 지역에서 무기를 사용해 과잉진압한 사례를 보고받았으며, 거의 모든 상황에서 3~5명의 경찰들 또는 1~2명의 일본인들에게 한국인들이 먼저 폭력을 행사했다고 주장했다. 그는 한국인들의 폭력에 맞서 일본 경찰 및 헌병이 필요 이상의 무력을 사용하지 않았다는 일본 관리의 입장을 되풀이했다. 그는 남부 지역에서 일어난 토마스 목사 구타사건과 관련해 가해자는 일본 경찰이나 헌병이 아니라 화가 난 일본 시민이었으며, 웰치 감독이 제기한, 평양에서 경찰에 체포된 신학생들을 십자가 형틀에 묶은 채 29대의 태형을 가한 사건의 경우 경찰의 합법적인 권한을 행사한 것이며, 태형은 지역의 특성상 이루어진 것이라고 변명했다. 애비슨은 이에 대해 "학생들은 어떠한 폭동에도 가담하지 않았고, 이에 대한 조사도 이루어지지 않은 상황에서 처벌을 한 행위는 잘못된 것"이라고 주장했다. 마에다 대좌는 이 사건에 대해서는 평양으로부터 완전한 보고서를 받지 못했으며 현재 조사 중이라고 대답했다. 그는 폭동이 일어난 후 한국인들은 더욱 난폭해져서 경찰과도 충돌하는 일이 잦다고 하면서, (선교사들이 전하는) 어떠한 보고서도 받아들여 주의 깊게 조사하겠다고 약속했다.[17]

이러한 일련의 회합을 종합한 보고서에서는 다음과 같이 이 회합

---

17) 위의 글.

의 경과를 요약하고 있다.

일본 측 입장의 요지는 이 봉기를 진압하는 데 선교사들이 정부와 협력해야 한다는 점을 분명히 밝혔다는 것이다. 웰치 감독은 선교사들과 미리 합의한 대로 답변하면서, 다음과 같은 세 가지 이유 때문에 (선교사들은) 절대적 중립밖에는 할 수 있는 일이 아무것도 없다고 말했다. 첫째, 우리가 독립운동을 중지시키려 해도 안 될 것이다. 둘째, 그렇게 하면 그들은 분개하여 우리의 영향력이 없어지게 될 것이다. 셋째, 우리의 본국 정부가 그것을 금하고 있다. 그러나 일본 측은 특히 반관반민의 《서울프레스》를 통해 선교사들은 위와 같은, 이론상으로는 옳은 입장을 버리고, 진정한 협력에 착수해야 할 것이라고 계속 촉구했다. 우리는 이 상황의 미묘함과 어려움을 지적할 필요가 없을 것이다. 이 회합에서 잔혹행위의 문제가 제기되었다. 마페트 박사는 목격자로서 자신의 개인적인 경험을 털어놓았다. 《서울프레스》의 편집인 야마가타는 마페트 박사와의 개인적인 대화에서 만행 사실을 기꺼이 시인했으나, 신문에 발표된 만행 사실에 대한 부인이 '공식적인 입장'이라고 말했다. 그 후의 한 인터뷰에서 세키야는 애비슨 박사와 웰치 감독에게 봉기 진압을 위해 현재 사용하는 '관대한' 방법은 가까운 장래에 극단적인 조처로 바뀔 것이라고 분명히 밝혔다. 웰치 박사는 이에 대해 피를 많이 흘리게 되면 그만큼 일본에 대한 서방 국가들의 동정은 멀어져갈 것이라고 강조했다. 선교사들은 이러한 비공식 회담을 계속해보았자 자신들의 입장만 더 위태로워질 우려가 있고, 아무런 이익도 없을 것으로 느끼고 있다.[18]

---

18) Commission on Relation with the Orient of the Federal Council of Churches of Christ in America, *The Korean Situation*, New York: Commission on Relations with Orient of the Federal Council of Churches of Christ in America, 1919, pp. 27~28.

요컨대 선교사들의 3·1운동에 대한 인식은 개인에 따라 편차는 있겠으나, 한국인의 시위는 평화적이며 한국인의 요구는 정당하고 일본의 탄압은 중단되어야 하며 일본의 시정은 개선되어야 한다는 데 인식을 같이했다. 그리고 한국인의 시위 참여를 막은 것은 그들을 보호할 목적이었지, 시위의 정당성을 부정하거나 반대한 때문은 아니었다.

2. 외국인 선교사들의 대응과 역할

1) 선교사들의 대응

일제는 3·1운동을 선교사들이 사주해 일어난 사건으로 단정하고 언론을 통해 선교사들을 비난하는 한편, 평화시위를 처음부터 무력으로 탄압해 피해자가 속출했다. 그러자 선교사들도 이러한 일제의 비인도적 만행에 대해 규탄하고 대책을 강구했다. 선교사들은 비록 한국인이 이런 독립운동을 일으키리라고 예상하지 못했고, 이 운동이 성공하리라고 기대하지도 않았다. 하지만 한국인들의 요구는 정당하며, 적어도 일제의 무단통치와 동화정책, 차별 대우가 종식되고 한국인들에게 기본적인 자유와 자치가 허용되어야 한다는 데 인식을 같이했다. 한국인을 대상으로 선교하던 선교사들은 모두 일제의 비인도적 만행에 분노하고, 한국인들에게 공감하며 동정했다.[19] 그리하여 언론이 일제에 의해 극도로 통제된 상황에서도 상당수의 선교사가 서울에 있는 본국 영사관은 물론 안식년으로 귀국하는 동료들

---

19) 거의 유일한 예외가 당시 재한 일본인들을 대상으로 선교하던 선교사 스미스(F. H. Smith)였다.

이나 해외 여행객을 통해, 또는 직접 중국이나 일본으로 나가서 본국 전도본부와 가족과 친지, 언론사 등에 한국 상황과 일제의 만행을 알리는 편지나 보고서를 보냈다. 세계 여론의 압력으로 일제의 만행이 조속히 중단되기를 기대했기 때문이다.

선교사들은 일본 관리들과의 회합과는 별도로 피해자 증언을 듣거나 3·1독립만세운동에 대한 대책을 협의하기 위한 선교사들만의 모임도 가졌다. 3월 5일 평양 장로회신학대학 기숙사에서, 신학교 교수로 와 있던 부산진의 엥겔(G. Engel), 선천의 로버츠(S. L. Roberts), 재령의 샤프(C. E. Sharp), 평양의 라이너(R. O. Reiner) 선교사가 모였다. 바로 전날 정오 무렵 기숙사에서 일제 경찰에 체포되어 태형을 맞고 하루 만에 석방된 박덕일, 염복남 등 5명의 신학생을 면담하기 위해서였다. 이들은 학생들의 피해 증언을 듣고, 선교본부와 영국·미국 영사관에 보고했다.[20]

30여 명의 선교사가 한국 상황을 토론하고 대책을 마련하기 위해 모인 것은 3월 중순이었다. 3월 16일 서울의 애비슨 집에서 열린 이 회의에는 귀국길에 일본 요코하마에서 애비슨의 전보를 받고 급히 다시 내한한 캐나다장로회 해외선교부 총무 암스트롱(A. E. Armstrong)도 참여했다.[21] 이 모임에 참석한 선교사들은 "한국에 있는 일본 군대와 헌병경찰제도를 '독일 기계(THE GERMAN MACHINE)'라고 부르는 데 동의했다!" 이는 일본 군대와 헌병경찰제도를 제1차 세계대전 초 벨기에를 침략해 민간인 학살을 저지른 무자비한 독일군에 비유한 말이다. 그리고 암스트롱에게 3월 9일에 있었던 총독부 관리들과의

---

20) https://search.i815.or.kr/ImageViewer/ImageViewer.jsp?tid=ms&id=007630-02-0017. "Report on Five Seminary Men Arrested."

21) A. E. Armstrong to Mr. John R. Mott, LLD, April 9, 1919.

회합 자료를 비롯해 선교본부와 영국·미국 정부 및 언론사에 전달할 각종 일제의 만행에 관한 진술서들을 주면서 이 사실을 속히 해외에 알려줄 것을 부탁했다.[22]

　미북장로회 한국선교부는 비교적 조직적으로 대응하고 움직였다. 이들은 3월의 실행위원회에서 "미국대사와 협의하고, 선교본부에 믿을 만한 정보를 송부하며, 선교사들 중 일부는 일본인에게 한국의 실제 상황을 알리고, 가능하다면 한국을 방문할 (일본) 대표단을 확보" 하기 위한 목적으로 회원 가운데 2인을 일본에 파송하기로 결정했다.[23] 다른 선교부에서도 이 결정을 듣고 선교사들 가운데 한두 사람을 보내는 것이 바람직한가에 대해 토론했지만, 그러지 않기로 결정했다.

　이 실행위원회의 결정에 따라 4월 2일 어드만(W. C. Erdman)과 홀드크로프트(J. G. Holdcroft) 선교사가 한국을 떠나 4월 4일 도쿄에 도착했다. 그들은 4월 5일과 6일에 주일 미국대사 모리스(Roland S. Morris)와 장시간 대화하면서 '소요'에 대한 그의 생각을 시정할 수 있었다. 모리스는 여러 이유를 들어 일본에서 다른 사람들을 만나지 말고 돌아가라고 권고했다. 그런데 실행위원회 대표들이 그 권고를 꺼림칙하게 생각하고 있을 때 한국에서 모우리 선교사가 체포되었으며, 일본인 우사와(Usawa) 변호사가 변호해주기를 원한다는 소식이 왔다. 어드만 선교사는 나가사키에 가서 우사와 변호사와 모우리 선교사의 변호사 선임 계약을 맺고 한국으로 돌아가고, 홀드크로프트 선교사만 도쿄에 남았다. 그동안 선교본부에 믿을 만한 정보를 보낸 것 말

22)　A. E. Armstrong, "Notes on the Korean Uprising for Independence."(1919. 4. 5)

23)　https://search.i815.or.kr/ImageViewer/ImageViewer.jsp?tid=ms&id=007630-05-0065. "Report on Trip to Japan."

고는 그가 하는 모든 노력이 방해를 받고 있는 듯했다. 그러나 홀드크로프트 선교사는 마침내 장로교의 우에무라 마사히사(植村正久) 같은 저명한 일본 기독교인들, 일본평화협회(日本友和會)를 중심으로 한 여러 유력한 일본인, 양원 의원을 비롯한 일본 정부 관료, 재일 선교사 등을 초대해 한국 상황 보고회를 열었다. 여기에 참석한 많은 사람, 심지어 저명인사들조차 한국의 실정에 대해 전혀 모르고 있었다. 그들은 한국에서 자행되고 있는 야만 행위들에 대해 부끄러워하고 분개했다. 그리고 일본 교회를 비롯한 기타 조직들이 한국 상황을 시찰하기 위해 대표단을 보내야 한다는 의견이 제기되었다.

한편, 북장로회 한국선교부 실행위원회는 제암리 교회 방화·학살 사건이 알려진 직후인 4월 22일부터 24일까지 서울에서 모여 〈현재 한국 독립운동〉이라는 제암리사건을 포함한 '현재 상황에 대한 보고서'를 작성했다. 이 보고서의 초안은 어드만과 쿤스(E. W. Koons) 선교사가 작성했으며, 전체 실행위원회에서 두 차례의 심의를 거쳐 확정했다.[24] 이 회의에는 당시 일본에 가 있어서 참석하지 못한 홀드크로프트 선교사 대신에 실행위원회의 요청으로 평양지부를 대표해 마페트 선교사가 의결권 없는 회원으로 참석했다. 그리고 사본 12부를 만들어 실행위원에게 1부씩, 그리고 2부는 선교본부 브라운 총무에게, 1부는 서울 주재 미국총영사에게 송부하기로 했다. 선교본부에 2부를 배정한 것은 혹시라도 전달되지 못할까 하는 우려 때문인 것으로

---

24) 당시 미북장로회 한국선교부 실행위원회의 구성은 다음과 같다. 실행위원장: 휘트모어(Rev. N. C. Whittemore, 선천), 총무: 어드만(Rev. W. C. Erdman, 대구), 위원: 로버츠(Rev. S. L. Roberts, 선천), 카긴(Rev. Edwin Kagin, 안동), 쿤스(Rev. E. W. Koons, 서울), 스미스(Dr. R. K. Smith, 안동), 블레어(Dr. W. N. Blair, 평양), 홀드크로프트 대신 마페트(Mr. Holdcroft, alt. Rev. S. A. Moffett, 평양)(Minutes and Reports of the Thirty-Fifth Annual Meeting of the Chosen Mission of the Presbyterian Church in the U.S.A., 1919, IV).

보이며, 1부는 쿤스가 일본에 가지고 가서 보냈고, 1부는 실행위원장 휘트모어가 5월 3일자로 중국을 통해서 보냈다. 각 선교지부에는 복사본을 보내지 않기로 결정했지만, 각 지역을 대표하는 실행위원들이 해당 지부에서 보고서를 읽어 알리도록 했다. 그리고 그것을 출판해 널리 보급할 수 있도록 허락해줄 것을 선교본부에 요청했다.[25] 이 보고서를 받은 미국총영사 버그홀츠(L. A. Bergholz)도 5월 22일자 국무성에 보내는 공문에 이 보고서를 첨부하여 본국에 보고했다.[26] 이 보고서의 일부가 미국기독교연합회 동양관계위원회에서 발행한《한국의 상황(The Korean Situation)》에도 발췌되어 실리기도 했다. 〈현재 한국 독립운동〉은 당시 선교사들의 3·1운동에 대한 인식을 체계적으로 보여주고 있다.[27]

이 보고서에서 선교사들은 〈3·1독립선언서〉와 각종 선언서, 청원서 들을 분석해 한국인들의 불만 원인으로, (1) 일본은 그들의 명시적인 약속에도 불구하고 온갖 핑계를 앞세워 강압적인 방법으로 잠식하여 (한국의) 독립을 상실하게 함, (2) 군사정부에 의한 억압, (3) 언론·출판·결사·양심의 자유 박탈, (4) 사생활을 침해하는 경찰 스파이 제도, (5) 한국인에게 참정권 불허, (6) 동일 노동에 대한 부당한 임금 차별, (7) 민족성 말살, (8) 모든 해외 한국인에 대한 부당한 국적 박탈과 내국인의 출국 불허, (9) 궁방전의 부당한 착취(궁방전을 모두 동양척식주식회사에 넘김), (10) 교육에서의 차별, (11) 한국 젊은

---

25) https://search.i815.or.kr/ImageViewer/ImageViewer.jsp?tid=ms&id=007630-05-0004

26) Leo Bergholz to SS, May 22, 1919. "The Movement for Korean Independence" 895.00/639. 여기서 버그홀츠는 한국 독립운동이 일어난 직후 병합 이전부터 한국에 오래 머물러 한국 사정을 잘 알고 있는 감리교와 장로교 선교부 소속 선교사 몇 사람에게 한국의 역사적 상황과 일본과의 관계, 현재의 봉기를 일으키게 된 다양한 원인들에 대한 보고서를 자신을 위해 만들어달라고 요청했다고 한다.

27) 위와 같음; https://search.i815.or.kr/ImageViewer/ImageViewer.jsp?tid=ms&id=007630-05-0034

이 유혹과 타락(흡연, 음주 허용 및 공창제 등), (12) 일본 산업제도에 따른 어린이·부녀자 노동, (13) 무제한 일본인 이민으로 수많은 한국인을 만주로 내몲, (14) 동양평화를 위한 '병합'이었다면 이제 독립을 회복시켜야 함, (15) 일본이 물질적 발전을 가져온 것은 인정하지만, 이 모두가 일본인을 위한 것이고, 병합은 국가에 대한 조직적인 착취를 의미함, (16) 민족 대표 33인의 평화적 독립선언과 청원에 대한 부당한 억압 등을 열거하고 있다. 또한 한국인들이 요구하는 것은 "절대독립(absolute independence)"이라고 정확하게 파악하고 있다. 또한 기독교인들의 독립운동 참여는 개인적으로 이루어졌으며, 선교사나 교회, 기독교계 학교와는 무관함을 밝히고 있다. 일제의 비인도적인 탄압과 기독교계에 대한 부당한 박해에 대해서도 실제 사례를 들어 비판하고 있다. 요컨대, 한국인의 독립 요구와 평화적 시위는 정당하고, 일제의 식민통치와 비인도적인 탄압은 부당하며 개선되어야 한다는 것이다. 그리하여 정치적 중립을 표방해온 선교사들도 "만행에 중립은 없다(No neutrality for brutality)"가 표어가 되어가고 있으며, 일제 당국은 이러한 탄압이 국제 여론의 열린 법정에서 용납될 수 없음을 깨달아야 한다는 것이다.

이 무렵 감리교 선교부의 웰치 감독이 4월 23일 일본 교회를 시찰하기 위해 일본으로 가고, 연희전문학교 학감이었던 베커(A. L. Becker)가 안식년 휴가로 귀국길에 올랐다.[28] 재한개신교연합회에서 독립운동사건 조사위원으로 선임된 언더우드(H. H. Underwood), 빌링스(B. W. Billings), 쿤스 등 10여 명은 5월 3일 노블 선교사 자택에서 비밀회의를 가졌다. 이 자리에서 미국에 있는 선교본부에 파송할 전권위원으로

---

28) 姜德相 編,《現代史資料(25): 朝鮮(一) 三·一運動(一)》, みすず書房, 1966, 401쪽.

얼마 전 귀국한 베커를 감리교 선교사 대표자로, 정신여학교 교장 루이스를 장로교 선교사 대표 겸 여선교사 대표로 선임하고, 이들이 선교본부에 모든 상황을 보고하도록 결정했다.[29]

그 무렵 북장로회 실행위원회에도 일본에 파송한 홀드크로프트 선교사로부터 일본의 하라 다카시(原敬) 총리가 선교사 대표들을 환영할 것이라는 전보가 도착했다. 그리하여 귀국했던 어드만 선교사와 실행위원장 휘트모어가 부인과 함께 일본에 건너가 홀드크로프트와 합류했다. 이들은 5월 10일 도쿄에서 일본 주요 인사들에게 〈한국 독립운동의 이유에 대한 문서〉를 전달하고, 얼마 전 일본에 건너온 웰치 감독과 합류해 일본평화협회 길버트 볼즈(Gilbert Bowles) 집에서 2차에 걸쳐 제국의회 의원들을 비롯한 재일 선교사들과 일본인 목사, 교육자 들을 초청해 한국 상황에 대한 보고회를 했다. 웰치 감독은 이 모임에서 하라 내각의 내무장관 도코나미 다케지로(床次竹二郎)를 만나 그의 중재로 5월 15일 하라 총리와 개인 면담을 갖게 되었다.[30] 실행위원장 휘트모어 일행과의 면담도 바로 다음 날에 있었다. 하라 총리는 5월 16일자 일기에 이렇게 쓰고 있다.

재한 선교사 3명(어드만, 휘트모어, 홀드크로프트)이 내방하여 조선의 사정을 말했다. 내가 그 일에 한하지 말고 충분히 진술하라고 말하자 그들은 여러 가지 일어난 일을 말하고 또 부속서류를 제출했다. 나는 어제 웰치와 담화한 것과 마찬가지로 취지를 말하고, 또한 당신들이 생각하는 대로는 아닐지 모르지만, 내게도 다소 복안이 있다고 말했

---

29) 위의 책, 420쪽.
30) 原敬,《原敬日記》8, 1919년 5월 15일, 218쪽.

다. 또 나는 조선에 세 번이나 다녀와 그 사정을 알고 있으며, 우리 정부는 조금도 조선인을 노예시할 의사가 없다고 말하자 그들도 만족해하며 물러갔다. 오늘 저녁 조선에 돌아가야 하며 오로지 진술을 위하여 도쿄에 왔다고 하여 나는 우리 정부의 의사를 조선 인민에게 충분히 양해시켜달라고 말해두었다. 메이지학원 총리 이자와(井澤梶之助)가 통역을 맡았다. 전날 미국공사가 진정서를 제출한다고 말했다고 가네코(金子)로부터 들은 것은 이 3인의 일이며, 오로지 진정을 위해 왔다고 했다.[31]

웰치 감독과 휘트모어 일행은 하라 총리를 만나 한국 상황에 대해 충분히 진술하고 증빙 자료도 전달했으나, 하라의 답변은 변호로 일관하여 개혁에 대해 의구심을 갖게 했다.[32]
　실행위원회 대표들은 일본 방문 보고서 말미에 그 성과를 다음과 같이 요약했다.

　1. 미국대사와 만족스러운 면담을 했다. 2. 선교본부와 정보를 받을 권리가 있는 다른 기관들과 개인에게 신뢰도와 완성도가 높은 정보를 제공했다. 3. 영향력 있는 선교사들과 일본인들에게 그들의 관심과 동정과 도움을 얻는 방식으로 (한국 상황을) 알려서 일본의 여론에 그 반응이 나타나기 시작했다. 4. (일본 기독교계의) 한국 방문 대표단을 확보했다. 5. 일본 정부 책임자에게 (한국의) 실제 상황을 함축적이면서도 정확하게

---

31)　原敬, 《原敬日記》 8, 1919년 5월 16일, 219쪽.
32)　실행위원회의 〈일본 여행 보고서(Report on Trip to Japan)〉에서는 이 회담의 소감을 이렇게 적었다. "웰치 감독과 (실행위원회) 대표 위원들은 하라 씨의 말에서 다음과 같은 인상을 받았다. 총리인 하라 씨는 성실해 보이지만 위장한 것 같다는 생각이 들었고, 권한이 있는 듯 굴었지만 과연 한국을 개혁할 작정인지 의심이 들었다."

알리고 완화 조치를 취하겠다는 약속도 받게 되어 만족스럽다.[33]

이들의 일본 방문 활동으로 일본기독교회각파동맹을 대표해 일본 메소디스트교회 목사 이시자카 가메지(石坂龜治), 재일선교사단을 대표해 볼즈, 일본평화협회의 가와카미 이사무(川上勇) 등이 소요지 시찰단을 조직해, 5월 22일부터 6월 8일까지 3주간 전국을 시찰하고 돌아가 일본 교회에 보고했다. 선교사들은 이 일본 교계 시찰단과의 면담에서 한국 상황을 알리는 것은 물론, 재한개신교선교사연합회에서 선임한 조사위원들을 중심으로 만세시위가 거의 잦아든 6월 말경까지 대책회의와 활동을 이어갔다.[34]

2) 선교사들의 역할과 한계

미북감리회 한국선교부를 책임지고 있던 웰치 감독은 미국에 건너가 그곳 교계 신문인《그리스도인 회보(The Christian Advocate)》에 〈1919년 한국 독립운동(The Korean Independence Movement of 1919)〉이라는 글을 1919년 7월 24일자부터 4회에 걸쳐 게재했다. 당시《그리스도인의 회보》는 필자인 웰치 감독을 다음과 같이 소개했다.

웰치 감독은 최근 한국에서 일어난 사건들에 대한 가까운 목격자 (close observer)이며 신중한 조사자(careful investigator)이며 공정한 판단자 (impartial judge)이다. 그는 3월부터 그곳에서 일어나는 모든 일과 긴밀하게 연락을 취해왔고, 일본인들과의 회담에서 개신교 선교사들의 대변인

---

33) https://search.i815.or.kr/ImageViewer/ImageViewer.jsp?tid=ms&id=007630-05-0065. "Report on Trip to Japan."

34) 姜德相 編, 앞의 책(1966), 441쪽.

(the spokesman) 역할을 했다.[35]

이 소개글은 웰치 감독 개인만이 아니라 한국에 있던 선교사들의 3·1운동에서의 역할을 잘 요약하고 있다. 목격자, 조사자, 공정한 판단자, 여기에 몇 가지 더한다면 한국인에 대한 동정자와 국제 여론 형성자, 3·1운동과 일제의 탄압 실상에 대한 증인과 기록자였다고 할 수 있다. 선교사들이 증인과 기록자로서 남긴 편지와 보고서, 기고문, 일기 등은 이제까지 알려지지 않았던 당시 만세시위 현장과 일제 만행, 그리고 피해자들의 상황을 생생히 증언해줌으로써 그 가치가 높이 평가되고 있다.

평양 지역에서 활동하던 익명의 선교사는 상당한 역사의식과 사명감을 가지고 초기 3·1운동 관련 자료를 모아 10부로 구성된《한국 독립운동 발발(Korean Independence Outbreak)》이라는 보고서를 편집했는데, 그 서두에서 이렇게 밝히고 있다.

1919년 3월 1일 오후 1시, 전국에서 일본의 지배에 반대하는 한국 민족의 시위가 시작되었다. 일본으로부터 한국의 독립이 거의 동시에 다수의 대도시에서 낭독되고 선언되었다. 이 운동은 약화되지 않고 6주 이상 계속되었고, 날이 갈수록 힘을 얻었다. 이 시점에서는 실제로 일어난 사건을 기록해두거나, 훗날 그 가치나 중요성을 증명할 문서들을 모으는 일이 무엇보다 가장 필요할 것이다. 이런 의도를 가지고 평양의 선교사들이 아래와 같은 자료를 제공했다.

그중 일부 정보는 평양 이외의 지역에 사는 사람들(선교사들과 다른 사

---

35)   Bishop Herbert Welch, "The Korean Independence Movement of 1919", *The Christian Advocate*, July 24, 1919.

람들)로부터 수집했는데, 그 정보가 정확하고 적절하다고 판단되는 경우 이 보고서에 실었다. 그러나 이 보고의 목적은 어디까지나 평양과 그 주위 시골에서 일어난 일을 보고하는 데 있다. 거의 모든 경우 이 자료들은 사실임을 확인했고, 확인을 하지 못한 경우에는 그에 대해 주를 달았다.

이 보고서는 비밀이라는 것을 이해해야 한다. 이 보고서의 기고자들은 자신의 이름이 공개되는 것을 허락하지 않았다. 그리고 또 많은 사람이 이 보고서에 기고했지만, 이것은 공동의 결과물이 아니라 개인의 사적인 보고서이다.

필자는 이 기록과 관련되는 정치적 문제에 대해 어느 한쪽을 편들 생각은 없다. 한국이나 일본 중 어느 쪽에든 애국자가 되려는 욕망은 없다. 만약 여기에 기록된 사실들 중에서 그런 점이 보인다면, 그것은 증언 그 자체가 지닌 힘에 압도되었기 때문이다. 사건을 기술한 사람은 자신이 그 사건의 한가운데 있었기 때문에 그 사건에서 자신을 분리시킨다는 것은 어려웠을 것이다.

이 보고서는 철저한 검증을 거친 자료들(선교사 보고서, 편지, 신문기사, 수집한 전단 등)을 바탕으로 제1부 '3월 1일에서 5일 사이에 봉기한 한국 독립운동의 개시', 제2부 '한국 독립운동의 원인과 이유', 제3부 '관리들과 외국인들과의 회담', 제4부 '3·1운동 제2기(3월 6일~31일)', 제5부 '계속된 한국의 독립운동(4월 1일 이후)', 제6부 '독립운동과 외국 선교사들과의 관계', 제7부 '독립운동을 탄압하기 위한 일본의 추가 파병정책', 제8부 '어떻게 하여 한국인 상점들이 다시 문을 열게 되었는가', 제9부 '수원과 인근에서 일어난 야만적인 일본제국 군대의 무서운 범죄와 만행', 제10부 '서울과 다른 여러 지역에서의 시위' 등 총 10부로 편집했다. 특히 제9부에는 스코필드가 현지를 답사하고 남긴 〈수원 제암리의 대학살〉, 〈수촌 만행 보고서〉, 〈화수리의 살인사건〉과 1919년 6월 5일자 《상하이 가제트(The Shanghai Gazette)》에서 발췌한 피터스(Albertus Pieters, 일본 히가시야마학원(東山學院) 교장)의 〈한국에서 일본의 도덕적 실패-일본 정부와 국가의 책임〉이라는 기고문이 실려 있다.

3·1독립운동을 직접 목격한 웰치 감독은 앞에 소개한 〈1919년 한국 독립운동〉에서 이 운동에서 보여준 한국인의 거족적 참여와 용기를 이렇게 증언하고 있다.

한국 독립운동은 정말 민족운동이다. 비록 북부가 특히 첫 주 동안 더 공공연하게 관여되었지만, 그것은 어떤 종교단체에 국한되지 않았으며, 어떤 한 사회계급-양반, 학생, 전도자, 농부, 노동자, 소상인 들에 국한되지 않고, 일본의 지배에 항의하는 그들 자신의 독특한 방식을 따랐다. 그것은 남녀 구분도 없었다. 여성들이 자유롭게 행동하고 고난도 함께 겪었기 때문이다. 그리고 어린 여학생들도 놀라운 담력과 용기를 보여주었다. 그것은 나이도 상관이 없었다. 왜냐하면 전체 인구, 고령자에서 초등학교 어린아이들에 이르기까지, 이 운동에서 자신들의 자리를 발견했기 때문이다. 젊고, 늙고, 부유하고, 가난하고, 좋거나 나쁘거나, 교육받거나 무지한 사람들은 주목할 만하고 전례 없는 민족적 통합에 동참한다.

이 운동에서 사람들이 달라진 것처럼 보인다는 사실 또한 주목해야 한다. 최근 몇 년간 그들은 다소 오해를 살 만한 온화한 분위기를 풍겼다. 그들의 마음은 뜨거웠지만, 그들은 겁먹고 공포에 질린 것처럼 보였다. 그런데 이 봉기가 시작되자, 그들은 공포에서 벗어나 대담하게 행동했다. 그들의 선언 중 하나는 다음과 같이 주장한다.

'우리는 약하지 않고, 두려움이 없다. 우리는 우리의 이상과 희망을 위해 최후의 순간까지 최후의 한 사람까지 싸울 것이다.' 남자들, 여자들, 심지어 어린아이들까지도, 자신들에게 어떤 고난이 닥쳐도 감당하겠다는 자세로 위축되지 않고 법의 집행관들과 대면했다. 그들이 보여준 용기와 끈기, 독창성, 조직력은 가장 오랫동안 한국에서 지낸 선교사(웰치 자신)에게도 놀라운 것이었다.[36]

이상과 같은 선교사들의 역할을 몇 가지로 요약하면 다음과 같다.

1. 3·1운동과 일제 탄압의 실상을 외부에 알려 한국에 동정적인 국제 여론을 조성했다.
2. 한국인들의 독립 요구의 정당성에 공감하고, 피해자들을 적극적으로 치료하고 위로하고 보호하려고 했다.
3. 한국인들의 자유와 권익을 확대하는 방향으로 일제에 시정을 개선하도록 압력을 가했다.
4. 목격한 것을 역사적 기록으로 남겨 전수했다.

그러나 선교사들은 한국에서 계속 선교 활동을 해야 했기에 일본의 비인도적 만행에 대한 규탄을 넘어서 한국인의 독립운동을 공개적으로 지지하고 협력할 수는 없었다. 평양의 모우리 선교사 경우처럼 없는 혐의도 만들어서 선교사를 처벌하려던 일제에 빌미를 줄 수 없었기 때문이다.[37] 이러한 선교사들의 한계를 몇 가지 정리하면 다음과 같다.

---

36) 위의 글.

1. 한국인을 보호할 목적이기는 했으나, 기독교인이 만세시위에 가담하는 것은 되도록 말리려 했다.
2. 한국인의 독립은 현실적으로 불가능하다고 판단해 시정 개선이나, 한국인의 참정, 자치 정도를 이상으로 생각했다.
3. 한국에서 계속적인 선교 활동을 하기 위해, 그리고 그들이 표방했던 '정교분리'의 원칙 때문에 일제에 적극적으로 항거하는 데는 한계가 있었다.

목격자와 증언자, 감시자로서의 선교사

3·1독립운동 당시 한국에서 선교 활동을 하던 외국인 선교사들의 국적은 대부분 영국과 미국이었다. 일제는 무단통치체제 아래서 3·1독립운동이 일어나자, 처음부터 무력을 동원해 가혹하게 탄압하는 한편, 이 운동을 선교사들이 사주하여 일으킨 것으로 매도해 그들을 비난했다. 그러나 3·1독립운동을 준비했던 민족 지도자들은 선교사들에게 자문을 받지도 거사 소식을 알려주지도 않고 독자적으로 준비했다.

일제의 선교사에 대한 태도는 이중적이었다. 언론을 동원해 선교사들을 사주자·선동자로 매도하는 한편, 선교사들을 회유해 한국 교회에 영향력을 행사해 시위를 중단시키도록 촉구했다. 그리하여 비

---

37) 그는 학생들을 집에 숨겨주었다는 혐의로 체포·기소되어 4월 19일 평양지방법원에서 징역 6개월을 선고받았고, 항소하여 5월 17일 평양복심법원에서 징역 4개월에 집행유예 2년을 선고받았다. 다시 상고하여 8월 18일 고등법원에서 전 판결을 파기하고 경성복심법원에 이송한다는 판결을 받았고, 10월 29일 경성복심법원에서 벌금 100원을 선고받았다. 이를 다시 상고했으나 12월 4일 고등법원에서 상고 기각 판결을 받아 형이 확정되었다.

밀리에 몇 차례 회합을 갖고 대책을 논의했으나, 이 회담은 선교사들의 비협조적인 태도로 3월 하순에 중단되었다.

선교사들은 일찍부터 대책을 협의하고 일제의 비인도적 탄압과 만행에 항의하는 한편, 비밀리에 편지와 보고서를 친지나 선교본부에 보내 일제의 3·1독립운동 탄압의 실상을 폭로했다. 미국의 선교본부들에서도 여러 통로를 통해 전달된 선교사들의 편지와 보고서 들이 쌓이고, 현지 선교사들로부터 일본 정부에 압력을 행사해 상황을 개선해달라는 요청이 답지하자, 미국기독교연합회 산하 동양관계위원회를 통해 대책을 의논하고 뉴욕 주재 일본영사관과 교섭해 1919년 7월 초 일본 정부의 개선 약속을 받아낸 후 선교사들의 보고서를 발췌·편집한《한국의 상황》을 발간해 언론에 공개했다. 미북장로회 총회에서도 5월 22일 한국 문제에 대한 결의안을 채택해 한국인들에게 공감을 표시하고, 일제의 만행을 규탄하며 중단을 촉구했다.

1919년 9월 사이토 마코토(齋藤實) 총독이 부임하자, 재한선교사연합공의회에서는 그동안 준비해온 일제 군경의 만행을 규탄하고 한국의 시정 개혁을 요구하는 진정서를 결의한 뒤 인쇄해 총독에게 제출하고 각국 영사관과 선교본부 등에도 통보했다. 선교사들은 이 문서를 통해 조선총독부에 미국 정부가 우려할 만큼 대담한 비판과 개혁을 요구했다.

사이토 총독은 선교사들에 대해 처음부터 의구심을 가지고 있었으나, 그들을 탄압하기보다는 각종 다화회·만찬회 등에 초청하여 회유했다. 선교사들도 일제와 대립하게 되면 한국 교회와 한국인 신자들에게 피해가 돌아갈 것을 염려해 "표면적으로 당국과 친선을 가장"하되, 일정한 심리적 거리를 두고 총독부의 개혁을 촉구하고 그 이행을 감시했다.

외국인 선교사들의 역할은 거기까지였다. 만약 그것을 넘어서서 한국인의 3·1독립운동을 적극적으로 지지하고 협력했다면, 한국에서 선교 활동을 계속할 수 없었을 것이다. 선교사들 대부분은 한국인의 독립 요구가 정당하다는 것을 알고 마음으로는 공감과 지지를 하면서도, 한국에서 선교 활동을 계속하기 위해서는 '공감과 지지'를 공표할 수는 없었다.

1장 윤소영

독립기념관 한국독립운동사연구소 학술연구부장. 독도영토주권 관련 연구와 일본 지역에서 이루어진 독립운동에 관한 연구를 하고 있다. 주요 논문으로 〈일제의 '요시찰' 감시망 속의 재일 한인 유학생의 2·8독립운동〉, 〈일제강점 말기 송산고등농사학원과 김두혁의 독립운동-이른바 '평안그룹' 독립운동에 대한 재검토〉 등이 있다.

2장 오노 야스테루(小野容照)

일본 규슈대학 대학원 인문과학연구원 준교수. 한국 근대사, 특히 민족운동사를 국제관계사적인 시각에서 연구하고 있다. 저서로 《朝鮮獨立運動と東アジア 1910〜1925》, 《帝國日本と朝鮮野球》 등이 있다.

3장 김정인

춘천교육대학교 사회과교육과 교수. 민주주의의 시각에서 한국 근현대사를 재구성하는 연구를 하고 있다. 저서로 《민주주의를 향한 역사》, 《독립을 꿈꾸는 민주주의》, 《오늘과 마주한 3·1운동》, 《대학과 권력》, 《역사전쟁, 과거를 해석하는 싸움》 등이 있다.

4장 장규식

중앙대학교 역사학과 교수. 한국 근현대 지성사와 도시사에 관심을 갖고 연구하고 있다. 주요 논저로 〈20세기 전반 한국 사상계의 궤적과 민족주의 담론〉, 〈일제하 미국 유학생의 근대 지식 수용과 국민국가 구상〉, 《일제하 한국기독교민족주의 연구》, 《서울, 공간으로 본 역사》 등이 있다.

5장 김강산

성균관대학교 사학과 박사과정. 일제 시기 벌어진 갈등, 폭력, 학살 사건들에 관심이 있다. 석사학위논문으로 〈관동대학살에 대한 조선인의 대응〉이 있다.

머리말·6장·7장 최우석

독립기념관 한국독립운동사연구소 연구원. 3·1운동을 통해 식민지 시기에 대한 새로운 정치·사회적 의미를 밝히고자 연구하고 있다. 주요 논문으로 〈3·1운동기 김윤식·이용직의 독립청원서 연구〉, 〈함흥지방법원 검사의 기소 자료에 나타난 함경도 지역 3·1운동〉 등이 있다.

8장 서동일

국가보훈처 학예연구사. 식민지 시기 유교 지식인의 사회운동과 독립운동에 관한 연구를 하고 있다. 주요 논저로 〈파리장서운동의 기원과 재경 유림〉, 〈1910년대 한인의 중국 안동 이주와 접리수 한인촌 형성〉, 《면우 곽종석의 학문과 사상》(공저) 등이 있다.

9장 노상균

연세대학교 사학과 박사과정 수료. '자유', '권리', '개인' 등 근대적 관념의 형성 과정과 개인의 가치관 변화에 관심을 가지고 연구하고 있다. 주요 논문으로 〈한말 '자유주의'의 수용과 분화-일본 유학생을 중심으로〉가 있다.

10장 이민성

건국대학교 사학과 박사과정 수료. 식민지 시기 조선 주둔 일본군의 활동을 통해 식민권력의 정치·사회적 맥락을 밝히고자 연구하고 있다. 주요 논문으로 〈1910년대 중반 조선 주둔 일본군 군영(軍營) 배치 계획과 군영 유치운동의 양상〉이 있다.

11장 김승태

한국기독교역사연구소 소장. 한국 근현대사와 한국교회사의 상호연관성을 연구하고 있다. 저서로 《한말 일제강점기 선교사 연구》, 《중일전쟁 이후 전시체제와 수탈》, 《식민권력과 종교》 등이 있다.

3·1운동 100주년 총서

3·1운동 100년
2 사건과 목격자들

한국역사연구회 3·1운동100주년기획위원회 엮음

1판 1쇄 발행일 2019년 3월 1일

발행인 | 김학원
편집주간 | 김민기 황서현
기획 | 문성환 박상경 임은선 김보희 최윤영 전두현 최인영 정민애 이문경 임재희 이효온
디자인 | 김태형 유주현 구현석 박인규 한예슬
마케팅 | 김창규 김한밀 윤민영 김규빈 김수아 송희진
제작 | 이정수
저자·독자서비스 | 조다영 윤경희 이현주 이령은(humanist@humanistbooks.com)
조판 | 이희수 com.
용지 | 화인페이퍼
인쇄·제본 | 영신사

발행처 | (주)휴머니스트 출판그룹
출판등록 | 제313-2007-000007호(2007년 1월 5일)
주소 | (03991) 서울시 마포구 동교로23길 76(연남동)
전화 | 02-335-4422 팩스 | 02-334-3427
홈페이지 | www.humanistbooks.com

ⓒ 한국역사연구회 3·1운동100주년기획위원회, 2019
ISBN 979-11-6080-207-8 94910
ISBN 979-11-6080-205-4 (세트)

* 이 도서의 국립중앙도서관 출판예정도서목록(CIP)은 서지정보유통지원시스템 홈페이지(http://seoji.nl.go.
kr)와 국가자료공동목록시스템(http://www.nl.go.kr/kolisnet)에서 이용하실 수 있습니다.(CIP제어번호:
CIP2019002647)

만든 사람들
편집주간 | 황서현
기획 | 최인영(iy2001@humanistbooks.com)
편집 | 엄귀영 이영란 김수영
디자인 | 김태형